国家社科基金
后期资助项目

跨文化学习
与人际距离研究

Intercultural Learning and Interpersonal Distance

綦甲福 著

中国社会科学出版社

图书在版编目(CIP)数据

跨文化学习与人际距离研究/綦甲福著. —北京：中国社会科学出版社, 2020.9
ISBN 978-7-5203-6652-6

Ⅰ.①跨… Ⅱ.①綦… Ⅲ.①文化交流—研究 Ⅳ.①G115

中国版本图书馆 CIP 数据核字(2020)第 099615 号

出版人	赵剑英
责任编辑	张 湉
责任校对	姜志菊
责任印制	王 超

出 版	中国社会科学出版社
社 址	北京鼓楼西大街甲 158 号
邮 编	100720
网 址	http://www.csspw.cn
发行部	010-84083685
门市部	010-84029450
经 销	新华书店及其他书店
印 刷	北京君升印刷有限公司
装 订	廊坊市广阳区广增装订厂
版 次	2020 年 9 月第 1 版
印 次	2020 年 9 月第 1 次印刷
开 本	710×1000 1/16
印 张	23.75
插 页	2
字 数	427 千字
定 价	138.00 元

凡购买中国社会科学出版社图书，如有质量问题请与本社营销中心联系调换
电话：010-84083683
版权所有 侵权必究

国家社科基金后期资助项目
出 版 说 明

后期资助项目是国家社科基金设立的一类重要项目，旨在鼓励广大社科研究者潜心治学，支持基础研究多出优秀成果。它是经过严格评审，从接近完成的科研成果中遴选立项的。为扩大后期资助项目的影响，更好地推动学术发展，促进成果转化，全国哲学社会科学工作办公室按照"统一设计、统一标识、统一版式、形成系列"的总体要求，组织出版国家社科基金后期资助项目成果。

全国哲学社会科学工作办公室

前　言

随着经济全球化深入发展，资本、技术、信息、人员跨国流动，国与国之间形成一种相依相存的状态。然而全球化是一把双刃剑，当前，全球化与逆全球化现象共存互弈。不管怎样，资源能源短缺、环境污染等摆在世人面前的全球性问题使人们认识到，人类社会是一个相互依存的共同体，"人类命运共同体"理念应运而生并被载入联合国相关决议。在全球化时代，推动建设人类命运共同体，是中国领导人基于对世界大势的准确把握而贡献的中国智慧。

在这样一个"日日新，又日新"的瞬息万变的信息时代，必须具备学习的能力和终身学习的态度，才能够承载人类命运共同体可持续发展的使命。

在这样一个文化多元、思想多样的人类命运共同体中，文化差异的确为交流制造了障碍，带来了挑战，甚至产生了文化碰撞，但我们也应看到，差异正是人类文化多样性的前提。人们不仅要"各美其美"，有各自的文化自觉与文化自信，还要"美人之美"，以开放的心态面对多元文化，唯有保持跨文化学习心态，方能"美美与共"，人类文化多样性和文化繁荣方能保持下去。

"国之交在于民相亲，民相亲在于心相通。"联合国教科文组织发表的《21世纪的高等教育：展望和行动世界宣言》提出：高等教育要"帮助大学生在文化多元化和多样性的环境中理解、体现、保护、增强、促进和传播民族文化和地区文化以及国际文化和历史文化"。可见，文明互鉴已然成为世人的一种共识。

所以，在当今时代，学习能力与跨文化学习能力比以往任何时候都更为重要。走出国门的中国留学生，他们既是处于不同文化交流与碰撞过程中跨文化学习的践行者，也是人类命运共同体的（未来）建设者。跨文化学习并非单向的跨文化适应。留学生既承担着了解与学习异域文化和科学知识的任务，更肩负着向世界介绍自己国家和传播本民族文化的使命。

在这样的过程中，如何跨越本文化与异文化之间的文化距离，突破与异文化群体交际的心理距离，提高跨文化能力，顺利达成跨文化学习的目标，成为摆在留学生面前的现实问题。

本书以跨文化学习理论为纲，以人际距离理论为目，结合主观理论研究相关方法，通过问卷调查和追踪访谈对留学生在异文化环境中对人际距离的适应与学习进行跨文化、跨学科的研究和量化分析与质性分析，挖掘留学生跨文化学习过程中人际交往的积极与消极体验的深层次原因，从学术角度指导留学生这个群体更好地进行跨文化学习，以便为中外文化交流、文明互鉴做出更大贡献。

本书以胡文仲、贾玉新等前辈关于跨文化交际的论述为依托，接受A. Wierlacher及钱敏汝等关于跨文化性的理论观点，通过量化分析和质性分析，论证跨文化性在跨文化学习中避免、化解和排除跨文化性负面影响的积极作用。笔者认为，跨文化学习是以本文化中的经验为基础，在经历异文化环境中的差异过程中提高自己适应新环境的能力。人际距离理论可以为跨文化学习与培训提供一种理论与实践上的参考。在本书中，笔者以前人在各学科领域关于距离现象的理论构建和实践检验为基础，尝试建立一个相对系统、全面的人际距离理论，既涉及人际距离的空间维度，探讨非言语行为范畴内的人际距离，同时又涉及人际距离的语用维度，探讨言语行为体现出来的语用距离。从文化语境上而言，笔者试图观察带有悠久历史文化传统烙印的中国留学生在德国文化语境中对人际距离的跨文化学习的过程和效果。本书将为学界关于跨文化性的探讨提供第一手数据，进一步充实跨文化学习研究的理论与实践。

由于本书研究的现实性和指向性，不仅研究结果可供跨文化学习及跨文化交际研究和实践者借鉴，而且研究过程本身也是对参与这一过程的留学生的一种跨文化培训。留学生可以对德国强调个体、重视距离的传统有一种心理上的准备，以避免进入德国文化时产生文化休克。本书的研究成果也可以为留德及外派人员培训和外语教育提供一种参考。

本书主体内容分为七部分：首先在绪论中提出研究的问题，并对中德跨文化研究的发展历史与现状进行梳理，确定研究对象、研究方法及研究目的。第一章是对人际距离问题的研究综述，回顾并评述动物行为学、人类学、社会学等对人际距离问题的研究状况，为人际距离理论的构建奠定基础。第二章是对人际距离理论的构建，主要讨论人际距离五个不同层面的概念及其关系，在此基础之上构建人际距离理论，并对该理论在交际行为研究中的地位加以讨论，论证距离理论是人类交际行为的一种更本源的解释体系。第三章着重探讨全球化背景下的跨文化学习理论，为人际距离的研究提供一种跨文化的宏观视角，论证跨文化性是跨文化学习的基础和出发点，跨文化能力是跨文化学习的目标和结果，跨文化态度则是保证成功有效的跨文化学习并获得跨文化能力的前提。而人际距离研究是跨文化学习研究的一个很好的切入点，也是其重要组成部分之一。第四章为实证研究的量化研究部分，对人际距离进行跨文化比较分析。该章从哈贝马斯交往行为理论的"生活世界"概念出发，通过量化分析重点比较中国留学生在中德两种文化环境中的非言语层面和言语层面的人际距离观念和行为，并挖掘造成留学生人际交往障碍的各种因素。第五章对留学生关于人际距离的跨文化学习过程进行质性研究。该章对西方渐趋流行的主观理论研究的工具与方法做了介绍，并有机结合人际距离理论和跨文化学习理论，对中国留德学生在人际距离范畴中的跨文化学习过程做深入细致的质性分析。第六章在对本研究成果进行总结的基础上，针对跨文化学习过程所涉及的一个主体、两种文化、三个层面、四个阶段，从微观、中观及宏观三个层面得出对跨文化学习的启示和建议，为现实的外语教学及跨文化培训提供一种导向，并指出今后需要努力的方向。除主体内容外，本书还在附录中列出了课题研究过程中的调查问卷和访谈提纲以及本书中出现的术语中外文对照索引，以供读者参考。

囿于笔者的学术视野和学术功底，书中错误和不足之处在所难免，恳请学界同人和广大读者批评指正。

綦甲福
2018年9月于青大博文楼

目 录

绪 论 ·· （1）
 第一节 问题的提出 ·· （1）
 第二节 跨文化研究的历史与现状 ······························· （5）
 第三节 研究对象、目的和任务 ·································· （18）
 第四节 理论基础、研究方法和材料来源 ························ （19）

第一章 人际距离问题研究综述 ···································· （22）
 第一节 人际距离问题研究的起步期 ···························· （22）
 第二节 人际距离问题研究的发展期 ···························· （23）
 第三节 人际距离问题研究的高峰期 ···························· （27）
 第四节 人际距离问题研究的消退期 ···························· （30）
 本章小结 ·· （31）

第二章 人际距离理论构建 ·· （33）
 第一节 人际距离的概念 ·· （34）
 第二节 人际距离的属性 ·· （51）
 第三节 人际距离的功能 ·· （59）
 第四节 人际距离的体现与调节方式 ···························· （66）
 第五节 人际距离理论与相关理论的比较 ······················· （77）
 本章小结 ·· （83）

第三章 跨文化学习理论构建 ······································ （84）
 第一节 学习理论 ·· （86）
 第二节 跨文化学习理论 ·· （94）
 第三节 跨文化培训：跨文化学习的学习 ······················· （128）
 本章小结 ·· （133）

第四章 量化研究：人际距离的跨文化比较 ………………（135）
 第一节 研究假设的提出 ………………………………（138）
 第二节 研究方法与过程 ………………………………（140）
 第三节 调查结果与数据分析 …………………………（148）
 第四节 结论 ……………………………………………（214）
 本章小结 …………………………………………………（217）

第五章 质性研究：人际距离的跨文化学习 ………………（219）
 第一节 研究方法的选择 ………………………………（220）
 第二节 访谈对象的选择 ………………………………（233）
 第三节 研究过程 ………………………………………（234）
 第四节 研究结果：分析与讨论 ………………………（235）
 本章小结 …………………………………………………（298）

第六章 研究结论与展望 ………………………………………（299）
 第一节 研究成果 ………………………………………（299）
 第二节 对跨文化学习的启示与建议 …………………（303）
 第三节 展望 ……………………………………………（309）

参考文献 ………………………………………………………（311）

附 录 …………………………………………………………（332）
 附录一 人际距离调查问卷（Ⅰ） ……………………（332）
 附录二 人际距离调查问卷（Ⅱ） ……………………（338）
 附录三 中国留学生访谈提纲 …………………………（345）

术语索引 ………………………………………………………（348）

后 记 …………………………………………………………（360）

图 目 录

图 1-1　个人空间示意图 …………………………………… (27)
图 2-1　不同文化的差异程度 ……………………………… (37)
图 2-2　跨文化经济交际障碍因素模型 …………………… (39)
图 2-3　个体与社会关系同心圆 …………………………… (40)
图 2-4　德国人"您"式的称呼 …………………………… (41)
图 2-5　德国人"你"式的称呼 …………………………… (41)
图 2-6　符号三角 …………………………………………… (53)
图 2-7　人际距离的符号三角 ……………………………… (54)
图 2-8　符号谱系略图 ……………………………………… (55)
图 2-9　人际距离理论结构 ………………………………… (77)
图 3-1　Lysgaard 的 U 形曲线模式 ……………………… (121)
图 3-2　跨文化适应过程中满意度变化的 W 形曲线模式 ……… (122)
图 3-3　跨文化适应的倒立 U 形曲线图 ………………… (122)
图 3-4　文化学习者与旅游者的不同适应模式 …………… (123)
图 3-5　陌生文化环境中的跨文化适应过程 ……………… (125)
图 3-6　基于 Ward 的跨文化适应模式 …………………… (125)
图 3-7　Berry 的跨文化适应策略方案 …………………… (126)
图 3-8　跨文化培训方案 …………………………………… (133)
图 3-9　跨文化学习理论示意图 …………………………… (134)
图 4-1　样本（Ⅰ）的性别、年龄分布情况 ……………… (145)
图 4-2　样本（Ⅱ）的性别、年龄分布情况 ……………… (146)
图 4-3　样本（Ⅰ）的排队距离 …………………………… (150)
图 4-4　样本（Ⅱ）的排队距离 …………………………… (151)
图 4-5　样本（Ⅰ）在阅览室就座时的距离行为 ………… (154)
图 4-6　样本（Ⅱ）在阅览室就座时的距离行为 ………… (154)
图 4-7　样本（Ⅰ）对人较多情况下陌生人坐到身边时的感觉 …… (155)

图4-8　样本(Ⅱ)对人较多情况下陌生人坐到身边时的感觉 …… (156)
图4-9　样本(Ⅰ)在公共长椅上有人时选择的行为 ………… (156)
图4-10　样本(Ⅱ)在公共长椅上有人时选择的行为 ………… (157)
图4-11　与一位异性朋友聊天时保持的距离……………… (159)
图4-12　与一位同性朋友聊天时保持的距离……………… (160)
图4-13　两样本觉得谈话伙伴离得太近的情况…………… (164)
图4-14　样本(Ⅰ)是否习惯对方体触行为 ………………… (165)
图4-15　样本(Ⅰ)与普通异性朋友见面或告别方式 ……… (167)
图4-16　样本(Ⅰ)与普通同性朋友见面或告别方式 ……… (167)
图4-17　样本(Ⅰ)安慰或鼓励比较熟的异性朋友的方式 … (168)
图4-18　样本(Ⅰ)安慰或鼓励比较熟的同性朋友的方式 … (168)
图4-19　样本(Ⅱ)与普通异性朋友见面或告别方式 ……… (170)
图4-20　样本(Ⅱ)与普通同性朋友见面或告别方式 ……… (170)
图4-21　样本(Ⅱ)安慰或鼓励比较熟的异性朋友的方式 … (171)
图4-22　样本(Ⅱ)安慰或鼓励比较熟的同性朋友的方式 … (171)
图4-23　样本(Ⅰ)中国人当面称呼教授或上司的方式 …… (178)
图4-24　样本(Ⅰ)中国教授或上司称呼学生或下属的方式 … (180)
图4-25　样本(Ⅱ)德国人当面称呼教授或上司的方式 …… (181)
图4-26　样本(Ⅱ)德国教授或上司称呼学生或下属的方式 … (182)
图4-27　中国人的普通交往模式…………………………… (200)
图4-28　中国人的朋友交往模式…………………………… (205)
图4-29　对在德学习、工作、生活的整体适应状况………… (207)
图4-30a　影响留学生与他人交往的最大障碍因素 ……… (208)
图4-30b　影响留学生与他人交往的最大障碍因素 ……… (208)
图4-31a　影响留学生与他人交往的次要障碍因素 ……… (209)
图4-31b　影响留学生与他人交往的次要障碍因素 ……… (209)
图4-32a　在德国影响与他人交往的最小障碍因素 ……… (210)
图4-32b　在德国影响与他人交往的最小障碍因素 ……… (210)
图5-1　本书的主观理论结构图中所用符号 ……………… (232)
图5-2　杨林的主观理论结构图Ⅰ-a ……………………… (252)
图5-3　杨林的主观理论结构图Ⅰ-b ……………………… (253)
图5-4　杨林的主观理论结构图Ⅰ-A ……………………… (255)
图5-5　杨林的主观理论结构图Ⅰ-B ……………………… (256)
图5-6　杨林关于"距离"概念定义的主观理论结构图Ⅰ ………… (257)

图 5-7　杨林关于称呼语的主观理论结构图Ⅰ ……………………（257）
图 5-8　杨林关于招呼语的主观理论结构图Ⅰ ……………………（257）
图 5-9　杨林关于道别语的主观理论结构图Ⅰ ……………………（258）
图 5-10　杨林关于话题的主观理论结构图Ⅰ ……………………（259）
图 5-11　杨林关于体触、亲吻、副言语、表情的主观理论
　　　　结构图Ⅰ ……………………………………………………（260）
图 5-12　杨林关于交际场合的主观理论结构图Ⅰ ………………（261）
图 5-13　杨林关于交际频次的主观理论结构图Ⅰ ………………（261）
图 5-14　杨林关于性格/态度因素的主观理论结构图Ⅰ ………（262）
图 5-15　杨林关于等级/地位因素的主观理论结构图Ⅰ ………（262）
图 5-16　杨林关于性别因素的主观理论结构图Ⅰ ………………（263）
图 5-17　杨林关于年龄因素的主观理论结构图Ⅰ ………………（263）
图 5-18　杨林关于兴趣爱好因素的主观理论结构图Ⅰ …………（264）
图 5-19　杨林关于政治、宗教观点及民族/种族因素的主观理论
　　　　结构图Ⅰ ……………………………………………………（264）
图 5-20　杨林关于语言因素的主观理论结构图Ⅰ ………………（264）
图 5-21　杨林的主观理论变化结构图Ⅱ-A ……………………（266）
图 5-22　杨林的主观理论变化结构图Ⅱ-B ……………………（267）
图 5-23　杨林关于称呼语的主观理论变化结构图Ⅱ ……………（268）
图 5-24　杨林关于招呼语的主观理论变化结构图Ⅱ ……………（268）
图 5-25　杨林关于朋友交往的主观理论变化结构图Ⅱ …………（268）
图 5-26　杨林关于话题的主观理论变化结构图Ⅱ ………………（269）
图 5-27　杨林关于交际频次的主观理论变化结构图Ⅱ …………（270）
图 5-28　杨林关于性格/态度因素的主观理论变化结构图Ⅱ …（271）
图 5-29　杨林关于性别因素的主观理论变化结构图Ⅱ …………（271）
图 5-30　杨林关于民族/种族因素的主观理论变化结构图Ⅱ …（272）
图 5-31　杨洁关于"距离"概念定义的主观理论结构图Ⅰ ………（274）
图 5-32　田薇关于"距离"概念定义的主观理论变化结构图Ⅱ …（274）
图 5-33　林琳关于"距离"概念定义的主观理论结构图Ⅰ ………（274）
图 5-34　陆高关于"距离"概念定义的主观理论结构图Ⅰ ………（275）
图 5-35　邱阳关于"距离"概念定义的主观理论结构图Ⅰ ………（275）
图 5-36　魏妍关于"距离"概念定义的主观理论变化结构图Ⅱ …（276）
图 5-37　陈立关于"距离"概念定义的主观理论结构图Ⅰ ………（276）
图 5-38　乔敏关于"距离"概念定义的主观理论结构图Ⅰ ………（276）

图 5-39　鲁延涛关于"距离"概念定义的主观理论变化
　　　　结构图Ⅱ ………………………………………………………（276）
图 5-40　张明宇关于"距离"概念定义的主观理论变化
　　　　结构图Ⅱ ………………………………………………………（277）
图 5-41　肖静茹关于"距离"概念定义的主观理论变化
　　　　结构图Ⅱ ………………………………………………………（277）
图 5-42　鲁延涛关于称呼语的主观理论变化结构图Ⅱ ……………（279）
图 5-43　李一茹关于称呼语的主观理论结构图Ⅰ …………………（280）
图 5-44　田薇关于称呼语的主观理论结构图Ⅰ ……………………（281）
图 5-45　李一茹关于称呼语的主观理论变化结构图Ⅱ ……………（281）
图 5-46　田薇关于称呼语的主观理论变化结构图Ⅱ ………………（282）
图 5-47　乔敏关于称呼语的主观理论结构图Ⅰ ……………………（283）
图 5-48　杨洁关于称呼语的主观理论结构图Ⅰ ……………………（284）
图 5-49　杨洁关于道别语的主观理论结构图Ⅰ ……………………（285）
图 5-50　鲁延涛关于道别语的主观理论结构图Ⅰ …………………（286）
图 5-51　林琳关于道别语的主观理论结构图Ⅰ ……………………（286）
图 5-52　肖静茹关于道别语的主观理论结构图Ⅰ …………………（286）
图 5-53　肖静茹关于道别语的主观理论变化结构图Ⅱ ……………（286）
图 5-54　李一茹关于道别语的主观理论变化结构图Ⅱ ……………（287）
图 5-55　田薇关于道别语的主观理论结构图Ⅰ ……………………（287）
图 5-56　田薇关于道别语的主观理论变化结构图Ⅱ ………………（287）
图 5-57　杨洁关于交际场合的主观理论结构图Ⅰ …………………（291）
图 5-58　鲁延涛关于交际场合的主观理论结构图Ⅰ ………………（292）
图 5-59　肖静茹关于私人空间的主观理论结构图Ⅰ ………………（293）
图 5-60　曲婉关于私人空间的主观理论结构图Ⅰ …………………（293）

表 目 录

- 表 3-1　Bolten 对跨文化培训的分类 ……………………（131）
- 表 3-2　跨文化学习与跨文化能力的培训方法 ……………（131）
- 表 4-1a　样本（Ⅰ）的统计数据概况 ………………………（144）
- 表 4-1b　样本（Ⅰ）的性别、年龄分布情况 ………………（144）
- 表 4-2a　样本（Ⅱ）的统计数据概况 ………………………（145）
- 表 4-2b　样本（Ⅱ）的性别、年龄分布情况 ………………（146）
- 表 4-3a　样本（Ⅰ）的排队距离统计数据概况 ……………（149）
- 表 4-3b　样本（Ⅰ）的排队距离统计结果 …………………（149）
- 表 4-4a　样本（Ⅱ）的排队距离统计数据概况 ……………（150）
- 表 4-4b　样本（Ⅱ）的排队距离统计结果 …………………（151）
- 表 4-5a　两个样本的排队距离统计数据概况 ………………（153）
- 表 4-5b　关于排队距离的两个独立样本的 T 检验…………（153）
- 表 4-6　样本（Ⅰ）在阅览室就座时的距离行为统计结果 …（155）
- 表 4-7　样本（Ⅱ）在阅览室就座时的距离行为统计结果 …（155）
- 表 4-8a　选择座位行为＊样本的交叉列联表………………（157）
- 表 4-8b　两组样本选择座位行为的卡方统计结果…………（158）
- 表 4-9　与异性朋友聊天时保持的距离＊样本的交叉列联表 ……（159）
- 表 4-10　与同性朋友聊天时保持的距离＊样本的交叉列联表 ……（160）
- 表 4-11　女生与异性朋友聊天时保持的距离＊样本的
  交叉列联表……………………………………………（161）
- 表 4-12　女生与同性朋友聊天时保持的距离＊样本的
  交叉列联表……………………………………………（161）
- 表 4-13　男生与异性朋友聊天时保持的距离＊样本的
  交叉列联表……………………………………………（162）
- 表 4-14　男生与同性朋友聊天时保持的距离＊样本的
  交叉列联表……………………………………………（162）

表 4-15　是否遇到谈话伙伴离您太近让您觉得别扭＊样本的
　　　　　交叉列联表……………………………………………………（163）
表 4-16　是否习惯体触行为＊性别的交叉列联表……………………（165）
表 4-17　体触行为接受程度与性别因素的卡方统计量表……………（166）
表 4-18　样本（Ⅱ）普通异性朋友见面或告别方式＊性别
　　　　　交叉列联表………………………………………………………（171）
表 4-19　样本（Ⅰ）普通异性朋友见面或告别方式＊性别
　　　　　交叉列联表………………………………………………………（172）
表 4-20　样本（Ⅱ）安慰或鼓励比较熟的异性朋友方式＊性别
　　　　　交叉列联表………………………………………………………（173）
表 4-21　样本（Ⅰ）安慰或鼓励比较熟的异性朋友方式＊性别
　　　　　交叉列联表………………………………………………………（173）
表 4-22　样本（Ⅱ）普通同性朋友见面或告别方式＊性别
　　　　　交叉列联表………………………………………………………（174）
表 4-23　样本（Ⅰ）普通同性朋友见面或告别方式＊性别
　　　　　交叉列联表………………………………………………………（175）
表 4-24　样本（Ⅰ）安慰或鼓励比较熟的同性朋友方式＊性别
　　　　　交叉列联表………………………………………………………（175）
表 4-25　样本（Ⅱ）安慰或鼓励比较熟的同性朋友方式＊性别
　　　　　交叉列联表………………………………………………………（176）
表 4-26　样本（Ⅰ）中国人当面称呼教授或上司的方式
　　　　　统计结果…………………………………………………………（178）
表 4-27　样本（Ⅰ）中国教授或上司称呼学生或下属的方式
　　　　　统计结果…………………………………………………………（180）
表 4-28　样本（Ⅱ）德国人当面称呼教授或上司的方式
　　　　　统计结果…………………………………………………………（180）
表 4-29　样本（Ⅱ）德国教授或上司称呼学生或下属的方式
　　　　　统计结果…………………………………………………………（182）
表 4-30　称呼自己的上司＊样本的交叉列联表…………………………（186）
表 4-31　称呼教授、德高望重的前辈＊样本的交叉列联表……………（187）
表 4-32　称呼年龄比自己大的同事＊样本的交叉列联表………………（189）
表 4-33　称呼年龄与自己相仿的同事＊样本的交叉列联表……………（189）
表 4-34　称呼年龄比自己小的同事＊样本的交叉列联表………………（189）
表 4-35　称呼自己的同学、朋友＊样本的交叉列联表 ………………（191）

表 4-36	称呼陌生的老年人 * 样本的交叉列联表	(192)
表 4-37	称呼陌生的年轻人 * 样本的交叉列联表	(193)
表 4-38	称呼售货员、餐厅酒吧服务员 * 样本的交叉列联表	(194)
表 4-39	称呼国家机关工作人员 * 样本的交叉列联表	(194)
表 4-40	称呼医生、律师等 * 样本的交叉列联表	(195)
表 4-41	称呼自己的邻居 * 样本的交叉列联表	(196)
表 4-42	样本（Ⅰ）的年龄与学历分布	(196)
表 4-43	样本（Ⅱ）在德国的居住方式	(197)
表 4-44	称呼哪些家人或亲戚用"您/Sie" * 样本的交叉列联表	(198)
表 4-45	经常到较近的几间宿舍串门 * 样本的交叉列联表	(202)
表 4-46	学习期间与同学聚餐频次 * 样本的交叉列联表	(203)
表 4-47	请老师吃饭频次 * 样本的交叉列联表	(204)
表 4-48	老师请您吃饭频次 * 样本的交叉列联表	(204)
表 4-49	中国留德学生的交友情况	(206)
表 4-50	影响留学生与他人交往的最大障碍因素 * 性别交叉列联表	(211)
表 4-51	影响留学生与他人交往的次要障碍因素 * 性别交叉列联表	(212)
表 4-52	影响留学生与他人交往的最小障碍因素 * 性别交叉列联表	(213)
表 5-1	对"Distanz/距离"概念的定义方式对比	(273)
表 5-2	对"Distanz/距离"概念的定义范畴	(273)
表 5-3	留学生在德国学习、科研、工作的经济来源	(297)

绪　　论

现代社会"陷入了一方面是科技理性昌明而另一方面是人际关系疏离的困境"。——郑召利

第一节　问题的提出

全球化是近年来国内外学术界广泛讨论的热点问题，也是当今时代的现实语境。全球化的发展带来全球性的时空紧缩，为人类带来全球意识。不同文化、社会以及不同地区的人们跨文化交往的愿望以及跨文化交往的现实使人们愈来愈认识到具有并提高跨文化能力（[德]interkulturelle Kompetenz）的重要性和紧迫性，而跨文化学习（[德]interkulturelles Lernen）与跨文化研究（[德]interkulturelle Studie）则责无旁贷地承担起时代赋予的这一使命。

西方对待人与自然之间关系的"天人二分"的哲学思想将人与自然对立起来，使人获得了研究客体的主体地位，这为近现代科技的发展提供了哲学源泉。而科技发明则为主体进一步认识客体提供了手段。主体对客体的认识越来越深入，人与自然之间的距离越来越小，时空距离被大大消解。然而另一方面，我们也不得不看到，各民族文化间的距离远没有被消解，人与人之间的关系仿佛在渐渐疏远，心理距离在慢慢拉大，[1] 现代社会"陷入了一方面是科技理性昌明而另一方面是人际关系疏离的困境"[2]。

"时空距离消解"与"心理距离拉大"成为全球化时代的一个二元悖论。距离已发展成为当今社会的一个显性概念，成为反思这一时代各种现象无论

---

[1] 綦甲福、邵明：《全球化语境中的距离》，《山东社会科学》2005年第6期。
[2] 郑召利：《哈贝马斯的交往行为理论——兼论与马克思学说的相互关联》，复旦大学出版社2002年版，第8页。

如何都无法绕开的一个范畴。国内外各研究领域（如文化学、社会学、哲学、心理学等）对该范畴都有所涉及。"时空距离消解"与"心理距离拉大"这一矛盾在西方工业发达国家社会内部已是不争之现实，那么在全球化背景下，来自不同文化的人们（尤其当发展中国家的人们与工业发达国家的人们相遇时）在交往过程中如何体验并解决这一矛盾，成为本书的研究要旨。

"全球化"至今尚未有一个统一的界定。经济学家、社会学家、政治学家和文化学家都从各自领域对其做出解释。我国学者在20世纪90年代末就对"全球化"这个概念做了深层次的解读，他们认为：全球化描述的是一种全球范围的深刻变化，这样的变化不是新现象。从西欧资本主义在全球的扩张开始，国际分工与世界经济的形成，意识形态和宗教的世界范围的影响，到今天货物、服务、技术、资本、信息、人员的跨国流动与资源配置，都是全球化的表现。[①] 从中可以看出，全球化包括人员的跨国流动。而在这些人员当中，留学生无疑已成为最大的流动群体。无论从对留学生的生活现实的关怀[②]而言，还是从学者的研究状况[③]而言，对留学

[①] 中国社会科学院世界经济与政治研究所学术动态课题组：《世界经济全球化研究现状》，《人民日报》1998年8月22日。

[②] 对分布在世界各地的我国留学生而言，在异文化中的留学生活并不总是一帆风顺，相反，他们面对的经常是重重的困难与无尽的困惑。例如前几年发生在德国的与中国留学生相关的几个事件就给当地的留学生群体蒙上了深深的心理阴影：2002年8月6日，在路德维希堡打工的中国学生胡鹏被一德国工人杀害；2004年4月27日，汉诺威大学学生宿舍内发生中国学生凶杀案；2004年5月31日和6月3日，科特布斯市连续发生两起中国留学生被德国人袭击事件。参见曹喆《留学德国：从我做起　防患未然》，《神州学人》2004年第11期。2016年5月11日晚，就读于德国安哈尔特应用技术大学德绍校区的中国女留学生李某某在外出跑步时失踪，后被证实遭两名当地人性侵和谋杀。参见中国新闻网 http://www.chinanews.com/hr/2016/05-25/7881966.shtml，访问时间：2017年7月31日。2018年8月28日，在德国耶拿大学留学的中国山西籍留学生刘某遇害，嫌犯为越南籍。参见新华网 http://www.xinhuanet.com/world/2018-08/29/c_1123343815.htm，访问时间：2018年9月2日。

[③] 学者对留学生这一群体的跨文化适应问题具有学术兴趣而从事的相关研究非常之多，仅举几例如：Bochner, S. & P. Wicks, (eds.), *Overseas Students in Australia*, Sydney: New South Wales University Press, 1972; Klineberg, O. & W. F. Hull, *At a Foreign University: An International Study of Adaptation and Coping*, New York: Praeger, 1979; Jenkins, H. M. et al., *Educating Students from Other Nations*, San Francisco: Jossey-Bass, 1983; 陈向明《旅居者和"外国人"——留美中国学生跨文化人际交往研究》，教育科学出版社2004年版；杨军红《来华留学生跨文化适应问题研究》，博士学位论文，华东师范大学，2005年；Pan, Yaling, *Interkulturelle Kompetenz als Prozess: Modell und Konzept für das Germanistikstudium in China aufgrund einer empirischen Untersuchung*, Sternenfels: Verlag Wissenschaft & Praxis, 2008; 史笑艳《留学与跨文化能力——跨文化学习过程分析》，外语教学与研究出版社2014年版；潘亚玲《跨文化能力内涵与培养——以高校外语专业大学生为例》，对外经济贸易大学出版社2016年版。

生的跨文化适应（［德］interkulturelle Anpassung）与跨文化学习的研究已逐渐显现其重要的现实意义和学术价值。

德国以其历史悠久、堪称世界楷模的高等教育吸引了各国学子的目光。自20世纪90年代中期到21世纪前10年，中国留德学生人数激增，2010年在德求学人数达3.5万人左右①，2017年在德各类中国留学人员约3.8万人②，连续多年保持为在德外国留学生中的最大群体。然而，这一群体中越来越多的学生中断学业回国或者弃学从工，因学业、生活压力过大而精神状态不佳的学生日渐增多，因情感问题而出现的纠纷甚至凶杀案件屡见报端等等，这些现象激发起笔者对中国留德学生这一群体的学术兴趣，促使笔者对身在他乡为异客的留学生做深层的思考和关注：在一个与自己的文化传统、社会制度迥然不同的国度中，他们如何克服文化距离，与东道国的主人们建立人际关系？不同的文化传统对他们在德国的留学生活是否有影响，影响程度如何？是什么原因导致他们出现上述问题③？他们怎样调整自己原有的行为模式以适应德国的文化环境？他们在异国他乡真正需要的是什么？通过什么方法可以帮助他们减少一些困惑和彷徨，增加一份自信和成功？带着这些问题，基于先前对距离问题的一些思考④，笔者将

---

① 王怀成：《德国大学欢迎优秀学生前来留学——中国在德留学生的状况及问题》，《光明日报》2010年9月20日第8版。
② DAAD, *Ländersachstand: China*, Kurze Einführung in das Hochschulsystem und die DAAD-Aktivitäten, 2018, p. 22.
③ 实际上，上述问题不仅仅出现在留德学生身上，在其他一些国家留学的中国学生也同样存在这些现象。近几年的报纸杂志屡屡刊发相关的文章，互联网上有关的信息更是多如牛毛，而电视媒体也将镜头聚焦留学生活，如由留学生张丽玲自己筹资拍摄的10集纪录片《我们的留学生活——在日本的日子》于1999年12月先后在北京、上海、吉林、重庆、南京、香港凤凰及日本富士等地方电视台播出；由广东电视台、北京电视台联合摄制的大型纪实片《留学生》现已播出"巴伦的天空""枫叶的诱惑""浪漫法兰西""梦牵德意志"等系列。从上述媒体的文章或节目中，可以对留学生活以及相关的问题窥得一斑。
④ 有关距离的思考最早源于笔者在导师钱敏汝教授为博士生开设的"跨文化研究"课程中所做的一个报告，题目为"Distanz"（距离），该报告以Wierlacher关于距离的论述为基础，其中涉及"距离作为交际的条件"（［德］Distanz als Kommunikationsbedingung）、"距离作为对身份认同的保护"（［德］Distanz als Identitätsschutz）、"距离作为认识论范畴"（［德］Distanz als epistemische Kategorie）、"距离阐释学"（［德］Hermeneutik der Distanz），参见 Wierlacher, A., Distanz, in: Wierlacher, A. & A. Bogner (Hrsg.), *Handbuch interkulturelle Germanistik*, Stuttgart/Weimar: Verlag J. B. Metzler, 2003, pp. 222 - 227。2004年参加"全国博士生学术论坛"，笔者提交的论文《全球化语境中的距离》被录用并在大会上宣读，根据专家的点评修改后经中国社会科学院世界历史研究所陈启能先生推荐发表于《山东社会科学》。在此基础之上，笔者进一步从跨文化交际的视角探讨了距离的消解与增大这一对矛盾，于2004年11月份参加同济大学主办的"中（转下页）

自己的研究课题确定为"人际距离的跨文化研究",在国家留学基金委的资助下,赴德国进行为期一年的访学研究[①],最主要的一项任务就是对中国留学生进行调查与访谈,并收集与本课题相关的文献。

综上所述,本课题势必要回答以下几个问题:

(1) 何谓人际距离?它包括哪些层面?各层面之间是何关系?人际距离在人际交往中具有什么样的作用?

(2) 人际距离理论对我们的日常生活实践有何指导意义?人际距离理论的价值体现在什么地方?

(3) 文化因素对人际距离有何影响?中国人与德国人对人际距离的感知有何不同之处?有何相同之处?这些相同或不同之处主要表现在哪些方面?

(4) 何谓跨文化学习?跨文化学习的前提与目的是什么?跨文化性对人际距离有何影响?

(5) 在跨文化环境中,中国留学生对人际距离的体验、学习过程是怎样的?中国留学生对人际距离的学习过程是否具有一定的共性?如果有,这些共性体现在哪些方面?如果没有,那么,他们中每个人对人际距离的学习有何独特之处?影响他们在人际距离方面的学习的因素有哪些?

(接上页)

德跨文化交际国际学术研讨会"并提交论文 Auflösung der Distanz im Globalisierungskontext: Probleme und Lösungen, 该论文被收入大会论文集在德国出版,参见 Qi, Jiafu, Auflösung der Distanz im Globalisierungskontext: Probleme und Lösungen, in: Zhu, Jianhua, & Hans-R. Fluck, & Rudolf Hoberg, *Interkulturelle Kommunikation: Deutsch-Chinesisch*, Frankfurt a. M.: Peter Lang, 2006, pp. 155 – 164。当时关于距离的思想基本上是一种宏观构架,主要是从现代科技、民族文化、东西方哲学等角度进行阐发,还没有跟中国留德学生在异文化中的人际交往联系起来。

① 在德国访学期间,笔者在杜伊斯堡 - 埃森大学(Duisburg-Essen-Universität)选修了交际系 Reichertz 教授的"交际学理论基础"([德] Theoretische Grundlagen der Kommunikationswissenschaft)、朱小雪教授的"中德交际问题研究"([德] Problematik der Kommunikation mit Chinesen),分别从西方学者和中国学者的视角获得了有关交际和跨文化交际的理论与实践观点。另外,笔者在埃森人文科学研究所(Kulturwissenschaftliches Institut Essen)多次参加所长 Rüsen 教授(Kulturwissenschaftliches Institut Essen/Witten-Herdecke-Universität)为其博士生开设的博士生论坛;参与由 Rüsen 教授和 Straub 教授(TU Chemnitz)主持的博士生项目"跨文化交际 - 跨文化能力"([德] Interkulturelle Kommunikation - interkulturelle Kompetenz)并参加了三次该项目举办的研讨会;参与 Rüsen 教授主持的项目"全球化时代的人文主义——关于文化、人性和价值的跨文化对话"([德] Der Humanismus in der Epoche der Globalisierung - Ein interkultureller Dialog über Kultur, Menschheit und Werte);多次参加埃森人文科学研究所举办的有关文化理解与冲突、历史责任、道德伦理方面的研讨会或辩论。

（6）人际距离的跨文化学习是否可以准备？跨文化培训应从哪些方面入手方能保证学生对人际距离的成功有效地跨文化学习？

正如本书的题目所示，跨文化研究是本课题采用的最重要的视角。那么，笔者有必要对与本课题相关的跨文化研究的历史与现状做一简要梳理。

第二节　跨文化研究的历史与现状

跨文化研究是在各民族成员交往日益频繁的背景下形成的一个学术方向，在冷战结束后尤为迅速地发展起来，几乎涉及社会科学和人文科学的全部领域。钱敏汝将跨文化研究与跨文化交流学、跨文化交际学等之间界定为一种上下义关系，并对这几个学科名称所代表的研究领域加以厘定，认为跨文化交际学以研究以语言为主要手段的交际类型为核心任务，而跨文化交流学还探讨诸如外事活动、职业生活、企业管理等其他的交往方式，跨文化研究则除了上述类型以外，还涵盖社会科学和人文科学的几乎全部分支和它们涉及的行业领域。① 这样一种界定，将跨文化研究领域做了最大的拓展，使关于跨文化的讨论不再仅仅局限于跨文化交际这样一个比较狭义的概念。当然，这并不是否定跨文化交际学所取得的成果和做出的贡献。应当说，跨文化交际的研究成果为跨文化研究进一步拓展自己的疆域、发展自己的理论奠定了坚实的基础，并成为其核心部分之一。所以，在笔者关于跨文化研究状况的梳理中，跨文化交际研究占很大比重。

在全球化日益深化的今天，"跨文化交际"（［英］intercultural communication，［德］interkulturelle Kommunikation）已成为最时髦的词汇之一，跨文化交往活动急剧增加也已成为当今时代的一个突出特征。而世界范围内兴起的留学热潮使得留学生成为践行跨文化交往行为的一个庞大的群体。实际上，跨文化交往是自古以来就存在的现象。Harms（1973）认为，世界范围内的交际经历了五个阶段：语言的产生；文字的使用；印刷技术的发明；近百年交通工具的进步和通信手段的迅速发展；跨文化的交际。② 但是，跨文化交际作为一门学科，如果以美国人类学家 E. Hall 出版的《无声的语言》（*The Silent Language*，1959）作为其奠基之作，其发展

---

① 参见钱敏汝《论跨文化研究的要旨》，载方在庆编著《爱因斯坦、德国科学与文化》，北京大学出版社2006年版，第126页。
② 参见胡文仲《跨文化交际学概论》，外语教学与研究出版社1999年版，第2页。

历史[1]才仅仅半个世纪，而跨文化交际研究领域的理论建构历史更短，"始于[20世纪]70年代"[2]。跨文化交际研究的发展主要体现在发表和出版研究成果、成立学会及组织会议、设立专业并开设课程三个方面。

一 跨文化交际研究成果

有关跨文化交际的论著在初始阶段主要来自美国。随着跨文化交际实践的发展，该领域的研究迅速遍及欧亚等其他国家。"由于学术背景和研究目的的不同，人们在研究跨文化交际时采取了不同的角度和方法。"[3]胡文仲撰文对该学科在美国、欧洲以及中国的发展状况做了回顾与分析，并将该学科的研究归结为六个方面：词汇研究、语用研究、非语言（或非言语）交际研究、交往习俗研究、社会心理研究、价值观念研究，[4] 基本上涉及了跨文化交际研究从发展初期至20世纪90年代初期的各方面的研究成果，而李炯英则对20世纪80年代初引入中国的跨文化交际学直至21世纪初的发展历程做了述评[5]，从时间跨度和内容上都对前者有所补充和扩展。但是，直到20世纪末为止，中国学术界对英美等国的跨文化交际研究介绍较多，而中国的跨文化交际研究成果也主要集中于中美（英）之间的跨文化交际，对于中国与英美以外文化之间的跨文化交际则极少涉及。而从近几年的发展趋势而言，中德跨文化交际研究领域的发展以及所取得的成果越来越受到跨文化研究界的关注，2009年6月在北京召开的中国跨文化交际研究会第八届国际研讨会专门设立中德跨文化交际研究分会场，这一点可以说是对中德跨文化交际研究发展的充分肯定。基于上述原因，笔者认为，有必要对中德跨文化交际研究领域所取得的成果做一梳理和分析。对于中国的跨文化交际研究而言，这也是一个有益的补充。

中国德语界自20世纪90年代才开始涉足跨文化交际领域的研究，起步较晚，其发展过程在初期不可避免地受到美国和德国的跨文化交际研究的影响和启发。因此，下面先概述跨文化交际研究在德国的发展状况。

---

[1] 胡文仲对该学科在美国、欧洲以及中国的发展状况做了回顾与分析，参见胡文仲《跨文化交际学概论》，外语教学与研究出版社1999年版，第9—26页。
[2] 贾玉新：《跨文化交际学》，上海外语教育出版社1997年版，第6页。
[3] 胡文仲：《试论跨文化交际研究》，载胡文仲编《文化与交际》，外语教学与研究出版社1994年版，第512—513页。
[4] 同上。
[5] 李炯英：《中国跨文化交际学研究20年述评》，《解放军外国语学院学报》2002年第6期。

(一) 德国的跨文化交际研究

广义上的跨文化交际研究在德国主要体现在以下几个方面：文化冲突研究、跨文化日耳曼学研究、跨文化经济交际研究和跨文化交际心理研究。

1. 文化冲突研究

自美国"9·11"事件之后，德国关于东西方文化冲突（［德］Kampf der Kulturen）方面的研究陡然增多。人们对亨廷顿（Samuel P. Huntington）提出的文明冲突（［英］clash fo civilizations）论①给予了足够的重视，文化冲突研究成为包括高校在内的众多研究机构的重点课题之一，它们所进行的一些跨文化研究项目从冲突、对话等多个视角出发来探讨东西方文化差异问题，如埃森人文科学研究所从事的项目包括："伊斯兰文化－现代化社会"（［英］Islamic Culture – Modern Society）、"印度与欧洲"（［德］Indien und Europa）、"伊斯兰教与宗教的再定位"（［英］Islam and the Repositioning of Religion）、"欧洲与中国"（［德］Europa-China）、"罗马与古中国"（［德］Rom und das alte China）、"欧洲的文化对话"（［德］Europäischer Kulturdialog）、"全球化时代的人文主义——关于文化、人性及价值观的跨文化对话"（［德］Der Humanismus in der Epoche der Globalisierung: Interkultureller Dialog über Kultur, Menschlichkeit und Werte）等。这些项目重点涉及国家、文化、宗教层面的交往，采用一种宏观视角，即钱敏汝所强调的更广义上的跨文化研究的视角②，大多上升为一种哲学思辨。该领域主要的研究成果如《道德的空间》（Liebsch, 1999）、《我们与中国—中国与我们》（Schmidt-Glintzer, 2000）、《文化的骚动——乌托邦的潜能》（Rüsen, Fehr & Ramsbrock, 2004）、《和谐与跨文化性》（Liang, 2006）等。

2. 跨文化日耳曼学研究

跨文化日耳曼学研究的发展与德国学者 A. Wierlacher 的努力是分不开的。他一方面自己撰文为跨文化日耳曼学（［德］interkulturelle Germanistik）的建立与发展开辟道路（如在1985—2003年发表了十几篇相关论文③），在他的努力下，拜罗伊特大学（Universität Bayreuth）首先设立了

---

① Huntington, S. P., *Der Kampf der Kulturen*, München/Wien: Europa Verlag, 1996.
② 参见钱敏汝《论跨文化研究的要旨》，载方在庆编著《爱因斯坦、德国科学与文化》，北京大学出版社2006年版，第126—134页。
③ 参见 Wierlacher, A., Interkulturelle Germanistik. Zu ihrer Geschichte und Theorie. Mit einer Forschungsbibliographie, in: Wierlacher, A. & A. Bogner (Hrsg.), *Handbuch interkulturelle Germanistik*, Stuttgart/Weimar: Verlag J. B. Metzler, 2003, pp. 1 – 45。

跨文化日耳曼学专业，后来，哥廷根大学等也相继成立此专业；另一方面，他还奔走于世界各地的日耳曼学界，协助组织跨文化日耳曼学研讨会（如2004—2014年的九次中国跨文化日耳曼学国际研讨会），帮助建立各国跨文化日耳曼学研究组织（如中国跨文化日耳曼学研究会）以及出版跨文化日耳曼学刊物（如《中德跨文化教育论坛》），帮助其他国家的高校组建跨文化日耳曼学专业（如中国青岛大学的跨文化德语专业）等。目前，跨文化日耳曼学作为一门被赋予新内涵的专业呈现出越来越强劲的发展势头。

3. 跨文化经济交际研究

德国的跨文化经济交际的概念第一次出现在拜罗伊特大学和瓦萨大学（Universität Vaasa）举办的关于语义学的学术研讨会上。① 耶拿大学（Universität Jena）随后设立相应的专业，该校的 J. Bolten 成为德国跨文化经济交际研究领域的代表人物之一。② 除 Bolten 的诸多成果之外，该领域比较有代表性的成果还有 Beneke（1983）的《文化研究在跨文化商业培训中的重要性》、Peill-Schoeller（1994）的《跨文化管理：中国与德语国家合资企业中的协同》、Rothlauf（1999）的《跨文化管理：以越、中、日、俄、沙特为例》等。跨文化经济交际的研究成果③直接推动了跨文化交际与跨文化管理（[德] interkulturelles Management）培训的发展，德国出现了众多跨文化培训机构（如跨文化管理研究所：IFIM；国外关系研究所：ifa；西门子资质培训：SQT；卡尔·杜伊斯堡中心：CDC；德国、亚洲交际研究所：Asiakomm④）以及与培训相关的论著及教材［如 Beneke

---

① 参见 Bolten, J., Interkulturelle Wirtschaftskommunikation, in: Wierlacher, A. & A. Bogner (Hrsg.), *Handbuch interkulturelle Germanistik*, Stuttgart/Weimar: Verlag J. B. Metzler, 2003, pp. 175 – 182。

② J. Bolten 教授在此领域著述颇多，此处仅列举几例：Bolten, J. (Hrsg.), *Cross Culture-Interkulturelles Handeln in der Wirtschaft*, 2. überarbeitete Auflage, Sternenfels: Wissenschaft & Praxis, 1999; Bolten, J. (Hrsg.), *Studien zur Internationalen Unternehmenskommunikation*, Waldsteinberg: Heidrun Popp Verlag, 2000; Bolten, J., *Interkulturelle Kompetenz*, Erfurt: Landeszentrale für politische Bildung Thüringen, 2003; Bolten, J. (Hrsg.), *Interkulturelles Handeln in der Wirtschaft, Positionen, Modelle, Perspektiven, Projekte*, Sternenfels: Wissenschaft & Praxis, 2004。

③ 姚燕对该领域研究成果做了简要分类，参见姚燕《论中德跨文化经济交往中的伦理问题》，博士学位论文，北京外国语大学，2006年，第25—26页；姚燕《中德跨文化经济交往伦理问题初探》，知识产权出版社2014年版，第7—11页。

④ 参见 http://www.ifim.de; http://www.ifa.de; http://www.sqt.siemens.de; http://www.cdc.de; http://www.language-office.de，访问时间：2006年10月30日。

(1994) 的《建立跨文化评估中心的建议》；Thomas & Schenk (2001) 的《在中国就职：对经理、专业人员的培训》等]，而跨文化经济交际与跨文化管理培训的实践，则不仅为跨文化经济交际理论提供用武之地，而且对理论研究的进一步发展起到推波助澜之功。

4. 跨文化交际心理研究

从教育学及心理学视角对跨文化交际的研究重点在于追踪跨文化学习过程中的心理变化并探讨影响跨文化学习过程的文化因素。该领域比较有影响的德国学者有 Sandhaas ［如《在异文化中学习》(1988)；《跨文化学习》(1988)］、Thomas ［如《跨文化行为心理学》(1996)；《跨文化心理学》(1996)；《国际管理的心理条件和效果》(1997)；《学习与跨文化学习》(2003)]、Straub ［如《心理学与全球化世界中的文化》(1993/2003)；《行为、阐释与批评：篇章层面的行为、文化心理学基本特点》(1999)；《心理疗法、文化与跨文化交际》(2003)；《理解文化差异：文化心理学的关系诠释与对比分析》(2006)]、Weidemann ［如《跨文化行为心理学》(2000)；《跨文化学习》(2004)] 等。其中，Thomas 不仅从跨文化心理学视角为跨文化学习构建了理论框架，而且他还结合跨文化学习的实践出版了诸多关于跨文化培训的著作，成为德国跨文化学习及跨文化培训研究的领军人物。

（二）中德跨文化交际研究在中国的发展

严格意义上的中德跨文化交际研究在中国始自 20 世纪 90 年代中期，至 90 年代末为起步期，21 世纪的前 4 年为成长期，自 2004 年迄今为繁荣期。

起步期：在 20 世纪 90 年代，中国德语界从事跨文化交际研究并发表相关科研成果的学者寥若晨星。尽管中德跨文化交际理论方面的成果比较缺乏，但受美、欧高校以及中国一些大学的英语专业开设跨文化交际学课程的启发，开设中德跨文化交际专业或课程成为起步期的一个突出表现。

成长期：进入 21 世纪后，中德跨文化交际研究领域的论文陡然增多。其中具有标志性的是中国第一部以中德跨文化交际为专题的论文集《中德跨文化交际论丛》（朱建华、顾士渊，2000）的出版，该书收录论文 25 篇，涉及文化与交际理论、语义结构与文化、翻译与文化以及德语教学与文化等几个方面。

繁荣期：2004 年在中德跨文化交际研究史上是具有里程碑意义的一年。与中德跨文化交际相关的两个国际会议分别在北京和上海召开，而且在北京会议上成立了"中国跨文化日耳曼学研究会",决定每年在中国召开一次跨文化日耳曼学国际研讨会,并确定出版《中德跨文化教育论坛》杂志,为中德跨文化交际研究的繁荣发展搭建了平台,创造了条件,大量的相关论文此后陆续发表,多部论著相继出版。

中国德语界自20世纪90年代开始涉足跨文化交际研究,成果由开始时的寥若晨星到现在已经呈现欣欣向荣之象,迄今已出版论文集《跨文化的外语教学与研究》(梁镛、刘德章,1999)、《中德跨文化交际论丛》(朱建华、顾士渊,2000)、《中德跨文化交际新论》(朱建华、顾士渊,2007)、《中德跨文化交际》(Zhu, et al., 2006)、《中德跨文化交际理论与实践》(黎东良,2012),连续性出版物《文学之路》自2000年起已出版20卷,《中德跨文化教育论坛》(Deutsch-Chinesisches Forum interkultureller Bildung)已于2008年、2011年出版两期。尤其在近几年,该领域已有多部专著出版,如于景涛的《内聚力发展与跨文化协同——(中德)跨文化团队研究》(2010)、姚燕的《中德跨文化经济交往伦理问题初探》(2014)、史笑艳的《留学与跨文化能力——跨文化学习过程实例分析》(2014)、潘亚玲的《作为过程的跨文化能力》(Pan, 2008)以及《跨文化能力内涵与培养——以高校外语专业大学生为例》(2016)等。下面根据研究领域对中国德语界所取得的相关成果加以概述。

1. 跨文化经济交际研究

钱敏汝是中国较早涉足跨文化经济交际([德] interkulturelle Wirtschaftskommunikation)领域为数不多的学者之一。在1997年发表的《经济交际学纵横观》《跨文化经济交际及其对外语教学的意义》两篇文章中,她对经济交际的概念做了定义,并对其下属领域的划分与分布以及理论方法做了框架性描述。而刘齐生的两篇文章《跨文化经济交际及其实践》(2000)和《言语行为中的文化因素——德资企业内部交际调查》(2001)则以对德资企业内部交际的调查结果为依据,分析了跨文化经济交往中文化与语言交际行为、文化与经济的关系,可以说是对钱敏汝先前所提出的跨文化经济交际学理论思想的佐证与发展。在20世纪末尤其进入21世纪以来,中国德语界在跨文化经济交际领域的研究成果逐渐增多:陈飞飞(2000)、赵劲(Zhao, 2005, 2006)对中德合资企业中的德国形象以及跨文化性与经济交际的关系做了探讨,而姚燕(2006)的博士学位论文则就跨文化经济交往中较深层的问题——伦理问题进行了系统而深入的研究,基于该博士学位论文的专著《中德跨文化经济交往伦理问题初探》已于2014年出版。

2. 跨文化交际理论与框架概念研究

该领域的研究以钱敏汝的《跨文化性和跨文化能力》(2000)、《符号学与跨文化性》(2006) 和《论跨文化研究的要旨》(2006) 为代表。在这些论文中，她对"跨文化性"（［德］Interkulturalität）、"跨文化能力"（［英］cross-cultural competence，［德］interkulturelle Kompetenz）等概念做出明确的界定并从消极与积极两个方面对跨文化性的影响做了探讨，尤其在《符号学与跨文化性》一文中，以符号学的耦合原理重点分析了跨文化性（［德］Interkulturen）的积极作用，为我们关于跨文化性的探讨提供了一个崭新的视角。而且，在上述文章中，她是从一种宏观的视角来探讨跨文化交际，其着眼点不仅仅在于跨文化交际这个相对狭窄的领域，而是将视野进一步拓宽，致力于跨文化研究理论的建立与发展。这样一种研究视角对处于经济全球化和各种文明碰撞不断深化、矛盾持续升级的当今时代而言大有裨益。梁镛在《中德跨文化交际中的问题与机会》(1999) 和《和谐与跨文化性》(2006) 中分别探讨了中德跨文化交际中的礼貌问题和中国文化中的"和谐"（［德］Harmonie）概念，在一定程度上也从宏观视角对各民族文化保持和而不同或者保持对立与冲突进行思考和分析。綦甲福、邵明 (2005) 从全球化以及科技发展对距离的消解（［德］Auflösung der Distanz）的角度分析了各文化间保持一定距离的必要性，并指出中国文化中的"和而不同"及"天人合一"的思想与追求对于解决当今世界文明冲突的启迪意义。王志强 (2005) 则提出了"文化认知"和"跨文化理解"的概念。于景涛 (2010) 在其专著中探讨了跨文化团队内聚力（［德］Kohäsion）的形成要素及其作用过程以及跨文化协同（［英］intercultural synergy，［德］interkulturelle Synergie）作用形成的前提条件和可能途径。潘亚玲 (2016) 以高校外语专业大学生为例，对跨文化能力的内涵做了阐释，并对如何培养学生的跨文化能力提出了自己的见解。"耦合""和谐""距离""理解""协同"以及"跨文化能力"等核心概念在跨文化交际研究领域的提出和应用，将跨文化交际的研究提升到哲学思考层面，对该研究领域有很大拓展。

3. 从跨文化视角对语言及语言学的研究

跨文化交际研究最初主要由外语教学工作者引介到中国，而且在后续发展过程中，外语教学与研究者一直是该领域最活跃的一个群体。在中德跨文化交际研究领域，情况亦大致如此。德语教研人员在语言教学实践及语言研究中加入了跨文化视角，涌现出大量研究成果。《论隐喻的跨社会文化背景问题》（朱小安，1995）是中国较早涉及跨文化视角的语言学研究论文。《汉德否定现象的跨文化语用分析》（钱敏汝，2000）和《语用迁移与中德跨文化交际》（刘越莲，2000）都是在跨文化语用学视角下对中德语言现象的分析。朱建华在《从日耳曼语言学到跨文化语言学》（2006）中对日耳曼语言学的发展历程及趋势做了深入探讨，进而提出了"跨文化语言学"的构想。

4. 从跨文化视角对德语教学及学科建设的研究

早在20世纪90年代初，朱小雪等就编写了《外国人看中国文化》（1993）的教材并开设了相关课程，可以说在德语教学领域开创了跨文化教育之先河；在其后的各种德语教材编写中，跨文化元素逐渐增加。随着跨文化交际学在中国的发展，中国德语界开始重视专业教学中对学生的跨文化交际能力的培养问题。进入21世纪后，相关研究成果陆续发表，其中比较有代表性的如《跨世纪、跨文化、跨学科——培养可持续发展人才的基本思路》（钱敏汝，2000）、《外语课上的跨文化能力培养》（Liu，2000）、《跨文化日耳曼学在中国的发展雏形》（Liang, et al.，2003）等。这些成果对德语教学及学科建设起到很大的推动和拓展作用。

二 跨文化交际学组织及其学术活动发展

一个学科的诞生与发展无疑是社会发展和学科内在需求相互作用的结果，而与该学科相关的学会组织的成立以及相关学术会议的召开则为该学科的发展提供了强大的牵引和助力。在跨文化交际学的发展历程中，学会组织的成立以及跨文化交际研讨会的相继举办同样功不可没。

1970年，国际传播学会承认跨文化交际学是传播学的一个分支并成立跨文化交际学分会；言语传播学会1970年年会的主题为"跨文化交际与跨国交际"；1972年，第一届跨文化交际学国际会议在日本东京举行，与会人数超过两千；1974年，跨文化教育训练与研究学会在美国宣布成立，并召开首届会议，目前已经成为跨文化交际学方面最有影响的一个国际性组织，在欧洲设有分会；1995年，中国第一届跨文化交际研讨会在哈尔滨工业大学召开，成立"中国跨文化交际学会"，决定每两年召开一次大会，[①] 至2018年6月该学会已经成功举办十四届跨文化交际国际研讨会，大大促进了中国跨文化交际领域的研究。

中国德语界跨文化交际研究领域的第一次国际性会议于2004年在北京召开，由北京外国语大学德语系钱敏汝教授和德国拜罗伊特大学跨

---

① 参见胡文仲《跨文化交际学概论》，外语教学与研究出版社1999年版，第10—18页。

文化日耳曼学专业 A. Wierlacher 教授组织。会上介绍和讨论了跨文化日耳曼学的发展历程，并成立"中国跨文化日耳曼学研究会"，决定每年召开一次国际研讨会，此后相继举办八次研讨会，主题分别为："国际语境下的科学合作""跨文化性纵横论""社会变革中的交流与文化""跨文化日耳曼学的构想与传授""文化与技术""学科合作中的日耳曼学""传承与创新——跨文化日耳曼学的专业交流与社会使命""在多元文化的新奇感中发轫的创造力"。无论是参会人数还是提交论文的数量都逐年增加，论文的质量也不断提高。此外，同济大学德语系与上海市欧美同学会洪堡学者联谊会分别于 2004 年、2010 年、2014 年联合主办"中德跨文化交际国际学术研讨会""全球化中的日常与专业交际""国际日耳曼学的多样性与跨文化性"国际学术研讨会，其中部分论文已在德国结集出版（如 Zhu，2006）。另外值得一提的是由张玉书教授于 2000 年创办的《文学之路》年刊及自 2005 年以来每年在中国和德语国家交替举办的"文学之路研讨会"，成为东西方之间的"新丝绸之路"，为中国和德语国家日耳曼学界打通了一条文化、文学和语言的双向交流通道。尤其是世界上日耳曼学界规模最大、影响也最大的国际学术组织国际日耳曼学会（IVG）①世界大会于 2015 年 8 月在同济大学胜利召开，成为中国乃至世界日耳曼学界的顶级盛事。该大会为来自全球 69 个国家和地区的 1200 多名从事日耳曼语言文学研究的学者围绕"传统与创新之间的日耳曼学"这一主题展开交流研讨提供了平台。

跨文化交际学会等团体的成立以及以跨文化交际研究为主题的全国性及国际性研讨会为中国乃至全世界的跨文化交际研究学者搭建了交流与对话的平台，这无疑为中国的跨文化交际研究注入了强大的推动力。

另一方面，跨文化研究类学术期刊的创办也为跨文化研究者提供了思想交流与碰撞的平台。令人振奋的是，随着"中国跨文化日耳曼学研究会"的成立，由其主办的《中德跨文化教育论坛》辑刊诞生，第一辑和第二辑分别于 2008 年、2011 年在德国出版。中国的跨文化研究者拥有一份相互交流的期刊平台，这在中国尚属首例。此前，中国关于跨文化（交际）研究方面的论文只能散见于各种学报以及外语类、文化类或者传播学、心理学、教育学方面的学刊。现在，中德跨文化研究者终于拥有了更广阔的交流平台。只是该期刊目前主要刊登以德文撰写的跨文化研究领

---

① 同济大学外国语学院前副院长朱建华教授 2010—2015 年担任该学会主席，他是首位担任此职位的中国日耳曼学者。

域的论文,无法在非德语读者中流通,其交流面受到一定限制。

2009年6月,由中国跨文化交际学会与哈尔滨工业大学外国语学院跨文化交际研究中心主办的《跨文化交际研究》学刊出版第一辑,其中收录了中外学者在跨文化交际领域的优秀研究成果,既有以英文撰写的文章,也有用汉语写就的论文,所以该学刊的交流面非常广。该学刊的出版必将为中国的跨文化交际研究提供强大的助推力,也为世界各国研究者了解中国的跨文化交际研究成果提供了窗口。

创刊于1986年的《德国研究》杂志是一份综合性、全方位研究德国的国别研究学术期刊,由同济大学德国研究所主办。该期刊开设的栏目涉及德国政治、经济、法律、教育、社会、文化等领域,为研究德国的学者提供了广阔的发表平台。尤其是自2009年该刊被列为"中文社会科学引文索引"(CSSCI)来源期刊以来,吸引了更多来自德国研究各领域的高质量论文。

2013年6月,由《德语学习》改版而来的专业学术期刊《德语人文研究》正式出版。该期刊以人文学科前沿研究为基本导向,收录德语语言文学及相关人文学科的原创论文。《德语人文研究》每年出版2期,语言以中文为主,适当刊登德文论文。其开设的栏目包括:文学思索、语言研究、教学探讨、文化阐释、人文纵横、书评等。《德语人文研究》的出版证明了中国德语界在日耳曼语言文学学术领域内的成长和发展。

经过多年的积累和发展,尤其是近些年的拓展,德语语言文学学科的科研成果发表平台除上述几份刊物之外,还有由张玉书、魏育青、冯亚琳等主编的《文学之路》(2000年出版第1期)、陈洪捷主编的《北大德国研究》(2005年出版第1期)、殷桐生主编的《德意志文化研究》(2006年出版第1期)、张玉书、魏育青等主编的《德语文学与文学批评》(2007年出版第1期)、印芝虹等主编的《中德文化对话》(2008年出版第1期)、梁锡江等主编的《中德研究杂志》(2015年出版第1期)等。

上述学术机构的设立、学术研讨会的定期召开以及学术期(辑)刊的出版,反映了近些年中德跨文化交流与合作的发展成果,尤其值得一提的是,这种跨文化交流与合作逐渐趋向定期化和机构化。①

---

① 参见冯亚琳《全国德语语言文学学科科研工作总结报告(2005—2009)》,载贾文建、魏育青主编《中国德语本科专业调研报告》,外语教学与研究出版社2011年版,第166页。

三 跨文化交际学专业发展

在跨文化交际学科发展过程中，尤其在设立专业及开设课程方面，美国的大学仍然是领头羊。"到 70 年代中期，在美国已经有二百多所大学开设跨文化交际学的课程。有的大学甚至授予跨文化交际学硕士和博士学位。"[①] 根据美国两位学者的调查，"美国大学中的 17.8% 至少开设一门跨文化交际学课程［……］目前大约有 275 所大学在开设此课［……］这一势头还将继续，因为 18.1% 的学校表示他们不久将开设跨文化交际学课程"[②]。

德国目前也有不少高校开设此专业或与之相关的课程，如萨尔州立大学（Universität des Saarlandes）、乌尔姆大学（Universität Ulm）、杜伊斯堡-埃森大学（Universität Duisburg-Essen）、耶拿大学（Universität Jena）、开姆尼茨工业大学（TU Chemnitz）、拜罗伊特大学（Universität Bayreuth）、柏林自由大学（Freie Universität Berlin）、希尔德斯海姆大学（Universität Hildesheim）、哥廷根大学（Universität Göttingen）等。

在中国，从 20 世纪 80 年代中叶开始，陆续有几所大学的英语专业"开始设立跨文化交际学课程，这包括北京外国语大学、黑龙江大学、哈尔滨工业大学、福建师范大学、云南大学等"[③]。1998 年，教育部高等学校外语专业教学指导委员会在《关于外语专业本科教育改革的若干意见》中强调了要重视"能力培养"（［德］Kompetenzbildung），其中包括：与异文化的合作伙伴的交际能力，不同文化间的合作能力，适应职业活动的能力，独立提出问题和讨论问题的能力，人际交往、组织和应变能力。[④] 从字里行间可以读出，外语教育的重要任务在于传授和培养跨文化对话能力（［德］interkulturelle Dialogfähigkeit）。大家逐渐认识到，传统的外语教学模式已经无法适应时代的要求，跨文化交际已经成为外语教学与科研领域不可或缺的一部分。

从德语专业而言，自 20 世纪 90 年代开始，各大学的德语专业陆续开设了与跨文化交际相关的课程，而学生对含有跨文化内容的课程的兴趣激增。北京第二外国语学院自 20 世纪 90 年代初就开设了"外国人看中国文

---

① 胡文仲：《跨文化交际学概论》，外语教学与研究出版社 1999 年版，第 11 页。
② 同上。
③ 同上书，第 17 页。
④ 参见 Liang, Yong, et al., Ansätze interkultureller Germanistik in China, in: Wierlacher, A. & A. Bogner（Hrsg.）, Handbuch interkulturelle Germanistik, Stuttgart/Weimar: Verlag J. B. Metzler, 2003, p.604。

化"的课程①,目的在于通过对中国比较了解的西方人的外部视角培养学生对自己文化的敏感性。同济大学德语系自 1997 年以来就致力于将"跨文化交际"纳入硕士研究生的课程体系。北京外国语大学德语系于 1997 年开设硕士研究生专业"跨文化经济交际"②,该专业的主要目的是在经济日益全球化背景下发展一种在国际框架中进行经济活动的跨文化能力([英]cross-cultural competence,[德]interkulturelle Kompetenz),在此基础之上,该校钱敏汝教授和贾文键教授分别于 2002 年、2007 年开始招收跨文化研究方向和跨文化交流方向的博士研究生。而青岛大学的跨文化德语专业将培养学生在国际合作中的跨文化行为能力和职业行为能力作为由中德双方联合确定的专业教学大纲的培训目标。该专业的中心目的在于培养学生一种跨文化交际的基本能力,这种能力的获得不仅仅通过学习语言知识,而更重要的是通过获取包括与来自其他文化的人的交往意愿的文化知识,在自我与陌异的张力场([德]Spannungsfeld)中培养一种跨文化能力。学习的最高目标是对各具文化特色的视角、思维方式及知觉模式([德]Wahrnehmungsmuster)进行反思([德]Reflexion)。国外实习已经成为该专业不可或缺的一个组成部分。因为所追求的交际能力与跨文化能力仅仅在教科书、教室及课堂上是无法真正获取到的,而是需要对异域语言、经济和文化具有实际经验。因此,青岛大学跨文化德语专业大纲中也规定了必须进行几个月的实习,其中部分学生在中德双方的合作框架中于第五学期或者第六学期到德国的拜罗伊特大学及德国公司进行实习。③ 而北京外国语大学、南京大学与德国哥廷根大学三校联合培养跨文化日耳曼学硕士研究生项目则将跨文化学习践行得更加彻底,参与该项目的这三所大学的学生共同在德国哥廷根大学学习一年,然后再到中国的南京大学或北京外国语大学学习一年,最后一年回到各自学校完成毕业论文。这种两国三地的学习以及项目组中不同国籍的教师和同学,使得学生的学习环境和学习活动本身始终处于一种跨文化状态中。目前,中国已有很多高校的德语专业通过校际交流、合作办学等方式将学生

---

① 参见朱小雪等编《外国人看中国文化》,旅游教育出版社 1993 年版。
② 该专业的理论框架可参见钱敏汝《跨文化经济交际及其对外语教学的意义》,《外语教学与研究》1997 年第 4 期;钱敏汝《跨世纪、跨文化、跨学科——培养可持续发展人才的基本思路》,载高等学校外语专业指导委员会德语组编《中国德语教学论文集》,外语教学与研究出版社 2000 年版,第 119—128 页。
③ Liang, Yong, et al., Ansätze interkultureller Germanistik in China, in: Wierlacher, A. & A. Bogner (Hrsg.), *Handbuch interkulturelle Germanistik*, Stuttgart/Weimar: Verlag J. B. Metzler, 2003, p. 607.

送到国外实习和学习，以此来践行跨文化学习，以提高学生的跨文化交际能力，培养其对本文化、异文化的敏感性。

综观跨文化交际研究的发展历史与现状，笔者发现其发展具有以下几个特点：

（1）跨文化交际研究形成并发展于美国，因而美国在该领域中的理论及实践研究明显多于中德等其他国家，中德两国的跨文化交际研究初始阶段以介绍和验证美国学界的理论与方法为多，致力于本土化的独创性研究相对较少，目前，这一情况已逐步得到改观。

（2）美国学界对跨文化交际的研究主要基于相对狭义的跨文化交际，因而对交际过程本身的探讨居多；而德国与中国学界在该领域的研究主要基于对跨文化交际的广义理解，尤其是中国德语界目前的研究成果以文化比较分析居多。

（3）从该领域的研究整体而言跨学科的特点越来越明显，但是在中国，研究者的学科背景相对比较单一，主要集中于外语界，其他学科则主要从本学科的跨文化对比、跨文化对话和交流的角度出发，这实际是学术的跨文化交际（这也是当前全球化背景下的一种必然趋势），是一种广义的跨文化交际，即所谓的跨文化研究。目前，这一情况也逐步得到改观，越来越多来自不同学科领域的研究者开始将目光投向跨文化交际研究。

（4）胡文仲在20世纪90年代曾认为，中国当时的"研究总的来说还比较零碎，第一手材料数量不大，且缺乏系统性"①，这一状况迄今已经有了很大改观，中国的跨文化交际研究经过这些年的发展，正呈现出一片繁荣景象。而具体到中国德语界的跨文化交际研究，尽管起步比英语等专业晚，但在近20年的发展可谓成果累累。除散见于各类期刊的论文外，成规模的论文集（包括年刊、年鉴等连续出版物）已有几十部出版，除此以外，近几年中德跨文化交际研究领域已有十余篇博士学位论文顺利通过答辩，綦甲福的博士学位论文《人际距离的跨文化研究》于2011年获得国家社会科学基金后期资助项目资助。另外，以中德跨文化交际为研究内容的多部专著问世。上述博士学位论文和专著均立足于实证研究，作者都是在收集大量的第一手材料的基础上构建其理论框架，使得中国跨文化交际研究之初"第一手材料数量不大"的状况有了显著改观。尽管如此，中国中德跨文化交际研究仍然没有形成规模和体系，无论是从跨文化交际

---

① 胡文仲：《试论跨文化交际研究》，载胡文仲主编《文化与交际》，外语教学与研究出版社1994年版，第519页。

作为一门学科而言，还是从以此为研究对象的研究者队伍而言，中国德语跨文化研究界仍须继续努力，争取更多突破。

第三节 研究对象、目的和任务

在本书中，人际距离主要是指人际交往时关系的远近与疏密。当然，这个概念的使用并不仅仅限于心理范畴，在本课题的研究中，它同样被用来描写言语交际中的距离即语用距离、非言语交际中的空间距离即身体距离、人际交往中所存在的社会距离以及文化距离。文化距离作为一种宏观的范畴潜在地影响着来自不同文化的人们的交际行为，所以是本书对人际距离进行深层次挖掘的依托。跨文化的概念在本书的实证调查中主要涉及中国与德国两种文化，但是，在阐述和梳理跨文化研究理论时，则该概念不受这一限制。在实证调查中，中国留德学生系指从中国大陆赴德国以学习和研究为目的的中国人，既包括国家及单位公派到德国高校及研究机构进修、学习和从事科研工作的访问学者和攻读学位的留学生，也包括自费奔赴德国高校攻读学位的学生，但未将中国港、澳、台地区的留德学生列入本书的研究范畴之内。上述群体在本书中泛指时统称为留学生。"学习"这一概念很容易被理解为传统意义上狭义的学习，即在学校等教育机构所进行的文化、科学知识的学习，尤其与留学生这一概念结合起来更容易使人产生这种理解。但在本书中所谓的学习是一个广义的概念，它主要是指对环境的认知、适应过程和对自己的价值取向、思维方式、行为规范的（再）认识、调整与改变，这实际也包括狭义的在教育机构所进行的知识、技能的学习。

笔者选择留德学生的跨文化学习这一视角，试图在跨文化学习理论框架的基础之上，通过对留德学生的问卷调查和访谈，获得留学生在德国这一异文化环境中对人际距离体验的第一手资料，挖掘留学生跨文化学习过程中人际交往的积极体验与消极体验的深层次原因，从学术角度实施对这一群体的指导与关怀。这些构成了本课题的主要研究目的。为了达到以上目的，本课题要完成以下几项任务：

（1）从跨文化心理学和跨文化交际的研究视角探讨跨文化学习概念及理论，从中发掘跨文化学习理论对中国留学生在异文化环境中的跨文化行为能力的指导意义。

（2）阐明人际距离在人际交往中不同层面上的表现形态：身体距离、

语用距离、心理距离、社会距离、文化距离。探讨人际距离这五个不同层面的关系，揭示文化因素对人际交往的这几个层面上的距离的影响程度。

（3）将距离原则纳入与言语及非言语交际的礼貌原则和"权势"/"平等"原则的对比分析之中，论证距离原则是更基本的原则，无论是礼貌原则，还是"权势"/"平等"原则，都是距离原则的体现。因而，人类行为的各个层次的动机最终都可以用距离原则加以阐释。

（4）通过问卷调查与追踪访谈等研究方法实施对中国留德学生的调查研究，并建立留学生的主观理论结构图，挖掘他们在本文化和异文化环境中对各层面人际距离的不同体验、对异文化的适应和学习历程，构建被研究者视角上的人际距离概念和理论。在此基础之上提出行之有效的跨文化学习培训方案。

第四节　理论基础、研究方法和材料来源

本书的理论基础主要包括两方面：（1）跨文化学习理论方面：Bennett 的跨文化敏感性发展模式（［德］Entwicklungsmodell interkultureller Sensibiltät），Oberg 的"文化休克"（［英］culture shock，［德］Kulturschock）模式，Kim、Gullahorn、Furnham、Torbiörn、Ward 等的跨文化适应理论，Jensen、Knapp、Hammer、Furnham、Bochner 等所涉及的"跨文化能力"和德语学术圈提出的"跨文化性"（［德］Interkulturalität）等概念，Thomas 的"跨文化学习"（［德］interkulturelles Lernen）理论；（2）人际距离理论方面：Hall 的人类学视角的空间距离理论及其他学者的非言语交际行为理论，Simmel、Park 等的社会心理学视角的社会距离理论，另外，笔者在书中还将涉及 Weber、Laumann 等社会学视角上的社会距离理论，Brown、Gilman 等社会语言学视角上的"权势"/"平等"原则，Leech、Brown 和 Levinson 等语用学视角上的礼貌原则等。在此基础上，本书广泛借鉴跨文化交际学、跨文化心理学和社会心理学等多门学科的观点和材料来丰富文章内容，深化本书的理论深度。

在本书中，笔者主要采用以下几种研究方法：

（1）跨文化（［德］interkulturell）比较法。由于笔者的研究对象为中国留德学生，这种特殊的身份——他们带有中国文化传统下所形成的世界观、价值观、思维模式与行为方式在德国文化环境中学习和生活——要求笔者用一种跨文化的视角与方法来观察他们在本文化和异文化中的心路历程和

交往行为。对这样的研究对象仅仅从中国文化或者德国文化任何一方出发进行观察与解释,都将无法全面揭示这一研究对象真正的学习过程,也就无法公正地评判哪些文化因素在这一学习过程中产生了影响。因此,笔者选择从中德两种文化的对比中反思中国留学生的人际距离心理及行为的发展变化。

(2) 跨学科([德]interdisziplinär)比较法。从本书题目上就可以看出,该课题呈现出一种交叉学科的性质。由于人类学、社会心理学、文化心理学、社会语言学、跨文化交际学等学科都从不同角度对人际距离问题有所涉及,所以,对该问题的研究要想采用单一学科的理论与方法将无法实现笔者的研究目的。只有考察不同学科对人际距离问题的研究成果,才能为笔者的研究奠定坚实的理论基础,也为笔者在跨学科的意义上开创新的研究视角指明方向。

(3) 量化研究([德]quantitative Forschung)方法。由于中国留德学生是一个庞大的群体,要想获得这一群体对人际距离的跨文化体验和整体感觉,需要在样本上达到一定的数量,方能体现出研究的代表性和普遍意义。笔者从宏观上了解中国学生在中德两种不同文化环境中对人际距离的理解与体验时,采用了问卷调查法和量化分析法。从研究方法上而言,中国学者以前主要习惯于使用定性方法,"而对定量的方法则不甚了解且用得不多。[……]所发表的论文或研究报告在概念层次上做抽象议论的多,少有从实践中得来的第一手数据,少有量化的分析;如有统计数据,也只限于描述统计,仅有简单的百分数等统计量,缺乏追根溯源、探究因果承袭的深入讨论"①。自20世纪90年代以来,这一状况已经有很大改观,量化研究在中国学术界已蔚然成风。在这样一种背景下,笔者在本课题中也将采用量化研究的方法。在对统计数据进行量化分析过程中,笔者使用了社会科学研究领域应用极为广泛的统计分析软件包 SPSS([英]Statistical Package for Social Sciences)。该软件包功能十分强大,不仅可以进行数据的统计描述,而且可以从不同方面对数据进行相关性、归因等"追根溯源、探究因果承袭"的分析和讨论,并能对分析结果进行各种检验。但遗憾的是,如此强大的统计分析软件在中国的跨文化研究领域应用非常有限,而在中国德语界使用该工具进行的研究也寥寥无几②。笔者试图在本书中做一尝试,以期引起中国跨文化研究界对这一工具和方法的重视。

---

① 严辰松:《定量型社会科学研究方法》,西安交通大学出版社2000年版,"前言"。
② 李媛、范捷平使用 SPSS 对"模式固见"([德]Stereotyp)问题进行了分析,在这方面做出了有益的尝试,参见李媛、范捷平《跨文化交际中模式固见发展变化动态分析》,《外语教学与研究》2007年第2期。

对问卷调查所获得信息的量化分析，将为笔者和其他研究者从中德两种文化视角出发对留德学生这一群体的心理与行为变化进行比较提供相对充足的数据，也为进一步的质性研究提供一个解释语境。

（4）质性研究（［德］qualitative Forschung）方法①。学习过程是一个心理过程，而在异文化环境中对人际距离的体验与学习更是一个心理发展的过程。要想考察这个心理发展过程，仅仅依靠问卷调查法及量化分析很难深入下去，所以笔者在大量问卷调查的基础上采用了追踪访谈法，通过对有限数量的个体的两次半结构化访谈（［英］semi - structured interview），来考察这些个体在特定时间段内对人际距离的不同体验，从而可以动态地看出他们各自对该问题的学习轨迹。另外，由于笔者是以访问学者身份赴德国进行课题研究，所以本身也是此课题的研究对象之一。在德国访学期间的个人经历和体悟为笔者更好地了解留学生群体的生活环境，理解他们的真实感受提供了第一手资料，这一点可能正是研究者同时作为被研究者的参与式观察法（［德］teilnehmende Beobachtung）的魅力所在。同样，在质性研究过程中，研究者与被研究者是一种互动关系，双方对所关注的问题的理解在互动中不断发展。这一研究方法使得研究本身成为一个学习过程，而且这个学习不是单方向的，研究者从被研究者那里获得了某种认识，而被研究者在这个过程当中，至少是找到了一个反思的机会，加深了对所探讨问题的思考，为以后强化成功经验、规避消极经历做了思想准备，这也是一种真正意义上的学习。

与上述研究方法相对应，本书的主要材料来源为：前人的研究成果、问卷调查获得的数据、追踪访谈获得的录音资料和以此为基础而建立的主观理论结构图（［德］Strukturbild der Subjektiven Theorie）以及研究者自身的参与体悟。

---

① 从一般方法论的角度，中国研究者传统上将研究划分为定量与定性两类，这在学术界并无分歧，但近年来有人认为"定量"与"定性"这两个词并没有准确地概括这两类研究方法，因为"定量"容易使人认为仅仅给事物一个数量，而定性给人一种对事物仅仅做性质判断的印象，因此提出以"量化研究"或"量的研究"与"质化研究"或"质的研究"取代"定量"与"定性"的说法，这种提法有一定道理。参见沙莲香主编《社会心理学》，中国人民大学出版社 2002 年版；陈向明《旅居者和"外国人"——留美中国学生跨文化人际交往研究》，教育科学出版社 2004 年版。本书中采用"量化研究"和"质性研究"这两个概念。

第一章 人际距离问题研究综述

空间会说话。——霍尔
距离"也具有一个体系"。——钱敏汝

保持合适的距离是人类共同生活的基本条件之一。人们的每一种相互作用都是建立在"建立距离"（[德]Distanzaufbau）与"消除距离"（[德]Distanzabbau）的辩证基础之上。① 因此，对于人际距离的观察与思考一直伴随在人们的交际行为过程中，从未间断过。

Roeder（2003）通过美国心理学杂志的搜索引擎"Psychinfo"搜索"personal space"（个人空间）及"interpersonal distance"（人际距离）两关键词，对20世纪60年代至2003年期间涉及个人空间和人际距离的研究做了统计。根据其统计数据，人际距离问题研究自20世纪30年代开始后，于60年代得到初步发展，研究成果逐步增多；进入20世纪70、80年代，关于"人际距离"和"个人空间"的研究逐渐发展成为显学，在70年代后期达到顶峰，呈百家争鸣之势；此后相关研究骤然减少，学界已经不再蜂拥于该现象的研究；进入90年代后，相关研究降至谷底；进入21世纪之后，学界对该现象的研究兴趣进一步减弱。

第一节 人际距离问题研究的起步期

按照学界的一般理解，人际距离属于人类空间行为的范畴。而关于人类空间行为的研究在20世纪30年代之前基本无人问津。人类空间行为作

---

① 参见 Wierlacher, A., Distanz, in: Wierlacher, A. & A. Bogner (Hrsg.), *Handbuch interkulturelle Germanistik*, Stuttgart/Weimar: Verlag J. B. Metzler, 2003, p. 222.

为一个独立的研究领域最早源于动物行为的研究①。德国的动物行为学家 Hediger 开启该领域研究之先河。他早在 20 世纪 30 年代便观察到,某些动物与它们的同类保持固定的距离,便把这种距离称为"个体距离"([德] persönliche Distanzen),②他根据这种距离的大小将动物区分为"接触型动物"([德] Kontakttiere)与"疏远型动物"([德] Distanztiere),并建立了动物的个体距离和社会距离理论,③把这种距离细分为逃逸距离、防御距离和临界距离([德] Flucht-, Wehr-und kritische Distanz)④。Katz(1937)同样在比较了动物与人的空间行为后提出"个人空间"([英] personal space, [德] personaler Raum,或译"私人空间")的概念,⑤首次将目光转向人类的距离行为([德] Distanzverhalten),从此引发学者对人类的这种距离行为现象的学术兴趣。但此领域的研究者在当时仍然寥若晨星。⑥

第二节 人际距离问题研究的发展期

20 世纪 50 年代末,人类学领域对人际距离问题产生了巨大兴趣。美国人类学家 Hall 为这一研究领域的代表人物。他在 1959 年出版的《无声

---

① 将人类非言语交流与动物的表达方式联系起来研究最早见于达尔文 1872 年发表的《人类和动物的情态表达》,参见关世杰《跨文化交流学——提高涉外交流能力的学问》,北京大学出版社 1995 年版,第 259—260 页。
② Hediger, H., Zur Biologie und Psychologie der Flucht bei Tieren, in: *Biologisches Zentralblatt*, 1934(54);转引自 Roeder, U.-R., *Selbstkonstruktion und interpersonale Distanz*(Dissertation),Berlin: Freie Universität Berlin, 2003, p.40。
③ 参见 Ahrens, N., *Kultur als potentieller Determinationsfaktor für interpersonale Raumverhaltensphänomene und-präferenzen im Gesamtkontext kommunikativen Verhaltens: Eine Fallanalyse intra-und interkultureller dyadischer Interaktionssituationen innerhalb eines deutschsprachigen Umfeldes*(Dissertation), Bielefeld: Universität Bielefeld, 2003, p.29。
④ 参见 Roeder, U.-R., *Selbstkonstruktion und interpersonale Distanz*(Dissertation), Berlin: Freie Universität Berlin, 2003, p.40。
⑤ Katz, P., *Animals and Men*, New York: Longmans and Green, 1937;转引自 Roeder, U.-R., *Selbstkonstruktion und interpersonale Distanz*(Dissertation), Berlin: Freie Universität Berlin, 2003, p.40。
⑥ 此间值得一提的是 1952 年出版的 R.L. Birdwhistell 所著的《举止神态学概论》一书,作者将非言语交流与人际关系结合起来研究,在非言语交际领域具有一定的开创意义。参见关世杰《跨文化交流学——提高涉外交流能力的学问》,北京大学出版社 1995 年版,第 260 页。

的语言》一书中有一章以"空间会说话"（［英］Space Speaks）① 为题；1963 年，Hall 提出测量与记录空间关系行为（［英］proxemic behavior）的方法体系，后来他进一步提出"空间行为学"（［英］proxemics，［德］Proxemik）② 的概念，并将其定义为："关于人们如何无意识地构造微观空间的研究，包括人们在处理日常事务时所保持的距离、房屋建筑的空间组织以至城镇的布局设计等。"③ 这一概念的提出，可以说为研究人类空间行为这一领域确立了学科名称，而他自 1959—1983 年先后出版的四部专著《无声的语言》《隐藏的维度》④《超越文化》《生活舞蹈》，把跨文化交际中的非言语行为研究"大大地向前推进了一步"⑤。Hall 将空间这一交际介质分为三个层面："基础文化层面"（［英］infracultural level）、"前

---

① 转引自贾玉新《跨文化交际学》，上海外语教育出版社 1997 年版，第 448 页；另参见毕继万《跨文化非语言交际》，外语教学与研究出版社 1999 年版，第 72 页。

② Hall, E. T. , *The Hidden Dimension*, New York: Anchor Books, 1982; Hall, E. T. , Proxemics, in: *Current Anthropology*, 1968（9）. 中国学术界在引介"Proxemics"这一概念时采用的译法不尽统一，有"近体学"（如杨全良《非言语交际简述》，载胡文仲主编《文化与交际》，外语教学与研究出版社 1994 年版，第 341—349 页；寸红彬《人际距离行为的文化差异——近体学初探》，《昆明理工大学学报》2004 年第 2 期；毕继万《跨文化非语言交际》，外语教学与研究出版社 1999 年版，第 72、76 页）、"领域学"（如贾玉新《跨文化交际学》，上海外语教育出版社 1997 年版，第 465 页）等 15 种以上译法。笔者此处没有采用"近体学""领域学"等译法，而是采用"空间行为学"这一名称，原因在于："近体学"的意涵太过狭窄，无法涵盖"远近距离的调节""交往双方的朝向及姿势"等意义；"领域学"同样给人以"固定的界限、领域"的感觉，体现不出交往双方的互动关系；而"空间行为学"虽然意义比较宽泛，已经超出了 Hall 当初的研究焦点即不同文化群体的人际距离之范畴，但根据贾玉新的说法，Hall 自己又将"领域学"（Proxemics）称为"人类空间统计学"，参见贾玉新《跨文化交际学》，上海外语教育出版社 1997 年版，第 465 页；而且，Hall 之后的研究者已将其研究范围扩大到人类空间行为的整体。本书并不着意于探讨这个概念的译名问题，关于这个问题可参见庄修田《PROXEMICS 的中文译名与相关研究议题》，《中原学报》（人文及社会科学系列）1996 年第 4 期。在本书中，笔者倾向于使用"空间行为学"这一译名。

③ 转引自 Ahrens, N. , *Kultur als potentieller Determinationsfaktor für interpersonale Raumverhaltensphänomene und-präferenzen im Gesamtkontext kommunikativen Verhaltens: Eine Fallanalyse intra-und interkultureller dyadischer Interaktionssituationen innerhalb eines deutschsprachigen Umfeldes*（Dissertation），Bielefeld: Universität Bielefeld, 2003, p. 24。

④ 关世杰在提到 *The Hidden Dimension* 这本书时采用的译名为《隐蔽的尺度》，参见关世杰《跨文化交流学——提高涉外交流能力的学问》，北京大学出版社 1995 年版，第 260 页；笔者此处采用胡文仲的译法，参见胡文仲《跨文化交际学概论》，外语教学与研究出版社 1999 年版，第 116 页。

⑤ 关世杰：《跨文化交流学——提高涉外交流能力的学问》，北京大学出版社 1995 年版，第 260 页。

文化层面"（［英］precultural level）、"微观文化层面"（［英］microcultural level）。① 在微观文化层面，Hall 将空间范围分成三种类型：（1）固定空间（［英］fixed-feature space），如通过城市规划与建筑而形成的不可变的空间；（2）半固定空间（［英］semi-fixed-feature space），如由桌椅等家具的摆放所构成的空间；（3）非正式空间（［英］informal space）。② 非正式空间与人在交际情境中对空间状况的使用和改变以及这些改变对交际互动过程的影响有关。在《隐藏的维度》一书中，Hall 以对中产阶层北美人的观察为基础，确立了四个距离区域：亲密距离（［英］intimate distance，［德］intime Distanz）、个人距离（［英］personal distance，［德］persönliche Distanz）、社交距离（［英］social distance，［德］soziale Distanz）和公众距离（［英］public distance，［德］öffentliche Distanz）。③ 尽管这一区分是以北美中产阶层的人际交往的调查结果为基础，反映的是同一文化内部的人际距离现实，但正如 Hall 自己所认为的那样，他所区分的这四个距离区域在所有文化中都存在，只不过不同文化中相对应的距离区域的大小各有异同。他既看到了人际交往中距离现象在各文化中的普有性，又看到了各个距离区域具体大小的文化专有性，为与距离相关的跨文化交际实践与研究奠定了坚实的基础。而关于人际空间距离行为的研究也由此引起众多研究者的注意。

1965 年，Argyle & Dean 在"协同-冲突理论"（［英］affiliation-conflict-theory，［德］Affiliations-Konflikt-Theorie）的基础之上提出"亲密均衡模式"（［英］intimacy equilibrium model），指出人际距离的调节基于接近和疏远的矛盾关系，接近可以获得信息，疏远能够保持个性和自由；而两个人之间保持的距离则形成他们当前关系的亲密水平。④ 该均衡理论被后来的大量研究所证实或者部分被证实，但也受到一些研究者

---

① 参见 Ahrens, N., *Kultur als potentieller Determinationsfaktor für interpersonale Raumverhaltensphänomene und-präferenzen im Gesamtkontext kommunikativen Verhaltens：Eine Fallanalyse intra-und interkultureller dyadischer Interaktionssituationen innerhalb eines deutschsprachigen Umfeldes*（Dissertation），Bielefeld：Universität Bielefeld, 2003, p. 24。

② 参见 Hall, E. T., *The Hidden Dimension*, New York：Anchor Books, 1982。

③ Ibid., pp. 126 - 127. 另见关世杰《跨文化交流学——提高涉外交流能力的学问》，北京大学出版社 1995 年版，第 293—294 页；贾玉新《跨文化交际学》，上海外语教育出版社 1997 年版，第 465—466 页；毕继万《跨文化非语言交际》，外语教学与研究出版社 1999 年版，第 77—78 页。

④ 参见 Argyle, M. & J. Dean, Eye contact, distance and affiliation, in：*Sociometry*, 1965 (28)。

的反驳。① Rosenfeld（1965）也通过实证研究证明，如果排除攻击的可能性，接近（［德］Nähe）意味着喜欢（［德］Mögen），所以与协同（［英］affiliation,［德］Affiliation）② 有关。③

个人空间的领域性（［英］territoriality,［德］Territorialität）由动物行为学研究延伸而来，在 20 世纪 60 年代末引起研究者的注意。Lyman & Scott（1967）区分了三种类型的领域：公共领域（［德］öffentliche Territorien）、故土领域（［德］Heimatterritorien）和个人领域（［德］persönliche Territorien）。④ 这里的个人领域就是我们所讨论的个人空间，Altman（1975）认为领域行为是人我界限的规则机制，当他人侵入这一领域时会引起不舒服的感觉。⑤ Lyman & Scott（1967）把对领域的侵犯形式归纳为三种：侵扰（［英］Violation）、侵占（［英］Invasion）和污染（［英］Contamination）。⑥ 早期有学者（如 Hall, 1966; Dosey & Meisels, 1969）曾形象地将个人领域称为"个人空间气泡"（［英］bubble of personal space，或译"个人空间圈"），然而，这种"气泡说"受到 Hayduk（1978）、Argyle（1979）、Sanders, et al.（1985）等人的批评与质疑。根据他们的研究，个人空间并不是圆的，而是有些人前面的空间比背后的空间大，而另一些人后面需要更多的空间，而且其形状也随人的头部朝向的变化而变化;⑦ Hayduk 提出，个人空间有一个纵向轴，脚周围需要的空间按比例比头周围需要的空间小

---

① Hayduk 提供了这方面的一个概况，参见 Hayduk, L. A., Personal Space: Where We Now Stand, in: *Psychological Bulletin*, 1983（2）；另外可参见 Schultz-Gambard, J., Persönlicher Raum, in: Kruse, L., C.-F. Graumann, & E.-D. Lantermann (Hrsg.), *Ökologische Psychologie: Ein Handbuch in Schlüsselbegriffen*, München: Psychologie Verlags Union, 1996, pp. 325-332。
② 协同是指寻找与他人社交（交往）的倾向。
③ 参见 Roeder, U.-R., *Selbstkonstruktion und interpersonale Distanz* (Dissertation), Berlin: Freie Universität Berlin, 2003, p. 47。
④ 参见 Ahrens, N., *Kultur als potentieller Determinationsfaktor für interpersonale Raumverhaltensphänomene und-präferenzen im Gesamtkontext kommunikativen Verhaltens: Eine Fallanalyse intra-und interkultureller dyadischer Interaktionssituationen innerhalb eines deutschsprachigen Umfeldes* (Dissertation), Bielefeld: Universität Bielefeld, 2003, p. 25；另外可参见 Altman（1975）的分类：主要领域、次要领域、公共领域。毕继万使用的是"主要领地""次要领地"和"公共领地"的译名，参见毕继万《跨文化非语言交际》，外语教学与研究出版社 1999 年版，第 79 页。
⑤ 参见 Hayduk, L. A., Personal Space: Where We Now Stand, in: *Psychological Bulletin*, 1983（2）。
⑥ 参见毕继万《跨文化非语言交际》，外语教学与研究出版社 1999 年版，第 79—80 页。
⑦ 参见 Salewski, C., *Räumliche Distanzen in Interaktionen*, Münster: Waxmann, 1993；另参见胡文仲《跨文化交际学概论》，外语教学与研究出版社 1999 年版，第 117 页。

一些，呈不规则的圆柱体状，① 如图1-1所示。

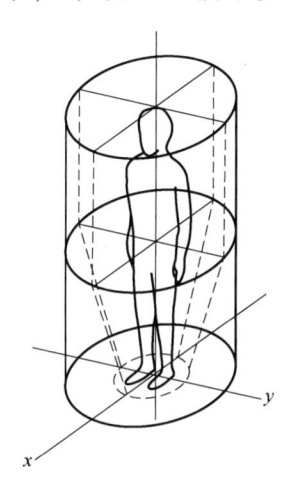

图1-1 个人空间示意图②

第三节 人际距离问题研究的高峰期

从20世纪70年代一直到80年代，关于个人空间及人际距离行为的研究进入蓬勃发展时期。无论从研究者的人数，还是从研究者所设计的测量方法和建立的理论模式而言，都达到了空前绝后的规模。Altman（1975）赋予"个人空间"（［英］personal space）、"领域性"（［英］territoriality）和"拥挤"（［英］crowding）等空间行为方式一个统领概念："隐私"（［德］Privatheit）。他认为隐私是一个有非常细微差别的动态过程，从功能角度而言，"个人空间"是"在隐私领域运行的、目的在于调整人际边界使之与社会互动的全部层次协同一致的行为机制（［英］behavior mechanism）"③。Patterson

---

① 参见 Hellbrück, J. & M. Fischer, *Umweltpsychologie: ein Lehrbuch*, Göttingen: Verlag für Psychologie, 1999。
② 参见［美］洛雷塔·A. 马兰德罗、拉里·巴克《非言语交流》，孟小平等译，北京语言学院出版社1991年版，第212页。
③ 转引自 Ahrens, N., *Kultur als potentieller Determinationsfaktor für interpersonale Raumverhaltensphänomene und-präferenzen im Gesamtkontext kommunikativen Verhaltens: Eine Fallanalyse intra-und interkultureller dyadischer Interaktionssituationen innerhalb eines deutschsprachigen Umfeldes*（Dissertation），Bielefeld: Universität Bielefeld, 2003, p. 26。

(1976) 基于归因理论（［德］Attributionstheorie）创立了"人际亲密激发模式"（［英］Arousal Model of Interpersonal Intimacy），按照该模式，在一个互动交往中人际距离的改变意味着亲密度的改变，并激发一种情感评价。消极评价（如愤怒、不快、困惑）引起平衡反应（如拉大距离或将视线移往别处），积极评价（如喜悦、爱恋、轻松）引起交互反应（如进一步接近或微笑）。Patterson（1982）继续将该模式发展为"非言语交际的结果功能模式"（［英］Sequential Functional Model of Nonverbal Exchange）。根据该模式，非言语行为不仅具有亲密度调节功能，而且还有获取信息、调节互动、社会控制等其他功能。后来他（Patterson，1995）进一步将该模式发展为"平行过程模式"（［英］Parallel Process Model）。①

为了对个人空间或人际距离现象进行科学、系统的观察，研究者设计了各种不同的方法，Hayduk（1983）将这些方法归为两类："投射法"（［德］projektive Verfahren）和"非投射法"（［德］nicht-projektive Verfahren），前者如"科特感觉人像放置法"（［英］Kuethe's felt figure placements）、"彼得森剪影放置法"（［英］Pedersen's Silhouette placements）以及 Duke & Nowicki 的"适宜人际距离量表"（［英］Comfortable Interpersonal Distance Scale，简称 CID）；后者如 Kinzel 的"止步距离法"（［英］Stop-Distance-Method，［德］Stop-Distanz-Methode）、自然观察法或录像分析法等。② 非投射法测量的是交往者之间的实际空间距离，而投射法测量的则是"再现距离"（［德］reproduzierte Distanzen）；非投射法由于是在接近真实生活的情境下采用，所以，人际距离的调节是无意识的，而投射法则需要认知活动，即在注意力控制下对情境的思想再现。我们在实证研究的问卷调查和访谈中采用的主要是投射法（参见第四章和第五章）。无论是投射法还是非投射法，都因各自某些方面的不足而受到研究者的批评。③

在关于个人空间及人际距离的大量实证研究中，有一小部分研究将空

---

① 参见 Roeder, U.-R., *Selbstkonstruktion und interpersonale Distanz* (Dissertation), Berlin: Freie Universität Berlin, 2003, pp. 62 – 63。
② Ibid., pp. 50 – 51。
③ 如 Hayduk 认为投射法的可信度（$r_p = 0.72$）比非投射法的可信度（$r_{stop-distance} = 0.81$）差，参见 Hayduk, L. A., Personal Space: Where We Now Stand, in: *Psychological Bulletin*, 1983 (2)；而 Salewski 则批评止步距离法，认为这种方法在实际的日常生活情境中的适用性非常有限，参见 Salewski, C., *Räumliche Distanzen in Interaktionen*, Münster: Waxmann, 1993。

间行为视为自变量（［英］independent variable，［德］unabhängige Variable），考察某一特定的距离行为对经验和行为的影响，[①] 而大部分研究将人的空间行为视为因变量（［英］dependent variable，［德］abhängige Variable），这些研究所关注的一个共同问题就是：哪些因素对人际距离产生影响。这方面的研究发现可谓汗牛充栋，Hayduk（1983）对此做了梳理与综述。从迄今的研究结果来看，影响人际距离的因素中既有个体变量（性别、年龄、个性），也有关系—情境变量（态度、情境）和社会—文化变量（地位、文化）。下面笔者将相关变量的研究概述如下：[②]

（1）个体变量对人际距离的影响，如性别、年龄、个性因素。

性别因素的研究中又分为男女性个人空间的比较研究（如 Heshka & Nelson，1972；Evans & Howard，1973）、男女性人际距离的比较研究（Thomas，1973）、男女性体触行为的研究（Patterson & Schaeffer，1977；Henley & LaFrance，1984；Lewis，et al.，1995）等，其他涉及性别变量的研究还有 Altman（1975）、Henley（1977）、Argyle（1979）等。

在有关年龄因素对人际距离影响的研究中比较有代表性的成果有 Argyle（1988）等。

涉及个性因素对人际距离影响的研究有 Sommer（1969）、Duke & Nowicki（1972）、Cappella & Greene（1984）、Buller & Burgoon（1986）等。

（2）社会—文化变量对人际距离的影响。其中，涉及社会地位、权势等因素的研究有 Adler & Iverson（1974）、Henley & LaFrance（1984）等；涉及文化因素的研究有 Argyle（1979）、Sussman & Rosenfeld（1982）、Sanders，et al.（1985）等。

（3）关系—情境变量对人际距离的影响。其中，涉及态度因素的研究有 Bailey，et al.（1972）、Heslin & Boss（1980）、Argyle（1988）等；对情境因素的研究分为三类：涉及情境主题和任务的研究有 Worchel（1980）

---

① 参见 Roeder, U.-R., *Selbstkonstruktion und interpersonale Distanz*（Dissertation），Berlin：Freie Universität Berlin，2003，p. 52。
② 对这些研究成果的分类概述主要参见 Hayduk, L. A., Personal Space: Where We Now Stand, in: *Psychological Bulletin*, 1983（2）; Ahrens, N., *Kultur als potentieller Determinationsfaktor für interpersonale Raumverhaltensphänomene und-präferenzen im Gesamtkontext kommunikativen Verhaltens: Eine Fallanalyse intra-und interkultureller dyadischer Interaktionssituationen innerhalb eines deutschsprachigen Umfeldes*（Dissertation），Bielefeld：Universität Bielefeld，2003, pp. 42-53；Roeder, U.-R., *Selbstkonstruktion und interpersonale Distanz*（Dissertation），Berlin：Freie Universität Berlin，2003, pp. 53-59；［英］亚当·肯顿《行为互动》，张凯译，社会科学文献出版社 2001 年版，第 225—228 页。

等；涉及情境中互动群体的结构的研究有 Knowles（1973）、Edney & Jordan-Edney（1974）、Byrn & van Vleck（1980）等；涉及空间环境的研究有 Sommer（1969）、Worchel（1986）等。

钱敏汝曾指出：距离"也具有一个体系"①，它是各个行为特征及其变体的多维度综合体。正是由于人类距离行为这个体系的复杂性，由于影响人类距离行为的这些因素之间的相互作用，所以，任何一项研究，如果只孤立地涉及其中某一个变量，而不考虑其他因素的影响，那么，其研究结果的信度与效度就很难保证；而且，将各个变量截然分开做孤立的观察与分析也不符合事实，对我们的现实生活指导意义不大。笔者将相关变量的研究进行归类，并不意味着某项研究仅仅涉及某一个变量。实际上，上面这些研究大多都同时考虑了多个因素的影响。

第四节　人际距离问题研究的消退期

经过近 30 年的蓬勃发展后，学界对人际距离问题的研究兴趣在进入 20 世纪 90 年代之后骤然减退，不再蜂拥于该现象的研究，相关研究降至谷底，仅有个别研究成果产生了一定影响。其中涉及性别变量对人际距离影响的研究有 Neill（1991）、Rüter（2001）等，涉及个性因素对人际距离影响的研究有 Roeder & Hannover（2002）、Roeder（2003）等，涉及社会地位、权势等因素的研究有 Burgoon（1991）、Hall（1996）等，涉及文化因素的研究有 Ahrens（2003）等。值得一提的是在这些研究中涉及的大多是多因素对人际距离的影响，如 McDaniel & Andersen（1998）的研究既涉及态度因素，又讨论了文化因素的影响，而 Burgoon, et al.（1996）的研究则涉及性别变量、年龄因素、个性因素、社会地位及权势等多种因素对人际距离的影响。②

---

① 钱敏汝：《篇章语用学概论》，外语教学与研究出版社 2001 年版，第 221 页。
② 对这些研究成果的归类概述主要参见 Hayduk, L. A., Personal Space: Where We Now Stand, in: *Psychological Bulletin*, 1983（2）; Ahrens, N., *Kultur als potentieller Determinationsfaktor für interpersonale Raumverhaltensphänomene und-präferenzen im Gesamtkontext kommunikativen Verhaltens: Eine Fallanalyse intra-und interkultureller dyadischer Interaktionssituationen innerhalb eines deutschsprachigen Umfeldes*（Dissertation），Bielefeld: Universität Bielefeld, 2003, pp. 42 – 53; Roeder, U. -R., *Selbstkonstruktion und interpersonale Distanz*（Dissertation），Berlin: Freie Universität Berlin, 2003, pp. 53 – 59;［英］亚当·肯顿《行为互动》，张凯译，社会科学文献出版社 2001 年版，第 225—228 页。

本章小结

上面对人类距离行为的研究状况做了简单的梳理。通过梳理,笔者发现该领域的研究具有以下几个特点:

(1) 绝大多数研究将人类的距离行为视为非言语行为范畴,因此在研究过程中突出了"空间"的维度,而很少有研究同时涉及言语行为所体现出来的人际距离。[①]

(2) 绝大多数实证研究都是以美国文化为背景,即便是跨文化比较,也多是以美国文化为参照,将美国文化视为西方文化的代表,忽略了西方文化这一概念下所掩盖的西方各民族文化的差异性,对于美国文化以外的其他文化(如德国、中国文化)中的人际距离的研究力度不够。

(3) 人类距离行为的(实证)研究基本上为西方学者所垄断,中国

---

① 此处需要指出的是:(社会)语言学及语用学界对称谓语(尤其是第二人称称呼代词 T/V)以及礼貌策略的研究在一定程度上弥补了这一缺陷,部分研究涉及言语行为层面的人际距离,如:Denecke, A., Zur Geschichte des Gruβes und der Anrede in Deutschland, in: *Zeitschrift für den deutschen Unterricht*, 1892 (6); Silverberg, W. V., On the psychological significance of „ Du " and „ Sie ", in: *The Psychoanalytic Quarterly*, 1940 (9); Brown, R. & A. Gilman, The pronouns of power and solidarity, in: Sebeok, T. A. (Ed.), *Style in Language*, Cambridge: MIT Press, 1960; Brown, P. & S. Levinson, Universals in Language Usage: Politeness phenomena, in: Goody, E. N. (ed.), *Questions and Politeness: Strategies in Social Interaction*, Cambridge: Cambridge University Press, 1978; Bayer, K., Die Anredepronomina, „ Du " und „ Sie ": Thesen zu einem semantischen Konflikt im Hochschulbereich, in: *Deutsche Sprache*, 1979 (1); Zimmermann, K., Der semiotische Status der Anredepronomen, in: *Kodikas/Code*, 1990 (1/2); Kohz, A., Markiertheit, Normalität und Natürlichkeit von Anredeformen, in: Winter, W. (ed.), *Anredeverhalten*, Tübingen: Narr, 1984; Held, G., Aspekte des Zusammenhangs zwischen Höflichkeit und Sprache in der vorpragmatischen Sprachwissenschaft, in: *Zeitschrift für romanische Philologie*, 1992 (108); Braun, F.: Vom Duzen, Siezen und Erzen-Anredeformen, Anredeprobleme, in: *Sprachreport*, 1987 (1); Nagatomo, M. T., *Die Leistung der Anrede-und Höflichk-eitsformen in den sprachlichen zwischenmenschlichen Beziehungen*, Münster: Institut für Allgemeine Sprachwissenschaft der Westfälischen Wilhelms-Universität, 1986; 宋晓理、彭荔卡《称呼的艺术》,黑龙江教育出版社 1989 年版;陈松岑《礼貌语言》,商务印书馆 2001 年版;王建华《话语礼貌与语用距离》,《外国语》2001 年第 5 期;王建华《礼貌的语用距离原则》,《东华大学学报》(社会科学版) 2002 年第 4 期等。然而,这些研究同样只注重了一个方面,即言语行为层面,并没有涉及非言语行为层面的人际距离。就笔者所掌握的资料而言,尼思的著作可谓兼顾言语层面与非言语层面涉及人际距离问题的代表,参见[美]葛里格·尼思《解读德国人》,张晓楠译,中国水利水电出版社 2004 年版。

学者在探讨这一问题时以引介西方成果居多,① 也有学者践行"拿来主义",采用西方学者的实验设计或研究方法对中国人的距离行为进行比较、研究。② 总体而言,真正本土化的研究相对较少。

针对以上特点及研究中所存在的问题,本书尝试建立一个相对系统、全面的人际距离理论,既涉及人际距离的空间维度,探讨非言语行为范畴内的人际距离,同时又涉及言语行为所体现出来的人际距离。从文化语境上而言,选取中国留学生在德国文化中的人际交往行为,试图观察中国留学生在拥有悠久历史传统的中国文化与德意志文化接触、碰撞这一跨文化语境中在人际距离领域的跨文化学习过程和效果。当然,本书的研究在某些方面仍然借鉴了西方学者的研究方法(如德国的主观理论研究),在这方面,笔者并不刻意追求纯粹本土化的研究方法。无论哪种方法,只要对本课题的研究有益,都可以借鉴使用。学术研究只有建立在这样的基础之上,才是一种博采众长、视野宽阔的研究,才能避开狭隘的门户之囿,科学地发展和成长。

---

① 较早介绍西方学者相关理论与方法的中国学者的著作如:关世杰《跨文化交流学——提高涉外交流能力的学问》,北京大学出版社 1995 年版;贾玉新《跨文化交际学》,上海外语教育出版社 1997 年版;胡文仲《跨文化交际学概论》,外语教学与研究出版社 1999 年版;毕继万《跨文化非语言交际》,外语教学与研究出版社 1999 年版。
② 参见潘永樑《身势语与跨文化理解》,《解放军外国语学院学报》1997 年第 1 期。

第二章　人际距离理论构建

>　　人与人之间的交往需要找到一个让大家彼此都能忍受的最佳的适中距离，即遵循"豪猪法则"。——叔本华
>　　远与近的辩证统一是每一个交际的基础。——维尔拉赫

德国哲学家叔本华（Schopenhauer）曾经讲过一个寓言：在寒冷的冬日，一群豪猪为御寒而彼此挤到一起，可是很快它们便感觉到对方有刺，于是相互分开，而寒冷迫使它们再次相互靠近，结果又被刺痛。就这样反反复复，直到最终找到一个使大家都能忍受的最佳的适中距离。[①] 同样，对社交的需求使人们走到一起，但每个人自身种种令人生厌的性格和让人难以忍受的毛病又将他们相互之间的距离拉开。所以，人与人之间的交往也需要找到一个让大家彼此都能忍受的最佳的适中距离，即礼貌和良好的举止。彼此保持这一距离，虽然寻求温暖的需求尚未完全满足，但也感觉不到刺痛。

叔本华的这则寓言，明确指出人类相处的基本原则："豪猪法则"或曰"刺猬法则"，即人际间要保持适当的距离。距离太远使人感觉不到人际间的温暖，满足不了社交的需求，而距离太近则不仅会发现对方"种种令人生厌的性格和让人难以忍受的毛病"，而且容易失去身份认同，迷失自我。如何找到并保持一个"最佳的适中距离"，成为人际交往过程中的一个重要目标。而这一距离的实现方式就是人类特定的一套礼仪规范。这些礼仪规范既有言语层面的，也有非言语层面的。

在本章中，笔者先讨论"距离"和"人际距离"的概念，进而分析身体距离、语用距离、心理距离、社会距离及文化距离这几个不同范畴的距离概念及其关系，在此基础之上构建人际距离理论，并进一步讨

---

① Schopenhauer, A., *Parerga und Paralipomena. Band 4–5 der Sämtlichen Werke*, (herausgegeben von W. Freiherr v. Löhneysen), Frankfurt a. M.：Insel, 1986, p.765.

论人际距离的几个重要属性（符号性、社会性、文化性）和功能（控制功能、交际功能、调养与评价功能），然后从言语层面和非言语层面分析人际距离的体现和调节方式，最后探讨距离理论与礼貌原则、"权势"／"平等"原则的关系，以厘清距离理论在人类交际行为理论中的地位。

第一节　人际距离的概念

"距离"（［德］Distanz）以及"保持距离"（［德］Distanzwahrung）是人类共同生活的基本条件之一。人们的每一种相互作用都是建立在"建立距离"与"消除距离"的辩证基础之上，并形成一定的"距离尺度"（［德］Distanzmaβ）。在生活中，无论在身体上还是在言语上，如果忽视了人们对距离的需求，都将导致不愉快的局面，严重时甚至触犯法律。[①] 距离，在无形中调节着人们的交际与生活。那么，到底什么是距离？

实际上，从我们日常生活所用的词汇，如空间距离、时间距离、人际距离、心理距离、文化距离等，就可以看出，距离是一个多维的概念。距离首先是几何学的基本概念之一，是指"空间上两点之间的间隔"[②]；一般而言，距离是指"在空间或时间上相隔"或"相隔的长度"[③]；从历史的角度而言，则指时间上"两个时刻之间的间隔"[④]；用在人际交往中，则既可指人们在［身体］空间上相距的间隔，又可指对待某人的一种态度：接触少，缺少热情，[⑤] 即"人与人关系上的距离"[⑥]，还可以指跨文化交往中的文化距离，即"理解上的距离"（［德］Verstehensabstände）[⑦]；

---

① 参见 Wierlacher, A., Distanz, in: Wierlacher, A. & A. Bogner (Hrsg.), *Handbuch interkulturelle Germanistik*, Stuttgart/Weimar: Verlag J. B. Metzler, 2003, p. 222。
② 参见 Dubois, J., *Lexis-Dictionaire de la langue francaise*, Paris: Librairie de Larousse, 1975, p. 538。
③ 中国社会科学院语言研究所词典编辑室：《现代汉语词典》（第6版纪念版），商务印书馆2012年版，第705页。
④ Thompson, D., *The Concise Oxford Dictionary*, 9th Edition, 外语教学与研究出版社2000年版，第392页。
⑤ Microsoft Corporation, *Encarta 99. Die große Enzyklopädie*, 1998.
⑥ 《德汉词典》编写组：《德汉词典》，上海译文出版社1987年版，第276页。
⑦ Wierlacher, A., Distanz, in: Wierlacher, A. & A. Bogner (Hrsg.), *Handbuch interkulturelle Germanistik*, Stuttgart/Weimar: Verlag J. B. Metzler, 2003, p. 223.

从科学、艺术和美学角度而言，距离作为一个认知范畴指"为保持客观而在内心上对他人或物保持的间距"①，是创造与欣赏美的一个基本原则：即布洛所提出的"心理的距离"②；从社会学角度而言，距离还可以指"社会水平、文明程度以及重要性的差异"③，即社会距离；从语言学角度而言，既有各国为保持自己语言的纯洁性而采取的与他国语言保持一定距离的宏观语言文化政策（一个比较极端的例子就是法国保持法语纯洁性的做法），④又有在言语交际过程中体现出来的微观语用距离⑤。"距离"的语义还延伸到体育、天文学等领域。在对中国留德学生跨文化学习的调查研究中，笔者的研究对象是人际距离。由于人际交往是社会生活中非常重要而又复杂的一个方面，所以，人际距离同上面提到的各个层面的距离概念有着不可分割的联系。也就是说，人际距离也是一个多维的概念：人际间的空间距离、语用距离、心理距离、社会距离、文化距离，等等。

迄今为止，学界关于人际距离的论述并不少，但是这些论述往往局限于某一领域内部，研究者要么只从非言语交际的角度注重对空间距离（身体距离）的研究（如 Hall 等，参见 §1），要么只从社会学或社会心理学的视角注重社会距离的考察（如 Simmel、Park 等，参见下文 §2.1.2），要么仅从社会语言学视角考察称呼行为等所体现出的社会距离（如 Brown & Gilman 等，参见下文 §2.5.1），因此缺乏一定的系统性，也就是说，目前尚没有一个关于人际距离的系统理论。笔者在本章中以前人在上述各层面的理论构建和实践检验成果为基础，尝试在厘清这些不同层面距离概念间关系的基础上建立人际距离理论。笔者认为，人际距离理论的核心是心理距离，而文化距离、社会距离对心理距离有着直接和潜在的影响，心理距离在言语层面和非言语层面分别体现为语用距离和身体距离。这样一种理论构建是笔者的一个尝试，下面对这一人际距离理论做一粗略阐释。

---

① 辞海编辑委员会：《辞海》（下），上海辞书出版社 1989 年版，第 5140 页。
② 同上书，第 5141 页。
③ 参见 Dubois, J., *Lexis-Dictionnaire de la langue francaise*, Paris: Librairie de Larousse, 1975, p. 538.
④ 参见綦甲福《英语外来词对德语的影响》，《解放军外国语学院学报》2002 年第 6 期。
⑤ 参见王建华《话语礼貌与语用距离》，《外国语》2001 年第 5 期；王建华《礼貌的语用距离原则》，《东华大学学报》（社会科学版）2002 年第 4 期。

一 文化距离

所谓文化距离（［英］cultural distance，［德］kulturelle Distanz），是指由于地理和空间的遥远，文化共同点较少所产生的距离感和陌生感。①文化距离是由文化差异造成的。先前的研究表明，文化②间的差距越大，跨文化交往的人建立和保持和谐关系的难度就越大。③ 从理论上分析，不同人的文化和社会背景、生活方式、受教育情况、信仰、性别、年龄、政治、经济条件乃至爱好、交友条件、性格等方面都存在不同程度上的差异，这样，在交际时，双方对信息的理解不可能达到百分之百的认同。从这个意义上讲，任何人际之间的交际都是跨文化交际。④ 这是广义上的跨文化交际，实际上包括了各种跨亚文化现象⑤。既然文化距离是由文化差异造成的，那么，"文化距离可能大至不同国籍、不同民族、不同政治制度之间；也可能小到同一主流文化内的不同性别、不同年龄、不同职业、不同社会阶层、不同教育背景、不同地区、不同地方等等，乃至不同爱好或兴趣的人们之间"⑥。Porter & Samovar（1994）曾以一个连续体的形式表明不同文化（包括不同亚文化和不同亚群体）之间的差异程度（见图2-1），这是说明不同文化群体间不同程度文化差异的很好的例子。⑦ 当然，一般情况下本书所说的跨文化交际是指具有不同文化背景的人们之间的交际。

研究发现，旅居英国的澳大利亚人比旅居中国的澳大利亚人对东道国的适应要容易一些。这种影响还可以在大多数的旅居者（如游客、留学生、派驻海外的人员）中找到证据。他们在和自己的文化有着显著不

---

① Babiker, I. E., & J. L. Cox, & P. Miller, The measurement of cultural distance and its relationship to medical consultations, symptomatology, and examination performance of overseas students at Edinburgh University, *Social Psychiatry*, 1980 (15)；转引自杨军红《来华留学生跨文化适应问题研究》，博士学位论文，华东师范大学，2005年，第49页。
② 对"文化"概念的理解我们将在第三章详细论述，参见§3.2.1。
③ 参见 Bochner, S., The social psychology of cross-cultural relations, in: Bochner, S. (Ed.), *Cultures in Contact Studies in Cross-cultural Interaction*, New York: Oxford Pergamon, 1982；转引自杨军红《来华留学生跨文化适应问题研究》，博士学位论文，华东师范大学，2005年，第49页。
④ 贾玉新：《跨文化交际学》，上海外语教育出版社1997年版，第23页；另参见钱敏汝《论跨文化研究的要旨》，载方在庆编著《爱因斯坦、德国科学与文化》，北京大学出版社2006年版，第128页。
⑤ 钱敏汝对这种跨亚文化现象做了举例解释，参见钱敏汝《论跨文化研究的要旨》，载方在庆编著《爱因斯坦、德国科学与文化》，北京大学出版社2006年版，第128页。
⑥ 贾玉新：《跨文化交际学》，上海外语教育出版社1997年版，第24页。
⑦ 同上书，第23页。

同的文化中，人际交往和职业发展都非常糟糕。① 文化差异越大，彼此间沟通就越困难，就越难以相互理解，适应就越困难。Furnham & Bochner（1982）对在英国的学生的实证研究也证明了这一点。与英国文化距离较近的群体，如北欧和西欧（法国、丹麦、瑞典等）学生，产生的适应困难最小，而与英国文化距离中等的群体，如南欧和南美（意大利、巴西、西班牙等）学生，产生的问题居第二位，与英国文化距离最远的群体，如中东和亚洲（埃及、伊朗、印度尼西亚、日本等）学生，产生的适应困难最多。这项研究表明，在文化方面的差距越大，在社会生活中遇到的困难就越大。②

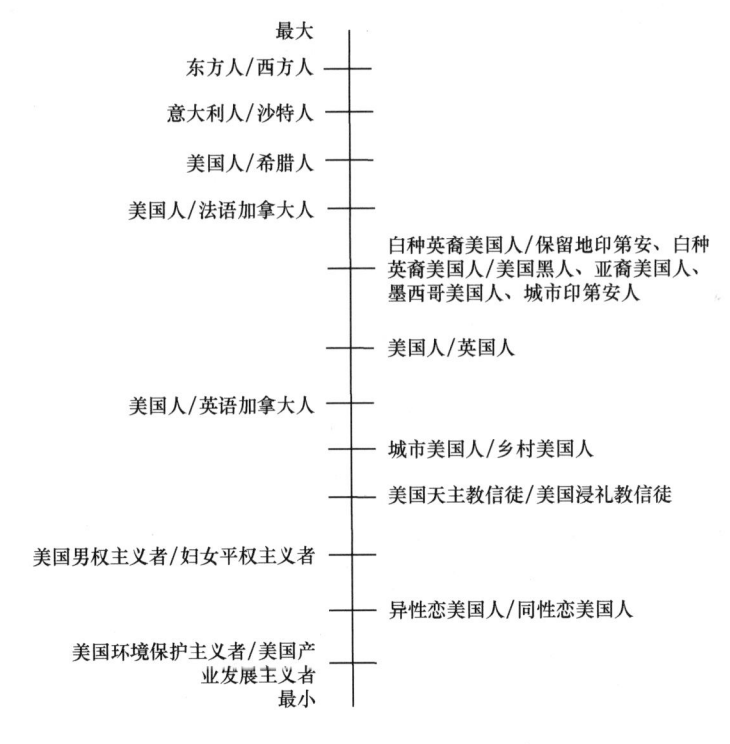

```
最大
东方人/西方人        ―
意大利人/沙特人      ―
美国人/希腊人        ―
美国人/法语加拿大人  ―
                     ― 白种英裔美国人/保留地印第安、白种
                        英裔美国人/美国黑人、亚裔美国人、
                        墨西哥美国人、城市印第安人
                     ― 美国人/英国人
美国人/英语加拿大人  ―
                     ― 城市美国人/乡村美国人
                     ― 美国天主教信徒/美国浸礼教信徒
美国男权主义者/妇女平权主义者 ―
                     ― 异性恋美国人/同性恋美国人
美国环境保护主义者/美国产
   业发展主义者      ―
最小
```

图 2-1 不同文化的差异程度③

---

① 参见杨军红《来华留学生跨文化适应问题研究》，博士学位论文，华东师范大学，2005年，第49页。
② 参见胡文仲《跨文化交际学概论》，外语教学与研究出版社1999年版，第191—192页。
③ Porter, R. E. & L. A. Samovar, An Introduction to Intercultural Communication, in: Samovar, L. A. & R. E. Porter, (eds.), *Intercultural Communication: A Reader*, Wadsworth Publishing Company, 1994；转引自贾玉新《跨文化交际学》，上海外语教育出版社1997年版，第24页。

Bochner 提出影响旅居者适应的核心价值观差异假说（［英］Core-value Hypothesis）。他认为产生文化距离的主要原因在于价值观差异，它也是造成文化冲击和引起文化不适应的主要原因所在。核心价值观完全相反的生活成员之间的交往很快就会造成仇恨和敌意。① 最有力的例证是宗教信仰和习惯的冲突，这种冲突古往今来，不胜枚举，前些年具有全球影响的例子可能是欧洲媒体界的"伊斯兰漫画风波"② 以及法国巴黎《沙尔利周刊》由于经常刊登伊斯兰教讽刺漫画而受到恐怖袭击事件③等。

　　笔者曾经指出，文化距离是一个客观存在，而当今的全球化似乎也在消弭文化间的距离。但是我们不能不看到，这种意欲消弭文化距离的企图并没有获得预期的效果，恰恰相反，当今文明的冲突由于文化距离的缩小而比以往有所增加。④ 笔者在绪论中曾经提及的埃森人文科学研究所从事的诸多研究项目均与这种文化距离相关。

　　在当今跨文化交际的研究和实践中，涉及的大多为这种由于文化差异而形成的距离以及由于这种距离而产生的障碍。钱敏汝曾将跨文化经济交

---

① 转引自杨军红《来华留学生跨文化适应问题研究》，博士学位论文，华东师范大学，2005年，第49页。
② "伊斯兰漫画风波"源自2005年9月30日，丹麦的《日德兰邮报》发表了12幅以伊斯兰教先知穆罕默德为主题的讽刺漫画，引起丹麦国内穆斯林的强烈抗议。后来许多伊斯兰国家开始谴责丹麦，要求丹麦政府为此进行道歉。2006年年初，挪威一家报纸又转载这些漫画，使矛盾进一步激化。迫于各方压力，1月底，《日德兰邮报》主编朱斯特发表公开信，就漫画一事进行道歉。丹麦首相拉斯穆森发表讲话公开批评该报犯的错误，但同时又以新闻自由为由，拒绝代表官方对此道歉。这一表态使一些阿拉伯国家更加愤怒。而法国、德国、西班牙、瑞士、意大利、捷克、荷兰等欧洲国家的媒体则以"捍卫新闻言论自由"的名义转载了这些漫画。欧洲多国媒体的这一系列举动，彻底激怒了伊斯兰国家，由此在欧洲及阿拉伯世界掀起了声势浩大的抗议浪潮。沙特阿拉伯一名政论家撰文说，西方世界仇视伊斯兰世界的态度显而易见。埃及总统穆巴拉克批评西方媒体的这种做法，并警告这会"为极端恐怖势力提供更多借口"。参见雷达等《漫画事件激怒伊斯兰世界　多国政要紧急灭火》，http：//world.people.com.cn/GB/14549/4080066.html，访问时间：2006年8月12日。
③ 法国《沙尔利周刊》因刊登宗教讽刺漫画多次受到袭击警告。2006年2月，该刊转载一家丹麦报纸涉及伊斯兰教先知穆罕默德的漫画，引起伊斯兰世界震怒。2011年，该刊刊载一幅涉及穆罕默德的漫画，引起巨大争议。其办公楼遭到汽油弹袭击，杂志社也因涉嫌种族歧视而被告上法庭。2012年9月，该刊再次发表数幅影射伊斯兰教先知穆罕默德的漫画，包括一幅裸体漫画，引起一些伊斯兰国家抗议波澜。2015年1月7日，《沙尔利周刊》巴黎总部遭到武装分子袭击，造成12人死亡，多人受伤。袭击案发生在白天，有目击者听到袭击者高呼"我们为先知复仇了"，造成的恐怖效果令人震惊。恐怖袭击发生后，多国政要纷纷对恐怖袭击事件表示谴责。参见 http：//baike.sogou.com/v94828987.htm，访问时间：2015年1月20日。
④ 参见綦甲福、邵明《全球化语境中的距离》，《山东社会科学》2005年第6期。

际过程中各种因素引起的障碍归结为一个模型（图2-2）。她认为：在经济交际过程中专业知识方面的障碍是第一性障碍，社会性的变数如性别、年龄、地位等方面引起的是第二性障碍，也许还有其他因素会引进第三性或第n性障碍，而因文化差异形成的障碍则是最高层障碍。在语法的微观结构层面上形成的障碍属于基础性障碍。① 在交际过程中，微观结构的语法因素与宏观结构的专业知识、社会因素、其他因素、文化因素对信息传递程度的影响力依次减弱，而对交际对方心理的影响力则呈相反趋势，即在跨文化人际交往中，由于文化因素而产生的距离并因而造成的障碍是影响人际交往的最高层障碍。因此笔者认为，文化距离在跨文化交际过程中对交际者的心理距离的影响是最高层的影响。

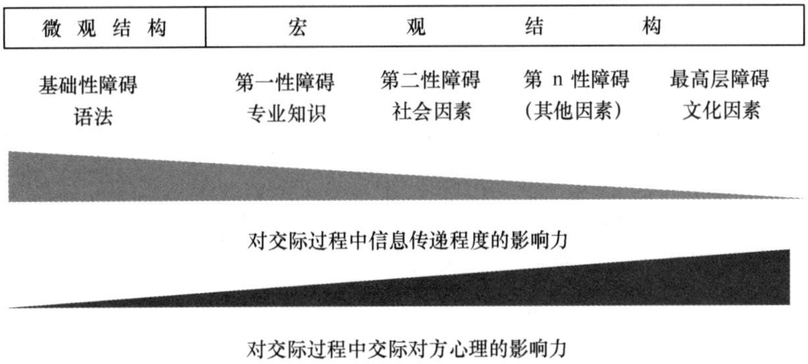

微观结构	宏观结构			
基础性障碍 语法	第一性障碍 专业知识	第二性障碍 社会因素	第n性障碍 （其他因素）	最高层障碍 文化因素

对交际过程中信息传递程度的影响力

对交际过程中交际对方心理的影响力

图2-2 跨文化经济交际障碍因素模型②

二 社会距离

德国哲学家、社会学家 Simmel（西美尔，或译西梅尔、齐美尔等）认为，社会距离（［德］soziale Distanz）就是人与人之间存在的一道心理上的"内在屏障"，在人际关系上表现为冷漠、反感、疏远和排斥。他指出："人与人之间树立起一道内心的屏障，然而对现代生活形式而言，这一道屏障是不可或缺的。因为，若无这层心理上的距离，大都市交往的彼此拥挤和杂乱无序简直不堪忍受。"③ 在这里，Simmel 明确地将社会距离

---

① 参见钱敏汝《跨文化经济交际及其对外语教学的意义》，《外语教学与研究》1997年第4期。
② 同上。
③ ［德］西美尔：《社会学——关于社会化形式的研究》，林荣远译，华夏出版社2002年版，第388页。

等同于心理距离，认为这种距离就是关系远近、亲疏的程度与等级。这种距离在人际关系上的特征是冷漠、反感、疏远和排斥。Simmel 认为这种距离对于自己也是一种保护机制。保持距离是个体主动采取的态度和行动，其目的就是躲避过多的刺激，保持个人心理平衡和安静。"这种理智至上、就事论事、对外界的冷酷无情、傲慢冷漠、反感、排斥和疏远，形成了都市人的一种保护器官和心理屏障，以此免于外部环境对都市人可能将之连根抹掉的威胁。"①

　　Simmel 将个体和社会之间的关系比喻为圆圈。在他的想象中，个体的自我处于一系列同心圆的核心，而环境中的要素，则根据与自我的不同距离而依次处于不同的圆中（如图 2-3）。凡是处于接近核心内层的，则属于亲密领域，凡是外围的，则属于个体的生活领域。② 处于接近核心内层的人，即是能够分享秘密的人，那么就是值得信任的人。而属于外围领域的人，则是相互保持距离与怀疑的人，信任成为衡量社会距离的一个指标。③ 这一点在德国文化环境中体现得非常明显，如德语中的"Sie"与"du"所体现出来的不同的信任感（如图 2-4 和图 2-5 所示，详细分析见§4.3.2.2）。当然，个体与文化环境之间的关系并非一成不变，个体可以采用保持距离的生活策略使文化客体和自己处于不同的距离上。

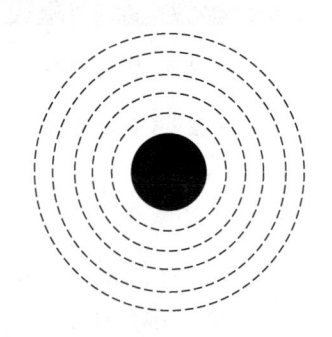

图 2-3　个体与社会关系同心圆

　　Simmel 认为导致人与人之间保持距离的因素有货币经济、复杂的社会—技术机制、社会力量、历史遗产、外部文化和生活技术。④ 他将社会

---

① 成伯清：《格奥尔格·西美尔：现代性的判断》，杭州大学出版社 1999 年版，第 85 页。
② 同上书，第 173 页。
③ 同上书，第 154 页。
④ 卢国显：《制度非均衡与交往非对称——北京市农民工与市民之间社会距离的实证研究》，博士学位论文，中国人民大学，2003 年，第 6 页。

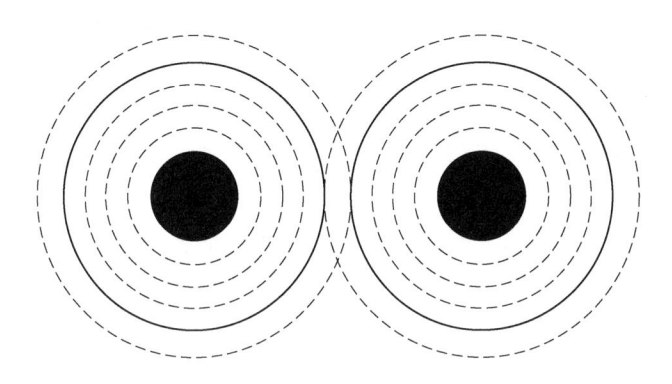

图 2-4　德国人"您"式的称呼

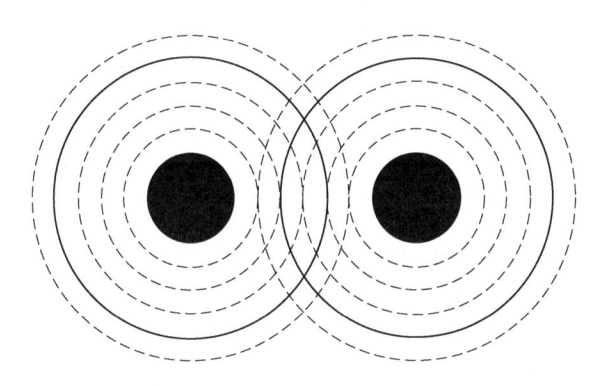

图 2-5　德国人"你"式的称呼①

距离产生的原因归结为以下三点：②

第一，文化创造距离倾向。Simmel 的贡献主要是探讨了现代性城市文化对个体心理机制和对人际关系的影响。

第二，货币经济形态在人与人之间、人与物之间创造了距离。

第三，城市生活方式与交往方式、人口繁多和拥挤等特征使城市人与人之间保持心理距离。

总之，Simmel 对社会距离的最大贡献是论述了现代性文化、货币经

---

① 图 2-4 和图 2-5 出处均为：Lewin, K., Some Social-Psychological Differences between the United States and Germany, in: *Journal of Personality*, 1936 (4)；转引自 [美] 葛里格·尼思《解读德国人》，张晓楠译，中国水利水电出版社 2004 年版，第 54—55 页。

② 卢国显：《制度非均衡与交往非对称——北京市农民工与市民之间社会距离的实证研究》，博士学位论文，中国人民大学，2003 年，第 9 页。

济形态对城市人心态、人与人之间社会距离的影响，他从一般意义上指出了社会距离的一些特征和社会距离的等级和机制。他描述的社会距离是发生在城市人之间的社会距离和不愿意融合的外来人与当地人之间的社会距离。Simmel 认为，外来人与当地人的关系以买卖、商业关系为主，一旦达到经济目的，他们就可能离去。Simmel 眼中的外来人并不渴望被吸收同化：作为一个潜在的漫游者，外来人没有放弃来去的自由。① 在德国留学的中国学生，作为外来人，他们的主要目的在于求学，一旦完成学业，大多数人就可能离开德国，因为德国不是一个典型的移民国家，政策与法规不允许他们永久居留下去。留学生涯只是留学生人生历程中一个短暂的阶段，所以，他们也并不渴望被吸收同化（有这种渴望的人只是少数），他们也没有放弃来去的自由。这样，他们很难成为真正的德国公民，他们与当地人之间的社会距离是永远存在的。

Park（帕克）借鉴了 Simmel 关于外来人的概念，提出了自己的"边缘人"（[英] marginal man）的概念。他所谓的"边缘人"就是文化上杂交的产物：生活在两个世界中，而在每一个世界中又或多或少是外来人；渴望成为新群体的正式成员，但又遭到排斥；他们往往身心不宁，焦躁不安，适应不良。② 在德国留学的部分中国学生中同样存在这种"边缘人"的心态，由于他们对中国人本身所具有的缺点非常了解，而且他们认为中国人在德国不会对他们有多大帮助，而往往只会给自己带来麻烦，所以尽量避免与中国同胞接触，而渴望与当地人建立联系，成为朋友，但他们的努力往往收效甚微，他们很难真正融入当地人的圈子。一方面，他们不认同自己的同胞圈子，另一方面，他们又很难融入德国人的圈子，于是，他们成为没有归属感的"边缘人"（参见 §5.4.1）。

Park 指出，社会总是倾向于维持一定的社会阶层，而身在不同阶层的群体与群体之间总是要保持一定的距离。不同阶层之间的声望就是为了维持不同社会地位的人之间的社会距离，而且不同阶层之间的情感倾向（怀疑、憎恨、保留）也有助于维持社会距离。③

Weber 与 Blau 都曾论及地位群体或地位距离。在 Weber 的地位群体理论中，地位与社会距离有相关性。地位相近的群体之间交往较多，群体

---

① 参见卢国显《制度非均衡与交往非对称——北京市农民工与市民之间社会距离的实证研究》，博士学位论文，中国人民大学，2003 年，第 9 页。

② 同上书，第 9—10 页。

③ 同上书，第 11 页。

之间的社会距离较小，地位相差悬殊的群体之间保持距离和相互排斥。①Blau 指出，地位就是指所有不构成类别范畴而按等级变化的社会位置，地位差异属于人们在彼此交往中形成的社会差别。而由于等级参数的存在，构成人类社会的不平等现象。这些等级参数包括：教育、收入、财富、声望、权力、社会经济背景、年龄、行政权威、智力等。②但是，这些等级参数在不同的文化和社会中的权重不同，因而对社会距离的影响程度也各异。

在中国古代社会，以尊卑等级的仁为核心的儒家思想成为维持社会秩序的思想体系，它以维护宗法等级制为核心，而国家的治乱，则取决于等级秩序的稳定与否。"中国文化的模式是礼文化模式［……］中国文化是以自然礼仪为源头，社会礼仪为基础，政治等级礼仪为主干的原生文化系统。"③儒家礼治的根本是"异"，即贵贱、尊卑、长幼各有其特殊的行为规范，而且各自的行为规范都严格界定，既有言语层面的规范，如官员面称皇帝为"陛下"，称自己为"卑职""微臣"，古人称对方父母为"令尊、令堂"，称自家孩子为"犬子"等，也有非言语层面的规范，如着装（服装的式样与颜色等按照不同的级别均有严格区分，这一点在现代国家的军队建制中依然保留）、就座排序等。只有贵贱、尊卑、长幼、亲疏各有其礼，才能达到儒家心目中和合的理想社会。因为"国"在本质上是一个扩大了的"家"，"家"的宗法等级制被应用到"国"的统治与管理体系中，因而辈分、年龄、性别、声望等均构成社会礼仪体系中的权势因素，不同群体之间具有不同的相对权势，因而形成不同的社会距离。

综上所述，笔者认为，社会距离实际是不同群体之间的距离，而非个体之间的距离。有些学者将个人与个人之间的距离也归为社会距离，④笔者认为可以这样理解，即个人是某个群体的成员之一，他拥有该群体的属性与地位，上面所提到的那些等级参数即构成该群体的属性与地位。在与

---

① 卢国显：《制度非均衡与交往非对称——北京市农民工与市民之间社会距离的实证研究》，博士学位论文，中国人民大学，2003 年，第 17 页。
② ［美］彼得·布劳：《不平等与异质性》，王春光、谢圣赞译，中国社会科学出版社 1991 年版，第 14 页。
③ 邹昌林：《试论儒家礼教思想的人文价值》，http://ido.3mt.com.cn/pc/200603/20060319402605.shtm，访问时间：2006 年 8 月 12 日。
④ 如帕克和博格达斯对社会距离的定义：社会距离就是指存在于集团与集团、个人与个人之间的亲近与疏远的程度和等级。参见卢国显《制度非均衡与交往非对称——北京市农民工与市民之间社会距离的实证研究》，博士学位论文，中国人民大学，2003 年，第 1 页。

另外一个个体进行交际时,双方都是从自己所属群体与对方所属群体的相对属性和相对地位出发,如男人与女人,青年人与老年人,长辈与晚辈,上级与下级,教师与学生,等等。由于每一个人都同时扮演着众多的社会角色,属于不同的社会群体,所以,交际环境不同,交际双方对自己与对方所属群体的判断也会有所变化,双方的社会距离也会发生变化。如父子同在一个公司工作,那么在公司里两人的关系就是上下级或者同事关系,他们之间的社会距离原则上而言就是上下级这两个群体或者同事群体的距离。当双方回到家里时,他们之间的关系恢复到父子关系,双方的社会距离就变成了父亲这个群体与儿子这个群体之间的距离。因此,可以说,社会距离不仅与等级参数相关,而且也与交际情境有关。笔者在访谈中从杨林关于人际距离的主观理论中也得到这样的解释和佐证(参见§5.4.1)。

三 心理距离

心理距离（[英]psychological distance）是由于交往者之间存在个体特征以及社会差异而产生的心理保留现象。心理距离的比喻来源于实际的空间距离。心理距离说最早是由瑞士心理学家兼美学家布洛（Edward Bullough）于20世纪初提出的。1912年,执教于剑桥大学的布洛发表了名为《作为艺术的一个要素与原则的"心理距离"》的文章,正式提出"心理距离"这一概念。他认为美感起源于主体与客体保持一种超功利的心理距离。心理距离是"介于我们自身与对我们发生影响的事物（或我们对事物的感觉）之间的距离"[①]。心理距离并非指空间或时间上的距离,而是指观赏者对于艺术作品所显示的事物在感情上或心理上所保持的距离。这种距离由于消除了观赏者对作品的实用态度,而使得美感有利于快感,因此使观赏者对眼前的事物产生崭新的体验。心理距离说经由著名美学教育家朱光潜先生引介到中国,在中国美学界产生了很大影响。心理距离被认为是创造和欣赏美的一个基本原则:把对象放在一定的距离之外,以超然的态度观赏它的形象,这就是美。站在一幅油画面前,距离太近了,看到的是不成物象的笔触;站得太远了,看到的是模糊的一团色彩;只有站在适中的距离,才能实现对这幅画的欣

[①] Bullough, E., "Psychical Distance" as a Factor in Art and an Aesthetic Principle, in: Bullough, Edward: *Aesthetics: Lectures and Essays*, London: Bowes & Bowes, 1957；转引自高建平《"心理距离"研究纲要》, http://www.aesthetics.com.cn/s40c446.aspx, 访问时间: 2005年8月12日。

赏。澳大利亚学者塞拉·道生（S. Dawson）曾在讨论合适距离时对这个比喻做了引申，说距离的调整如同看一幅画，眼睛近视的走近一点，眼睛远视的则走远一点。只要不是盲人，就这么试来试去，总会找到最合适的距离。①

布洛提出的"心理距离说"并不仅局限于美学认知，它同样适用于对其他领域事物的认知，如科学研究领域。据《科学美国人》网络版2009年报道，美国印第安纳大学布卢明顿分校的研究人员发现，心理距离影响人们看待问题的角度。也就是说，对于那些给人们心理上带来越大压迫感的事物，人们看待它的角度就越具体；而对事物或问题产生"心理距离"则有助于人们把看似不相关联的事情联系起来，从而激发灵感，提升创造力。研究人员开展的实验证明，人与要解决的问题在时间或空间上的距离越远，反而越容易找到问题的解决方法。研究人员据此建议人们在面对棘手问题时，可以通过远离难题或想象自己远离难题、放眼未来、与不同的人交流等途径，给自己和问题之间增添一段"心理距离"，以使自己更抽象、更宏观地考虑问题，提升创造力，从而使难题得以解决。②

心理学界对心理距离的研究主要基于建构水平理论（[英]construal level theory）。建构水平理论认为，心理距离是影响人类认知和行为的重要变量。人们对事物的心理表征具有不同的抽象水平即解释水平，解释水平取决于人们所感知的与认知客体的心理距离，进而影响了人们的判断与决策。大量研究表明，人们倾向于更多地使用反映事物内涵的一般的、核心的、去背景化的特征来解释心理距离遥远的事物，更多使用偶然的、外围的、背景化的特征来解释心理距离较近的事物，③即对前者倾向于采用高水平建构，对后者倾向于采用低水平建构。而且心理距离与建构水平之间具有双向作用关系：远心理距离使人采用核心、去背景化特征表征事物，近心理距离使人采用外围、背景化特征表征事物；反之，高水平建构使人感知到远心理距离，低水平建构使人感知到近心理

---

① Dawson, Sheila, "Distancing" as an Aesthetic Principle, in: *Australasian Journal of Philosophy*, 1961 (8), p.172；转引自高建平《"心理距离"研究纲要》，http://www.aesthetics.com.cn/s40c446.aspx，访问时间：2005年8月12日。
② "心理距离"，http://baike.sogou.com/v5123189.htm?fromTitle=心理距离，访问时间：2016年2月25日。
③ 李雁晨等：《解释水平理论：从时间距离到心理距离》，《心理科学进展》2009年第4期。

距离。① 迄今，学界基于建构水平理论研究心理距离与判断、决策、评价之间关系的成果不断涌现。② 也有研究者以建构水平理论为基础，研究跨文化环境下的心理距离，从中西两个文化背景上考察个体对他们反馈性评价信息的表征水平与心理距离的关系，③ 从中发掘文化距离对于心理距离的影响。

还有学者基于中国多民族的国情，从族群等跨亚文化视角研究族际交往的民族心理距离，④ 也有社会学者注意到中国目前不同阶层、群体之间的社会距离扩大所导致的不同群体间疏离感增强的现实，加强了对这一现象的研究。⑤ 这些研究的着眼点实际是社会距离，不过从中也可以看出社会距离对心理距离具有一定的影响作用。

布洛认为心理距离是普遍形式，而空间和时间的距离则是这种心理距离的特殊形式。⑥ 实际上，心理距离存在于人类生活的各个方面，人际心理距离是个体对其他人或事物产生的一种距离自己远近的主观体验，它对个体的情感态度和思维决策产生影响。人们通常用心理距离来衡量人与人之间的亲密程度和相互理解的深浅度。心理距离越近，则彼此之间就越亲密，越会被对方理解和接受。Simmel 指出，距离有三种类型：近距离、中距离、远距离。近距离是指彼此非常熟悉、知彼知己，彼此相互了解；远距离是指萍水相逢、素不相识的关系；而中等距离是指不是特

---

① 华生旭、吕厚超：《心理距离与建构水平的双向作用关系》，《心理科学》2012 年第 6 期。
② 如：钟毅平、陈海洪《心理距离对道德行为判断的影响》，《心理学探新》2013 年第 1 期；张葳等《异性交友决策任务上为不同心理距离他人决策的风险偏好》，《心理学报》2014 年第 10 期；牛忠辉等《社会距离对他人行为表征的影响：评价内容效价的作用》，《应用心理学》2010 年第 4 期。
③ 蒋赛：《人际反馈性评价信息的表征与心理距离的关系：一项跨文化研究》，硕士学位论文，宁波大学，2011 年。
④ 如：刘有安《族际交往中的"民族心理距离"解析》，《云南社会科学》2008 年第 5 期；张俊明、刘有安《城市族际交往中的"民族心理距离"研究——以青海省西宁市为例》，《广西民族研究》2012 年第 4 期；戴宁宁《维汉民族交往中的"民族心理距离"解析》，《民族与宗教》2011 年第 5 期。
⑤ 如：李强、李洋《居住分异与社会距离》，《北京社会科学》2010 年第 1 期；赵凌云、赵文《差异化的社会距离——论城郊结合部群体间的社会关系》，《农村经济》2013 年第 2 期。
⑥ 参见 Bullough, E., "Psychical Distance" as a Factor in Art and an Aesthetic Principle, in: Bullough, Edward: *Aesthetics: Lectures and Essays*, London: Bowes & Bowes, 1957, p. 93；转引自高建平《"心理距离"研究纲要》，http://www.aesthetics.com.cn/s40c446.aspx，访问时间：2005 年 8 月 12 日。

别熟悉，相互之间没有充分的了解，各自在对方的心目中的形象还没有定型等。① 汉语中的"心心相印""心连心"反映的是最小的心理距离，而"海内存知己，天涯若比邻""咫尺天涯"反映的则是一种相对的心理距离。

正如上一节所提及的那样，一些学者将社会距离也看作心理距离，②例如 Simmel 认为，"人与人之间树立起一道内心的屏障，然而对现代生活形式而言，这一道屏障是不可或缺的。因为，若无这层心理上的距离，大都市交往的彼此拥挤和杂乱无序简直不堪忍受"③。笔者认为，Simmel 此处所涉及的社会距离实际就是心理距离，它反映了交往者之间关系的远近、亲疏的程度与等级。这种距离在人际关系上的特征是冷漠、反感、疏远和排斥。Simmel 认为这种距离对于自己也是一种保护机制。保持距离是个体主动采取的态度和行动，其目就是躲避过多的刺激，保持个人心理平衡和安静。"这种理智至上、就事论事、对外界的冷酷无情、傲慢冷漠、反感、排斥和疏远，形成了都市人的一种保护器官和心理屏障，以此免于外部环境对都市人可能将之连根抹掉的威胁。"④ 从这些论述中可以看出社会距离与心理距离之间不可分割的联系。但在本研究中，这是两个不同的概念，不能混为一谈。笔者认为，社会距离是一种客观存在，尽管它也存在于个体的主观意识中，但它的出发点涉及的主要是群体与群体之间在不同层面（如年龄、性别、籍贯、职业、经济或政治地位等等）上的差异。而心理距离是一种主观感受，它涉及的是个体内心的主观需求，比如对美的需求，对亲人、恋人或朋友的亲近的需求，对陌生人或陌异事物因恐惧而疏远和排斥或者因好奇而倾向于接近的需求。这种心理距离受文化距离和社会距离的影响，同样也会因具体的交际情境的不同而有所变化。

心理距离是一种动态的距离，可变性和不稳定性是其基本特色。这在一定程度上影响人们之间的交际，尤其影响跨文化交际。石锡书撰文探讨了在语言交际中，心理距离对选择英语指示语用法的影响。他指出，由于

---

① 转引自成伯清《格奥尔格·西美尔：现代性的判断》，杭州大学出版社1999年版，第87页。
② 例如可参见徐晓军《社会距离与农民间的合作行为》，《浙江社会科学》2004年第1期；[德] 西美尔《社会学——关于社会化形式的研究》，林荣远译，华夏出版社2002年版。
③ [德] 西美尔：《社会学——关于社会化形式的研究》，林荣远译，华夏出版社2002年版，第388页。
④ 成伯清：《格奥尔格·西美尔：现代性的判断》，杭州大学出版社1999年版，第85页。

心理距离的不稳定性,指示语的指代经常出现交叉借用现象,使得称呼语的使用复杂化,这就要求人们了解目的语文化,适时调整和把握心理距离,以便顺利地进行交流。① 程淑芳也通过语料对比研究了心理距离对英汉指示语用法的影响,得出结论:在英汉两种语言中,指示词的选择和运用都会受到作者/译者对他/她所谈及事物的心理距离的影响:其一,心理距离和实际距离在多数情况下是保持一致的,这是心理距离的无标记现象;其二,心理距离拉大或缩小了实际距离,这是心理距离的标记现象。② 笔者认为,这些研究已经涉及笔者后面要讨论的语用距离,即交际者的心理距离决定和影响了交际者的语用距离。

概括而言,心理距离是一个普遍现象,存在于人们生活的方方面面。而文化距离或社会距离都对其产生一定的影响,心理距离则决定了人们的语用距离。

四　身体距离

身体距离([英]body distance)即交际双方的身体在空间上相隔的物理距离,简称体距。空间距离是一个比较广的概念,笔者此处所说的身体距离只是空间距离的一种形式,指的是在面对面的交际过程中交际双方身体之间的空间距离,这是一种非言语层面的距离。Park认为距离有两种:空间距离和心理距离。他说:"这些将人们分开的距离不仅是空间的,而且还是心理上的。"③

人际交往中的空间距离或曰身体距离与笔者在第一章中重点探讨的个人空间([英]personal space,[德]personaler Raum,或译私人空间)密切相关。个人空间的概念最先由 Katz 提出;④ Sommer 将个人空间定义为"围绕在一个人的身体周围、具有看不见的边界的、不允许他人侵入的区域"⑤;

---

① 参见石锡书《心理造成的"移花接木"——漫谈心理距离对指示语用法的影响》,《山东外语教学》2004 年第 1 期。
② 参见程淑芳《心理距离对英汉指示语用法的影响———一项基于语料的对比研究》,硕士学位论文,上海外国语大学,2008 年。
③ 转引自卢国显《制度非均衡与交往非对称——北京市农民工与市民之间社会距离的实证研究》,博士学位论文,中国人民大学,2003 年,第 10 页。
④ Katz, P., *Animals and Men*, New York: Longmans and Green, 1937;转引自 Roeder, U.-R., *Selbstkonstruktion und interpersonale Distanz* (Dissertation), Berlin: Freie Universität Berlin, 2003, p. 40。
⑤ Sommer, R., *Personal Space*, Englewood Cliffs, N. J.: Prentice-Hall, 1969;转引自 Roeder, U.-R., *Selbstkonstruktion und interpersonale Distanz* (Dissertation), Berlin: Freie Universität Berlin, 2003, p. 40。

Burgoon & Jones 对个人空间的定义是:"个人空间是指围绕在个体周围的神圣不可侵犯的空间范围,它是一个看不见的、动态变化的、可移动的空间,其大小受制于个体在任一时刻的感觉需求。"① 后来,Burgoon 等又将其描述为"围绕在个体周围的一个看不见的、移动的、可调节的空间气泡,人们努力保持这一空间气泡,以免受到身体和情感上的伤害"②。在 Altman 的隐私理论中,个人空间被看作一种"行为机制"([英]behavior mechanism),其功能在于"调整人际边界使之与社会互动的全部层次协同一致"③。根据目前的研究结果,个人空间的存在及其结构只有在互动情境中才能分辨出来,并被赋予相应的功能。"无论是身体距离的减小还是增大,都是一种交际行为。远与近的辩证统一是每一个交际的基础。"④ 而人际交往时双方身体距离的大小受交际双方对个人空间的需求大小的影响。双方对个人空间的需求都大,那么两人保持的身体距离一般比较大,反之,双方对个人空间的需求都比较小,那么两人保持的身体距离一般比较小;如果一方需求的个人空间较大,而另一方需求的个人空间较小,那么就会出现一个调节的过程,后者步步逼近,以寻求适合自己的较近的人际距离,而前者则连连后退,以保持自己的个人空间不被侵犯,当然,由于交际规则与礼仪的约束,交际双方最终会找到一个比较适合双方的适中距离。这种人际距离实际是出于人的一种自我保护意识。笔者在第一章中曾经提到,Hall 以对中产阶层北美人的观察为基础,确立了四个距离区域:亲密距离、个人距离、社交距离和公众距离。亲密距离是以性行为或其他的亲密接触为标志的;个人距离虽然也允许身体的接触,但不包括建立亲密关系;在就事论事的商业谈话中所保持的是社交距离;在与公众生活中的名人要人接触时应保持的是公众距离。⑤ 所以,交际者之间保持的身体距离是由双方的关系亲疏以及当时

---

① Burgoon, J. K. & S. B. Jones, Toward a Theory of Personal Space Expectations and their Violations, in: *Human Communication Research*, 1976 (2).
② 转引自 Ahrens, N., *Kultur als potentieller Determinationsfaktor für interpersonale Raumverhaltensphänomene und-präferenzen im Gesamtkontext kommunikativen Verhaltens: Eine Fallanalyse intra-und interkultureller dyadischer Interaktionssituationen innerhalb eines deutschsprachigen Umfeldes* (Dissertation), Bielefeld: Universität Bielefeld, 2003, p. 26.
③ Ibid..
④ Wierlacher, A., Distanz, in: Wierlacher, A. & A. Bogner (Hrsg.), *Handbuch interkulturelle Germanistik*, Stuttgart/Weimar: Verlag J. B. Metzler, 2003, p. 223.
⑤ 参见 Hall, E. T., *The Hidden Dimension*, Garden City, N. Y.: Anchor Books, 1969;转引自 Maletzke, G., *Interkulturelle Kommunikation: Zur Interaktion zwischen Menschen verschiedener Kulturen*, Opladen: Westdeutscher Verlag GmbH, 1996, p. 61.

的交际情境所决定的。而 Hall 等人的研究同样指出，距离具有文化特殊性。① 也就是说，文化因素同样影响到交际者之间的身体距离。在不同的文化背景中，人与人保持的身体距离是不一样的。在拉丁美洲，人与人在交往中的距离比在美国小得多。在南美，人们可以站得很近而惬意地交谈，而同样近的距离在美国要么唤起性欲，要么唤起敌意。② 在同一文化背景中，交往双方对交往时应当保持的身体距离一般有一个大概一致的认识，所以出现失误的情况比较少；但是在跨文化交际中，由于交际双方的文化背景不同，各自社会所认可的交际时的身体距离标准各异，那么就很容易出现交际失误现象，如 Hall 所描述的那样：一个美国人与一个南美人谈话，常常会出现的情境是，前者步步后退，后者步步靠近。③ 所以，在跨文化人际交往中，了解对方文化的交际规范很重要，而且双方要在各自文化的社交规范和对方文化的社交规范中找到一个平衡点，即找到一个让彼此都能接受的最佳的适中距离，这是保证跨文化交际成功的前提之一。

五 语用距离

所谓语用距离（［英］pragmatic distance），是指交际双方在特定的交际事件中，借助特定的语言表达法所表示的彼此之间的亲密度（［英］degree of intimacy）。④ 任何交际行为中所使用的话语都体现出交际双方之间的语用距离。王建华将语用距离分为初始语用距离（［英］initial pragmatic distance）和交际语用距离（［英］ongoing pragmatic distance）。初始语用距离是交际发生之前由交际者知觉与推定的彼此之间的语用距离；交际语用距离是在具体交际事件中表示出来的彼此之间的语用距离。⑤

---

① 参见［美］布拉德福德·霍尔编著《跨越文化障碍——交流的挑战》，麻争旗、赵靳秋、张开、徐扬译，北京广播学院出版社 2003 年版，第 148 页。
② Hall, E. T., *The Silent Language*, Garden City, N. Y., 1959；转引自 Maletzke, G., *Interkulturelle Kommunikation: Zur Interaktion zwischen Menschen verschiedener Kulturen*, Opladen: Westdeutscher Verlag GmbH, 1996, p. 61。
③ Ibid. .
④ 王建华：《礼貌的语用距离原则》，《东华大学学报》（社会科学版）2002 年第 4 期；另参见杨春红《称呼语与语用距离》，《西南民族大学学报》（人文社会科学版）2005 年第 10 期。
⑤ 参见王建华《话语礼貌与语用距离》，《外国语》2001 年第 5 期；另参见王建华《礼貌的语用距离原则》，《东华大学学报》（社会科学版）2002 年第 4 期。

语用距离的基本特性为可变性（［英］fluidity）和可洽商性（［英］negotiability）。① 所谓可变性，是指语用距离处于不断变化之中而不是恒定不变的，即使在特定的交际过程中，语用距离也很少处于恒定状态。例如初次相识的双方可能因为谈及共同的爱好而使语用距离亲密度增加，双方使用的语言表达方式也会变得亲近；而本来是好朋友的双方则可能由于在某些观点上有分歧而发生争吵，那么两人的语用距离亲密度就可能降低。所谓可洽商性，是指语用距离在言语交际中是可以由交际双方共同洽商的，最典型的例子是德语中"siezen"向"duzen"的转换，如"Wollen wir uns duzen?"（我们相互称du好吗）或者"Wir können du sagen."（我们可以称du）既体现了语用距离的可洽商性（与对方洽商或者提出一种建议，对方可以接受也可以拒绝），同时也体现了语用距离的可变性（如果一方提出这一洽商，而对方也接受这一洽商，那么双方的语用距离由此缩小，其亲密度增加；当然，如果对方拒绝接受这一洽商，那么双方的语用距离可能会增大，亲密度降低）。可变性与可洽商性是语用距离的区别性特征，即语用距离与人际关系和社会距离之间的不同之处。因为——如前所述——人际关系与社会距离是一种客观存在，具有相对的稳定性，而且在特定的交际环境中也不可洽商。② 语用距离与社会距离既有区别，又有联系。语用距离和社会距离之间的主要区别在于：在特定的交际行为中，社会距离一般是确定不变的，而语用距离在交际过程中是不断变化的；社会距离由社会等级参数确定，是客观存在的，而语用距离是交际双方在交际过程中确定的，是可以洽商的。语用距离与社会距离的联系在于：两者都与心理距离有关，语用距离是心理距离在言语表达上的体现并又反作用于心理距离；而社会距离也对心理距离有影响；交际双方的社会距离对语用距离（尤其是初始语用距离）具有决定性作用，因为在言语交际之前，双方只能根据与对方的社会距离和熟悉程度来确定初始语用距离。

第二节　人际距离的属性

由于人际距离是一个多维的概念，所以，人际距离的属性也呈多样

---

① 参见王建华《话语礼貌与语用距离》，《外国语》2001 年第 5 期；另参见王建华《礼貌的语用距离原则》，《东华大学学报》（社会科学版）2002 年第 4 期。
② 只有在个别情况下，人际关系是可以洽商的，如"你愿意做我的男朋友吗?"

化。由于篇幅及研究视野所限，笔者无法穷举并分析其所有属性，而只能从本书的研究实际出发，重点探讨人际距离的符号性、社会性、文化性，另外人际距离的可调节性笔者将在后面"人际距离的体现与调节方式"一节（§2.4）有所涉及，此处从略。

一 人际距离的符号性

符号是表达、传播意义、信息以及知识的象征物。卡西尔把人定义为"符号的动物"（[拉] animal symbolicum）①，认为符号是人的本质。而柴瑞（C. Cherry）说："人在本质上是一种交际动物。"② 因此可以说，人是运用符号进行交际的动物。正如波兰哲学家沙夫所说："人的交际过程，虽然在它的进程和作用方面是复杂的，却是一个显而易见的事实：人们是在行动中，即在合作中（因为所有的行动都是社会的行动），经过符号的中介传递明确的意义而进行交际的。"③

从符号学的意义上说，人类的交际行为是指人们运用符号传情达意，进行人际间的讯息交流和讯息共享的行为协调过程。④ 奥古斯丁（A. Augustine）曾给予符号一个一般性的解释："符号是这样一种东西，它使我们想到在这个东西加诸感觉印象之外的某种东西。"⑤ 意思是说，符号是代表某一事物的另一事物，它既是物质对象，也是心理效果。从这一种解释来看，人际间的身体距离和语用距离代表了人际间的心理距离并进而代表了社会距离和文化距离，因此可以说，人际间的身体距离和语用距离都是一种符号。在现代符号学著作中另一种广为流行的关于符号的解释是："符号是在交际过程中能够传达思想感情的媒介物。"⑥ 从这一种解释来看，人际距离也是一种符号，因为，人际距离在交际过程中能够传达思想感情。所以，人际交往中的距离行为是一种符号行为。20世纪初，索绪尔（F. de Saussure）在日内瓦大学讲授普通语言学时，曾把符号学设想为"研究社会生活中符号生命的科学"。他说："我们可以设想有一门研究社会生活中符号生命的科学；它将构成社会心理学的一部分，因而也是普通心理学的一部分；我们管它叫符号学

---

① [德] 恩斯特·卡西尔：《人论》，甘阳译，西苑出版社2003年版，第46页。
② 转引自黄华新、陈宗明主编《符号学导论》，河南人民出版社2004年版，第50页。
③ 沙夫：《语义学引论》，罗兰、周易译，商务印书馆1979年版，第164页。
④ 黄华新、陈宗明主编：《符号学导论》，河南人民出版社2004年版，第50页。
⑤ 转引自俞建章、叶舒宪《符号：语言与艺术》，上海人民出版社1988年版，第12页。
⑥ 黄华新、陈宗明主编：《符号学导论》，河南人民出版社2004年版，第8页。

（［法］sémiologie）。"① 由此可以看出，索绪尔的符号学设想着眼于符号的社会功能，看重它的心理因素。从这一点而言，把体现人与人之间心理距离以及社会距离和文化距离的身体距离和语用距离看作符号可以说再恰当不过。

在索绪尔看来，符号是能指（［法］signifiant）与所指（［法］signifié）的二元关系，二者是不可分离的统一体。② 而皮尔斯（Peirce）把符号解释为符号形体（［英］representamen）、符号对象（［英］object）和符号解释（［英］interpretant）的三元关系。符号形体是"某种对某人来说在某一方面或以某种能力代表某一事物的东西"；符号对象就是符号形体所代表的那个"某一事物"；符号解释即符号使用者对符号形体所传达的关于符号对象的讯息的解释，亦即意义。③ 这种三元关系，可以用下面的图 2-6 "符号三角"来表示。

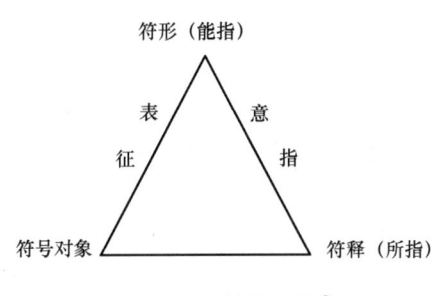

```
            符形（能指）
               /\
            表/  \意
            征/    \指
            /_____\
        符号对象    符释（所指）
```

图 2-6 符号三角④

既然人际距离是一种符号，那么它也是能指与所指的二元统一体，同样具备符号形体、符号对象及符号解释的三元关系。按照我们的理解，人际间的身体距离和语用距离是符号形体，即能指；人际间的文化距离、社会距离与心理距离则是符号对象；对人际间身体距离（远近）和语用距离（亲疏）的理解与解释（心理上的亲近与疏远）即为所指，其关系如图 2-7 所示。

钱敏汝认为："［符号的］接受者在阐释过程中确定下来的意义才是符号的最终意义，这个意义由于文化背景的差异，永远不可能与符号发送

---

① ［瑞士］费尔迪南·德·索绪尔：《普通语言学教程》，高名凯译，商务印书馆 2002 年版，第 38 页。
② 同上书，第 102 页。
③ 黄华新、陈宗明主编：《符号学导论》，河南人民出版社 2004 年版，第 3 页。
④ 同上书，第 7 页。

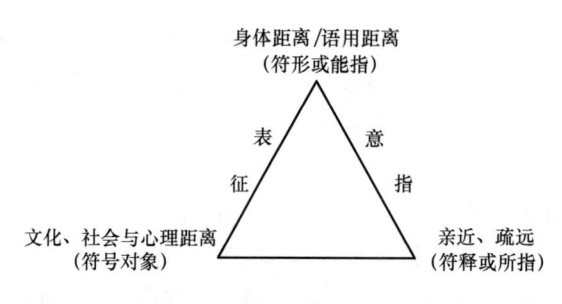

```
          身体距离/语用距离
           (符形或能指)
         表        意
          征        指
文化、社会与心理距离        亲近、疏远
   (符号对象)            (符释或所指)
```

图 2-7 人际距离的符号三角

者的原旨和本意完全相同，但却是符号在这个接受者这里的终端意义。因此可以说，任何一个符号都是多义的，而赋予符号意义的不只是符号发送者，赋予并最终决定符号意义的是符号接受者。"① 这里所涉及的实际是一个符号交际的过程，交际的一方通过符号将讯息发送给对方，而符号接受者通过对符号的理解与阐释来获得符号的意义。可以说，符号的意义是由发送者与接受者共同赋予的，但"最终决定符号意义的是符号接受者"，这就凸显了符号接受者在交际过程中的重要地位。正是由于符号接受者的决定性地位，在跨文化交际过程中，我们要尽可能地从对方的文化视角出发来发出讯息，以使对方所获取的讯息能够尽可能地接近我们的原旨，从而达到有效交际的目的。从人际距离的角度而言，我们不能只考虑自己对私人空间的需求或者仅凭自己对对方的感觉来采取相应的距离行为，而应该更多地从对方的角度来考虑需要保持的距离。这样就不会发生让对方误读我们所发出的距离符号的情况。

既然说人际距离是一种符号，那么人际距离在符号系统中处于什么样的地位呢？我们先来看一下符号系统的一般分类，如图 2-8。

在这个符号谱系略图中，体态符号系统是由人体姿态发出讯息的一种复杂的符号系统，包括面部表情符号、身姿符号、体动符号、体距符号等子系统。② 而体现语用距离的言语符号毫无疑问属于语言符号系统。所以可以说，身体距离与语用距离分别属于符号系统中不同范畴的两个子系统。

体距符号表现的是交际者之间身体距离的远近，体现了人们的界域意识；语用距离符号表现的是在言语使用上交际双方的亲疏关系。它们通常

---

① 钱敏汝：《符号学与跨文化性》，载林宏星、林晖主编《复旦哲学评论》第二辑，世纪出版集团、上海辞书出版社2005年版，第259页。
② 同上书，第182页。

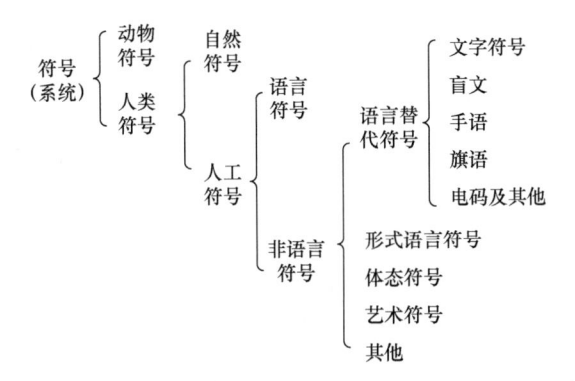

```
                         ┌─ 文字符号
              ┌─ 自然  ┌─ 语言   ├─ 盲文
              │  符号  │  符号   ├─ 手语
     ┌─ 动物  │        │  替    ├─ 旗语
     │  符号  │        │  代    └─ 电码及其他
符号 │        │        │  符号
(系统)┤        │
     │  人类  │        ┌─ 形式语言符号
     └─ 符号  │  人工  ├─ 体态符号
              │  符号  ┤
              └─ 非语言├─ 艺术符号
                 符号  └─ 其他
```

图 2-8　符号谱系略图①

反映交际者之间的亲疏远近的心理距离。一般而言，关系越亲密，心理距离越近，语用距离亲密度就越高，身体距离也越小，反之，语用距离与身体距离就越大。但对于具体的交际对象来说，这种距离并非一成不变，而是随着交际情况和心理距离而不断地变化，既可以由亲而疏，也可以由疏而亲；既可以由近而远，也可以由远而近。

二　人际距离的社会性

所有大的社会都是有等级划分的。个人在这种等级制度中所处的位置被称为"地位"。一个人的地位越高，威望和权威也就越高。地位的标准根据不同的文化或在同一文化中人的不同作用而变化。等级和地位是社会的结构特征，它们几乎存在于所有的社会中。但是在不同的社会和文化中，确定地位的标准不同，并且地位的重要性也不同。②

贾玉新认为，非言语行为同言语行为一样，都是人际交往时双方社会关系的标记。它标志着交际者的"权势"（[英] power）和"平等"（[英] solidarity）关系。③ 这一点从 N. Henley 对男女之间权势关系的调查所得出的非言语行为是"权势"和"平等"社会关系的标记的结论④中得到印证。在交际过程中，交际者的"权势"和"平等"关系可从交际双方的身体距离和语用距离推测出来。身体距离的远近及语用距离的亲疏最容易

---

① 黄华新、陈宗明主编：《符号学导论》，河南人民出版社 2004 年版，第 180 页。
② 参见 Maletzke, G., *Interkulturelle Kommunikation: Zur Interaktion zwischen Menschen verschiedener Kulturen*, Opladen: Westdeutscher Verlag GmbH, 1996, p. 103。
③ 参见贾玉新《跨文化交际学》，上海外语教育出版社 1997 年版，第 451 页。
④ 关于 N. Henley 对非言语行为的标记作用的结论介绍可参见贾玉新《跨文化交际学》，上海外语教育出版社 1997 年版，第 451—452 页。

看出交际双方的关系之疏密、社会地位之高低等。

Maletzke 认为，在亚洲文化中（以及在西方的某些场合），个人空间以及人际距离与所涉及的人的社会阶层和地位有关。社会等级高的人与比他社会等级低的人保持一定的距离。在亚洲，教师与学生之间的距离比在美国的要远。在职业生活中，下级与上级保持着远的距离。① 从他的这种观点可以看出，人际距离与不同的社会阶级、阶层或社会地位相关，具有社会性。实际上，人际距离与交际者的社会阶层及社会地位相关并不仅限于亚洲国家，西方国家同样存在这种现象，而且非常普遍，并不一定比亚洲国家少，至少从德国②与中国社会的比较来看是如此。笔者认为，人际距离与社会阶层和社会地位相关是一个普遍现象，它存在于任何一个社会、任何一种文化中。

本书前面讨论过，人际距离是一种符号。由于符号是一种约定俗成的产物，"一个社会所接受的任何表达手段，原则上都是以集体习惯，或者同样可以说，以约定俗成为基础的"③，"在本质上是社会的"④。人际距离既然是一种符号，那么它就具有社会性。

Hall 对北美文化中人际交往距离区域的划分也同样说明了人际距离的社会性。因为这几种距离区域并不是由于 Hall 的划分而存在，而是一种既存的社会事实。而且，Hall 的划分是以大量的调查数据为依据的，也就是说，人际距离是一种普遍存在的社会现象，不是一种个别现象，也不是一种个体行为。

三 人际距离的文化性

人的空间观念是后天习得的，因此人们的领地要求和空间关系在每种文化中都有其特有的规则和程序。文化不同，人们对空间的需求和与空间有关的交际规则也不同。本书前面讨论过，人际距离的核心是心理距离。马尔塞拉等认为："任何特定的心理过程都充满了文化因素，这一认识要

---

① 参见 Maletzke, G., *Interkulturelle Kommunikation*: *Zur Interaktion zwischen Menschen verschiedener Kulturen*, Opladen: Westdeutscher Verlag GmbH, 1996, p.60.
② 尼思认为，尽管德国官方的阶级制度已经废除，现在是一个近似没有阶级的社会，但阶级界限和等级仍起着重要的作用。参见［美］葛里格·尼思《解读德国人》，张晓楠译，中国水利水电出版社 2004 年版，第 72 页。
③ ［瑞士］费尔迪南·德·索绪尔：《普通语言学教程》，高名凯译，商务印书馆 2002 年版，第 103 页。
④ 同上书，第 39 页。

求对文化因素加以解释。"①

上文曾讨论过，人际距离行为首先是表现在空间关系上的一种非言语行为，它体现了人们不同的空间感、领域观。空间感分为不同的、但相互联系的两个方面：一方面是空间观，即人们对空间的理解；另一方面是人们对空间的处理。这两个方面是随着文化的不同而变化的，它们是文化的结构特征。有的文化赋予空间很重要的意义，而有的文化却对空间不太重视，从这一点就可以看出各种文化具有不同的空间观。另外，不同文化的人们对空间的感知也是不同的。② 根据 Hall 的考察，阿拉伯人在交往时双方保持的距离一般要比美国人交往时的体距近得多，他们喜欢坐在一起，相互触摸，而且眼睛直视对方，说话声音异常响亮，③ 甚至不厌用鼻子嗅他们同伴的身体气味，认为拒绝吸入朋友呼出的气味是不礼貌的。④ 他还观察到，在地中海地区可以发现与其他地区不同的空间观和私人领域观。这一地区的人们比北欧人、英国人和北美人更紧密地相处在一起，这一点可以从载满人的列车、公交车、汽车里以及坐满人的街头咖啡店和住满人的房屋中看出来。⑤

笔者认为，交际行为的习得同人们所处的客观环境以及民族文化传统密切相关。因此，适合某一具体场合的行为会因文化而异。在与文化背景不同的人交往时，我们置身于一个完全陌生的环境，因此对什么是恰当得体的行为并没有把握。这也意味着同一行为在不同（文化）环境中可能传递不同的意义，而不同的行为可能表示相同的意义。同样的人际距离，在不同的文化中给人的感觉不同。不同的文化对交往伙伴之间保持怎样的距离才是合适的也各有不同的理解。笔者前面多次提到的 Hall 关于人际距离的调查结果反映的只是北美社会的现实，在其他文化中，对这四种距离不同区域的理解与划分并不一定与这一结果相符。根据 Hall 的观察，"在拉丁美洲，人与人在交往中的距离要比在美国小得多。在南美，人们可以站得很近而惬意地交谈，而同样近的距离在美国要么会唤起性欲，要

---

① [美] 马尔塞拉、撒普、西勃罗夫斯基主编：《跨文化心理学》，肖振远、荣新海、范学德、李景林译，吉林文史出版社 1991 年版，第 4 页。

② 参见 Maletzke, G., *Interkulturelle Kommunikation: Zur Interaktion zwischen Menschen verschiedener Kulturen*, Opladen: Westdeutscher Verlag GmbH, 1996, pp. 55 – 56。

③ 参见贾玉新《跨文化交际学》，上海外语教育出版社 1997 年版，第 451 页。

④ 参见曾剑平、陈安如《空间语与文化》，《南昌航空工业学院学报》（社会科学版）2000 年第 2 期。

⑤ 参见 Maletzke, G., *Interkulturelle Kommunikation: Zur Interaktion zwischen Menschen verschiedener Kulturen*, Opladen: Westdeutscher Verlag GmbH, 1996, p. 58。

么会唤起敌意。如果一个美国人和一个南美人谈话,常常会出现的情境是,前者步步后退,后者步步靠近。所以,美国人到了南美国家,常常会用桌子或椅子作障碍物,以此来与当地的谈话伙伴保持距离;而后者却常常干脆越过这些障碍物,以寻找他们所喜欢的人与人之间的亲近"[1]。

如上文所述,人际距离反映了人们的私人空间观念。每一个人——至少在一定时间内——都需要私人空间,这是一个其他人不能任意侵入的空间,如果冒犯了这一空间,那么,冒犯者就会被看作是侵犯别人、没有礼貌和粗俗。[2] 在不同的文化中,人们对私人空间和人际距离的重视程度不同。美国人在家里招待客人时,几乎房屋内的每一扇门(包括洗手间)都是开着的,这意味着每一个房间都对任何客人开放;德国人的住房和办公室都有厚重坚固的双层门,而且通常情况下,门都是紧闭的。根据 Hall 的解释,这是德国人酷爱秩序的表现。开着的门被德国人看成是轻率和不守秩序的表示。而且,关起门来起到隔音的作用,提供一个人际之间的保护边界,从而保护德国人的隐私权。[3] 日本人与中国人很少把自己锁在房间内,以充分享受隐私权,而德国人、美国人则各有独自的房间,处理个人隐私。尼思认为,德国人在公共场为彼此留出的私人空间要比美国人的小。人们习惯了较小的身体距离,认为彼此挨得很近是很正常的事情。在饭店里与陌生人共用一桌就反映了德国人这种常见的习惯。在德国,陌生人之间不会像在美国那样保持较大的距离,德国人通过不互相打招呼和庄重、冷淡的态度来保持心理上的距离。[4] 他的这一比较是否符合德国与美国的实际情况,笔者不得而知。但是至少有一点是大家所熟知的,在火车上,陌生德国人之间很少互相打招呼,更不要说一起聊天,他们通过这种方式来保持相互间的心理距离。

在城市规划建设、房屋建筑以及布局等方面也隐含着不同文化处理人际距离的不同方式。贾玉新从王安忆对北京与纽约两个大都市的比较中体悟到,"两座城市同样拥挤,然而纽约人对隐私的个人欲求强烈,彼此尊重邻人私有空间,因此人们之间是'冷漠'的;而在北京,人

---

[1] 转引自 Maletzke, G., *Interkulturelle Kommunikation*: *Zur Interaktion zwischen Menschen verschiedener Kulturen*, Opladen: Westdeutscher Verlag GmbH, 1996, p. 61。

[2] Ibid., p. 57.

[3] 参见贾玉新《跨文化交际学》,上海外语教育出版社1997年版,第123页;Maletzke, G., *Interkulturelle Kommunikation*: *Zur Interaktion zwischen Menschen verschiedener Kulturen*, Opladen: Westdeutscher Verlag GmbH, 1996, p. 59。

[4] 参见[美]葛里格·尼思《解读德国人》,张晓楠译,中国水利水电出版社2004年版,第75页。

际间相互身体接触司空见惯,虽然人们同样视而不见,但却少一些'冷漠'之感"①。中国传统的四合院建筑会使其居住者的人际关系倾向于以权威为中心,有利于发展垂直式的人际关系及创造一种其乐融融的和合气氛,而西方式的格局则有利于发展平等式的人际关系并创造一种人际间相互独立的精神。②

在言语行为上,人际距离同样具有文化性。我们知道,文化的一个基本和重要的组成部分是语言。在不同文化的语言中,人们表达尊敬、亲近、疏远等感觉的语汇不同,如在德语中,无标志性的社交通用称呼是"Sie",即在社交场合,使用"Sie"一般情况下不会引起对方特别注意。如果交谈双方使用了"du"的话,那么标志着两人的语用距离缩小,亲密度增加。但是在汉语中,无标志性的社交通用称呼是"你",如果交谈者用了"您",则通常表示了一种特殊含义,要么为尊敬,要么为亲近,或者兼而有之,否则就可能是故意疏远或讽刺等。③ 所以,言语行为中体现出来的语用距离也是因文化而异。

由上面的讨论可以得出结论:人际距离行为是人类普遍存在的现象,但在不同文化中,人们对距离远近的感知不同,人际距离行为的体现方式也不尽相同,简言之:人际距离具有文化性。

第三节 人际距离的功能

笔者在第一章曾经介绍过学界对人际距离行为的研究。一般认为,人际距离是非言语行为中一个重要的范畴。贾玉新认为,非言语行为的社会功能主要表现在:(1) 社会关系的标记功能;(2) 会话组织结构的标记功能;(3) 交际的语义或内容标记功能;(4) 交际者的感情标记功能。④ 笔者认为,人际距离一方面体现在非言语交际范畴,它天然具有这几个功能。首先,人际距离是人际交往时双方社会关系的标记。它标志着交际者的"权势"和"平等"关系。交际者的"权势"和"平等"关系可从交际双方的身体距离推测出来。相对地讲,关系越密切,相对地位越平等,

---

① 贾玉新:《跨文化交际学》,上海外语教育出版社1997年版,第121页。
② 同上书,第121—122页。
③ 因受地域及方言影响,德语及汉语各自的语用规则并非呈现一致性。此处以现代标准德语和汉语普通话为标准。
④ 参见贾玉新《跨文化交际学》,上海外语教育出版社1997年版,第450页。

交往时身体距离越近,如夫妻或朋友之间交往,体距保持在亲密距离和个人距离范围内。相反,上下级关系的人们在交往时,身体距离较大,往往处在社交距离或公共距离范畴之内。其次,人际距离是会话组织结构的标记。在面对面的交际过程中,一个会话的产生、维系和结束与交际者之间的距离是分不开的。关于这一点,我们在"人际距离的交际功能"一节(§2.1.5)有所涉及。另一方面,人际距离体现在言语交际范畴即为语用距离,也同样具有社会关系的标记功能和交际者的感情标记功能(详见§2.1.5)。

Wierlacher 将距离的功能归为四类:(1) 距离是交际的条件;(2) 距离是对身份认同的保护;(3) 距离是认知的范畴;(4) 距离的注释功能。[①] 这四个功能涵盖面较广,既涉及人与物的交往(如距离的认知功能),也涉及人与人的交往。但这四个功能在人际交往中都可以体现出来。第一个功能本身就是面对面人际交往中距离的功能,只有保持适中的距离,真正有意义的交际才能发生。相互距离过远,双方看不到对方或者听不清对方的话,很难进行有效的交际;而如果相互距离过近,也同样保证不了成功的交际。布·霍尔举的一个例子就说明了这一点:萨姆(美国人)受主管委托接待来自智利的马丁,在交谈中,由于后者把手搭在前者的肩膀上,所以萨姆无法集中注意力于双方的谈话,导致交际出现短路。[②] 从第二个功能而言,保持一定的距离,可以保护我们的身份认同,不至于因过于亲近而迷失自我。人们在日常生活中(尤其是男女朋友、夫妻及家庭生活中)经常听到"我不能失去自我"之类的话,指的就是这个意思。因为关系过于亲近,距离太小甚至没有距离的话,交往双方共享信息过多,需要(或者不自觉地)为对方着想的比较多,在心理上很容易形成一种印象,即"自我"不存在了,这种时候往往会逆反地寻找一个距离,而这种距离又超出了原先形成的双方间的感觉距离,这就容易破坏双方的关系。所以,在交往的过程中,调节与保持合适的距离是对双方个体身份认同的保护。从认知角度而言,保持"批判的距离"[③] 是艺术、美学和科学研究中的一个重要范畴。欣赏一幅字画或者其他美术、艺术作品,都需要一定的

---

① Wierlacher, A., Distanz, in: Wierlacher, A. & A. Bogner (Hrsg.), *Handbuch interkulturelle Germanistik*, Stuttgart/Weimar: Verlag J. B. Metzler, 2003, pp. 222 – 227.

② 参见 [美] 布拉德福德·霍尔编著《跨越文化障碍——交流的挑战》,麻争旗、赵靳秋、张开、徐扬译,北京广播学院出版社 2003 年版,第 147 页。

③ Wierlacher, A., Distanz, in: Wierlacher, A. & A. Bogner (Hrsg.), *Handbuch interkulturelle Germanistik*, Stuttgart/Weimar: Verlag J. B. Metzler, 2003, p. 224.

距离，才能达到最佳的审美状态；在科学研究中，也经常需要与研究对象保持一定的距离，才能获得一种客观的印象或结果。在第五章所讨论的质性研究的参与式观察法中，研究者既要作为参与者成为被观察的对象，又要作为研究者保持与研究对象的距离，方能获得相对客观的判断与评价，如何找到这样一个合适的距离实属不易。这一点在人际交往中也同样如此，只有与交往伙伴保持一定的距离，才能对其形成相对客观的印象与评价，才能真正了解对方。德国人在交友方面属于慢热型，原因即在于此；从另外一个角度而言，"距离产生美"，在人际交往中与对方保持一定的距离，对增进双方的关系大有裨益。距离的注释功能表现在，双方在交往过程中所保持的体距（如 Hall 的距离区域模式）、交往的频次、这些距离的调节以及言语交际体现出来的语用距离等都是对双方关系的注释，人们通过这种距离的存在与调节可以看出双方关系的远近与亲疏。

从上面的论述中可以看出，距离是人际交往中不可忽视的一个范畴，它在人际交往中有着非同寻常的作用与功能。Schultz & Gambard 将人际距离的功能归结为两类：控制功能（［德］Kontrollfunktion）和交际功能（［德］Kommunikationsfunktion）。Altman 在其隐私理论（［德］Privatheitskonzept）中又增加了调养功能（［德］Regenerierungsfunktion）和评价功能（［德］Evaluationsfunktion）。[①] 下面对这几个功能略做讨论。

一 人际距离的控制功能

人种学理论将距离行为的功能看作是进化的结果：为了控制一个物种内部的攻击行为而进行的自然选择。保持一定的最小距离可以预防对个体的独立自主的伤害，从而降低紧张程度。[②] 然而，该理论并没有说明距离行为是天生的还是后天习得的。笔者认为，距离行为中既有天生的本能成分——如刚出生的婴儿能够本能地寻找与母亲的亲近，而当他/她睡觉时如果突然接近他/她，就会观察到举手、挥臂等本能防御动作；[③] 距离行为中也有后天学习的成分，如中国传统的"男女授受不亲"行为方式等。

行为限制理论（［英］behavior constraint，［德］Verhaltens-Beschränkungs-Modell）认为，个人空间保证了行为的自由，从而可以使精神与身体免

---

① 参见 Roeder, U.-R., *Selbstkonstruktion und interpersonale Distanz*（Dissertation），Berlin：Freie Universität Berlin, 2003, pp. 43-50。
② Ibid., p. 43.
③ 这一经验来源于笔者对女儿从出生到半岁前的观察。

受潜在和临时危险的伤害,而保持安然无恙。① 距离在这里实际上是满足了人的安全需求。这一点在笔者对中国留德学生的访谈中也有所涉及。有的留学生(如乔敏等,详见§5.4.2.1)明确指出了距离的这种保护功能。

在超负荷理论([英]overload theory,[德]Überlastmodell)中,距离行为的目的在于避免过度刺激([德]Überstimulationen)。Scott认为,如果我们相互之间距离太近的话,将会处于社会性的及身体上的刺激的困扰之中,所以,保持一定的距离可以减少需要处理的信息量,从而保护我们免于超负荷运作。② 这一点与笔者前面讨论的 Simmel 的观点如出一辙(参见§2.1.2)。

激发理论([英]arousal theory)的出发点是:个人空间可以使人们免受过多的压力。因为太近的距离具有激发性,对这种刺激的诠释方式(爱或恐惧)需要人们做出反应。根据这个假设,较小的人际距离能够激发诠释过程,而这一过程则需要认知策略。③ 所以人际距离过小会增加人们认知上的负担。

概而论之,上述控制功能理论有一个共同之处,即它们认为个人空间的功能在于保持行动的自由([德]Handlungsfreiheit)、认知效能([德]kognitive Leistungsfähigkeit)和个体的安全([德]persönliche Sicherheit)。④

二 人际距离的交际功能

Shannon & Weaver 将"交际"定义为:一个人对另一个人施加了影响。⑤ 大多数交际模式属于发送者-接受者模式([德]Sender-Empfänger-Modell)。在这些模式中,大多是由四个不同的组成部分通过三个不同的阶段相互联结在一起:一个发送者(信源)应用符号集([德]Zeichensatz)将信息

---

① 参见 Roeder, U. -R., *Selbstkonstruktion und interpersonale Distanz* (Dissertation), Berlin: Freie Universität Berlin, 2003, p. 43。
② Ibid. .
③ Ibid. , p. 44.
④ Schultz-Gambard, J., Persönlicher Raum, in: Kruse, L., & C. F. Graumann, & E. -D. Lantermann (Hrsg.), *Ökologische Psychologie. Ein Handbuch in Schlüsselbegriffen*, München: Psychologie Verlags Union, 1996, pp. 325 - 332;另参见 Roeder, U. -R., *Selbstkonstruktion und interpersonale Distanz* (Dissertation), Berlin: Freie Universität Berlin, 2003, p. 44。
⑤ 转引自 Roeder, U. -R., *Selbstkonstruktion und interpersonale Distanz* (Dissertation), Berlin: Freie Universität Berlin, 2003, p. 44。

编码并通过某一渠道（媒介）进行传送。该信息被接受者（信宿）解码。人作为"符号的动物"，其符号行为的全过程是从编码到解码。人际间的讯息传播，就是通过发讯人的编码和收讯人的解码共同实现的。如果没有发讯人的编码和收讯人的解码，就没有了人际间思想感情的交流，因而也就没有了"交际"这样的符号行为。编码是一种符号行为。编码是在特定的符号对象领域里，应用某种编码规则把能指和所指结合起来，并在能指和所指的关系上体现符号的意指作用。同编码相对应的是解码。人类的符号行为，从编码到解码，是一个从发讯到收讯的完整过程。发讯人把思想感情编成代码，也就是运用符号传达某种讯息。收讯人在接受这一讯息之后，必须解读符号，尽可能准确地解释发讯人发来的讯息，这就是解码。解码的过程同编码恰好相反，解码者是通过代码来重建意义，从而理解发讯人所要表达的思想感情，因此可以说，解码是编码的逆过程。[①] 解码是收讯人对符号的理解与解释，由于解码者的具体情况不同，他们所做的解释往往因人而异，并非都能符合编码者的原意。正是基于此，钱敏汝认为——如前所述——符号的意义最终由符号接受者决定。

正常运作的交际过程的基本条件是发送者与接受者通过一个渠道联结起来，使用同一个符号集并赋予其相同的意义。除了语言渠道外，非言语交际涵盖了从发送者向接收者传送信息的所有渠道，具体又细分为以下方式：

（1）副语言方式（说话时的音调、速度、重音等）；
（2）身势语方式（面部表情及手势等）；
（3）空间行为方式（距离行为及就座方式）。

空间行为方式为交际创造了前提，因为发送者与接收者的身体（距离与相互角度）必须保持在信息能够被发送以及能够被接收的位置。[②] 在这里，目光交流在面对面交际时具有决定性作用，因为它通常调节着言语交际的开始与进展。从这种意义上而言，人际距离的首要交际功能在于促成交际的产生。

人际距离是人际间的言语交际与非言语交际中的一个重要因素，它的

---

① 陈宗明：《符号世界》，湖北人民出版社 2004 年版，第 44—45 页。
② Kendon, A., Spatial Organization in Social Encounters: The F-formation System, in: Kendon, A. (Ed.), *Studies in the behavior of social interaction*, Bloomington: Indiana University Press, 1977; 转引自 Roeder, U.-R., *Selbstkonstruktion und interpersonale Distanz* (Dissertation), Berlin: Freie Universität Berlin, 2003, p. 45。

第二个交际功能在于对可支配信息的种类与数量的控制。笔者在第一章中曾经提到，Hall 以对中产阶层北美人的观察为基础，确立了四个距离区域：亲密距离、个人距离、社交距离和公众距离。每一个距离区又可区分近与远两个层次。亲密距离（近：0—0.15 米；远：0.15—0.45 米）是指从直接的身体接触到大概半米以内的距离，在这种距离内，信息通过集中、强烈的感官刺激得以发送和接受（如对抚摸、气味、呼吸或体温的感知）。通常情况下，只有特别亲近的人（如伴侣、父母与子女）进入该距离区能够被接受。在这一距离区内，非言语交际方式发挥的功能远远大于言语交际方式，所以，处于这一距离区内的交际双方经常是窃窃私语或者是默默无言。其他人在这一距离之外是可能被接受的，而进入这一距离区，通常会引起本人不舒服的感觉，甚至激发战斗荷尔蒙，身体处于准备战斗或者逃逸的状态。在个人距离区域（近：0.45—0.75 米；远：0.75—1.2 米）中，借助于感官刺激可以获得细节性反馈。该区域是为好朋友、亲戚以及比较亲近的同事准备的。在这一距离区内，非言语交际方式发挥的功能依然很大，但此时通过言语交际行为所获得的信息有所增多。如果无法避免陌生人（并无恶意地）进入个人距离区甚至亲密距离区（如在拥挤的公交车或者电梯里），那么，这些陌生人就会被当作"非人"，这时候人们一般绷紧肌肉保持不动，眼睛看往别处，避免与他人目光接触，更不可能有言语交流。在社交距离区域（近：1.2—2 米；远：2—3.5 米）内交往时获得的信息反馈就不像前者那么具体、详细。在该距离区内处理的事情通常都是非个人事务，如与商业伙伴的聊天，人们到政府机关或银行等服务场所办事时与对方保持的距离即在此区域内。这一距离具有保护功能。他人在接近时，只要不超越这一距离，一般不会引起注意。在公众距离区（近：3.5—7 米；远：超过 7 米）内，感官刺激发挥的作用已经微乎其微，非言语行为失真，而细微的信息则因距离较远而容易漏失，言语行为此时经常需要借助于媒介（如扩音器等）才能达到期望的效果。如讲演者与听众、舞台演员与观众以及在沙滩上晒日光浴的相互不认识的人们之间保持的距离即属此类。[①] 可以看出，人际间的身体距离越小，其语用距离就越小，而交际的渠道则越多，获得的关于交际伙伴的信息

---

① 参见贾玉新《跨文化交际学》，上海外语教育出版社 1997 年版，第 465—466 页；Roeder, U.-R., *Selbstkonstruktion und interpersonale Distanz*（Dissertation），Berlin: Freie Universität Berlin, 2003, pp. 45 – 46；毕继万《跨文化非言语交际》，外语教学与研究出版社 1999 年版，第 76—78 页；胡文仲《跨文化交际学概论》，外语教学与研究出版社 1999 年版，第 117—119 页。

则越多。因此，人际距离的第二个交际功能在于对交际渠道及信息量的影响。

人际距离的第三个交际功能在于它是交际双方感情的标记。Mehrabian 认为，非言语行为传输的主要是情感信息（[德] affektive Botschaften），是感情的标记，它们对言语信息进行修改、否定或者确认。① 人际距离的意义并非孤立产生，而是依赖于交际中的其他伴随状况。反之，人际距离也为理解其他交际信息提供了辅助信息。如果不是处于敌对或侵犯状态，那么接近一般被认为是喜欢的表示，而较大的距离则表明，交际的双方没有较近的关系。

三 人际距离的调养与评价功能

Altman 将其他关于空间行为的理论方案一并纳入他的隐私（[英] privacy，[德] Privatheit）② 理论当中，而个人空间在该理论中处于核心地位。Altman 根据 Westin 的思考将人际距离的调养功能归结为：（1）保持个人独立，如保持独立性及身份认同；（2）精神上放松，如可以在一定时间内从社会角色中解脱出来，不必再严格遵循社会规则和习俗，不再是众所瞩目的焦点；（3）自我评价，如可以思考以往的经验，思考未来的发展，反思自我与外界的关系等；（4）保护交际，如与知心人之间的谈心。③ 这里，除了上面已经讨论的控制与交际功能以外，尤其强调了人际距离对调养以及评价过程的重要性。Simmel 认为都市人个性特点的心理基础是神经刺激的过多和精神生活的紧张。生活在大都市中，需要和很多城市人持续不断地接触，为了保持自己心理的平衡，都市人采取了不付出过量热情的态度。④ 这种生活方式就是个体与外界保持距离：怀疑外人，甚至经常出现邻居"老死不相往来"的现象。笔者前面曾经提到，这种距离在人际关系上的特征是冷漠、反感、疏远和排斥。Simmel 认为这种

---

① 参见 Roeder, U.-R., *Selbstkonstruktion und interpersonale Distanz* (Dissertation), Berlin: Freie Universität Berlin, 2003, p. 47。

② Altman 将"隐私"定义为"人们允许接触自我或者其群体的选择性的控制机制"，参见 Altman, *The Environment and Social Behavior, Privacy, Personal Space, Territory, Crowding*, Monterey, CA: Brooks/Cole, 1975；转引自贾玉新《跨文化交际学》，上海外语教育出版社 1997 年版，第 124 页。

③ 参见 Roeder, U.-R., *Selbstkonstruktion und interpersonale Distanz* (Dissertation), Berlin: Freie Universität Berlin, 2003, p. 48。

④ 卢国显：《制度非均衡与交往非对称——北京市农民工与市民之间社会距离的实证研究》，博士学位论文，中国人民大学，2003 年，第 6—7 页。

距离对于自己也是一种保护机制。保持距离是个体主动采取的态度和行动，其目的就是躲避过多的刺激，保持个人心理平衡和安静。

每一个人在社会与家庭生活中都扮演着不同的角色，要应付及完成社会赋予这些角色的各种不同任务，人们需要付出很大的努力。人际距离保证了人们对个人空间的需求，在一定程度上为人们创造了一个心理上的暂时的隐居空间，使自己在其中不受过多的社会和家庭因素的影响，使真正的自我在其中释放，得到一定程度的调养，以更好地扮演再次进入社会生活时的各种角色。同样，要对自我进行正确的评价不仅仅需要他人的意见，更重要的是自己对自己有一个正确的认识，这就需要暂时与他人隔离开来，在一个属于自己的空间里反思自我，从而形成对自我的再认识。但是，在不同的文化和社会中，人们赋予这些行为以不同的权重。德国人普遍倾向于闭门自思，在与他人隔离的独自空间里得到调养并获得对自我的评价；而中国人则更加注重他人的评价，所以相对喜欢在与他人交往中获得对自己的评价。

第四节　人际距离的体现与调节方式

不同文化社会对人际距离的把握和交际态度是有区别的，"它一方面反映在人的言语行为中，另一方面也反映在非言语、言语之外和副语言等行为中"①。体现人际距离的方式很多，笔者此处将其归纳为两个大的层面：言语层面与非言语层面。这些不同的方式同时也是调节与平衡人际距离的方式，下面分别加以讨论。

一　非言语层面

笔者前面（§2.2.1）曾经讨论过，人际距离是符号系统的子系统，它一方面属于非语言符号系统，另一方面属于语言符号系统。非语言交际是指语言行为以外的交际行为，是不用语言表达的、为社会所公认的人的属性或行动，例如眼神、手势、身势、面部表情、服装打扮、沉默、身体的接触、讲话人之间的距离、讲话的音量、时间观念、对空间的使用等等。Rose 声称，语言交际所表达的信息仅占 35%，而非语言交际在人际

---

① 刘齐生：《言语行为中的文化因素——德资企业内部交际调查》，《广西教育学院学报》2001 年第 2 期。

交往中所传达的信息高达 65%。① 人际距离的体现与调节方式首先并且主要表现在非言语层面。这些方式包括：体距、体触、目光接触、副语言、交际环境与交际频次等。

（一）体距

体距即交际双方的身体相隔的距离，它最直接地体现了人际交往时双方的心理距离和交往关系。

一般而言，交际双方在自觉自愿的基础上，体距越近，其人际关系越亲密。有一项研究（Byrne, Erlin & Lamberth, 1970）发现，在初次约会中，双方好感越大的一对，彼此的距离越近。② 笔者前面（§2.3.2）曾经介绍过 Hall 总结的中产阶层北美人交往时的四个体距区域：亲密距离、个人距离、社交距离和公众距离。这四个体距区域都与具体的尺寸相对应。在亲密距离内交际的双方只能是特别亲近的人，如伴侣、母婴等；而在个人距离内交际的双方一般为好朋友、亲戚以及比较亲近的同事；在社交距离内交际的双方的关系进一步疏远，如商业伙伴关系、普通同事关系、公共服务关系等；在公众距离内交往的双方大多互不相识，如讲演者与听众、演员与观众之间的关系。

德语文化圈的人际距离可以区分为以下四种：（1）0—0.5 厘米（只有好朋友才会对这么近的身体距离感到舒服）；（2）一臂之遥（谈话时人们之间的距离，这种情况下行握手礼）；（3）长过一臂的距离（和地位比你高的人相处时的距离）；（4）4 米以上（开会、谈话和其他类似活动时的适宜距离）。③

关于中国人谈话时的体距，美国学者布罗斯纳安根据在中国的调查，认为中国人的体距比英语国家的人近。④ 潘永樑通过调查发现，中国人讲话时交谈者之间的身体距离与英美人交谈者之间的距离差不多：朋友、熟人之间的个人交谈，双方体距保持在 0.5—1 米之间；一般社交活动中双方体距大概在 1.5 米左右；而对着人群讲话则都在 3 米以上。⑤

不管是对西方的调查还是在中国的调查，研究者对体距的划分都不是

---

① 参见刘齐生《言语行为中的文化因素——德资企业内部交际调查》，《广西教育学院学报》2001 年第 2 期。
② 曾剑平、陈安如：《空间语与文化》，《南昌航空工业学院学报》（社会科学版）2000 年第 2 期。
③ 参见苏珊·海尔巴赫-格罗塞、尤塔·霍夫曼《女性商务礼仪》，来炯、刘丽译，电子工业出版社 2007 年版，第 10 页。
④ [美] 布罗斯纳安：《中国和英语国家非语言交际对比》，毕继万译，北京语言学院出版社 1991 年版，第 213—214 页。
⑤ 潘永樑：《身势语与跨文化理解》，《解放军外国语学院学报》1997 年第 1 期。

绝对的，都有例外情况，如在拥挤的公交车或者电梯里，互不相识的人侵入个人距离甚至亲密距离内，一般情况下也不致引起较强的应激反应。因为，在这种特殊环境中，其他的调节机制开始运作，如在心理上将这些陌生人当作"非人"，或者将目光移往别处，避免与他人目光接触，或者借助于手中的物体如书报、手提包、钥匙等在自己与他人的身体之间象征性地建立一个屏障，以避免身体的直接接触。需要注意的是，不同文化对体距远近的感知与接受程度不同，这一点在前面（§2.2.3）已经讨论过，此处不再赘言。

（二）体触

体触是借身体间接触来传达或交流信息的交际行为，有些人称之为"触觉交际"或"触觉沟通"。① 体触是人类的一种重要的非言语交际方式，在人类整个发展过程中是非常重要的。它与体距密切相关，因为体触动作的实施必须以较近的体距为前提，否则无法完成。也就是说，体触动作一般发生在伸手可及的范围内，即 Hall 所确定的亲密距离与个人距离内。然而，像谁接触谁、何时何地接触及怎样接触这样的因素都与人们所受的文化熏陶有关系。研究表明，在委内瑞拉和意大利这样的国家里，公众场合的身体接触会比在美国更频繁。而在日本和英国等一些国家里，公众场合的身体接触则比在美国少。② 因此可以说，体触也具有极强的文化特色。"有人说中国人的特点是体触频繁而西方国家的人体触却较为少见，这种差别有着历史原因。前者是同族家庭式的国家，生活在一种聚拢的模式中；后者是异族混居式的国家，生活在一种散居模式中。"③ 但是，我们不能简单地将中国文化归为体触文化，而将西方文化归为非体触文化，而是要考虑到时代、社会的变化做具体的分析。概而言之，在中国传统文化中，"男女授受不亲"，异性间的体触行为在公共场合是为传统礼俗和伦理所禁止的，而同性间的体触行为则能够被容忍和接受；在西方国家如德国，异性间的体触行为被视为很正常，而同性间如果有体触行为则容易被视为同性恋。由此也可以看出，体触这一非言语交际行为具有很强的文化特性，其表现形式与被接受程度在不同的文化中有所不同。正如布·霍尔所言，注意了解身体接触和空间距离在跨文化交流中所扮演的角色可以化解许多文化误解。而弄清楚人们这些空间使用中的差异虽不能完

---

① 毕继万：《跨文化非语言交际》，外语教学与研究出版社 1999 年版，第 42 页。
② 参见 [美] 布拉德福德·霍尔编著《跨越文化障碍——交流的挑战》，麻争旗、赵靳秋、张开、徐扬译，北京广播学院出版社 2003 年版，第 148 页。
③ 黄先进、贾燕梅：《非语言交际与文化差异》，《乐山师范学院学报》2003 年第 5 期。

全消除所有的不愉快感觉，但可以帮助我们避免产生把这些问题归咎于别人的消极看法。①

（三）目光交流

目光交流是交际过程中不可忽视的另一种非言语交际方式，因为"眼睛是心灵的窗户"，通过目光交流，交际者可以获得对方最真实的感受。在各种文化语言中都存在用与眼睛相关的成语、谚语来表达情感的现象，如德语中的"jmdm. schöne Augen machen"（向某人送秋波）、"jmdm. zu tief ins Auge sehen"（爱上某人）②，汉语中的"眉目传情""眉来眼去""频送秋波"等表达的就是通过目光交流拉近心理距离的方式。"中国女子见陌生人在看自己时，马上将目光避开，或者把脸扭向他方；英语国家的女子一般也是这种表现。"③ 笔者认为，"将目光避开"即是在调节心理距离。通过这一动作，她们不仅将自己与陌生人之间的心理距离拉远，而且还给陌生人一个暗示："我们互不相识，不要试图缩小我们之间的心理距离。"

在不同文化中，目光交流的方式各有差异：如"英语国家的人比中国人目光交流的时间长而且更为频繁。［……］中国人却为了表示礼貌、尊敬或服从而避免一直直视对方"。④ 在欧美国家的人看来，与人交谈时直视对方是对谈话感兴趣，这样可以拉近交谈双方的心理距离。而中国人避免直视对方，实际上是在保持一定的心理距离，通过保持一定的心理距离来表示对对方的礼貌、尊敬或者服从。同样是在交谈中直视对方，但是在德国，"他们会目不转睛地直视着你，［……］这使很多美国人感到不自在。［……］而德国人看来，这是表示诚实和对谈话确实感兴趣。对美国人来说，这似乎有些太热情和直接了"⑤。从这一点可以看出，目光接触的方式以及所表达的含义也因文化而异。

（四）副语言

副语言同样能够体现交际者之间的心理距离。副语言又称伴随语言，一般是指伴随话语而发出的无固定语义的声音。⑥ 它包括特殊的发音和发

---

① 参见［美］布拉德福德·霍尔编著《跨越文化障碍——交流的挑战》，麻争旗、赵靳秋、张开、徐扬译，北京广播学院出版社2003年版，第148页。
② 潘再平主编：《新德汉词典》（《德汉词典》修订本），上海译文出版社1999年版，第105页。
③ 毕继万：《跨文化非语言交际》，外语教学与研究出版社1999年版，第28页。
④ 同上书，第26—27页。
⑤ ［美］葛里格·尼思：《解读德国人》，张晓楠译，中国水利水电出版社2004年版，第75页。
⑥ 参见毕继万《跨文化非语言交际》，外语教学与研究出版社1999年版，第45页。

声（如呵气、嘟囔、耳语、清嗓子、啜泣、轻咳等）以及个人的说话强调（如音区、音色、节奏等）和语调等。① 萨莫瓦等人（Samovar, et al., 1981）的看法是：副语言"涉及的是言语成分——指的不是言词所提供的实际信息，而是这一信息是怎样表达的。副语言是伴随、打断或临时代替言语的有声行为。它通过音调、音量、语速、音质、清晰度和语调起到言语的伴随作用"②。Knapp 认为副语言指的是言语表达的方式，而不是言语表达的内容，它所处理的是围绕一般言语行为的非语言声音提示。③尽管副语言更多地受到个体的生理条件的限制，因而这个人与那个人的说话方式有所不同，但就同一个人而言，副语言方式的变化也可以体现交际者双方的关系及心理距离。笔者以一名女职员为例：一般情况下，她与客户谈判时，其音调、音量、节奏、语速等肯定比与男友约会时表现出来的副语言特征郑重、严肃得多，而她与父母对话时所伴随的副语言特征一般不会与她跟自己的上级对话时相同。交际者之间越熟悉、心理距离越小，其交谈就显得越随便，伴随的副语言特征给人的感觉就越亲昵、随和、轻松、舒畅；而交际者之间越陌生、心理距离越大，则交谈就显得越生硬，伴随的副语言特征给人的感觉就越生疏、正式、严肃。恋爱中的男女，随着双方心理距离的不断缩小，其交谈时的副语言特征也在不断变化；反之，通过副语言特征的变化同样也可以调节交际者之间的心理距离。

（五）交际环境

交际环境与交际频次是体现与调节交际者心理距离的另外两个重要维度。交际环境又称为交际场合，Hymes 认为，场合是指交际发生的地点与时间。④ 如果交际场合是经交际双方约定或共同选定，那么该交际场合能够体现交际双方之间的心理距离。例如在办公场所，交际双方的交际内容一般为公务，很少涉及个人或者情感方面的内容，交际双方的身体距离一般很少处于亲密距离范围内，体现出双方的心理距离较大；如果交际双方约定的交际地点在晚霞映照的海边，那么可以推断，交际双方的心理距离大多比较近，双方要么是家人，要么是挚友，要么是恋爱中的男女。初相识的男女朋友开始时的约会一般选择公共场所，如电影院、餐馆、咖啡

---

① 参见［德］哈杜默德·布斯曼《语言学词典》，陈慧瑛等编译，商务印书馆 2003 年版，第 386—387 页。
② 转引自毕继万《跨文化非语言交际》，外语教学与研究出版社 1999 年版，第 45 页。
③ 参见 Knapp, M., *Nonverbal Communication in Human Interaction*, New York: Holt/Rinehart/Winston, 1978, p. 18.
④ 转引自贾玉新《跨文化交际学》，上海外语教育出版社 1997 年版，第 136 页。

馆,这也表明交往双方的心理距离还比较大,双方的关系还没有发展到比较亲密的阶段,选择这些场所,两人能够保持位于社交距离区域以内,这样的话,无论从身体还是心理上,都不容易侵犯到对方或者被对方所侵犯。而随着关系的进一步发展,双方的心理距离逐渐缩小,那么约会的地点更多地选择在晚霞映照的海边、夜幕掩映的公园、小树林或者一方的居所。① 在这些场合,双方一方面比较容易保持个人距离,另一方面在进入亲密距离时也不受到他人的关注。在这样的场合中,挽手、(非礼仪性的)拥抱、亲吻或者更亲密的身体接触不容易暴露在大庭广众之下,被认为是可以接受的。如果只是其中一方提出这些约会地点,而对方拒绝或者提出另外的建议,则说明,前者认为两人的心理距离比较近了或者想缩小与对方的心理距离,而后者还不能接受这些场合所暗示的心理距离。这一点也证明:通过交际场合的变换,可以调节人际间的心理距离。

(六)交际频次

交际频次实际反映的是交际双方在时间维度上的交际心理。人与人之间心理距离的亲疏通过时间距离的远近表现出来,人们通过交流时间的选择、交往间隔的长短、交流次数的多寡来表示自己对交往对象的态度、情感。正如 Hall 所指出的:"时间会说话。它比有声语言更坦率,它传达的信息响亮而清晰,因为它既不如有声语言那样被意识所控制,也不那样容易使人产生误解,它往往能够揭穿言词所表达的谎言。"② 可以说,时间是一个重要的心理因素,能够反映交际双方的心理距离。一般而言,除去工作关系外,接触越少,双方的心理距离越大;接触越频繁,表明交际双方的心理距离越小。③ 中国的成语"一日不见,如隔三秋"反映的就是挚友、亲人之间希望缩短交际间隔时间、增加交际频次的心理。笔者认为,通过变换交际频次,可以调节交际者之间的心理距离。这一点也可以通过恋爱的例子得到印证。在恋爱过程中经常出现的现象是,男女中的一方喜欢对方,想加快关系的发展,即想尽快缩小双方的心理距离,便采用频频约会的方法。如果自己也被对方所喜欢,这种方法很奏效;而如果对方并

---

① 当然,热恋中的男女双方也经常相约去一些公共场所听音乐会、看电影等,在这些场合,尽管双方保持的体距与其他观众没有太大差别,但两人间的心理距离非常近,比与其他观众的心理距离要近得多。
② 转引自贾玉新《跨文化交际学》,上海外语教育出版社 1997 年版,第 133 页。
③ 即便是由于工作关系而频繁接触,交际双方的心理距离一般也比与陌生人的心理距离小。

不怎么喜欢自己，或者还期待有更理想的对象出现，那么就会找各种理由推诿约会，逐渐减少约会次数，两人间的心理距离不是逐渐缩小，而是逐渐拉大；如果自己为对方所讨厌的话，试图增加交往频次而缩小心理距离的做法往往适得其反，最终不是缩小心理距离，而是使之增大。

二 言语层面

语言是文化的积淀与折射，是社会生活的镜子。语言是心灵的窗户。通过对说话者在语言使用过程中所表现出来的诸种社会心理的观察，笔者可以总结验证社会语言学语用原则的具体使用情况。

社会语言学家把言语当作社会行为，认为它集中反映交际双方的社会地位及社会关系，尤其反映出交际双方的"权势"和"平等"关系。奈达认为，"语言最重要的社会功能显然是人际功能，即用来确立和保持有效的人际关系的语言职能。在与不同的个人或群体讲话时，使用不同语域的语言是表明人际关系的重要形式，如庄重用语、正式用语、非正式用语、随便用语和亲昵用语"。[①] 而这些不同的语言形式则体现了交际双方不同的语用距离。当然，在人际交往中，体现人际距离的言语行为无论是在词汇层面，还是在句子甚至篇章层面，其种类都很多，而称呼、打招呼和道别作为一个言语交际过程的开始与结束，对确立和维系交际者双方的关系有着举足轻重的作用，也是最能直接体现人际距离的言语行为。所以本书的讨论主要着眼于这几种言语行为。

（一）称呼语

称呼语（[英]address form，[德]Anredeform）指用来称呼别人和自己的词语。它是言语交际中不可缺少的部分，是日常交往中最经常使用的言语交际单位。人际间的称呼行为是社会交往中最敏感的也最易觉察到的社会现象，它常是传递给对方的第一个信息，用来引起受话者注意，使之保持同发话者之间的关系。称呼语对人际关系有着敏锐的反映，它不仅有提醒对方开始交际的作用，而且能够清楚地反映出交际双方的社会关系和社会地位。社会语言学者一致认为，和其他社会言语行为一样，"称呼"这一言语行为有其自身独特的规律性和系统性。Philipsen & Huspek (1985) 在谈到"称呼"言语行为的规律性时，说："人们的称呼语是一个有系统的，可变的社会现象，而正是它的这一特点使其成为一个具有根本意义的

[①] [美]尤金·奈达：《语际交流中的社会语言学》，陈健康等译校，内蒙古大学出版社1999年版，第27页。

社会语言变素。"①

从社会语言学的观点来看，称呼行为具有极其丰富的社会和文化内涵，它是社会中"权势"和"平等"的象征。而具体称呼的方式又取决于文化、社会、教育、信仰、年龄和性别等诸多因素。根据贾玉新的介绍，西方一些学者（如 Gilman & Brown，1958；Brown & Gilman，1960；Brown & Ford，1961；Ervin-Tripp，1972）曾对称呼语和社会的关系、称呼语的社会功能以及称呼语的使用规则等做过调查研究，其成果得到普遍应用。根据 Brown 和 Gilman 的研究成果，称呼语的使用有两种范畴：对等式称呼（［英］reciprocal/symmetrical）和非对等式称呼（［英］nonreciprocal/asymmetrical）。他们以拉丁语的 T（Tu）和 V（Vous）分别代表非正式/熟悉和正式/礼貌的两种不同称呼类型。T 和 V 两种类型称呼语的使用受制于"权势"和"平等"等社会因素。社会地位高的人接受 V 式称呼语，而社会地位低的人接受 T 式称呼语。对等式称呼语，指交际双方使用相同的称呼语；而非对等式称呼语则指交际双方使用不同的称呼语，如地位较高者称呼地位较低者时使用 T 式称呼语，而地位较低者称呼地位较高者时使用 V 式称呼语。不同类型的称呼方式反映出交往双方的社会关系，如权势、平等、亲密、陌生以及年龄和性别等，② 即称呼语是社会距离和心理距离在言语行为上的体现，是人际关系的晴雨表。

索绪尔曾指出："有一种相当普遍的意见，认为语言可以反映一个民族的心理特征；但是也有一种很严肃的相反意见同这一看法相对抗：语言手段不一定是由心理的原因决定的。"③ 索绪尔本人就持后一种观点。根据研究笔者认为，语言可以反映一个民族的心理特征，如德语中的第二人称称呼代词"Sie"与"du"，④ 汉语中的"您"与"你"，均反映了两个民族中的人们对不同人际距离的感觉；而反过来，由于心理上对某人的感觉亲近、熟悉，则可能倾向于使用非尊称"du/你"，而心理上对某人的感觉疏远、陌生，则往往倾向于使用尊称"Sie/您"。当然笔者这里也只是相对区分，实际上，影响交际者使用哪一种称呼的因素很多，而且，随

---

① 转引自贾玉新《跨文化交际学》，上海外语教育出版社 1997 年版，第 331 页。
② 同上书，第 332 页。
③ ［瑞士］费尔迪南·德·索绪尔：《普通语言学教程》，高名凯译，商务印书馆 2002 年版，第 317 页。
④ 刘齐生曾在对德资企业内部交际的调查中涉及"Sie"与"du"所体现的不同的交际距离，参见刘齐生《言语行为中的文化因素——德资企业内部交际调查》，《广西教育学院学报》2001 年第 2 期。

着语境的变化,使用规则也发生相应的变化,如在中国北方,即便晚辈在心理上对长辈(如祖父母)的感觉很亲近,也可能对其使用尊称"您"。在这样的语境中,"您"的亲近度较高,"'您'主要是从尊敬对方表示亲近度的"①,所以笔者认为,在汉语文化中,尊称并不完全代表有距离感,反而往往是想缩小距离、增加亲近感的标记。

由于受差序格局的社会结构、传统伦理及血缘、宗族社会因素的影响,中国社会的称呼系统远比西方复杂。中国人较习惯于非对等式的称呼类型,而西方人现在则崇尚对等式称呼;中国非对等式称呼语的使用表现出一种权势取向,它是垂直式社会关系的标志。而西方社会,由于受平行社会关系、个人本位取向的影响,人们所崇尚的对等式称呼较充分地表示出平等的文化取向,是一种平等式社会关系之标志。② 如在德国,很少出现非对称式的称呼,交际的双方要么都使用称呼代词"Sie",表示双方保持一种非亲近的社交距离,要么都使用"du",表示双方保持一种相互信任的亲近距离。说出"Wollen wir uns duzen?"或"Sagen wir doch du."等话语,则表示说话者认为双方的关系已经是熟悉的、可以信赖的朋友关系。这就意味着,"人们相互间不必再注意不能破坏亲密空间([德]Intimsphäre)的规则,并且把界限向更多的亲密性推进了一步"③。通过这种称呼上的转换可以拉近双方的心理距离。在德国,人们一般很少主动与陌生人打交道。如果与陌生人有什么交往的话,称呼对方时一般使用称呼代词"Sie"。在经济全球化的今天,在年轻人或者松散的工作小组中,人们已经倾向于使用"du"来相互称呼,但最普及的称呼依然是"Sie",尤其是当交际各方在年龄上相差较大时。这种场合下的"Sie"显示了对自己和对方的尊重,而且双方关系的性质保持开放状态:大家都保持自己的角色,举止得体,态度友好。④"du"的使用主要限于家庭成员之间以及非常要好的朋友之间。从陌生到熟悉再到相互可以称"du"的那种信任程度,是一个漫长的过程,而这个过程对德国人而言很有必要。但是一旦德国人与他人建立了相互称"du"的关系,即成为了好朋友,那么这种关系意味着彼此对对方有更多的义务和责任,而且这种关系将是一种

---

① 宋晓理、彭荔卡:《称呼的艺术》,黑龙江教育出版社 1989 年版,第 102 页。
② 参见贾玉新《跨文化交际学》,上海外语教育出版社 1997 年版,第 334 页。
③ Zimmermann, K., Der semiotische Status der Anredepronomen, in: *KODIKAS/CODE*, 1990 (1/2).
④ Schroll-Machl, S., *Die Deutschen-Wir Deutsche: Fremdwahrnehmung und Selbstsicht im Berufsleben*, Göttingen: Vandenhoeck/Ruprecht, 2002, pp. 147–149.

长久的关系。

在中国文化中（尤其在北方），人们倾向于使用非对等式称呼语。如权势低者倾向于使用尊称"您"称呼权势高者。① 而权势高者一般使用"你"这个称呼代词称呼权势低者，使用尊称"您"来称呼权势低者的情况在中国基本上不会出现。"这种不对称性还常常表示参与交际的一方重视年龄和地位的区别，强调对对方的尊重。"② 这里的年龄和地位的区别就构成"权势"因素。

根据奥斯汀（Austin）的言语行为理论，作为交际语言有机组成部分的称呼语，并不是对人际关系这一事实的描写，而是在实施一个行为。它的作用首先体现在：说话者向受话者表明对方已被选定为自己的交际对象；其次，通过使用称呼语，"说话者相对于受话者的一种人际的、社会的地位关系被分配给谈话的双方。从这个意义而言，出现称呼代词的谈话包含了一个确定身份与关系的部分施为行为（［德］performativer Teilakt）"③。

从社会与心理的维度而言，称呼既是社会关系的反映，它反映了交际双方的社会距离；同时它又是思想感情的表现，它体现了交际双方的心理距离。而且，从言语行为理论的角度而言，它还实施了一个确定交际双方上述两种距离的行为。

（二）招呼语与道别语

社会语言学家认为相互交往的言语行为有其固定模式，Hudson（1980）指出，人际交往的交际结构由三部分组成："招呼" - "生意经" - "道别"（［英］Greetings-Business-Farewell），他又用"入场"（［英］Entries）和"出场"（［英］Exits）分别比喻招呼语和道别语，说明招呼和道别在言语交际中的重要性。④ 人们见面时仿佛是无意识地打招呼，而谈话结束后仿佛又无意识地说些道别的话。"招呼"能够揭示会晤双方的关系，"道别"对会面双方起着重要作用或产生某些影响，并表示下一次见面彼此可期望的情况。会晤双方在通过"招呼"确定关系后才能进入"生意经"。通过"招呼"，双方还可以互相评估，找到共同的兴趣，共同的语

---

① 在中国南方大部分地区以及北方的某些地区的方言中没有"您"这一尊称，所以笔者这里的讨论主要以普通话为准。
② 钱敏汝：《跨文化经济交际及其对外语教学的意义》，《外语教学与研究》1997 年第 4 期。
③ Zimmermann, K., Der semiotische Status der Anredepronomen, in: *KODIKAS/CODE*, 1990 (1/2).
④ 参见贾玉新《跨文化交际学》，上海外语教育出版社 1997 年版，第 350 页。

言，并建立"平等"或"共同"的关系。① 招呼语与道别语很多，但在交际时选用什么样的招呼语和道别语并非完全无意识。按照标准德语的语用规则，"Guten Tag." 与 "Hallo." 尽管都表示打招呼，但不能随便混用，前者用于正式场合、公共服务场合或陌生人之间，而后者则用于熟悉的朋友、家人之间。同样，都是表示告别，"Auf Wiedersehen." 用于前一种情境，而 "Tschüs." 或近年来在德国流行的 "Tschau." 则仅限于非常熟悉的朋友、亲人之间。② 也就是说，招呼语与道别语同样是交际双方关系亲疏的体现，不同的招呼语和道别语可产生不同的语用距离，反映交际者之间的社会距离与心理距离。

正如前面所述，任何交际行为中所使用的话语都体现出交际双方之间的语用距离。招呼语体现的是初始语用距离。交际者在交际发生之前根据双方的关系知觉与推定彼此之间的语用距离，进而决定选用什么样的招呼语比较合适；而道别语体现的是交际语用距离。交际者通过具体的交际事件进一步巩固或者改变彼此之间既存的语用距离，道别语为交际双方以后的再次交际选用何种语用距离确立了标准。例如，初次打交道的房客与房东之间一般情况下选用比较正式的招呼语，如"Guten Tag."，而相互的称呼代词一般为"Sie"，其道别语一般比较正式，如"Auf Wiedersehen."；但如果双方在几次融洽的交往之后，发现拥有一些共同的兴趣爱好，交际的一方（一般为房东，因为对房客而言，房东是拥有权势的一方）可能提出用"du"相称的建议，如果对方接受建议，就表示双方建立了比较亲近、信任、熟悉的关系，那么在道别时可能会改以前的"Auf Wiedersehen."为"Tschüs."，而下次见面时打招呼一般不会再用"Guten Tag."，而改用"Hallo."等表示亲近与熟悉的招呼语。也就是说，招呼语与道别语的选用同称呼语的选用有一个大概的对应关系。

---

① 刘越莲：《语用迁移与中德跨文化交际》，载朱建华、顾士渊主编《中德跨文化交际论丛》，同济大学出版社 2000 年版，第 87 页。
② 但是根据笔者的访谈（详见 §5.4.2.2.2），留学生们普遍反映，"Auf Wiedersehen." 在他们的日常生活中使用极少，而 "Tschüs." 的使用已经远远超出熟悉的朋友、家人的范围，一些政府部门、公共服务行业的从业人员都倾向于使用该词来道别，说明德语也在不断地发展变化之中。笔者认为，出现这种变化是多方面原因综合作用的结果：首先，受全球化影响，德国社会的人际交往也在逐渐趋于轻松，陌生人与自己人之间的界限不再像以前那么区别明显；其次，"tschüs" 一词音节短，简单明快，符合现代社会的快节奏。所以，"Tschüs." 的使用频次在仍然区分 "Sie" / "du" 的德国现代社会远远超过 "Auf Wiedersehen." 是完全可以理解的。

第五节 人际距离理论与相关理论的比较

笔者上面对人际距离理论的五个核心概念（文化距离、社会距离、心理距离、身体距离与语用距离）及其关系做了讨论，然后分析了人际距离的本质属性、主要功能以及体现和调节人际距离的非言语方式和言语方式。通过分析笔者发现，距离理论对人际交往行为具有很强的解释力。人际交往行为总的可以分为非言语交际和言语交际两大类。在人类的交际活动中，人与人之间的心理距离发挥着举足轻重的作用。在非言语交际中，心理距离体现为人与人之间的空间距离或曰身体距离；在言语交际中，心理距离体现为交际双方的语用距离。而心理距离又受到文化、社会、交际情境、个体差异等多种因素的影响，其中，文化和社会因素所导致的距离对心理距离产生决定性影响，以至于有学者甚至将社会距离等同于心理距离（详见§2.1.2及§2.1.3）。笔者认为，本书的人际距离理论中这几个主要概念的关系可以用图2-9来表示。

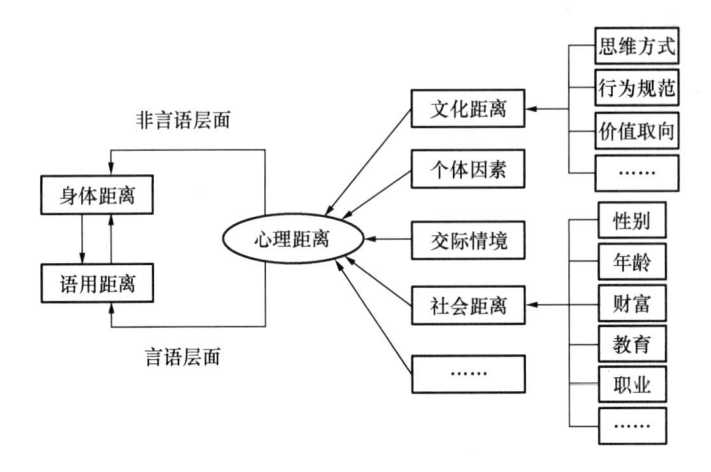

图2-9 人际距离理论结构

对于人类面对面的交际行为而言，社会语言学界提出的"权势"/"平等"原则及礼貌原则无疑具有相当充分的解释力。下面将人际距离理论与"权势"/"平等"原则及礼貌原则做一比较。

一 人际距离理论与"权势"/"平等"原则

社会是由人组成的复杂的关系网络体系,每个人在特定的社会中都占有一定的位置,扮演一定的角色,并与其他人形成各种各样的角色关系。社会语言学界把言语当作社会行为,认为它集中反映交际双方的社会地位和社会关系,尤其反映出交际双方的"权势"([英]power)和"平等"/"一致性"([英]solidarity)。① 美国社会心理学家Brown & Gilman把人在社会交往中相互之间的关系概括为两种最基本的关系,即权势关系和平等关系②。所谓权势关系是指交际一方在某些方面具有某种优势,另一方处于劣势,双方处于这种不平等的关系之中,"是一种非相互的关系,因为两个人不能在某种行动范围内同时对对方拥有权势"③,如长者对幼者,上级对下级,教师对学生;平等关系则指交际双方在一些方面如经历、年龄、性别、职业、兴趣、宗教信仰、宗族等方面有共同性,双方处于平等的关系中进行交往。④

社会语言学家认为,"权势"和"平等"关系较为充分地反映在人际交往行为的各个方面,言语行为实际上是一种"权势"和"平等"关系的标志。⑤ 他们不仅使用这两个概念来解释姓名称谓、称呼代词、动词使用等言语行为,而且也用来解释姿势、手势、体距、礼节和语气等非言语行为。⑥ 比如,凡是区分代词的尊称形式(V)和昵称形式(T)的语言中,尊称形式首先为权势关系中权势较低的一方所使用,从而使得权势较高一方所使用的代词形式添加了屈尊俯就的意味。在权势关系中,处在权势较低地位的一方使用V,而对方回

---

① 参见贾玉新《跨文化交际学》,上海外语教育出版社1997年版,第314页。
② 国内学者在引介Brown & Gilman的理论时对"solidarity"的译法主要有三种:一为笔者此处采用的"平等"(如贾玉新《跨文化交际学》,上海外语教育出版社1997年版,第302—318、332—342页);一为"一致性"(如罗纳德·斯考伦、苏姗·王·斯考伦《跨文化交际:话语分析法》,施家炜译,社会科学文献出版社2001年版,第51—53页;贾玉新《跨文化交际学》,上海外语教育出版社1997年版,第302—314页);一为"同等"(如周振行《汉英社交称呼语用功能探微》,《浙江教育学院学报》2004年第1期)。
③ 祝畹瑾:《社会语言学概论》,湖南教育出版社1992年版,第146页。
④ 参见周振行《汉英社交称呼语用功能探微》,《浙江教育学院学报》2004年第1期。另参见贾玉新《跨文化交际学》,上海外语教育出版社1997年版,第315页。
⑤ 参见贾玉新《跨文化交际学》,上海外语教育出版社1997年版,第315页。
⑥ 同上。

报以 T。① 另外，在非言语交际行为中，正如前面所探讨的那样，权势差距大（即社会距离大）的交际者之间的体距一般比较大，而权势差距小的交际者之间的体距往往比较小。另外，体触行为一般出现在处于平等关系的交际者之间（如亲人、非常要好的朋友等），在等级交际行为中，则是权势高者更多地倾向于使用体触行为（如教师拍拍学生的肩膀表示鼓励或者安慰，老人摸摸孩子的头表示关心和喜爱等），② 很难想象（尤其在中国）一个学生在大庭广众之下会去拍拍自己老师的肩膀表示鼓励或者赞赏。"权势"与"平等"两个概念对于解释人际交往这一社会行为无疑很有说服力。但笔者认为，"权势"与"平等"实际是同一维度上的一对概念，其语义都可以归为"权势"或者归为"平等"（如"平等"可以解释为"零权势"，那么权势理论可以使用诸如强权势、弱权势、零权势、负权势等核心概念来解释人际交往行为），所以，在对人际交往行为的解释体系中，只需二者之一即可。③ 同时使用上述两个概念，既有语义上的重复，而且也容易使人产生误解，以为这是两个不同范畴的概念。笔者在前面使用"距离"的概念分析了人际交往行为在非言语层面和言语层面的几种体现方式。通过分析发现，交际双方文化距离、社会距离的大小影响到双方的心理距离（亲、疏），进而影响到言语行为的语用距离和非言语行为的身体距离。"社会距离"概念可认为涵盖了 Brown & Gilman 的"权势"和"平等"两个概念，对此，Scollon & Scollon 以及贾玉新都有不同的看法，他们认为，交

---

① 参见陈松岑《礼貌语言》，商务印书馆 2001 年版，第 56 页。笔者认为，这一点只是一个非常不精确的概括，对于权势关系中称呼的选择也随不同的文化/语言而有所不同。此处的区分非常符合中国的社会现实和语用规则，而在德国，上下级之间通常是相互称"Sie"，而并不是权势高者更多地接受"Sie"而权势低者更多地接受"du"的称呼；在对称呼代词的使用上，没有权势高低之分，大家都是平等的，使用的称呼是对称的；在法国文化中也同样如此，使用"tu"和"vous"也具有对称性。钱敏汝和顾士渊讨论过德语称呼代词在使用中的对称性问题，分别参见钱敏汝《跨文化经济交际及其对外语教学的意义》，《外语教学与研究》1997 年第 4 期；顾士渊《论德汉称呼代词语义的非对应性》，载朱建华、顾士渊主编《中德跨文化交际论丛》，同济大学出版社 2000 年版，第 8—22 页。

② Nancy Henley 曾对男女之间的权势关系做过调查，并对非言语行为的标记作用做了探讨，具体结论参见贾玉新《跨文化交际学》，上海外语教育出版社 1997 年版，第 451—452 页。

③ 如 Scollon & Scollon 在分析礼貌（面子）体系时主要使用了"权势"的概念（"正权势"与"负权势"），而没有同时使用"权势"和"平等"两个概念，参见 [美] 罗纳德·斯考伦、苏珊·王·斯考伦《跨文化交际：话语分析法》，施家炜译，社会科学文献出版社 2001 年版，第 49—58 页。

际参与者之间的"距离"不可同他们的"权势"差距相混。① 而 Scollon & Scollon 也将"权势"与"距离"并列起来,与"强加程度"共同构成礼貌体系的三个主要因素。② 他们都没有对自己所使用的"距离"概念加以明确界定。如果这一概念是指"社会距离"的话,那它就等同于"权势",而据笔者的理解,他们所说的"距离"概念应当是指我们所说的"心理距离"。如果这样理解,那么"权势"的确并不等同于"距离",但二者的联系非常紧密,因为,权势(即社会距离)是影响心理距离的一个重要因素。另外,Scollon & Scollon 认为:"'距离'最容易体现在平等关系或负权势关系中。"③ 对此说法,笔者不敢苟同。笔者认为,距离既体现在平等关系或负权势关系中,又体现在等级关系即正权势关系中,而且在等级关系中,由于受社会距离因素的影响,(心理)距离体现得更强烈、更直接。

通过上面的分析以及前面所做过的讨论可以看出,在对人际交往行为(包括言语交际与非言语交际)的分析中,"距离"的概念似乎具有更强的解释力。

二 人际距离理论与礼貌原则

自 20 世纪 70 年代以来,礼貌现象成为语用学研究领域的显学,学界对其进行了大量的探讨研究,提出了一些颇有见地的礼貌原则,其中最有影响的是利奇(Leech)基于会话准则([英]Conversational maxims)而提出的礼貌原则([英]Politeness Principle)以及布朗和列文森(Brown & Levinson)基于面子概念的"面子管理理论"([英]face management view)。

利奇提出礼貌原则的目的是要"拯救"格莱斯(Grice)的合作原则([英]Cooperative Principle),他认为会话准则是完全必要的,但仅有会话准则还显得不足,主要因为合作原则"不能从根本上解释为什么人们往往使用间接的表达方式来表达自己的思想"④。利奇的礼貌原则成功地解释了在日常交际中人们为什么要时常违反合作原则下的一项或多项合作准则。然而,利奇的礼貌原则很可能使一些读者产生误解,认为凡是间接

---

① 参见[美]罗纳德·斯考伦、苏姗·王·斯考伦《跨文化交际:话语分析法》,施家炜译,社会科学文献出版社2001年版,第50页。
② 同上书,第49页。
③ 同上。
④ Leech, G. N., *Principles of Pragmatics*, London/New York: Longman, 1983, p. 83.

表达的话语就是礼貌的话语。此外，利奇的礼貌原则中所包含的准则有重叠之嫌，如策略准则和慷慨准则，赞扬准则和谦虚准则等。布朗和列文森以命题内容与社会变量（社会距离和相对权势）来描述礼貌现象，在确定礼貌程度的过程中，引入了社会距离和相对权势这两个社会变量。但是，这两个社会变量也存在问题：首先，社会距离和相对权势是静态的而不是动态的概念。在他们的理论框架中，社会距离是以"静态的社会属性"为基础的，而相对权势却附属于"社会角色"或"社会角色集"。社会角色或社会角色集本身就具有"不平衡的权势"（［英］asymmetrical power），每一个人相对于其他社会成员的权势，其大小是以他在该社会中被赋予一定角色的绝对价值而确定的。[①] 其次，社会距离和相对权势这两个概念界定不清，按照笔者的理解，两者也有语义重叠之嫌。因此，其理论显得缺乏一定的解释力。

针对这种情况，王建华提出话语礼貌的语用距离理论。[②] 语用距离理论主要体现为"语用距离原则"，其基本观点是：交际双方之间的语用亲密度越高，对语言礼貌的要求就越低；交际双方之间的语用亲密度越低，对语言礼貌的要求就越高。语用距离原则可进一步分为两个相辅相成而又相互区别的分则：[③]

语用距离原则（Ⅰ）：发话人在特定交际行为中所使用的语言是发话人认为他与受话人之间特定语用距离的反映。具体体现为：（1）发话人使用语言礼貌程度较高的话语，就意味着他认为与受话人之间的语用亲密度较低或者试图降低与受话人之间现时（发话人发话时）的语用亲密度。（2）发话人使用语言礼貌程度较低的话语，就意味着他认为与受话人之间的语用亲密度较高或者试图提高与受话人之间现时（发话人发话时）的语用亲密度。

语用距离原则（Ⅱ）：话语是否礼貌，取决于发话人的话语与受话人所知觉与推断的彼此之间的语用距离的切适性。具体体现为：（1）如果受话人认为发话人基于他所知觉与推断的彼此之间的语用距离而使用的话语是切适的，那么该话语是礼貌的。（2）如果受话人认为发话人基于他

---

① Brown, P. & S. Levinson, Universals in Language Usage: Politeness Phenomena, in: Goody, E. G. (ed.), *Questions and Politeness: Strategies in Social Interaction*, Cambridge: Cambridge University Press, 1978, pp. 56–289.
② 参见王建华《礼貌的语用距离原则》，《东华大学学报》（社会科学版）2002 年第 4 期。
③ 同上书，第 31 页。

所知觉与推断的彼此之间的语用距离而使用的话语是不切适的，那么该话语是不礼貌的。

语用距离理论突出了语用距离的概念，认为言语行为是交际者语用距离的反映，言语礼貌与否取决于语用距离的切适性，很好地解释了言语行为的礼貌问题。我们将语用距离概念纳入人际距离理论中，可以为心理距离在言语层面上的体现做出解释。

在对礼貌体系的讨论中，Scollon & Scollon 认为权势、距离和强加程度构成礼貌体系的三个主要因素。基于交际参与者之间是否存在权势差异（正权势 +P 或负权势 -P）以及他们之间的距离（正距离 +D 或负距离 -D），可以确定不同交际情境中的三种最常见的礼貌体系：尊敬礼貌体系（-P, +D）、一致性礼貌体系（-P, -D）和等级礼貌体系（+P, +/-D）。[①] 这一理论具有一定的解释力，但是笔者认为它也有其缺陷，即尊敬礼貌体系与（-P, +D）之间并非完全对应关系，因为既存在有权势差异的尊敬礼貌（如下级对上级的尊敬礼貌），也存在没有距离差异的尊敬礼貌（如晚辈对长辈的尊敬礼貌）。尊敬礼貌体系与等级礼貌体系两者难免有重叠及冲突之处。笔者前面讨论过，权势的差异体现为文化与社会距离；而 Scollon & Scollon 礼貌体系中的距离实际是指心理距离，即交际双方关系的亲与疏。笔者认为，无论是权势还是文化距离与社会距离，都不能直接对交际者的言语或非言语行为发挥作用，而必须通过心理层面，也就是先体现为心理距离，而各种因素综合而形成的心理距离再通过言语行为形成切适的语用距离，通过非言语行为形成切适的身体（空间）距离，即形成礼貌行为。所以，Scollon & Scollon 将权势与（心理）距离相提并论并不十分恰当。

笔者认为，无论是言语行为还是非言语行为，礼貌即是保持切适的距离。这个距离首先是指心理距离，但在交际过程中，交际双方直接接触的却是体现这一心理距离的语用距离和身体距离，文化距离和社会距离的影响则是通过心理距离在语用距离和身体距离上体现出来。

[①] ［美］罗纳德·斯考伦、苏姗·王·斯考伦：《跨文化交际：话语分析法》，施家炜译，社会科学文献出版社 2001 年版，第 49—55 页。

本章小结

本章讨论了距离和人际距离的不同层面的概念，建立了人际距离理论，在此基础之上分析了人际距离的属性、功能、体现与调节方式。通过分析，笔者认为，运用距离理论可以很好地解释人际交际中的言语行为与非言语行为。而文化距离、社会距离必须通过心理作用体现为心理距离，心理距离通过语用距离和身体距离才能实现交际者双方的互动。人际距离是一个普遍存在的现象，但是在不同文化中的表现方式不尽相同。

笔者基于自己建立的人际距离理论，设计了调查问卷，试图考察中德两种不同的文化环境对中国学生的言语和非言语层面的距离行为的影响。由于文化距离、社会距离是通过心理距离而作用于言语层面和非言语层面的交际行为，并在言语层面体现为语用距离，在非言语层面主要体现为身体距离。那么，笔者在问卷中设计与言语层面和非言语层面相关的题目，就可以探讨中国学生在人际交往时的心理距离，并进一步挖掘影响心理距离的深层次因素：文化距离和社会距离等。

在跨文化交际场景中，交际双方的关系同样受制于双方的心理距离。由于文化、社会因素的异质性，跨文化性为交际双方成功有效的交际制造了障碍，要克服这些障碍，就要克服既存的文化距离和社会距离，这就需要进行跨文化学习。在下一章对跨文化学习的理论探讨之后，笔者将以跨文化学习的理论和方法为工具，以笔者所建立的人际距离理论为主体结构，形成访谈提纲，通过对中国留学生的深入访谈，了解他们在异国他乡的亲身经历，探寻他们对德国文化环境中人际距离的跨文化理解和跨文化学习的发展过程。

第三章 跨文化学习理论构建

在跨文化学习中，除了需要理解异文化的取向体系外，还需要反观本文化的取向体系。——托马斯

就迄今为止的历史发展来看，人类通过学习可以获得的行动方式（［德］Handlungsmöglichkeiten）是无限的，人类的适应能力（［德］Anpassungsfähigkeit）也是无限的。① 由于社会生活各领域的日益国际化与全球化，以及来自不同文化的人们在量与质上不断深化的交往，新时代为人们提出了新要求，如果能认识到人类学习与适应能力的这种无限性，那么人们就有希望通过学习特别是跨文化学习来达到这些新要求。

随着知识时代、信息时代的进一步发展，人们对学习的认识已经发生了转变，学习不再局限于学校课堂上的学习，而是成为人们日常生活中不可分割的一部分。在当今时代，经济、技术、社会等领域的急速发展对人的生存提出新的要求：终身学习（［德］lebenslanges Lernen）。终身教育的倡导者伦格兰德（Lengrand）认为，"教育应是个人一生中连续不断地学习的过程"②。"活到老，学到老"已不再只是一种口号，终身学习已经成为这个时代的现实主旋律。从这一点而言，国家提出"自主学习能力"③ 的要求具有重要的建设性意义。学习时代的主要特征之一是学习不再局限于某一（语言）文化内部，随着不同文化的人们相互交往的频次和程度的增加，跨文化学习能力成为全球化时代人们必备的一种能力。不仅如此，全球化趋势甚至对人提出了更高的要求：全球性学习（［德］

---

① Thomas, A., Lernen und interkulturelles Lernen, in: Wierlacher, A. & A. Bogner (Hrsg.), *Handbuch interkulturelle Germanistik*, Stuttgart/Weimar: Verlag J. B. Metzler, 2003, p. 276.
② 转引自郑庭椿《终身教育》，载单基夫、张宗厚等编《中国大百科全书·教育卷》（光盘1.1版），中国大百科全书出版社2000年版。
③ 教育部高等学校教学指导委员会：《普通高等学校本科专业类教学质量国家标准》，高等教育出版社2018年版。

globales Lernen）。这个概念已经超出了个人适应全球性变化的意义范围，成为建设一个负责任的社会（［德］verantwortliche Gesellschaft）这一整体构想的有机组成部分。① "全球性学习作为此在的基本功能，集'和平教育、生态教育、发展教育和跨文化学习'于一个整体，将转换视角、多视角性、接受意见和价值的能力同客观地传介'人权'议题及获得行动机会等方面联系在一起。"② 在全球性学习概念中，跨文化学习仍然是一重要组成部分。

无论是从迄今的跨文化交际（［英］intercultural communication，［德］interkulturelle Kommunikation）③ 的实践过程中所出现的各种各样的问题④ 而言，还是从跨文化交际研究的理论而言，跨文化学习能力并不是通过简单地与外国人接触就可以获得的。跨文化学习是一个系统的过程，在这一过程中，学习者仅仅具备本文化和异文化的知识是远远不够的，还需要学习者对本文化和异文化的思维方式、行为规范和价值取向及其异同具有足够的敏感，而这一敏感并不是以文化休克（［德］Kulturschock）为前提和结果的，真正的跨文化学习是建立在尊重（［德］Respekt）、宽容（［德］

---

① 参见姚燕《论中德跨文化经济交往中的伦理问题》，博士学位论文，北京外国语大学，2006 年，第 59 页。

② Hübner, J., *Globalisierung-Herausforderung für Kirche und Theologie: Perspektiven einer menschengerechten Weltwirtschaft*, Stuttgart, 2003, p. 281；转引自姚燕《论中德跨文化经济交往中的伦理问题》，博士学位论文，北京外国语大学，2006 年，第 59—60 页。

③ 中国跨文化研究领域对"intercultural communication"的译法随不同学科的译介而有所区别，在传播学中大多译为"跨文化交流"（如关世杰《跨文化交流学——提高涉外交流能力的学问》，北京大学出版社 1995 年版）、"跨文化传通"（如王宏印《跨文化传通——如何与外国人交往》，北京语言学院出版社 1996 年版）、"跨文化传播"（如刘双、于文秀：《跨文化传播：拆解文化的围墙》，黑龙江人民出版社 2000 年版），外语教学及语言学界则大多译为"跨文化交际"，强调不同文化的人与人之间的言语和非言语交际（如林大津《跨文化交际研究》，福建人民出版社 1999 年版；贾玉新《跨文化交际学》，上海外语教育出版社 1997 年版；胡文仲《跨文化交际学概论》，外语教学与研究出版社 1999 年版；毕继万《跨文化非言语交际》，外语教学与研究出版社 1999 年版；林大津、谢朝群《跨文化交际学：理论与实践》，福建人民出版社 2005 年版）。笔者在本书中涉及不同文化的人与人之间面对面的交际时采用"跨文化交际"一语，重在突出言语行为与非言语行为过程的互动性，而在重点强调不同群体或不同文化间的交流时，采用"跨文化交流"或"跨文化交往"，"跨文化交流"强调来自不同文化群体的交往互动性，"跨文化交往"则强调接触性，其意义范畴最广。

④ 如王宗炎、胡文仲等学者所指出的那些问题，参见王宗炎《自我认识与跨文化交际》，载胡文仲主编《文化与交际》，外语教学与研究出版社 1994 年版，第 1—12 页；胡文仲《文化差异与外语教学》，载胡文仲主编《文化与交际》，外语教学与研究出版社 1994 年版，第 75—87 页。

Toleranz）和理解（［德］Verstehen）的基础之上。而要获得对本文化和异文化的敏感性，则还需要对跨文化学习进行学习，即接受跨文化培训。在本章中，笔者先对学习的概念和理论加以简单介绍；在此基础之上，介绍跨文化学习的概念和理论，对跨文化学习研究中的核心概念如跨文化性、跨文化能力和跨文化态度等加以重点探讨，并进一步讨论跨文化学习的理论模式和过程；本章的最后部分将介绍跨文化培训的相关理论及其对跨文化学习的重要作用。

第一节　学习理论

根据一般的理解，学习是指对知识和技能的获得。《现代汉语词典》中对"学习"一词的解释为：（1）从阅读、听讲、研究、实践中获得知识或技能；（2）效法。[①] 这一解释主要是从知识或技能的获得途径的角度来理解学习这一概念的，而并没有揭示学习的本质。一般情况下，人们在日常生活中所提及的学习，大多只是指在学习机构（如中小学、大学、培训机构等）进行的学习活动，如阅读、写作、算术、专业知识的获取、机械与器具的操作等等。这种在学习机构里进行的学习是一种系统的、有计划的学习。本课题所涉及的学习不仅指学习知识，而且也指学习技能，形成良好的态度与习惯，以及改变不良的品德与习惯。按照《中国大百科全书》的解释，学习是"有机体中普遍存在的适应环境的手段之一。动物虽然也借助学习适应环境，但主要是依靠遗传的本能；而人类则主要依靠学习来认识与改造环境"[②]。这里从认识、适应、改造环境的角度对学习做了最广义的解释。从心理学范畴讲，学习是一个包罗极广的概念。如 Edelmann 的学习概念包括"恐惧与安全、喜好与厌恶的学习，习惯的养成，获得有计划的行动及解决问题的思维的能力。所有这些学习过程的共同特点是经验的形成（［德］Erfahrungsbildung）"[③]。在这里，经验对于

---

① 参见中国社会科学院语言研究所词典编辑室《现代汉语词典》，商务印书馆 2002 年版，第 1430 页。
② 邵瑞珍：《学习》，载单基夫、张宗厚等编《中国大百科全书·教育卷》（光盘 1.1 版），中国大百科全书出版社 2000 年版。
③ 转引自 Thomas, A., Lernen und interkulturelles Lernen, in: Wierlacher, A. & A. Bogner (Hrsg.), *Handbuch interkulturelle Germanistik*, Stuttgart/Weimar: Verlag J. B. Metzler, 2003, p. 276。

学习而言是一个本质的因素。Schermer 对学习的定义如下:"当与此前的状态相比发生了变化([德]Veränderung)时,我们称之为学习。这种变化必须以有机体的经验和/或练习为基础,而且在较长的一段时间内可以支配这种变化。这种变化是行为方式([德]Verhaltensweisen)和认知结构([德]kognitive Strukturen)的变化。"[1] 简言之,学习包含"基于经验的心理变化"[2]。一般而言,学习心理学界及教育学界基本上接受下面这个定义:学习是"个体后天与环境接触,获得经验而产生行为变化的过程。"[3] 从这一定义中,可以看出学习的本质在于"获得经验而产生行为变化",而学习过程发生的前提是"个体与环境接触",这里指出了环境在学习过程中的作用,同样也指明学习的主体为"个体"。综合上面的定义,笔者认为:学习是个体与环境接触,获得经验并产生认知结构和行为方式变化的过程。笔者下文对学习以及跨文化学习的讨论基本上以此定义为立足点和出发点。

从上面这个定义出发可以推知,任何一个具有正常思维的人一生中都在不断学习。而学习一直是哲学家、心理学家、生物学家和教育学家等所共同关心的重要问题,也是心理学研究中的一个重要领域。学习心理学中的某些观点可以追溯到中国古代著名思想家和教育家如孔丘、孟轲、荀况以及古希腊哲学家苏格拉底(Sokrates)、柏拉图(Platon)、亚里士多德(Aristoteles)等。然而,对学习进行科学的研究是19世纪最后20年间首先在德、俄、美三个国家中开始的,著名的学者有德国的埃宾豪斯(Ebbinghaus)、勒温(K. Lewin),俄国的巴甫洛夫(I. P. Pavlov),美国的桑代克(E. L. Thorndike)、沃森(J. B. Watson,或译华生)、托尔曼(E. C. Tolman)、斯金纳(B. F. Skinner)等。[4] 整体而言,他们分别受到哲学(特别是认识论)和生物学(主要是适应思想)的影响,形成两种对立的观点或派别,即认知学习理论([德]kognitive Lerntheorien)和行为主义学习理论([德]behavioristische Lerntheorien)。认知学习理论强调学习主要是获得经验,而行为主义学习理论强调学习主要是行

---

[1] 转引自 Thomas, A., Lernen und interkulturelles Lernen, in: Wierlacher, A. & A. Bogner (Hrsg.), *Handbuch interkulturelle Germanistik*, Stuttgart/Weimar: Verlag J. B. Metzler, 2003, p. 276。
[2] Ibid..
[3] 参见邵瑞珍《学习》,载单基夫、张宗厚等编《中国大百科全书·教育卷》(光盘1.1版),中国大百科全书出版社2000年版。
[4] 同上。

为的变化。

Edelmann 区分了学习的四种基本方式：联想型学习、工具型学习、认知型学习和模范型学习（［德］assoziatives, instrumentelles, kognitives und Modell-Lernen）。① 联想型学习又包括两种类型，一种是通过联想对意识内容的直接联系②，如成对联想（［德］Paarassoziation）、联想链（［德］Assoziationsketten）等；另一种是刺激—反应学习（［德］Reiz-Reaktions-Lernen），实验证明，一些消极感觉如恐惧、侵犯等也同样可以通过刺激—反应学习而获得。工具型学习是将行为视为工具和手段，通过正强化和负强化而获得结果。其不足之处在于：工具型学习与特定的情境联系在一起，不够灵活。斯金纳创造的程序学习法（［德］programmierter Unterricht）③ 就是这种强化方法在教学中的实际应用。在认知型学习中，建立概念、获取知识、学习规律处于中心地位。建立概念是主动建立认知结构；学习规律是指获得概念链（［德］Begriffsketten）及其组合。Tausch & Tausch 认为，模范型学习是"对行为方式尤其是对社会行为与语言行为领域中复杂的行为方式的一种既快又有效的接受"④。Edelmann 认为，在模范的行为激发与观察者的行为实施之间发生了具有以下三种学习效应的认知过程："塑造效应，即观察者学会自己现有的行为总库中所不具备的行为方式；阻碍或减阻效应，即模范的行为受到奖励，那么观察者现有的与之相仿的行为以后就容易出现，反之，模范的行为受到惩罚，观察者的类似行为就会出现得少；触发效应，即模范出现之后即刻展示观察者此前已经学过的某个行为。"⑤

在这四种学习方式中，既有行为主义的学习（如刺激—反应学习、工具型学习），又有认知主义的学习（如认知型学习、模范型学习）。下

---

① 参见 Thomas, A., Lernen und interkulturelles Lernen, in: Wierlacher, A. & A. Bogner (Hrsg.), *Handbuch interkulturelle Germanistik*, Stuttgart/Weimar: Verlag J. B. Metzler, 2003, p. 277。

② 亚里士多德将联系分为四种类型：相似性（如橙子与柠檬）、差异性（如冷与热）、同时性（如日出与公鸡打鸣）和空间距离上的接近（如茶杯和杯座）。参见 Microsoft Corporation, *Encarta, Die große Enzyklopädie*, 1998, p. 99。

③ 参见邵瑞珍《程序学习》，载单基夫、张宗厚等编《中国大百科全书·教育卷》（光盘1.1 版），中国大百科全书出版社 2000 年版。另参见 Microsoft Corporation: *Encarta, Die große Enzyklopädie*, 1998, p. 99。

④ 转引自 Thomas, A., Lernen und interkulturelles Lernen, in: Wierlacher, A. & A. Bogner (Hrsg.), *Handbuch interkulturelle Germanistik*, Stuttgart/Weimar: Verlag J. B. Metzler, 2003, p. 277。

⑤ Ibid..

面分别对行为主义学习理论与认知学习理论进行简单梳理并略做比较,并进一步介绍建构主义和人本主义学习理论。

一 行为主义学习理论

行为主义学习理论又称刺激—反应理论,是迄今学习理论的主要流派之一。其中包括桑代克的学习联结说(又称试误说)、巴甫洛夫的经典性条件反射说、斯金纳的操作性条件反射说。这几种学习理论都从一定的角度研究和解释了人类的行为学习现象,在特定的历史时期产生过相当大的影响,甚至某些内容(如学习的渐进论和效果律,刺激—反应模式及反应—刺激模式)对今天的教学仍然发挥很大的作用,而程序教学理论的积极反应、及时反馈等原则今天仍被计算机辅助教学所采用。但是,正如上面所分析的那样,这些行为主义学习理论的一个共同的缺点或者局限性就是,所依据的行为心理学原理没有考虑动物和人类学习的本质区别,把人的学习与动物的学习相混同,忽视理智、意识的作用。而基于认知主义的学习理论研究者正是在批判地继承或否定上述行为主义学习理论的基础上提出自己的理论的。

二 认知主义学习理论

"基于人类的活动和意识的一致性原则,越来越多的研究者相信人每做一件事——包括所有的以客观事物为对象的实践活动——都伴有认知过程,每个行为主体在心理内部拥有操作程序和执行这些操作程序的模式。"[①] 认知主义学习理论家认为学习在于内部认知的变化,学习是一个比刺激—反应([英]Stimulus-Response)联结复杂得多的过程。他们注重解释学习行为的中间过程,即目的、意义等,认为这些过程才是控制学习的可变因素。在这些学习理论中,苛勒(W. Kohler)等人的学习格式塔说(又称顿悟说),勒温的学习场论,托尔曼的符号学习说,皮亚杰(J. Piaget)、布鲁纳(J. S. Bruner)、奥苏伯尔(D. P. Ausubel)等人的认知结构论以及班杜拉(Bandura)等人的社会学习论等影响最大。

认知主义学习理论的不足之处,是没有揭示学习过程的心理结构。笔者认为学习心理是由学习过程中的心理结构,即智力因素与非智力因素两大部分组成的。智力因素是学习过程的心理基础,对学习起直接作用;非智力因素是学习过程的心理条件,对学习起间接作用。只有使智力因素与

---

① 钱敏汝:《篇章语用学概论》,外语教学与研究出版社2001年版,第56页。

非智力因素紧密结合，才能使学习达到预期的目的。而认知主义学习理论对非智力因素的研究不够重视。

行为主义学习理论与认知主义学习理论的一般分歧表现在如下三方面：①

第一，中枢中介物与外围中介物之争。认知主义理论家强调中枢中介物是有目的行为的整合者。行为主义理论家则侧重运动（反应）的中介物是一系列连续行为的整合者，属于外围机制。

第二，认知结构的获得与习惯的获得之争。认知主义理论家认为个体习得的是认知结构，而行为主义理论家认为是习惯和反应。

第三，解决问题中顿悟与试误之争。关于如何进行解决问题，认知主义理论家倾向于将当前问题的结构作为找出答案的关键所在，认为学习者对问题的解决主要依靠对整个问题结构即其间主要关系的理解。行为主义理论家则倾向于将学习者的过去经验视为获得解答的源泉，主张学习者借助尝试与错误，即一个活动接着一个活动地进行尝试，直至问题解决。

行为主义学习理论与认知主义学习理论主要是基于对动物进行实验研究而得出来的结论，同时，这种实验研究是在实验室的特殊条件下进行的，一旦将实验对象放到更大范围内进行考察，情况又会有所不同。因此，自20世纪70年代以来，广大的教育心理工作者开始从以动物为主要实验对象转向以儿童、学习者为主要实验对象；从以实验室为研究基地转到以课堂为研究基地；而行为主义与认知主义这两大派理论出现了互相吸取导致螺旋式上升和渐趋接近的发展动向；所以，除了行为主义学习理论与认知主义学习理论这两大流派之外，建构主义学习理论与人本主义学习理论的影响也日趋加深。

三 建构主义学习理论

建构主义（［英］constructivism）学习理论实际是对认知学习理论的发展，并构成认知学习理论的一个重要分支，其主要代表人物有：皮亚杰、科恩伯格（O. Kernberg）、斯滕伯格（R. J. Sternberg）、卡茨（D. Katz）、维果斯基（Vogotsgy）等。

如前所述，皮亚杰是认知发展领域最有影响的一位心理学家。皮亚杰的"认知结构说"是建构主义的基础。建构主义理论的一个重要概念是图式（［德］Schema），图式是指个体对世界的知觉理解和思考的方式，

---

① 参见邵瑞珍《学习》，载单基夫、张宗厚等编《中国大百科全书·教育卷》（光盘1.1版），中国大百科全书出版社2000年版。

也可以把它看作是心理活动的框架或组织结构。图式是认知结构的起点和核心，或者说是人类认识事物的基础。因此，图式的形成和变化是认知发展的实质。皮亚杰的基本观点是，儿童是在与周围环境相互作用的过程中，逐步建构起关于外部世界的知识，从而使自身认知结构得到发展。儿童与环境的相互作用涉及两个基本过程：同化（［英］assimilation，［德］Assimilation）与顺应（［英］accommodation，［德］Akkommodation）。同化是指把外部环境中的有关信息吸收进来并结合到个体已有的认知结构（也称图式）中，即个体把外界刺激所提供的信息整合到自己原有认知结构内的过程；顺应是指当外部环境发生变化，而原有认知结构无法同化新环境提供的信息时所引起的个体认知结构发生重组与改造的过程，即个体的认知结构因外部刺激的影响而发生改变的过程。可见，同化是认知结构数量的扩充（图式扩充），而顺应则是认知结构性质的改变（图式改变）。认知个体就是通过同化与顺应这两种形式来达到与周围环境的平衡（［英］equilibration）：当个体能用现有图式去同化新信息时，他是处于一种平衡的认知状态；而当现有图式不能同化新信息时，平衡即被破坏，而修改或创造新图式（即顺应）的过程就是寻找新的平衡的过程。①

在皮亚杰的"认知结构说"的基础上，科恩伯格对认知结构的性质与发展条件等方面做了进一步的研究；斯滕伯格和卡茨等人强调个体的主动性在建构认知结构过程中的关键作用，并对认知过程中如何发挥个体的主动性做了认真的探索；维果斯基提出的"文化历史发展理论"，强调认知过程中学习者所处社会文化历史背景的作用。维果斯基认为，个体的学习是在一定的历史、社会文化背景下进行的，社会可以为个体的学习发展起到重要的支持和促进作用。维果斯基等人深入地研究了活动和社会交往在人的高级心理机能发展中的重要作用。所有这些研究都使建构主义理论得到进一步的丰富和完善。

建构主义学习理论的内容很丰富，但其核心可以概括为一句话：以学生为中心，强调学生对知识的主动探索、主动发现和对所学知识意义的主动建构。建构主义认为，知识不是通过教师简单地传授得到，而是学习者

---

① 参见 Thomas, A., Lernen und interkulturelles Lernen, in: Wierlacher, A. & A. Bogner (Hrsg.), *Handbuch interkulturelle Germanistik*, Stuttgart/Weimar: Verlag J. B. Metzler, 2003, pp. 277–278；陈越《建构主义与建构主义的学习理论》，http://www.being.org.cn/theory/constructivisom.htm，访问时间：2006 年 3 月 20 日；何克抗《建构主义——革新传统教学的理论基础》，http://www.jswl.cn/course/kczh/IT/IIS/llxx/theory/zt1/zt1.htm，访问时间：2006 年 3 月 20 日。

在一定的情境即社会文化背景下,借助其他人(包括教师和学习伙伴)的帮助,利用必要的学习资料,通过意义建构的方式而获得的。由于学习是在一定的情境即社会文化背景下,借助其他人的帮助即通过人际间的协作活动而实现的意义建构过程,因此建构主义学习理论认为情境、协作、会话和意义建构是学习环境中的四大要素。而意义建构是整个学习过程的最终目标。所要建构的意义是指事物的性质、规律以及事物之间的内在联系。建构主义的学习观可以概括为以下几点:[1]

(1) 学习不是由教师把知识简单地传递给学生,而是由学生自己建构知识的过程。学生不是简单被动地接受信息,而是主动地建构知识的意义,这种建构是无法由他人来代替的。

(2) 外部信息本身没有什么意义,意义是学习者通过新旧知识经验间反复的、双向的相互作用过程而建构成的。

(3) 学习意义的获得,是每个学习者以自己原有的知识经验为基础,对新信息重新认识和编码,建构自己的理解。在这一过程中,学习者原有的知识经验因为新知识经验的进入而发生调整和改变。

(4) 同化和顺应,是学习者认知结构发生变化的两种途径或方式。同化是认知结构的量变,而顺应则是认知结构的质变。学习不是简单的信息积累,更重要的是包含新旧知识经验的冲突,以及由此而引发的认知结构的重组。学习过程不是简单的信息输入、存储和提取,是新旧知识经验之间双向的相互作用过程,也就是学习者与学习环境之间互动的过程。

(5) 教学应重视学生原有的知识经验背景、社会历史文化背景、动机以及情感态度等多种智力因素和非智力因素在认知学习过程中的综合作用。[2]

在当今瞬息万变的信息化时代,建构主义学习观日益表现出其优势,尤其在跨文化交往以及全球化交往日趋深化的过程中,同化与顺应呈现出强大的生命力。笔者下文对中国留学生的访谈调查中,应用的也是基于建构主义的理论与方法,从留学生的视角建构他们自己的学习体系。

---

[1] 参见陈越《建构主义与建构主义的学习理论》,http://www.being.org.cn/theory/constructivisom.htm,访问时间:2006年3月20日。
[2] 参见杨开城《有关建构主义学习理论教学启示的思考》,http://www.jswl.cn/course/kc-zh/IT/IIS/llxx/theory/zt2/zt2.htm,访问时间:2006年3月20日。

四　人本主义学习理论

人本主义心理学崛起于 20 世纪 50 年代，其主要理论思想起源于马斯洛（Maslow）与罗杰斯（Rogers）等人的心理学研究。人本主义心理学家总的观点是，心理学应该探讨的是完整的人，而不是把人的各个从属方面（如行为表现、认知过程、情绪障碍）割裂开来加以分析。人本主义心理学家对学习的看法，大多是从人的自我实现和个人意义这类角度提出来的。

柯姆斯认为要理解人类行为，必须理解行为者所知觉的世界，从行为者的观点看事物是怎样的。人本主义者关注学习者的情感、个人的知觉，因此，学习情境应该是以学生为中心和导向的。个人应该决定他们自己的行为；学习应该包括新信息的获得和个人对信息的个人化。①

马斯洛强调个人的动机倾向指向自我实现或自我完成，提出需要层级学说，认为：人的需要是有层次的，并按其重要程度和发生的先后顺序，由低级向高级发展。马斯洛将这些需要归类成五个层次，由低到高依次为：生理需要、安全需要、社交需要、尊重需要和成就需要，呈阶梯状发展，低级需要的满足是发展高级需要的条件。②

罗杰斯则特别强调人类具有天生的学习愿望，强调人的因素和"以学生为中心"，主张意义学习及自发的经验学习，主张把学生培养成"学会如何学习的人""学会如何适应变化的人"，从而成为能顺应社会要求"充分发挥作用"的人。③ 他追求的是一种最大限度地允许学生做出个人选择的学习环境，这可能正是基于洪堡特教育思想而建立起来的德国大学建设思想之一④。

人本主义主要是在对新行为主义和精神分析学派的批判中形成和发展的，所以常常被称为第三势力心理学（[英] Third Force Psychology）。

---

① 参见李丹青《人本主义教学理论及其启示》，http://www.jswl.cn/course/kczh/IT/IIS/llxx/theory/zt3/zt3.htm，访问时间：2006 年 3 月 20 日。
② 参见葛桂荣、余力《社会心理研究》，东北大学出版社 2003 年版，第 174—182 页；关于马斯洛的需要层次理论还可参见沙莲香主编《社会心理学》，中国人民大学出版社 2002 年版，第 131—134 页；马斯洛《动机与人格》，许金声等译，华夏出版社 1987 年版。
③ 参见李丹青《人本主义教学理论及其启示》，http://www.jswl.cn/course/kczh/IT/IIS/llxx/theory/zt3/zt3.htm，访问时间：2006 年 3 月 20 日。
④ 陈洪捷对基于洪堡特教育思想而建立起来的德国大学建设思想做了比较详细的研究和介绍，详见陈洪捷《德国古典大学观及其对中国的影响》，北京大学出版社 2006 年版。

人本主义学习观认为：学习是一种源于人的潜能和天赋的高度自主性、自由性的选择行为，是人的潜在能力的释放过程，学习必须使学生感受到学习材料的个人价值和意义；教学的目的不仅在于促进学生知识和技能水平的发展，更要培育学生健全的人性或人格；学校应该成为解放人的本性和释放人的潜能之地，因此必须确立一种以自由为基础的教育理念。① 这种理念的实质是学校为学生而设、教师为学生而教的以学生为中心的教育。

上面所介绍的学习理论，无论其心理学基础是行为主义，还是认知主义（包括建构主义），抑或是人本主义，都将学习作为人类所共有的一种现象而加以研究，很少考虑到文化因素对于学习的影响。随着文化转向在心理学领域的深化，文化因素作为被关注的焦点逐渐进入了心理学的研究视野。跨文化心理学应运而生，它以不同文化环境的个体或群体为对象，分析比较其心理或行为的相似与相异之处，从而判断文化因素对人类行为的影响程度。通过跨文化研究，把单一文化背景中提出的概念、假设和理论引入不同的文化背景，查明文化结构如何影响人类行为。在学习理论方面，心理学界的研究者已经不满足于将目光局限于单一文化内部的学习现象，而是放眼于来自某一文化的学习者在异文化中的学习现象，即跨文化学习。下面对此加以具体探讨。

第二节 跨文化学习理论

从文化比较的视角来看，Trommsdorff 认为，发展产生于遗传因素与文化因素在不同语境中的相互作用。而要想简单地将内部的生物成分与外部的文化成分区分开来是很难的。从这个意义上而言，人的发展受某些生物意义上的一般过程（如孩童时期的成熟过程、青春期及随年龄而出现的各种生理变化等）的影响。而发展过程则由于文化因素及环境条件——认知、动机、情感及社交素质即建立在这些因素及条件基础之上——的作用而有所不同。因此，应当具体区分哪些发展过程及现象是各文化所普有的，哪些是某文化所专有的。② Thomas 认为，在跨文化培训时需要开发和应用

---

① 德国古典大学观即是这样的一种教育理念，其核心概念可以概括为：修养、科学、自由、寂寞。参见陈洪捷《德国古典大学观及其对中国的影响》，北京大学出版社2006年版。
② 参见 Trommsdorff, G., Entwicklung im Kulturvergleich, in: Thomas, A. (Hrsg.), *Kulturvergleichende Psychologie-Eine Einführung*, Göttingen: Hogrefe-Verlag, 1993, p. 121.

各文化专有的培训方法，因为基本的学习过程和学习习惯并非在所有文化中都完全一致。① Segall 等人也从文化比较的视角研究学习过程，他们根据 Greenfield（1984）的研究推测：从 Greenfield 所区分的三种学习方式而言，文化差异主要体现在这些学习方式在一个特定社会中的影响范围如何，而这一点又与各个社会的经济结果紧密相关。②

Breitenbach（1975）认为："跨文化的学习在其一般机制及过程上与本文化内部的学习过程并无二致。［……］对任何学习而言，具有决定意义的依然是自己所经历和期待的或者从别人身上所感知的行为结果，即学习心理学中通常所说的'强化'（［英］reinforcement，［德］Verstärkung）。一个行为在某一个情境中是成功的，那么个体在以后类似情境中采取同样行为方式的可能性就会提高。这一点不仅仅适用于自己的成功，而且对于从别人身上所感知的成功也同样有效。这种成功通过模仿机制同样也会激发学习过程，即引起行为的改变。如果观察到另一个文化的成员在建立联系时所采用的某种行为方式很成功，那么观察者在以后类似情境中采取同样行为方式的倾向就会提高。［……］跨文化学习同其他任何学习一样，都是基于与环境的互动及由此而产生的行动结果而相对持久地产生或者改变行为的过程，这一学习过程包括知识与技能的获取和情感、动机、社会规范或感知范畴的产生或改变。［……］所以，跨文化学习的特征不是具有一个独特的学习机制，而是在于其学习内容，不管这些学习内容是言语的、非言语的，还是听觉的、视觉的或者触觉的，它们都来源于另一个文化体系。［……］跨文化学习的方案显然并不是建立在现有的关于异文化的单一信息之上，而是还需要异文化的语境。通过这种语境，处于中心地位的那些学习刺激方能获得其独特的异文化含义。"③

按照 Breitenbach 的理解，跨文化学习与同一文化内的学习并没有本

---

① 参见 Thomas, A., Lernen und interkulturelles Lernen, in: Wierlacher, A. & A. Bogner（Hrsg.）, *Handbuch interkulturelle Germanistik*, Stuttgart/Weimar: Verlag J. B. Metzler, 2003, pp. 278 – 279。

② Greenfield 区分三种学习方式：（1）试误式（［英］trial and error，［德］Versuch und Irrtum）；（2）塑造式（［英］shaping，［德］lehrerkontrolliertes Lernen）；（3）脚手架式（［英］scaffolding，［德］didaktisch angeleitetes und unterstütztes Lernen），而且他认为，这三种学习方式在不同文化中受到的重视程度不同。参见 Thomas, A., Lernen und interkulturelles Lernen, in: Wierlacher, A. & A. Bogner（Hrsg.）, *Handbuch interkulturelle Germanistik*, Stuttgart/Weimar: Verlag J. B. Metzler, 2003, p. 279。

③ 转引自 Thomas, A., Lernen und interkulturelles Lernen, in: Wierlacher, A. & A. Bogner（Hrsg.）, *Handbuch interkulturelle Germanistik*, Stuttgart/Weimar: Verlag J. B. Metzler, 2003, p. 279。

质的区别，只是在学习的内容上有所不同，前者为异文化的，而后者为同一文化内的。笔者并不完全同意这种理解，笔者认为，跨文化学习与同一文化内的学习虽然在机理上也许没有本质区别，但毕竟跨文化学习涉及两种不同的文化，无论是学习的环境还是学习者的视角都与本文化中有所不同（详见§3.2.2），因此需要对跨文化学习进行专门研究。既然跨文化学习涉及的是本文化与异文化，那么，区分本文化与异文化的标准是什么？在这里首先需要对文化这一概念加以界定。

一 文化的概念

像许多其他抽象概念一样，文化概念蕴涵也极为丰富，"文化概念因文化而异"[①]，亦"因学科而异"[②]。尽管日常生活中经常用到这一概念，诸多学科也都论及文化，但是，迄今为止，对文化这一概念还没有一个统一的、为人们普遍接受的定义，正如社会人类学大师马凌诺斯基（B. Malinowski）所言："文化，文化，言之固易，要正确地加以定义及完备地加以叙述，则并不是容易的事。"[③] 自然，出现这种情况的原因是多方面的，既有学科体系的不同，也有方法论上的分歧，更有政治视野上的差别，还有民族语言表达方式上的问题。凡此种种，都给人们界定文化的概念造成了一定的困难。

在中国，"文化"一词古已有之，"文"既指文字、文章、文采，又指礼乐制度、法律条文等；"化"即"教化"。"文"与"化"并用最早见于战国末年的《易·本卦·象传》："观乎天文，以察时变；观乎人文，以化成天下。"西汉时，出现"文化"一词，如《说苑·指武》中"圣人之治天下也，先文德而后武力。凡武之兴，谓不服也；文化不改，然后加诛"。[④] 此处"文化"与"武功"相对，含"文治教化"之义。[⑤] 自近代以来，我们所使用的"文化"一词源于日本人对西方语言 culture 的翻译，用来泛指人类所创造的一切物质和非物质产品的总和。早在五四运动以前，陈独秀在《新青年》上发表《东西民族根本思想之差异》，李大钊

[①] Bausinger, H., Kultur, in: Wierlacher, A. & A. Bogner (Hrsg.), *Handbuch interkulturelle Germanistik*, Stuttgart/Weimar: Verlag J. B. Metzler, 2003, p. 271.
[②] 参见姚燕《论中德跨文化经济交往中的伦理问题》，北京外国语大学2006年版，第36页。
[③] [英] 马凌诺斯基：《文化论》，费孝通译，华夏出版社2002年版，第2页。
[④] 转引自严明《跨文化交际理论研究》，黑龙江大学出版社2009年版，第2页。
[⑤] 参见司马云杰《文化社会学》，中国社会科学出版社2001年版，第6页；关世杰《跨文化交流学——提高涉外交流能力的学问》，北京大学出版社1995年版，第15页。

在《言治》季刊发表《东西文明根本之异点》,① 已经注意到文化问题;梁漱溟认为,文化乃"人类生活的样法"②,可分为精神生活、物质生活和社会生活;蔡元培提出"文化是人生发展的状况"③;梁启超于1922年在《什么是文化?》一文中,谓"文化者,人类心能所开释出来之有价值的共业也"④。胡适于1926年在《现代评论》上发表《我们对于西洋近代文明的态度》一文,将文明与文化区分开来。他说:"第一,文明([英]civilization)是一个民族应付他的环境的总成绩;第二,文化([英]culture)是文明所形成的生活的方式。"⑤ 可见,文化概念由于其不确定的界域很难给予一个简单而确定的定义。一般而言,中国学者认为:"广义的文化是指人类创造的一切物质产品和精神产品的总和;狭义的文化专指包括语言、文学、艺术及一切意识形态在内的精神产品。"⑥

在西方,文化([英、法]culture,[德]Kultur)一词来源于拉丁文cultura,可追溯的最早词源为拉丁文colere。⑦ *Colere* 一词意涵丰富:居住([英]inhabit)、栽种([英]cultivate)、保护([英]protect)、朝拜([英]honour with worship)。而cultura原义指农耕、栽种或对动植物的照料、培育。从16世纪初,"照料动植物的成长"之意涵被延伸为"人类发展的历程"。⑧ 在德国,文化([德]Kultur)一词借自法文culture,18世

---

① 参见司马云杰《文化社会学》,中国社会科学出版社2001年版,第3页。
② 梁漱溟:《东西文化及其哲学》,商务印书馆1929年版,第53页;转引自司马云杰《文化社会学》,中国社会科学出版社2001年版,第3页。另参见胡文仲《跨文化交际学概论》,外语教学与研究出版社1999年版,第28页。
③ 蔡元培:《何为文化》,载桂勤主编《二十世纪中国学术文化随笔大系:蔡元培——学术文化随笔》,中国青年出版社1996年版,第129页。
④ 转引自司马云杰《文化社会学》,中国社会科学出版社2001年版,第3—4页。
⑤ 同上书,第4页。
⑥ 关世杰:《跨文化交流学——提高涉外交流能力的学问》,北京大学出版社1995年版,第15页。
⑦ 参见 Bausinger, H., Kultur, in: Wierlacher, A. & A. Bogner (Hrsg.), *Handbuch interkulturelle Germanistik*, Stuttgart/Weimar: Verlag J. B. Metzler, 2003, p. 272; Maletzke, G., *Interkulturelle Kommunikation: Zur Interaktion zwischen Menschen verschiedener Kulturen*, Opladen: Westdeutscher Verlag GmbH, 1996 (15); [英]雷蒙·威廉斯《关键词:文化与社会的词汇》,刘建基译,生活·读书·新知三联书店2005年版,第101页;关世杰《跨文化交流学——提高涉外交流能力的学问》,北京大学出版社1995年版,第15页;司马云杰《文化社会学》,中国社会科学出版社2001年版,第6页。
⑧ 参见[英]雷蒙·威廉斯《关键词:文化与社会的词汇》,刘建基译,生活·读书·新知三联书店2005年版,第101—102页。陈序经认为,德文的Kultur,英、法文的Culture,都是从拉丁文Cultus而来。而Cultus的意义包括五种:耕种、居住、练习、留心或注意、敬神。参见陈序经《文化学概观》,中国人民大学出版社2005年版,第25—26页。

纪末期拼为 Cultur，19 世纪起拼为 Kultur。在德国古典哲学家的著作中，文化则被视为处于人们社会规范以外的绝对精神领域，人类社会文化发展的真正存在的目的与意义，被认为就在于达到这种精神的绝对自由。这一关于文化的观点和后来社会学或人类学所讲的文化概念的含义是不同的。①

文化无疑是一个复杂的现象，它包含有非常丰富的内容。不同的学科由于专业知识的狭隘性和片面性，在文化概念上各抒己见。不同的角度有不同的文化定义。美国的人类学家克罗伯（Kroeber）和克拉克洪（Kluckhohn）在《文化：概念和定义的考评》一书中统计并考察了自 1871 年到 1951 年 160 多个关于文化的定义，并将这些定义归结为描述性定义、历史性定义、规范性定义、心理性定义、结构性定义和遗传性定义六种。② 由此足见文化概念的复杂性。

一般认为，英国文化人类学家泰勒（E. B. Tylor）在 1871 年出版的《原始文化》（*Primitive Culture*）一书中第一次把文化作为一个中心概念提出来。他将文化定义为："文化是一种复合体，它包括知识、信仰、艺术、道德、法律、风俗，以及其余从社会上学得的能力与习惯。"③ 泰勒的文化概念包含的内容非常广泛，但缺少物质文化的内容，后来美国一些社会学家、文化人类学家如奥格本（W. F. Ogburn）等人在该定义中补充进了"实物"的文化现象。④ 泰勒的定义第一次给文化一个整体性的概念，为后来的社会学、人类学研究文化现象界定了一个基本的范围。英国功能主义学派的文化人类学家马凌诺斯基认为，研究文化时应该注意的是文化怎样满足人类的各种需要，它的不同功能构成不同的布局。文化的意义依它在"人类活动的体系中所处的地位、所关联的思想及所有的价值而定"⑤。他将文化定义为："文化是指那一群传统的器物、货品、技术、

---

① 参见司马云杰《文化社会学》，中国社会科学出版社 2001 年版，第 7 页。强调文化的精神方面是德国学者的传统观点，如"培娄（G. V. Below）以为文化是民族精神的表现，而部克哈特（J. Burckhardt）又以为文化是一切精神的发展的总和。这种看法，可以说是偏于文化的精神方面，这与未柏（A. Weber）与马其维以为文化是一种满足内心的东西，有了相同之处。"见陈序经《文化学概观》，中国人民大学出版社 2005 年版，第 20 页。

② 参见 Kroeber, A. L. & Clyde, Kluckhohn, *Culture*：*A Critical Review of Concepts and Definitions*, New York：Random House, 1952；胡文仲《跨文化交际学概论》，外语教学与研究出版社 1999 年版，第 30—33 页。另参见司马云杰《文化社会学》，中国社会科学出版社 2001 年版，第 3 页；关世杰《跨文化交流学——提高涉外交流能力的学问》，北京大学出版社 1995 年版，第 14—15 页。其中，关世杰的著作中未提及遗传性定义。

③ 转引自司马云杰《文化社会学》，中国社会科学出版社 2001 年版，第 7 页。

④ 同上书，第 7—8 页。

⑤ 同上书，第 25 页。

思想、习惯及价值而言的，这概念实包容着及调节着一切社会科学。"①从该定义可以看出，文化包括以下方面：物质设备、精神方面的文化（包括道德上、精神上及经济上的价值体系，包括社会组织的方式，包括语言等）。② 这一点与中国研究者普遍认为的广义的文化包括物质文化与精神文化两方面相一致。结构主义者进一步发展了功能主义的观点，把文化看成是构成社会结构体系的工具，文化功能的发挥受各社会层次的严格制约。美国结构主义者帕森斯（Parsons）的"社会体系"理论认为，文化系统是人的行为取向的重要方面，它不仅决定人的价值观念，而且构成人的行为准则，因此，文化系统是维护社会秩序稳定的重要变量关系。③

中国学者尤其是跨文化交际领域的研究者对文化的界定大多采纳或借鉴欧美人类学或社会学领域比较有代表性的定义。笔者同意贾玉新的观点，即人类学者对文化的界说更有利于跨文化交际领域的研究。④ 关世杰在《跨文化交流学——提高涉外交流能力的学问》中采用的是美国文化人类学家克罗伯和克拉克洪的文化定义："文化存在于各种内隐和外显的模式之中，借助于符号的运用得以学习与传播，并构成人类群体的特殊成就，这些成就包括他们制造物品的各种具体式样，文化的基本要素是传统（通过历史衍生和由选择得到的）思想观念和价值，其中尤以价值观最为重要。"⑤ 他并不仅局限于这一定义，而是结合其他学者的论述分别对文化的要素、文化的特征和功能做了概述。他认为，文化的要素包括：（1）认知体系；（2）规范体系；（3）社会关系和社会组织；（4）物质产品；（5）语言和非言语符号系统。而文化的特征在于：（1）文化是由人类进化过程中衍生出来或创造出来的；（2）文化是人们后天习得的；（3）文化是一个体系；（4）文化在一个群体中具有共享性；（5）世界的文化是丰富多样的；（6）文化是发展变化的；（7）文化具有民族性和特定的阶级性；（8）文化常有本民族文化优越感的倾向；（9）文化是建立在象征符号之上的，是可以传递的。文化的功能表现在个人、群体和整个社会（国家）三个层面：（1）对个人，文化起着塑造个人人格、实现社会化的

---

① ［英］马凌诺斯基：《文化论》，费孝通译，华夏出版社2002年版，第2页。
② 同上书，第4—9页。
③ 参见司马云杰《文化社会学》，中国社会科学出版社2001年版，第25页。
④ 参见贾玉新《跨文化交际学》，上海外语教育出版社1997年版，第16—17页。
⑤ 转引自关世杰《跨文化交流学——提高涉外交流能力的学问》，北京大学出版社1995年版，第15页；另参见Thomas, A., Psychologie interkulturelllen Lernens und Handelns, in: Thomas, A. (Hrsg.), *Kulturvergleichende Psychologie*, Göttingen, et al.: Hogrefe-Verlag, 2003, p.435。

功能；（2）文化对于一个群体，起着目标、规范、观念和行为整合的作用；（3）文化对于整个社会，起着社会整合和社会导向的作用。文化在这三个层面的功能并不是孤立的，而是相互联系的。[①] 这些分类与概括对本书具有很大的指导作用，后面我们还将涉及这些内容。

贾玉新采纳的是社会语言学家 Goodenough（1957）关于文化的定义：文化是"由人们为了使自己的活动方式被社会的其他成员所接受，所必须知晓和相信的一切组成。作为人们不得不学习的一种有别于生物遗传的东西，文化必须由学习的终端产品——知识——就这一术语最宽泛的意义来说——组成"[②]。他也概括了文化的十个特性。[③] 贾玉新对文化的特性的概括与上面介绍的关世杰对文化特征的概括有异曲同工之妙，可以说比较全面地涉及了文化的基本特征，为中国跨文化交际研究领域广泛接受。

胡文仲在《跨文化交际学概论》中对文化的定义也做了探讨，而且对 Kroeber & Kluckhohn 的《文化：概念和定义的考评》一书做了详细介绍，分别举例分析了该书中所划分的六类定义。在《跨文化交际学概论》中，他采纳 Kluckhohn 关于文化的定义："所谓文化指的是历史上创造的所有的生活样式，包括显性的和隐性的，包括合理的、不合理的以及谈不上是合理的或不合理的一切，它们在某一时期作为人们行为的潜在指南而存在。"[④] 在该书中，胡文仲归纳了文化的五个特性，[⑤] 这些特性在上面都有所涉及，只是表述上略有不同，此处不再赘引。

正如上面所介绍的那样，不同学科、不同学者对文化概念的理解与定义不尽相同。在跨文化研究领域，研究者更加注重的是文化的群体共享特征。[⑥] 从跨文化学习的角度而言，人们更加注重文化的可习得性和适应功能。如 Hart & Pantzer 的论断："文化由通过模仿或学习而传播的行为模式所组成［……］文化包括所有的通过社会获得和传播的行为模式"；Ford 提到，"文化由通过学习获得的解决问题的方式组成"；Benedict 的论断是："文化作为社会学术语指学习到的行为，这种行为不是生而有之［……］而是必须由每一代从头向成年人学习才能得到。"Linton 将文化定义为："社

---

① 参见关世杰《跨文化交流学——提高涉外交流能力的学问》，北京大学出版社1995年版，第16—24页。
② 转引自贾玉新《跨文化交际学》，上海外语教育出版社1997年版，第17页。
③ 同上书，第17—20页。
④ 转引自胡文仲《跨文化交际学概论》，外语教学与研究出版社1999年版，第35页。
⑤ 同上书，第36—43页。
⑥ 参见姚燕《论中德跨文化经济交往中的伦理问题》，博士学位论文，北京外国语大学，2006年，第37页。

会成员通过学习或者模仿而获得的思想、规定性的感情反应以及习惯行为模式的总和。这些思想、反应和行为模式为社会成员在不同程度上所共有。"Murdock 则指出:"学习和社会的互动在每个人群中产生一组由社会传承的适应性的行为,这些行为似乎是超越个人,因为它是大家共享的[……]"① 而 Knapp 的基于符号学和民族生态学等基础上的文化定义对我们也颇有启发意义:"文化在此处首先被理解为象征符号构成的系统,由知识体系、解释体系和行为体系构成,为交际网络中的各成员所共享,这些成员在一个以民族或地域为标准划分的界域清晰的群体中[……]进行互动,而那些符号系统使这些成员能够在交际网络中进行社会性行动。"② Triandis(1972)所理解的文化即"[某一群体中的]个体所共享的看法、意见、分类、期望、规范、角色、自我观念及价值。这些共享的结构与共同的语言、历史关联和地理区域一起,使人与人之间的交往互动变得轻松"。③ Thomas 将文化定义为"一个社会、民族、组织或群体所特有的、普遍适用的取向体系,该体系由特有的象征符号构成,并为该社会群体所传承。它极大地影响着群体所有成员的感知、思维、评判和行动,从而决定了他们对社会的归属。文化作为取向体系为感觉自己属于该社会的所有个体建构了一个专门的行动场,因而为群体成员发展应对环境的独特的方式创造了条件"④。在这样一个取向体系中,某一文化的成员共享相同的行动准则,这些行动准则通过社会化过程、模仿以及交际的各种方式而代代传承下去。个体在社会交往中通常是不自觉地应用这些行动准

---

① 上述几个定义均转引自胡文仲《跨文化交际学概论》,外语教学与研究出版社 1999 年版,第 30—33 页。
② Knapp, K., Kulturunterschiede, in: Wierlacher, A. & A. Bogner (Hrsg.), *Handbuch interkulturelle Germanistik*, Stuttgart/Weimar: Verlag J. B. Metzler, 2003, p. 57; 译文部分参考姚燕《论中德跨文化经济交往中的伦理问题》,博士学位论文,北京外国语大学,2006 年,第 38 页。
③ 转引自 Brüch, A., *Kulturelle Anpassung deutscher Unternehmensmitarbeiter bei Auslandsentsendungen: Eine empirische Studie in den USA, Kanada, Japan und Südkorea zu Kriterien und Einflussfaktoren erfolgreicher Aufenthalte von Fach-und Führungskräften*, Frankfurt a. M. et al., Peter Lang Verlag, 2001, p. 57。
④ Thomas, A., Psychologie interkulturelllen Lernens und Handelns, in: Thomas, A. (Hrsg.), *Kulturvergleichende Psychologie*, Göttingen, et al.: Hogrefe-Verlag, 2003, pp. 436 – 437;另参见 Brüch, A., *Kulturelle Anpassung deutscher Unternehmensmitarbeiter bei Auslandsentsendungen: Eine empirische Studie in den USA, Kanada, Japan und Südkorea zu Kriterien und Einflussfaktoren erfolgreicher Aufenthalte von Fach-und Führungskräften*, Frankfurt a. M. et al., Peter Lang Verlag, 2001, p. 57。

则,并且一般不会意识到"他的生活方式和行为模式是受其文化影响的"①,而认为它们放之四海而皆准。实际上,"其他文化里的人们有着其他的、他们自己的看问题的方式、价值取向和规范"②。综合上述各种广义上的文化定义,基本上都可以纳入钱敏汝所归纳的思维方式、行为规范和价值取向这三个基本方面。③ 这样的一种理解可以说既点明了文化的核心内容,又使文化的概念具有了可操作性,对本书具有较强的指导意义。

二 跨文化学习的概念

"跨文化学习"(［德］interkulturelles Lernen)的概念在文化比较社会心理学中由来已久。至少自 Breitenbach 1974 年的研究开始,跨文化学习被理解为"对异文化的适应(［德］Anpassung)",而这种对异文化的适应首先是由 Danckwortt (1959) 称为学习过程的。后来适应理论(［德］Anpassungskonzept)受到越来越多的批评,Breitenbach 于 1979 年进一步发展了跨文化学习的概念,将其等同于"对异文化的学习"。④

笔者认为,仅仅"对异文化的适应"尚不能够全面反映跨文化学习的实质,而"对异文化的学习"也只是看到了跨文化学习的一个方面,而没有看到其另外一个方面,即通过对异文化的学习从而反观本文化,在两种文化的相互观照中提高跨文化能力,从而达到一个更高层次的状态。正如 Rösch 所言:跨文化学习意味着进一步了解自己的文化,弄清楚自己的立足点,从而克服种族主义和文化主义的思想和行为。同时,跨文化学习意味着在与陌生人和陌生事物打交道的过程中,敢于质疑自己的文化背景。⑤ 而 Thomas (1988) 的跨文化学习定义也反映了上面这种思路:"如果一个人在与来自另一个文化的人打交道的过程中努力理解其感知(［德］Wahrnehmung)、思维(［德］Denken)、评价(［德］Werten)和行动

---

① Maletzke, G., *Interkulturelle Kommunikation: Zur Interaktion zwischen Menschen verschiedener Kulturen*, Opladen: Westdeutscher Verlag GmbH, 1996, p.15;另参见［德］马勒茨克《跨文化交流:不同文化的人与人之间的交往》,潘亚玲译,北京大学出版社 2001 年版,第 16 页。

② 同上。

③ 参见钱敏汝《论跨文化研究的要旨》,载方在庆编著《爱因斯坦、德国科学与文化》,北京大学出版社 2006 年版,第 128 页。

④ 参见 Sandhaas, B., Interkulturelles Lernen – Zur Grundlegung eines didaktischen Prinzips interkultureller Begegnungen, in: *Internationale Zeitschrift für Erziehungswissenschaft*, 1988 (34)。

⑤ Rösch, H., Fachbegriffe im interkulturellen Diskurs,载朱建华、顾士渊主编《中德跨文化交际论丛》,同济大学出版社 2000 年版,第 301—302 页。

([德] Handeln) 的特有的取向体系（[德] Orientierungssystem），将此体系融合到本文化的取向体系中，并在异文化的行动环境（[德] Handlungsfeld）中运用这个体系，跨文化学习便发生了。在跨文化学习中，除了需要理解异文化的取向体系外，还需要反观本文化的取向体系。"① 笔者认为，Thomas 的跨文化学习定义更符合本书的研究思路，所以，在本书中笔者采用这一定义。

根据 Thomas 的理解，跨文化学习可以分为不同的层次：从对异文化的相对简单的知识扩充（[德] Kenntniserweiterung），到学会客居国交往伙伴的认知取向结构（[德] kognitive Orientierungsstruktur），以及发展在客居国跨文化学习的能力，一直到发展获得取向策略（[德] Orientierungsstrategie）以能够迅速适应迥异的文化环境的能力。② 如果能够将不同文化的取向体系有效地融合在行动中，充分利用跨文化的积极作用，避免、化解和排除跨文化性的负面影响，③ 使自己在本文化与异文化中的行为都很成功，那么上面所提及的最高层次的跨文化学习就成功了。这种最高层次的跨文化学习即具备跨文化能力，跨文化能力是跨文化学习的最终目的。

三 跨文化性：跨文化学习的基点

"跨文化性"（[德] Interkulturalität）是跨文化研究的核心概念之一。随着跨文化研究的逐步深入，学界对跨文化性这一概念的探讨也越来越多。然而，正如文化概念的复杂性一样，对跨文化性这一概念的理解和定义也存在多种可能性。钱敏汝将跨文化性定义为"两种文化相遇所具有的特殊性，而且由于多种参数的介入使这种特殊性的体现方式千变万化，成为一种异态复型体，以至到目前为止还很难总结出固定的规律"④。但可以断定的是，"同文化背景下交际者的言语表达模式和认知思维模式

---

① 转引自 Thomas, A., Lernen und interkulturelles Lernen, in: Wierlacher, A. & A. Bogner (Hrsg.), *Handbuch interkulturelle Germanistik*, Stuttgart/Weimar: Verlag J. B. Metzler, 2003, p. 281。
② 参见 Thomas, A., Lernen und interkulturelles Lernen, in: Wierlacher, A. & A. Bogner (Hrsg.), *Handbuch interkulturelle Germanistik*, Stuttgart/Weimar: Verlag J. B. Metzler, 2003, p. 281。
③ 钱敏汝曾撰文分析了跨文化性的这种积极作用，参见钱敏汝《符号学与跨文化性》，载林宏星、林晖主编《复旦哲学评论》第 2 辑，上海辞书出版社 2005 年版，第 234 页。
④ 钱敏汝：《跨文化经济交际及其对外语教学的意义》，《外语教学与研究》1997 年第 4 期；另参见钱敏汝《跨文化性和跨文化能力》，载中外语言文化比较学会编《中外语言文化比较研究》第 3 集，延边大学出版社 2000 年版，第 75 页；钱敏汝《符号学与跨文化性》，载林宏星、林晖主编《复旦哲学评论》第 2 辑，上海辞书出版社 2005 年版，第 234 页。

[……] 应该是同质的，而在跨文化交流中则呈一种混合交叉的异质现象。并且这种混合交叉现象往往以违反其中一种文化的（交际）行为模式甚至两种文化常规都违反的形式出现，这样的现象也就被称为具有跨文化性"①。

在跨文化性的研究过程中，学界的注意力开始主要集中在它可能引起的障碍和冲突上，也就是说，只是注意到了跨文化性的负面影响，而并没有看到跨文化性具有避免、化解和排除其负面影响的积极作用。钱敏汝在《符号学与跨文化性》中探讨了跨文化性在人类文明的发展中对符号创造、应用、感知、阐释的消极影响以外的正面作用和富有创意的积极影响，② 为人们进行跨文化研究提供了一种新的视角。可见跨文化性是复杂、多样的，对跨文化性的理解经历了不同的阶段。姚介厚将跨文化性归结为两类："'本文化'和'异文化'缺乏沟通、很不协调与对称，那是消极的跨文化性，就易导致障碍甚或冲突。积极的跨文化性则指'本文化'和'异文化'互动、互渗中发生'中介'功能，从而形成'交叠共识'，实现文化多样性中的同一性。求同存异、和而不同，就是积极的跨文化性的合理表现，是跨文化交往的真正目的，能促进不同文明和谐相处、共同进步。"③ 而 Wierlacher 则分五个层面对跨文化性进行定义:④

第一层面：跨文化性指的是从文化的角度有意识地同时考虑陌异事物（［德］das Andere und Fremde）的原则。对其他人的一切理解都以具有沟通的意愿为前提，跨文化性是这种沟通的基础，而跨文化性的概念则又以具有敏锐的本文化意识（［英］cultural awareness，［德］Eigenkulturbewusstsein）为前提。费孝通称这种本文化意识为"文化自觉"，他认为，文化自觉的"意义在于生活在一定文化中的人对其文化有'自知之明'，明白它的来历，形成的过程，所具有的特色和它的发展的趋向，自知之明是为了加强对文化转型的自主能力，取得决定适应新环境、新时代文化选择的

---

① 钱敏汝：《符号学与跨文化性》，载林宏星、林晖主编《复旦哲学评论》第 2 辑，上海辞书出版社 2005 年版，第 234 页。
② 参见钱敏汝《符号学与跨文化性》，载林宏星、林晖主编《复旦哲学评论》第 2 辑，上海辞书出版社 2005 年版，第 233—260 页。
③ 姚介厚：《跨文化交往和世界文明共同进步》，http://www.cass.net.cn/file/2006121884366.html，访问时间：2006 年 12 月 30 日。
④ 参见 Wierlacher, A., Interkulturalität, in: Wierlacher, A. & A. Bogner (Hrsg.), *Handbuch interkulturelle Germanistik*, Stuttgart/Weimar: Verlag J. B. Metzler, 2003, pp. 258 - 261；译文部分参考姚燕《论中德跨文化经济交往中的伦理问题》，博士学位论文，北京外国语大学，2006 年，第 45—47 页。

自主地位"①。从这个意义上而言:"跨文化性指的是一门学科,该学科在教学和研究中承认人既是文化的驾驭者,又是文化的承载者,重视本文化基点并超越文化的界限来思考问题,并考察跨文化及多元文化对话的条件。"② 正如 Platz 所言:"后现代思维提出的'跨文化性'概念努力寻求文化间的相互理解。它向将本文化绝对化的态度提出质疑,要求文化间的对话。跨文化性意味着在与异文化关系中对本文化的积极研究。"③ 就此意义而言,跨文化学习即是以本文化中的经验为基础,在经历异文化环境中的差异过程中提高自己适应异文化环境的能力,并对本文化中的价值观念、思维方式和行为规范的(再)认识、调整与改变,从而提高自己适应任何新环境的能力。Krumm 认为,跨文化学习应当成为"对外德语教学的核心"④。

第二层面:跨文化性是一个关系概念([德] Relationsbegriff),是研究不同文化感知的交互作用的主导原则。从更深层的意义而言,跨文化性是指通过"相互映衬"([德] wechselseitige Abhebung)而克服民族中心主义([德] Ethnozentrismus)的这样一种过程和状态。通过相互映衬可以搭起一座文化的桥梁或者创造一种双向视角([德] doppelte Optik)而相互观照,以便比以往更多地注意到观察和解决问题的各种不同的途径和方法,在一定程度上用他者的眼光去感知对方,去看待异文化的事物,从而达到相互理解([德] Miteinander-Begreifen),为对话创造前提条件。这种意义上的跨文化性是建立在文化是"以交流为目的的、开放的、动态变化的系统,该系统在不断变化过程中,并在变化中相互建构"⑤ 这样一种基础之上。

第三层面:跨文化性是合作性自我启蒙([德] kooperative Selbstaufklärung)和科学性伙伴关系([德] wissenschaftliche Partnerschaft)之集合。对陌异事物的理解([德] Fremdverstehen)建立在对自我的理解([德] Selbstverstehen)的基础之上,而对自我的理解也建立在对陌异事物的理解

---

① 费孝通:《关于"文化自觉"的一些自白》,载费孝通《论人类学与文化自觉》,华夏出版社 2004 年版,第 194 页。
② Wierlacher, A., Interkulturalität, in: Wierlacher, A. & A. Bogner (Hrsg.), *Handbuch interkulturelle Germanistik*, Stuttgart/Weimar: Verlag J. B. Metzler, 2003, p. 258.
③ Platz, N.: Vorwort, in: Hahn, A. & N. Platz (Hrsg.), *Interkulturalität als neues Paradigma: Trierer Beiträge*, Trier: Universität Trier, 1999, p. 1.
④ 转引自 Wierlacher, A., Interkulturalität, in: Wierlacher, A. & A. Bogner (Hrsg.), *Handbuch interkulturelle Germanistik*, Stuttgart/Weimar: Verlag J. B. Metzler, 2003, p. 258.
⑤ Ibid., p. 259.

的基础之上。从这种意义上而言，跨文化性概念指的是在张力场（［德］Spannungsfeld）中建立起过渡区和中间区的交互性的行动质量（［德］Handlungsqualität der Reziprozität），该张力场既能使人成为参与式观察者（［德］teilnehmender Beobachter），也能使之成为共同参与者（［德］Mitspieler）。观察者和参与者相互激发并修正各自的惯有看法。跨文化性通过这种方式即成为一种合作性的认识活动。跨文化性作为伙伴关系之原则表达出相互沟通的愿望，无论是在经济、管理或政治领域，都存在这种沟通愿望，这种愿望是建立在认可交往伙伴的同源性（［德］Gleichursprünglichkeit）和平等性（［德］Gleichberechtigung）的基础之上。尽管存在众多的文化上的不对称、界限和理解障碍，但通过认可（［德］Anerkennung）能够使认知者（［德］Erkennende）之间产生一种包括文化距离标准（［德］kulturelle Distanzstandards）的距离变化（［德］Abstandsänderung）。在所有的认知过程（［德］Erkenntnisprozess）中都存在这一特殊的经过，它建立了一种相互理解和沟通的情境，在交往研究及跨文化交际理论中这一情境被称为文化交叠情境（［德］kulturelle Überschneidungssituation）。

　　第四层面：跨文化性是对文化交叠情境的建构过程和表现。作为一种关系范畴，跨文化性对建构伙伴关系以及认可文化多元性是人际现实的基本法则具有很大作用，相应地，跨文化性成为思维和行动规范（［德］Denk-und Handlungsnorm），这一规范不把重心仅仅置于一个文化上，而是建立在文化之间，在建构合作性的认知活动（［德］Erkenntnisarbeit）过程中发挥作用。所以，跨文化性与对照性（［德］Kontrastivität）关系并不大。自我（［德］das Eigene）和陌异（［德］das Fremde）不再是一对对立概念。文化交叠情境使同一性（［德］Identitäten）与多样性（［德］Alteritäten）之间建立了相互依存关系，这种相互依存关系使双方各自都发生一定的变化，从而建立了一种局部的共同性，这是合作性自我解释及映衬的结果。它们使得文化交叠情境变成文化的中间区域（［德］Zwischenposition）[①]。这个中间区域被很多学者看作跨文化性的真正所在。文化不是彼此完全独立、相互隔离的结构，而是相互重叠交错，文化的认同也总是得益于陌异事物在发展变化中的创造性角色。自 20 世纪 70 年代以来，跨文化交际理论研究中就出现了将文化的中间区域理解为文化之间

[①] 由于学科角度不同，学者对此命名不尽相同，如"张力场"（［德］Spannungsfeld）、"中间世界"（［德］Zwischen-welt）、"对话的间域"（［德］Zwischenreich des Dialogs）等，参见 Wierlacher, A., Interkulturalität, in: Wierlacher, A. & A. Bogner (Hrsg.), *Handbuch interkulturelle Germanistik*, Stuttgart/Weimar: Verlag J. B. Metzler, 2003, p. 260。

的一种"第三文化"（［德］dritte Kultur）或者"第三秩序"（［德］dritte Ordnung）的主张。在这样一种背景下，文化差异不再仅仅被理解为需要消除的对立或需要跨越的壕沟，而是成为在合作中相互交错、重叠、搭接的前提。正如 Bochner 所言，交际者的本文化和面对的异文化的重要成分可融合成一个"新的整体"①，这个新的整体可使交际者能在两种文化中得心应手，能在交际情境中行动自如。②

第五层面：跨文化性的"第三秩序"是主动宽容（［德］Toleranz）的创造性环境。跨文化性是一种中道（［德］Mitte），它既不是诸极端的中间，也不是诸极端的平均，而是自我和陌异事物之间的共同的中道（［德］gemeinsame Mitte），Mecklenburg 认为中道在于"以对话的方式理解陌异事物，其出发点在于不同性（［德］Verschiedenheit），而在于共同性（［德］Gemeinsamkeit），目的不在于不惜代价地达成共识，而在于扩大自我的视域，在不减少对自我和陌异事物的意识基础上盯住一个'更高的立场'，即一个共同的中道，该中道不能简单地想象为一个普遍代码（［德］universaler Code）的平均数，它的出现更多地依赖于一个一次性的跨文化情势（［德］interkulturelle Konfiguration）中的偶然因素，例如依赖于同类的经验"。③ 跨文化活动的参与者只有从极端的民族中心主义中解脱出来，从其自身价值上相互重视对方，并由这种相互重视而创造伙伴性信任关系，才能够同时考虑到其他人及陌生人，才会为合作性认知活动做好准备。这种文化之间的中道并不会使我们失去立足之地，它不会使任何人失去对归属的自信，而是作为新的、额外的存在方式创造了一部分生活方式和归属性。它扩充认同的力量使得跨文化性成为一个创造性环境。跨文化活动的参与者不是被动地适应对方或者局限于区分自我与他人之间的差异，而是积极地寻找共同点，在相互信任的气氛里齐心协力完成跨文化活动。

Wierlacher 所区分的跨文化性的这五个层面并不是截然分开的，而是层层递进、相互关联的。第一层面是指通过文化自觉去理解对方，第二层

---

① Antweiler 称此为"跨文化"（［德］Interkulturen），参见 Antweiler, C., Interkulturalität in der Theorie und ein Beispiel aus Indonesien, in: Hahn, A. & N. Platz（Hrsg.）, *Interkulturalität als neues Paradigma: Trierer Beiträge*, Trier: Universität Trivr, 1999, p. 36。
② 参见［德］亚历山大·托马斯《文化准则的行为导向作用分析》，谭锦福译，载梁镛、刘德章主编《跨文化的外语教学与研究》，上海外语教育出版社 1999 年版，第 183 页。
③ 转引自 Wierlacher, A., Interkulturalität, in: Wierlacher, A. & A. Bogner（Hrsg.）, *Handbuch interkulturelle Germanistik*, Stuttgart/Weimar: Verlag J. B. Metzler, 2003, p. 262。

面则是指从对方的视角去理解对方,第三层面则是指从双方互相观照的角度去建立一种合作性的关系,第四层面则指出文化差异对跨文化性的第三秩序的创造性作用,最后一个层面则进一步将跨文化性的第三秩序上升为宽容的创造性环境。在这里,Wierlacher 突出强调了跨文化性的正面作用。钱敏汝在《符号学与跨文化性》一文中也探讨了跨文化的正面作用和富有创意的积极影响,[1] 并进一步将跨文化性定义为"两种文化相遇后出现的一种耦合,耦合不同于简单的相加,而是两个或两个以上的体系和运动形式通过相互作用而彼此影响以至融合起来的现象"。[2] 这些新的视角,对跨文化研究具有非同寻常的指导意义。

正是因为不同文化之间存在的异质现象,在跨文化交往中才有必要进行学习,差异成为跨文化学习的动力;而要顺利有效地进行跨文化学习,各文化间的"同"则是其前提。钱敏汝认为,创建非本体性的第三体文化的基本依据是人类所有(民族)文化都具有的共性,这种共性以人类同有的基本需要为基础。[3] 由此我们看到——正如钱敏汝所指出的那样[4]——跨文化性不仅具有引起障碍和冲突的负面影响的一面,而且同样具有富有创意的积极影响和正面作用的一面,这就是以创建于所有文化的共性的基础上的第三体文化(即跨文化)来避免、化解和排除跨文化性所带来的负面影响。在跨文化学习中,跨文化性的这一对正负作用均体现得很明显,而正是基于跨文化性的正面作用和积极影响,跨文化学习才是有意义的。

四 跨文化能力:跨文化学习的目的

米勒(B. -D. Müller)在《跨文化的能力》一文中指出,尽管各门学科近来发表了许多关于跨文化交际的论著,希望提出一些建议来帮助读者提高跨文化能力,但它们对跨文化能力这个概念没有给出明确的定义。而且,这些论著容易使人得到一种印象:只要了解了各类书籍中介绍的有关异域文化或文化差异的知识,便可以获得跨文化的能力。[5]

---

[1] 参见钱敏汝《符号学与跨文化性》,载林宏星、林晖主编《复旦哲学评论》第 2 辑,上海辞书出版社 2005 年版,第 233—260 页。
[2] 同上书,第 240 页。
[3] 同上书,第 235 页。
[4] 同上书,第 235—236 页。
[5] 参见 Müller, B. -D., Interkulturelle Kompetenz. Annäherung an einen Begriff, in: *Jahrbuch Deutsch als Fremdsprache*,1993 (19);转引自[德]贝尔恩德·迪·米勒《跨文化的能力》,刘德章译,载梁镛、刘德章主编《跨文化的外语教学与研究》,上海外语教育出版社 1999 年版,第 149 页。

Brislin 引用 Lee 提出的关于社会能力（[英] social competence，[德] soziale Kompetenz）的说法来作为文化能力的一般定义："社会能力是一个激发个体在认知、语言和社会交往方面能力的动态过程，它将上述能力转换为功能上适用于人与人之间在一定的交际情境或社会文化情境中交往的战略。它包括适应能力和处理特定环境的自信行为，以及如何使用在自己的生活经历中累积的知识。因此，社会能力能够激发自身的精神和身体能力以及社会知识，并以有效的和适当的方式使行为模式和行为战略取得一致。由此可以得出这样的结论：个体拥有的行为模式和行为战略越多，他或她在同环境发生冲突时拥有的选择性就越大，同时又使个体在做出反应时具有更大的灵活性。在个体发展的范围内，这些战略的整合和协调又可以促使形成更为完整的行为战略。"①

上述社会能力定义中的"人与人的交往""社会文化情境"和"完整的行为战略"等概念为定义跨文化能力奠定了基础。"维基百科"将跨文化能力看作是社会能力的一种形式，"跨文化能力是一种从文化要素扩展而来的社会能力。它是指在文化交叠情境中的交际和行动能力，也就是说，具有跨文化能力的人能够通过文化敏觉力与异文化的成员独立地进行具体有效的互动，以期获得双方满意。跨文化能力包括移情能力（[德] Empathiefähigkeit）、抛弃偏见（[德] Vorurteilsfreiheit）和对于模棱两可的宽容（[德] Ambiguitätstoleranz）"。②

Brislin 认为："能力的主要方面包括一个人掌握的行为战略数量、战略的完整程度以及可以使用这些战略的情境数量。文化能力是所有拟在国外长期逗留的外国人适应当地要求的重要因素之一。如果他们想使在外国的逗留有意义，就必须有能力满足日常的要求，以实现自己的目的。[……] 关于文化能力的范围，外国人和所在国的人会有截然不同的看法。[……]"③

Müller 引述 Picht 的观点，指出在国际化进程中存在位于交际需要与交际能力之间的缺陷，认为"应以国际交际中实际存在的缺陷为依据来

---

① Lee, L., Is social competence independent of cultural context? in: *American Psychology*, 1979(34)；转引自 [德] 贝尔恩德·迪·米勒《跨文化的能力》，刘德章译，载梁镛、刘德章主编《跨文化的外语教学与研究》，上海外语教育出版社 1999 年版，第 151—152 页。
② 作者不详, *Interkulturelle Kompetenz*, http://de.wikipedia.org/wiki/Interkulturelle_Kompetenz, 访问时间：2006 年 12 月 30 日。
③ Brislin, R.W., *Cross-Cultural Encounters, Face-to-Face Interaction*, New York: Pergamon, 1981, p.285；转引自 [德] 贝尔恩德·迪·米勒《跨文化的能力》，刘德章译，载梁镛、刘德章主编《跨文化的外语教学与研究》，上海外语教育出版社 1999 年版，第 152 页。

制定适当的战略［……］从而对国际性的学习提出更高的要求"①。而"国际性的学习"培养的是国际性素质，这里涉及的是一种新的能力。Müller 认为："这种能力不一定能与在一种文化内获取的素质和能力直接联系在一起，也不仅仅是一种量的扩展，而是涉及到一种必须重新建构的素质模式。这是因为，新的素质将部分地修正或取代原有的、与某一文化相联的素质。"②

Jensen 等对跨文化能力的定义是："在跨文化环境中表现得体；具备情感和认知能力，并以此来建立和保持文化间的关系；能在协调不同文化之间的关系时保持自己的身份。"③ 从这样一个定义看来，跨文化能力的含义很广，可以包括外语交际能力、跨文化理解能力、跨文化行为能力④、跨文化适应能力，等等。Knapp & Knapp-Potthoff 对在跨文化环境中的交际提出一系列要求，⑤ Hammer, Gudykunst & Wiesman 将上述能力与要求归纳为三大要素：⑥

第一要素：处理心理压力的能力：（1）受到挫折；（2）适应的压力；（3）社会异化；（4）人际冲突；（5）经济问题；（6）政治制度的不同。

第二要素：进行有效交际的能力：（7）与别人进行有益对话的能力；（8）与陌生人交往的能力；（9）处理与别人交际时出现的误解的能力；（10）善于适应不同交际风格的能力。

---

① 转引自［德］贝尔恩德·迪·米勒《跨文化的能力》，刘德章译，载梁镛、刘德章主编《跨文化的外语教学与研究》，上海外语教育出版社 1999 年版，第 147 页。
② 同上。
③ Jensen, A. A., K. Jaeger, & A. Lorentsen, (eds.), *Intercultural Competence*: *A New Challenge for Language Teachers and Trainers in Europe*, Vol. II: *The Adult Learner*, Aalborg: Aalborg University Press, 1995；转引自余卫华《留英学生反思国内高校英语教学的调查》，《广东外语外贸大学学报》2004 年第 4 期。
④ Thomas 认为："跨文化行为发生在文化交叠情境里，在文化交叠情境里，行为者在有异文化结构的行动范围内用自己带有文化特性的取向体系来指导自己的行为。为避免不符合文化习惯的行为及由此而来的行为障碍，本文化的取向体系需要向异文化的取向体系变化和扩展。为了在文化交叠的情境中有效指导行动，两种取向体系都要使用。"Thomas, A., Von der fremdkulturellen Erfahrung zur interkulturellen Handlungskompetenz, in: Drechsel, P. et al. (Hrsg.) *Interkulturalität-Grundprobleme der Kulturbegegnung*, Mainz, 1999, p. 236.
⑤ 参见［德］贝尔恩德·迪·米勒《跨文化的能力》，刘德章译，载梁镛、刘德章主编《跨文化的外语教学与研究》，上海外语教育出版社 1999 年版，第 156 页。
⑥ Hammer, M., W. B. Gudykunst, & R. Wiesman, Dimensions of intercultural effectiveness: An exploratory study, in: *International Journal of Intercultural Relations*, 1978 (2)；转引自［德］贝尔恩德·迪·米勒《跨文化的能力》，刘德章译，载梁镛、刘德章主编《跨文化的外语教学与研究》，上海外语教育出版社 1999 年版，第 154—155 页。

第三要素：建立人际关系的能力：（11）建立和维护人际关系的能力；（12）准确理解别人感情的能力；（13）与别人进行有效合作的能力；（14）情感同化能力；（15）与不同的社会习俗和行为方式进行成功交际的能力。

在当前的研究中，无论是学术研究者还是教学者，大部分人并没有严格区分跨文化能力和跨文化交际能力这两个概念，往往将二者混为一谈。笔者认为，二者存在一种上下义关系。跨文化交际能力指的是在跨文化环境中保证交际能够顺利、有效进行的能力，强调的是交际互动的一面，在 Hammer 等所概括的跨文化能力要素中，主要指第二要素即进行有效交际的能力和第三要素即建立人际关系的能力，这些能力以及 Knapp & Knapp-Potthoff 所概括的那些能力，强调的是交际的、外语的和互动的能力。梁镛也指出："在跨文化交际研究中，许多学者把增强对他方文化和己方文化之间异同的敏感性作为培养跨文化交际能力的一个重要组成部分。值得注意的是，这种能力不应该是抽象的。使跨文化交际能力具体化的一个有效途径是分析和传授那些受双方文化制约以及对跨文化交际有根本性影响的基本交际准则。"[①] 而跨文化能力的范畴则要宽泛得多，它包含了跨文化交际能力，此外还包括 Hammer 等所概括的第一要素等。钱敏汝将跨文化能力简而言之地归总为以下四个方面：（1）对出现障碍的感应能力；（2）对障碍起因的分析能力；（3）创造跨文化的能力；（4）对对方交往者接受跨文化可能性的估计能力。[②] 根据这样一种理解，笔者采纳 Bredella 等对跨文化能力的定义作为出发点："跨文化能力是根据来自异文化的交际伙伴的期望恰当灵活地调整自己的行为，能够意识到本文化与异文化、自己的生活方式与他人的生活方式之间的文化差异与干扰，并且在各文化之间反观式地保持对自我及自己的文化渊源的认同的能力。"[③] 尽管这一定义的立足点仍然是"交际"，但它并没有局限于此，而是做了进一步的拓展。笔者认为，在异文化的环境中，学习者如果具备了察觉本文化与异文化的差异与共同点的敏觉力并能够随之灵活地调整自己的心态与行为，既适应异文化的环境并接纳和学习异文化的优点，又能保持对自我及

[①] 梁镛：《中德跨文化交际中的问题与机会》，载梁镛、刘德章主编《跨文化的外语教学与研究》，上海外语教育出版社 1999 年版，第 225 页。

[②] 参见钱敏汝《论跨文化研究的要旨》，载方在庆编著《爱因斯坦、德国科学与文化》，北京大学出版社 2006 年版，第 128 页。

[③] 转引自 Wierlacher, A., Interkulturalität, in: Wierlacher, A. & A. Bogner (Hrsg.), *Handbuch interkulturelle Germanistik*, Stuttgart/Weimar: Verlag J. B. Metzler, 2003, p. 258.

本文化的认同，那么，他就具备了跨文化能力，而跨文化学习的目的也就达到了。

五 跨文化态度：跨文化学习的保证

笔者在上一节已经指出，跨文化能力是跨文化学习的目的和结果，要具备这种能力，必须经过成功、有效的跨文化学习。而如果没有跨文化态度，成功的跨文化学习便无从谈起。

态度是社会心理学中的一个宽泛的概念，指一种对人或事物或概念的带有认知情感成分和行为倾向的持久看法。较早的态度定义是由奥尔波特（G. M. Allbort）给出的，他认为态度是一种心理的或神经的准备状态，以过去的经验为基础，有指导个人对于有关对象（包括人和事物）做出反应的作用。态度在很大程度上影响一个人认识和看待事物和人的成效。姚燕认为，跨文化态度是指以怎样的心理状态来认识和看待来自异文化的人与事物，[①] 笔者认为，跨文化态度还应包括在跨文化环境中以怎样的心理状态来认识和看待来自本文化的人与事物。合理的跨文化态度应遵循跨文化交往的伦理原则，使跨文化交往顺畅而有成效。互相尊重、互相宽容、互相合作是最基本的三条交往伦理原则。[②]

姚燕将跨文化态度的要素归结为五个方面：尊重、宽容、合作、跨文化理解和学习。[③] 笔者认为，"合作"既可以是一种态度，也可以是一种行为，她所讨论的"合作"属于后者，而并非一种态度。[④] 所以，笔者根据本书的需要，将她所介绍的尊重、宽容与跨文化理解（［德］interkulturelles Verstehen）列为跨文化态度的三个核心要素加以探讨。

（一）尊重

在当今经济、技术日益全球化趋势下，文化内的交往和跨文化交往都十分频繁。哈贝马斯认为："必须意识到自己从属于一个交往的社会，生活在一个共同的语境中，成员彼此之间有着不可脱开的团结关系。"[⑤] 在

---

① 参见姚燕《论中德跨文化经济交往中的伦理问题》，博士学位论文，北京外国语大学，2006年，第52页。
② 参见姚介厚《跨文化交往和世界文明共同进步》，http://www.cass.net.cn/file/2006121884366.html，访问时间：2006年12月30日。
③ 参见姚燕《论中德跨文化经济交往中的伦理问题》，博士学位论文，北京外国语大学，2006年，第52—61页。
④ 同上书，第54—55页。
⑤ Habermas, J., *Erläuterung zur Diskursethik*, 2. Auflage, Frankfurt a. M.: Suhrkamp, 1992, p. 72.

跨文化交往的语境中，要求参与其中的每个人都具有跨文化意识。尊重他人是跨文化意识的第一要素，因为每个人都有获得尊重的权利，而且每个人也都希望得到别人的尊重（在访谈中，陈立、杨林等均提及这一点，详见第五章）。中国的儒家金律"己所不欲，勿施于人"与西方基督教金律"你们希望别人怎样对待你们，你们也要怎样去对待别人"道出了同一个原则：要想获得别人的尊重，必须首先尊重别人。在跨文化语境中，这一原则显得尤为重要，因为涉及的是不同的文化，每一种文化都有其历史起源和传统，都有其自己的核心思想、主导价值，都有其自身的优点和缺点。所谓的进步与落后、优点与缺点都只是相对的，所以，每一种文化都有其存在的合理性和价值，所有文化都是平等的，没有高低贵贱之分，而只有差异。在我们眼中仍然落后的民族或文化换一个视角看有可能优于我们自己的民族或文化；在我们看来对方不可思议的思维方式、行为方式在其自己的文化中则可能是完全理所当然的。尊重异文化的交往者，也是间接地承认异文化的地位和价值。尊重对方的文化，是成功有效的跨文化学习的前提和良好开端。

（二）宽容

有了尊重异文化的心态，就会对异文化中的陌异事物持宽容态度。Mitscherlich认为宽容是"忍耐他人，目的在于更好地理解他"[①]。Jaspers认为"宽容是承认的行为"[②]。上述理解或者把宽容看作被动的忍耐行为，或者笼统地把宽容归纳为对事物给予承认。姚燕认为："宽容是以平和的、不偏不倚的旁观者心态理性地分析和看待人与事，并在不触动根本原则的条件下有选择地给予忍耐的态度。"[③] 宽容主要针对的是与自我不同、甚至与自我相抵触的事物，即宽容"差异性"（［德］Andersheit）。人们应当意识到，自我相对于他者来说，也会有他者所不能接受的成分。因而宽容是相互的，宽容他者，便是宽容自我。宽容是跨文化性的组成部分，能体现出跨文化性。Schneider认为："跨文化性的原初要求（［德］ureigenes Anliegen）在于接受差异性，以及本着权利平等和相同有效性（［德］gleiche Gültigkeit）的态度积极地运用宽容的态度。"[④]

---

① 转引自 Wierlacher, A., Toleranz, in: Wierlacher, A. & A. Bogner (Hrsg.), *Handbuch interkulturelle Germanistik*, Stuttgart/Weimar: Verlag J. B. Metzler, 2003, p. 323。
② Ibid.。
③ 姚燕：《论中德跨文化经济交往中的伦理问题》，博士学位论文，北京外国语大学，2006年，第54页。
④ 同上。

(三) 跨文化理解

有了尊重和宽容的心态，便奠定了跨文化理解和跨文化学习的基础。理解是一个主体在自身的智力、经历、经验基础上对自身和外在世界的认知和认识，并将新的认知和认识信息纳入已有的知识体系的过程（这实际就是学习过程，参见§3.1）。哈贝马斯指出："理解的最狭窄的意义是表示两个主体以同样方式理解一个语言学表达；而最宽泛的意义则是表示在与彼此认可的规范性背景相关的话语的正确性上，两个主体之间存在着某种协调。"① 在同文化语境下，两个主体因共享同一个语境，双方的理解比跨文化理解有着更多的共同因素，一般容易达成协调。当交往双方来自于不同的文化时，这种共享因素减少，要达成协调，需要克服比同文化语境下更多的不同因素。但从另一方面来看，跨文化理解则是"以所跨的文化为基础的一种新的视角和方法论，这种研究方法和视角的一个前提就是：对本文化和他文化有清醒的认识和很好的理解"②。

跨文化理解首先是对异文化的理解，是交往参与者在一定的文化语境下对异文化的解释。Thomas 认为："跨文化理解一方面包括对陌异的文化准则（[德] Kulturstandards）及其行动调控效果的理解，另一方面是指在异文化取向体系语境中的知觉、思维、评价和感悟能力。"③ 这要求交往参与者将自身所处的语境相对化，从异文化的背景出发去理解异文化和来自异文化的交往伙伴。超出本文化已有的视界，使对异文化的解释尽量符合被认识客体的实际情况，是跨文化理解追求的基本目标。

其次，跨文化理解是在对异文化理解过程中对本文化的再理解。在本文化的视界内，其成员认为一切都是自然而然的，一切都理应如此。一旦进入异文化，并非一切都如同本文化中那样自然。因为每个人对本文化的了解都会有局限性，"不识庐山真面目，只缘身在此山中"，如果从另外一个文化系统看，"不仅用自己的眼光，而且还用别人的陌生眼光来看待自己的文化"④，也就是从他者的角度来看，也许会更全面地认识自己文化的特点。⑤ 在本文化和异文化的相互理解中，它们各自也会升华出新的自我解释。在这种辩

---

① [德] 哈贝马斯：《交往与社会进行》，张博树译，重庆出版社 1989 年版，第 3 页。
② 綦甲福、邵明：《全球化语境中的距离》，《山东社会科学》2005 年第 6 期。
③ Thomas, A., Psychologie interkulturelllen Lernens und Handelns, in: Thomas, A. (Hrsg.), *Kulturvergleichende Psychologie*, Göttingen, et al.: Hogrefe-Verlag, 2003, p. 439.
④ Wierlacher, Alois: Distanz, in: Wierlacher, A. & A. Bogner (Hrsg.), *Handbuch interkulturelle Germanistik*, Stuttgart/Weimar: Verlag J. B. Metzler, 2003, p. 225.
⑤ 参见綦甲福、邵明《全球化语境中的距离》，《山东社会科学》2005 年第 6 期。

证的跨文化理解中，就会生成某种交叠共识，本文化和异文化在相互理解中超越自身，获得新知甚至创造新知，相互促成文化的创新与文明的共同进步。① 朴松山建议："进行跨文化交流的尝试，我们需要选取一个介于两种文化之间的立足点。通过这种对界限的超越和对自身文化的距离感，我们才能发觉自己文化的系统性和影响力。[……]跨文化教育旨在认识自身文化在我们身上打下的烙印及其相对性，同时提高对不同文化的感受力。"② 与本文化拉开一定距离，在扩大了的视界里重新审视本文化，会看到与以往不同的图景，正如哈贝马斯所言："个人只有在不同生活形式的视界中，才能与自己的生活史拉开一定距离，进行反思。"③ 在理解异文化的基础上反观本文化，实现对本文化的再理解，是跨文化理解更高层次的目标。

跨文化理解的第三个含义在于使本文化能为异文化所理解。在对异文化理解和重新审视本文化的基础上，从异文化容易接受的角度来向对方展示和解释本文化，更有助于文化间的理解，加速本文化进入多元文化世界的进程。也就是说，跨文化理解是双向的，不是单向的。跨文化理解绝非仅仅试图理解异文化，跨文化交流也绝非单方面吸收异文化的优点，我们的基本立场应当是"要吸收西方新的文化而不失故我的认同"④，或如陈寅恪所讲，"一方面吸收输入外来之学说，一方面不忘本来民族之地位"。⑤要做到这一点，就需要向异文化展示本文化的特点，使得本文化能为异文化所理解。只有这样，文化间的相互交流与借鉴才能达到目的，跨文化对话才会卓有成效。这是跨文化理解与跨文化交流的最高境界。

在跨文化学习过程中，尊重、宽容与跨文化理解这三种态度是成功的跨文化学习的重要前提，但跨文化态度并不仅限于这三种，对陌异事物具有好奇心和开放态度等⑥无疑也会影响跨文化学习的效果。

---

① 参见姚介厚《跨文化交往和世界文明共同进步》，http：//www.cass.net.cn/file/2006121884366.html，访问时间：2006年12月30日。
② [德]朴松山：《与中国作跨文化对话》，刘慧儒、张国刚等译，中华书局2000年版，第97页。
③ Habermas, J., *Erläuterung zur Diskursethik*, 2. Auflage, Frankfurt a. M.：Suhrkamp, 1992, p. 111.
④ 费孝通：《关于"文化自觉"的一些自白》，载费孝通《论人类学与文化自觉》，华夏出版社2004年版，第193页。
⑤ 同上。
⑥ Pohl, K.-H., Zwischen Universalismus und Relativismus-Gedanken zu einem interkulturellen Dialog mit China, Hahn, A. & N. Platz（Hrsg.）, *Interkulturalität als neues Paradigma：Trierer Beiträge*, Trier：Universität Trier, 1999, p. 30； [德]朴松山《与中国作跨文化对话》，刘慧儒、张国刚等译，中华书局2000年版。

六 跨文化学习的理论模式

前面曾经提到，跨文化学习在其一般机制及过程上与本文化内部的学习过程并无二致。跨文化学习的特征不是具有一个独特的学习机制，而是在于其学习内容源于另一文化体系。迄今为止的跨文化学习研究也提出了一些在异文化中的学习模式，如"跨文化敏感性发展模式"①、"跨文化适应模式"②、"跨文化转换模式"③ 等。Weidemann 对这些模式做了介绍，④ 下面结合其他学者的论述简单介绍这几种跨文化学习模式。

（一）跨文化敏感性发展模式

Bennett 在其跨文化敏感性（［英］intercultural sensitivity，［德］interkulturelle Sensibilität）发展模式中描述了在与文化差异打交道过程中，随着对差异越来越多的感知与接受，民族中心主义的视角逐渐消解，最终达到一种民族相对主义（［英］ethnorelativism，［德］Ethnorelativismus）的视角。他采用的是经典的"发展阶段模式"（［德］Entwicklungsstufenmodell），即更高阶段必须以超越前一阶段为前提。在这种模式中，他分别区分了三个民族中心主义阶级和三个民族相对主义阶段：⑤

1. 民族中心主义阶段

（1）否定（［英］denial，［德］Leugnen）阶段：Bennett 认为对文化差异的否定是民族中心主义最典型的形式。在今天的社会条件下，否定还意味着主动设置与文化上的他者之间的社会的和空间的界限，从而创造一种他者不出现于其中的生活情境。

（2）防御（［英］defense，［德］Abwehr）阶段：如果不能简单地否

---

① Bennett, M. J., Towards ethnorelativism: A development model of intercultural sensitivity, in: Paige, M. R. (Ed.), *Education for the Intercultural Experience*, Yarmouth: Intercultural press, 1993.

② Grove, C. L. & I. Torbiörn, A New Conceptualization of Intercultural Adjustment and the Goals of Training, in: *International Journal of Intercultural Relations*, 1985 (9).

③ Taylor, E. W., Intercultural competency: A Transformative Learning Process, in: *Adult Education Quarterly*, 1994 (3); Taylor, E. W., A Learning Model for Becoming Interculturally Competent, in: *International Journal of International Relations*, 1994 (3); Kim, Y. Y., *Becoming intercultural: An Integrative Theory of Communication and Cross-cultural Adaptation*, Thousand Oaks: Sage, 2001; Gudykunst, W. B. & Y. Y. Kim, *Communication with Strangers: An Approach to Intercultural Communication*, Boston: McGraw-Hill, 2003.

④ 参见 Weidemann, D., *Interkulturelles Lernen, Erfahrungen mit dem chinesischen „Gesicht": Deutsche in Taiwan*, Bielefeld: Transcript Verlag, 2004, pp. 45 - 52。

⑤ Ibid., pp. 45 - 47。

定文化差异,那么就必须主动克服它。只要这种差异被感知为具有威胁性(如危及身份的认同),就会触发防御行为,表现为贬低对方群体,抬高自己群体的价值;或者恰恰相反,对本文化采取贬低或防御态度,而抬高异文化的价值,这是一种反向民族中心主义([德]umgekehrter Ethnozentrismus),而并不是民族相对主义的态度。这一点尤其表现在发达工业国家逗留的发展中国家的学习者身上。

(3)最小化([英]minimization,[德]Minimierung)阶段:文化差异得到(积极)承认,但这种承认仍脱不开民族中心主义的参考体系。比如(通过强调所有人类在动物性上的共同点)缩小差异的重要性,或者将文化差异纳入本文化的原则之中(如将文化差异归因到上帝的创造)。

2. 民族相对主义阶段

(1)接受([英]acceptance,[德]Akzeptanz)阶段:在民族中心主义态度的最后一个阶段与民族相对主义的接受阶段之间存在着一种"范式的障碍"([德]paradigmatische Barriere)。放弃民族中心主义的世界观需要在认知上迈出一大步。民族相对主义认为,文化只有在相互关系中方能被理解,某一个行为必须结合其文化语境方能加以解释。本文化的标准不再是衡量的中心机制,而仅仅作为众多可能性中的一种。在接受阶段,文化差异既得到认可,又得到尊重。Bennett观察到,接受还分为两步,先是对行为差异的接受,随后才会对不同的价值观加以接受。

(2)适应([英]adaptation,[德]Anpassung)阶段:在这一阶段,与异文化成员的交际互动技能得到发展。此处的适应并不是对异文化交际规范的单方面接受,而是通过新的行为方式拓展了原有的文化选择方式,以至于参考多文化的标准成为认同的一部分。

(3)整合([英]integration,[德]Integration)阶段:整合意味着能够对不同情境中的行动的不同文化框架([德]kultureller Rahmen)进行反思,选择和吸收异文化的特点,而不失去本文化的核心或本质特征,并能够灵活地运用这些不同的框架,从而发展出带有本文化特色的新文化特征。

Bennett的这一发展模式是理想型的([德]idealtypisch),没有得到经验性检验。所以有些问题并没有得到解决,如:他所确定的这几个阶段的次序是否与跨文化学习的实践相匹配?某些阶段是否能够跨越?有没有可能出现阶段倒退发展的情况?但他的这一模式从质性方面将对待文化差异的不同方式进行排序,对跨文化学习过程的前提条件做了描述。Winter则从积极的跨文化学习角度区分了四个层次:跨文化学习的第一层次是获取异文化的取向知识；第二层次是理解异文化的取向体系（如规范、态度、信念、价值观等等），即核心的文化规范；第三层次是具有协调不同文化的行为模式的能力；第四层次是具有文化学习和文化理解的普遍能力，以至于在进入任何一个异文化时都能迅速有效地应对新环境。①

Bochner（1982）区分了跨文化交流过程中对待陌异和异文化经验的四种典型方式：排斥型（［德］Kontrasttyp）、同化型（［德］Assimilationstyp）、边缘型（［德］Grenztyp）、整合型（［德］Synthesetyp）。② 这四种类型与Bennett 的"发展阶段模式"中的不同阶段有一定的对应关系，即跨文化学习停留在哪个阶段，便会产生相应的态度。

（1）排斥型：这种类型的人对异文化与己文化的差异非常清楚，在与异文化接触后，不加分析地全盘否定异文化，强调己文化的价值，其结果就是民族中心主义倾向得到强化，最后甚至发展成为文化沙文主义（［德］Chauvinismus）。这种类型的人在与异文化的接触过程中，主要停留在 Bennett 的"发展阶段模式"中的第一阶段和第二阶段，即"否定阶段"和"防御阶段"。

（2）同化型：这种类型的人对自己的原有文化基本持否定的态度，而对异文化的价值与规范持全盘接受的态度，以至于丧失自己的文化认同（［德］kulturelle Identität）。这类人发展到极端常成为民族文化虚无主义者。世界上许多国家的移民和留学生中都有这种类型的人。这种类型的人就属于 Bennett 所谓的"反向民族中心主义者"，他们在跨文化学习过程中停留在防御阶段，只不过这种防御针对的是本文化，而非异文化。

（3）边缘型：Park 和 Stonequist 在 20 世纪 20—30 年代先后提出"边缘人"（［英］marginal man，或译"边际人"）的概念。③ 边缘人是在本民族文化与异文化的接触、选择、冲突下人格特征分裂、呈现双重化的产物。这里对应"发展阶段模式"中的接受和适应阶段。这种类型的人渴望同时成为在行为准则、价值观念等互补兼容的两种文化中的成员。但实际上，他们没有能力成为两个文化群体中任一群体的标准成员，因而，他们发现自己处于两种文化群体的边缘，摇摆于两种文化之间，无

---

① 参见 Thomas, A., Psychologie interkulturelllen Lernens und Handelns, in: Thomas, A. (Hrsg.), *Kulturvergleichende Psychologie*, Göttingen, et al.: Hogrefe-Verlag, 2003, p. 439。
② Ibid., p. 282.
③ 参见关世杰《跨文化交流学——提高涉外交流能力的学问》，北京大学出版社 1995 年版，第 350 页。

法满足两个不同文化群体对其成员提出的相互矛盾的要求。他们的心理常处于一种茫然、失范、冲突的状态。① 邯郸学步的结果就是这种类型的人的典型写照。②

（4）整合型：这种类型的人有能力选择和吸收异文化的特点，而不失去本文化的本质特征，并将两种文化中的重要成分融合为一个"新的整体"（［德］neue Ganzheit）③，这个"新的整体"就是我们在跨文化性一节中所探讨的"第三秩序"或称"跨文化"。对个人而言，它可以充实人格的发展；对社会而言，它为跨文化沟通和发展多元文化认同或者文化多面性提供了机会。只有这种类型的人才具有所谓的"第三文化意识"（［英］Third cultural mind）或"世界认同"（［英］World identity）④，即他所认同的价值和规范不再专属于他自己的原有文化，而是跨越了多个文化，因此创造了文化交叠情境和中间世界（［德］Zwischenwelten），他能够在其中纵横捭阖，游刃有余。达到这种境界便是跨文化学习的最高目标。

（二）跨文化适应模式

随着全球化的日趋深化，加之跨文化交流形式的增多，跨文化适应越来越成为当前的时代语境。文化适应（［英］acculturation）的最早定义之一是 Redfield 等（1936）所提出的："由个体所组成，且具有不同文化的两个群体之间，发生持续的、直接的文化接触，导致一方或双方原有文化模式发生变化的现象。"⑤ 他们认为，文化适应是一个动态的过程，当来自不同文化的人们直接接触时，就会发生该过程。文化适应被认为是个体必须完成的一个任务。在文化适应过程中，个体不得不克服所经历的一些冲突和不和谐（［英］dissonances）。文化交往情境中的冲突对个体而言，既是挑战，又是发展社会能力的机遇。文化交往并不一定破坏传统的价值观，而

---

① 参见关世杰《跨文化交流学——提高涉外交流能力的学问》，北京大学出版社 1995 年版，第 350 页。
② 参见钱敏汝《跨文化性和跨文化能力》，载中外语言文化比较学会编《中外语言文化比较研究》，延边大学出版社 2000 年版，第 77 页。
③ Thomas, A., Lernen und interkulturelles Lernen, in: Wierlacher, A. & A. Bogner (Hrsg.), *Handbuch interkulturelle Germanistik*, Stuttgart/Weimar: Verlag J. B. Metzler, 2003, p. 282.
④ Ibid..
⑤ 转引自 Hesse, H.-G. & A. Schleyer-Lindenmann, Acculturation: Adjustment and Social Strategies of Adolescents, in: Hesse, H.-G. & K. Göbel (Hrsg.), *Lernen durch Kulturkontakt: Interkulturelles Wissen und Behandlung von Kulturkonflikten*, Frankfurt a. M.: Deutsches Institut für Internationale Pädagogische Forschung, 1998, p. 42; 另参见余伟、郑钢《跨文化心理学中的文化适应研究》，《心理科学进展》2005 年第 6 期。

是可能导致对传统信念的再认识（［英］reinterpretation）。[①] Kim（1988）将跨文化适应（［英］cross-cultural adaptation，［德］Akkulturation）定义为"个体在一个文化中已经完成最初的社会化过程之后与一个新的、不熟悉的文化进行持续、长期的直接接触而发生变化的过程"[②]。

对跨文化适应问题的关注，自 Oberg（1960）提出"文化休克"（［英］cultural shock，［德］Kulturschock，或译"文化震惊""文化震荡"等）[③] 的概念以来，一直没有间断过。Oberg 认为，随着逗留时间的延长，并没有观察到跨文化适应负担的持续减少或者对客居国居民的积极看法的提升，而是分为不同的阶段，每一个阶段需要达到不同的要求。其中所取得的成果的质量对后续的学习过程和最终所达到的跨文化行为能力（［德］interkulturelle Handlungskompetenz）意义尤为重要。他将跨文化适应的过程分为四个阶段：蜜月阶段（［英］honeymoon，［德］Anfangsbegeisterung）、危机阶段（［英］crisis，［德］Anpassungskrise）[④]、调整阶段（［英］recovery，［德］sich Eingewöhnen）、适应阶段（［英］adjustment，［德］Anpassung）。[⑤] 危机阶段就是所谓的"文化休克"阶段。Oberg 将"文化休克"定义为"由于失去了自己熟悉的社会交往信号或符号，对于对方的社会符号不熟悉，而在心理上产生的深度焦虑症"[⑥]。Furnham & Bochner 总结了八种解释文化休克的理论：（1）丧失悲痛论；（2）宿命论；（3）选择性迁移理

[①] 参见 Göbel, K. & H. -G. Hesse, Cultural Differences in Adolescents' Conflict Resolution Strategies, in: Hesse, H. -G. & K. Göbel（Hrsg.）, *Lernen durch Kulturkontakt: Interkulturelles Wissen und Behandlung von Kulturkonflikten*, Frankfurt a. M.: Deutsches Institut für Internationale Pädagogische Forschung, 1998, p. 31。

[②] 转引自 Thomas, A., Psychologie interkulturellen Lernens und Handelns, in: Thomas, A.（Hrsg.）, *Kulturvergleichende Psychologie*, Göttingen, et al.: Hogrefe-Verlag, 2003, p. 442。

[③] Ibid.. 另参见关世杰《跨文化交流学——提高涉外交流能力的学问》，北京大学出版社 1995 年版，第 340 页；胡文仲《跨文化交际学概论》，外语教学与研究出版社 1999 年版，第 187 页；Maletzke, G., *Interkulturelle Kommunikation: Zur Interaktion zwischen Menschen verschiedener Kulturen*, Opladen: Westdeutscher Verlag GmbH, 1996, p. 15。

[④] 关世杰称此为"沮丧阶段"，参见关世杰《跨文化交流学——提高涉外交流能力的学问》，北京大学出版社 1995 年版，第 340 页。

[⑤] 参见 Furnham, A. & S. Bochner, *Culture Shock: Psychological Reactions to Unfamiliar Environments*, London/New York: Routledge, 1989, 131; Thomas, A., Psychologie interkulturellen Lernens und Handelns, in: Thomas, A.（Hrsg.）, *Kulturvergleichende Psychologie*, Göttingen, et al.: Hogrefe-Verlag, 2003, p. 442；关世杰《跨文化交流学——提高涉外交流能力的学问》，北京大学出版社 1995 年版，第 340—341 页。

[⑥] 转引自关世杰《跨文化交流学——提高涉外交流能力的学问》，北京大学出版社 1995 年版，第 340 页；另参见胡文仲《跨文化交际学概论》，外语教学与研究出版社 1999 年版，第 186—192 页。

论；(4) 特有预期理论；(5) 负面事件理论；(6) 社会支持减少论；(7) 价值分歧论；(8) 社会技能缺失论。① Oberg 的文化休克模式后来发展为跨文化适应 U 形曲线及 W 形曲线模式。U 形曲线模式思想最早可追溯到 Lysgaard (1955)。他在对 200 多名在美国的挪威奖学金学生的研究中发现，这些奖学金学生对异文化的适应经历了三个阶段：最初的适应（［英］initial adjustment）、危机（［英］crisis）及重新适应（［英］regained adjustment）。② 可以用图 3-1 表示：

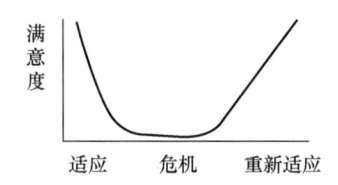

图 3-1　Lysgaard 的 U 形曲线模式③

Gullahorn & Gullahorn (1963) 在研究中发现，在异文化中的旅居者重新返回本文化时同样要经历一个 U 形曲线的适应过程，因此他们将 U 形曲线模式扩充为 W 形曲线模式，④ 见图 3-2。

Thomas 指出，在异文化中的适应过程还存在另外一种可能，即倒立的 U 形曲线（见图 3-3）：开始时可能由于偏见的影响或者出现的适应问题与对文化差异的预期反差较大，从而对客居国的评价较低；随着开始时的一些适应困难被逐渐克服，满意度逐渐升高；在逗留期的最后阶段，满意度又下降，可能由于最初对成功的期望并没有完全实现。⑤ 笔者在对中国留德学生的调查中也发现部分人存在这种变化过程。

---

① 参见 Furnham, A. & S. Bochner, *Culture Shock*: *Psychological Reactions to Unfamiliar Environments*, London/New York: Routledge, 1989, pp. 161-217；另参见 Furnham, A., The Adjustment of Sojourners, in: Kim, Y. Y. & W. B. Gudykunst, (Eds.), *Cross-cultural Adaptation*: *Current Approaches*, Newbury Park, et al., Sage, 1988, pp. 53-57；胡文仲对其中的"丧失悲痛论""负面事件理论""社会支持减少论"和"价值分歧论"做了介绍，参见胡文仲《跨文化交际学概论》，外语教学与研究出版社 1999 年版，第 189—192 页。
② 参见 Furnham, A. & S. Bochner, *Culture Shock*: *Psychological Reactions to Unfamiliar Environments*, London/New York: Routledge, 1989, p. 131。
③ Ibid..
④ Ibid., pp. 131-135；另参见 Thomas, A., Psychologie interkulturellen Lernens und Handelns, in: Thomas, A. (Hrsg.), *Kulturvergleichende Psychologie*, Göttingen, et al.: Hogrefe-Verlag, 2003, p. 443。
⑤ Ibid..

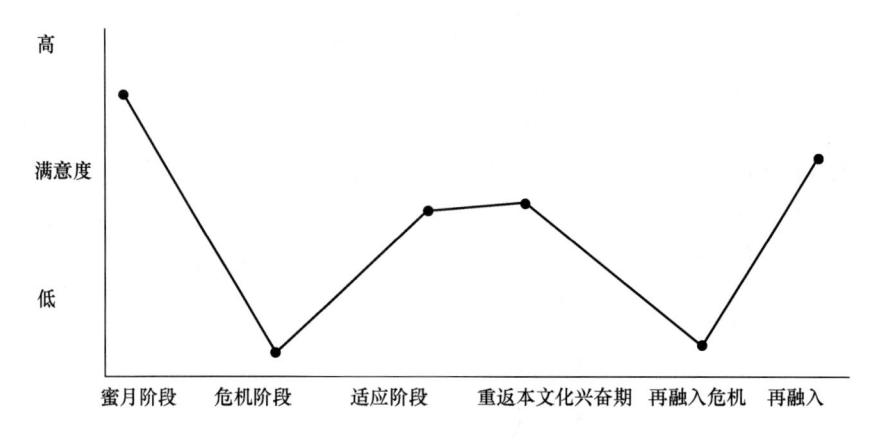

图 3-2 跨文化适应过程中满意度变化的 W 形曲线模式①

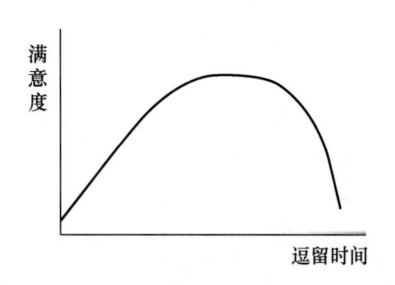

（横轴从左至右：蜜月阶段　危机阶段　适应阶段　重返本文化兴奋期　再融入危机　再融入；纵轴：满意度 高—低）

图 3-3 跨文化适应的倒立 U 形曲线图②

（纵轴：满意度；横轴：逗留时间）

在对 U 形曲线模式的文献概述中，Church（1982）指出，这种模式过于概括：其一，并非所有客居者都从兴奋、乐观的适应阶段开始，有些人从一开始就感到不舒适、沮丧和忧虑（正如 Thomas 的倒立 U 形曲线所显示的那样）；其二，有些人从未感到沮丧与忧虑，而是从一开始就享受这一经历并适应异文化；其三，即便存在 U 形曲线变化，其式样也各不相同，有的平缓，有的陡峭，还有一些是不太规则的。③ Furnham & Bochner 针对这一情况对 U 形曲线模式做了调整，将客居者分为游客和学习者两个群体：有经验的游客的适应程度在整个逗留期间变化不大，始终保持在一种相对较高的水平；而成功的文化学习者则呈现典型的 U 形曲线变

---

① Thomas, A., Psychologie interkulturellen Lernens und Handelns, in：Thomas, A.（Hrsg.），*Kulturvergleichende Psychologie*, Göttingen, et al.：Hogrefe-Verlag, 2003, p. 443.
② 根据 Thomas 的描述（Ibid.）绘制。
③ 参见 Furnham, A. & S. Bochner, *Culture Shock：Psychological Reactions to Unfamiliar Environments*, London/New York：Routledge, 1989, p. 132。

化，如果将重返本文化阶段也算进去，那么就呈现 W 形曲线；而不成功的学习者在异文化中的逗留期间，其适应程度呈下降趋势，待返回本文化后则逐渐呈上升趋势，① 如图 3-4 所示：

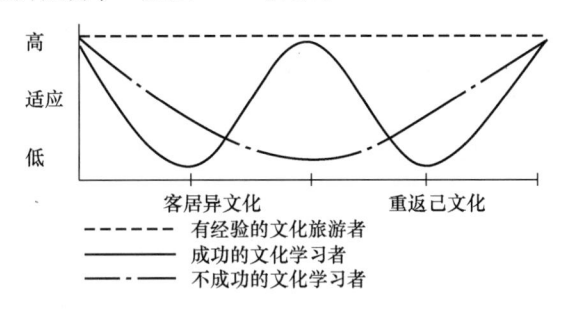

```
高
适
应
低
        客居异文化           重返己文化
        - - - - -   有经验的文化旅游者
        ———————   成功的文化学习者
        —·—·—·—   不成功的文化学习者
```

图 3-4　文化学习者与旅游者的不同适应模式②

Furnham & Bochner 的这一曲线模式考虑到不同的群体由于其客居异文化的目的与任务不同，所以对异文化的适应模式也不尽相同。这就将客居者的个体因素纳入到研究视野中，这样做出的解释可能更精确、更客观、更有针对性。但是，这一曲线模式同样也没有涉及 Church 所指出的第一种情况，即"有些人从一开始就感到不舒适、沮丧和忧虑"。当然，任何一个研究都有其一定的局限性，不能苛求研究者在研究过程中将所有可能出现的情况都纳入自己的考虑之中。在跨文化适应阶段的研究中也同样如此。尽管许多研究成果中均涉及上面所述的不同阶段，但如果对其普遍性加以系统考察便会发现其不明确甚至相矛盾的结果。Kealey 和 Lonner & Malpass 等认为，之所以出现这些难以令人满意的结果，是因为横断面研究（［德］Querschnittuntersuchungen）太多，而缺少纵剖面研究（［德］Längsschnittuntersuchungen），另外，原因也在于跨文化适应的标准和所考察时间的不统一，忽视个体因素如驻外动机、以前的跨文化经验和跨文化准备以及对情境的和互动的因素的不准确分析。③

Torbiörn 等（Torbiörn，1982；Grove & Torbiörn，1985）开发了一个基于认知与情感在跨文化适应中的发展过程的跨文化适应模式，该模式包括三个相互联系的心理学要素：行为适当度（［德］Verhaltensangemessenhe-

---

① 参见 Furnham, A. & S. Bochner, *Culture Shock*: *Psychological Reactions to Unfamiliar Environments*, London/New York: Routledge, 1989, pp. 134 – 135。
② Ibid., p. 132.
③ Thomas, A., Psychologie interkulturellen Lernens und Handelns, in: Thomas, A. (Hrsg.), *Kulturvergleichende Psychologie*, Göttingen, et al.: Hogrefe-Verlag, 2003, p. 443.

it)、取向明晰度（［英］clarity，［德］Orientierungsklarheit）、最低要求水平（［德］Mindestanspruchsniveau）。这一模式基于下述假设：一个人在转换到一个陌生环境中时，其行为先是仍然以尚未改变的认知参照框架（知识、意见、看法、价值观等）为取向。认知参照框架（［英］frame of reference，［德］kognitiver Bezugsrahmen）所提供的解释和行动建议越明确，个体主观感觉到的取向明晰度越高。而个体的行为如果与新环境中所遇到的行为相一致，就被认为是适当的。他们认为，在熟悉的环境中，无论是主观的取向明晰度还是客观的行为适当度都很高，远远高于主观上的最低要求水平；在跨文化环境中，个体的最低要求水平基本上仍然保持相对稳定，但他很快就会发现，自己熟悉的行为方式在异文化中是不适当的，远远低于自己的最低要求水平，但这时自己的行为还不能自发地以异文化为参照而进行修正，因为这时的主观取向明晰度仍然很高（这时的认知参照框架仍然完全由本文化因素构成）。随着时间的推移，个体的认知参照框架因异文化因素的加入而发生了一定的变化，原有的主观取向明晰度逐渐降低，接近甚至降至最低要求水平线以下，当异文化的因素在认知参照框架中所占比例高于本文化因素时，主观取向明晰度才又随着升高了的行为适当度而逐步提高（见图 3-5）。①

　　Grove & Torbiörn 的这一模式引入了主观因素"最低要求水平"，这一点对我们具有重要的启发意义：在跨文化适应研究中，不能只考察具体经验环境的影响，还要考虑个体的变量因素。而且，这一模式将情感、认知与行为的变化②这三个维度都纳入其中，突破了以往跨文化适应研究只注重满意度的单维研究模式，对该领域以后的研究具有指向作用。

　　在较近的跨文化适应研究中，研究者越来越注意到特定的抑制变量如个体因素和情境因素的影响。图 3-6 是基于 Ward（1996）的思想而建立的跨文化适应模式，其中包括了最重要的影响因素。这些因素，在跨文化适应研究中不能不给予足够的重视。笔者在对中国留德学生的调查中也将涉及这些因素。

---

① Weidemann, D., *Interkulturelles Lernen. Erfahrungen mit dem chinesischen „ Gesicht"*: *Deutsche in Taiwan*, Bielefeld: Transcript Verlag, 2004, pp. 47-48; 另参见 Thomas, A., Psychologie interkulturellen Lernens und Handelns, in: Thomas, A. (Hrsg.), *Kulturvergleichende Psychologie*, Göttingen, et al.: Hogrefe-Verlag, 2003, p. 443。

② Mendenhall & Oddou (1985) 认为跨文化适应有情感、行为和认知三个组成成分，情感成分是旅居者的心理幸福感，行为成分是旅居者与当地文化相互作用的情况，认知成分是旅居者对当地文化的态度以及对当地价值观的接受程度。参见陈慧《留学生中国社会文化适应性的社会心理研究》，《北京师范大学学报》（社会科学版）2003 年第 6 期。

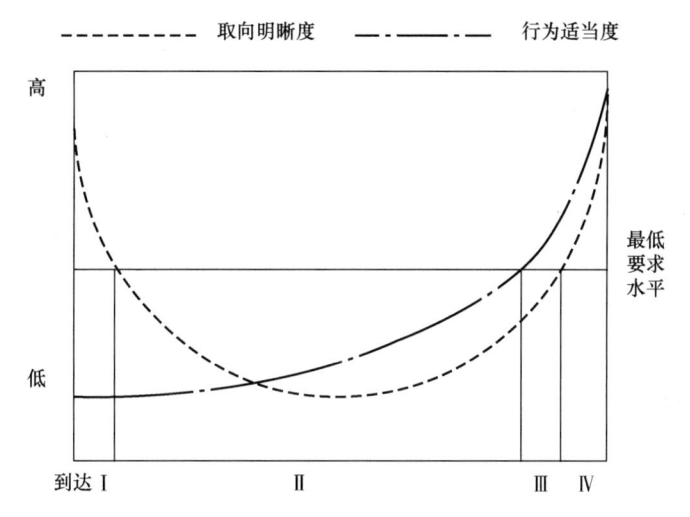

图 3-5　陌生文化环境中的跨文化适应过程①

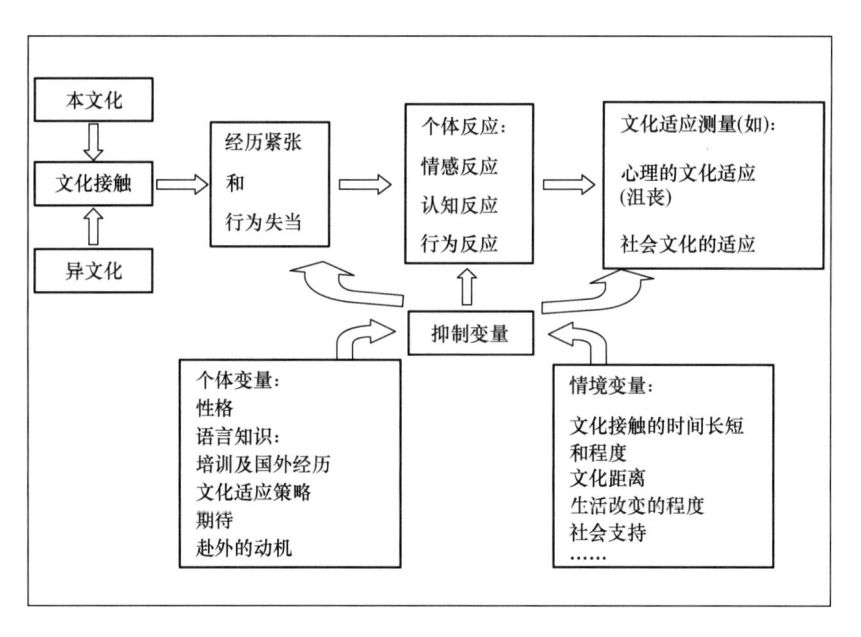

图 3-6　基于 Ward 的跨文化适应模式②

---

① 转引自 Thomas, A., Psychologie interkulturellen Lernens und Handelns, in: Thomas, A. (Hrsg.), *Kulturvergleichende Psychologie*, Göttingen, et al.: Hogrefe-Verlag, 2003, p. 444。
② Ibid..

此处需要提及的还有 Berry（1990）的跨文化适应策略方案，他通过对两个问题的回答区分了四种文化适应策略：边缘化（［德］Marginalisierung）、分离（［德］Separation）、同化（［德］Assimilation）和整合（［德］Integration）（见图 3-7）。

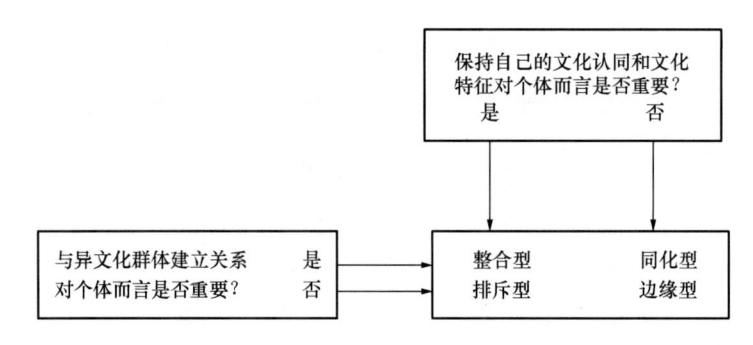

```
                        保持自己的文化认同和文化
                        特征对个体而言是否重要？
                          是            否

与异文化群体建立关系   是 →  整合型        同化型
对个体而言是否重要？   否 →  排斥型        边缘型
```

图 3-7　Berry 的跨文化适应策略方案①

边缘化意味着丧失本文化，同时也不与客居国的文化发生关系；分离意味着保留本文化，而不与客居国文化（［德］Gastkultur）发生关系；同化则意味着为了适应客居国文化而放弃本文化；整合是指在保留本文化的同时与客居国文化建立关系。② 相应地，在异文化中分别采取这四种策略的人也被区分为四种类型：边缘型、排斥型、同化型和整合型。我们在前面（§3.2.6.1）已经讨论过这四种类型，此处不再赘述。

对本书的课题研究具有借鉴意义的还有 Schumann 的文化适应模式。Schumann 在研究二语习得过程中提出了他的文化适应模式，从社会环境因素和学习者个人的心理因素的视角对二语习得的动力机制及学习者语言的洋泾浜化现象做出了独到的解释，为学习者深入了解二语习得规律，创造有利的习得内外部环境提供了理论依据。Schumann 认为，文化适应是"学习者与目的语社团的社会和心理结合"③。社会距离和心理距离是 Schumann 的文化适应模式理论中的两个基本概念。

按照 Ellis 的理解，"社会距离指学习者社团相对于目的语社团而言的地位，或学习者被目的语社团容纳并与之接触的程度"④。社会距

---

① Thomas, A., Psychologie interkulturellen Lernens und Handelns, in: Thomas, A. (Hrsg.), *Kulturvergleichende Psychologie*, Göttingen, et al.: Hogrefe-Verlag, 2003, p. 444.
② Ibid., p. 445.
③ 转引自许菊《文化适应模式理论述评》，《外语教学》2000 年第 3 期。
④ 同上。

离由体现学习者社团与目的语社团关系的一系列社会因素决定，主要包括：①

（1）社会显性（［英］social dominance），指在政治、经济、文化、技术等领域里，学习者社团与目的语社团的地位是平等的，不是一方优于另一方。

（2）结合方式（［英］integration pattern），指学习者社团是被目的语社团同化，还是保留自己的生活方式和价值观念，或是二者兼顾，既适应目的语文化，又在自己的生活圈子里沿袭自己的文化方式。这一点与上面所讨论的 Berry 的跨文化适应策略方案中的策略相对应。

（3）封闭性（［英］enclosure），指两社团被各自的学校、教堂、医院等社会设施隔离的程度。

（4）凝聚性（［英］cohesiveness），指学习者社团以圈内交往还是圈际交往为主。

（5）学习者社团规模的大小。

（6）文化和谐性（［英］cultural congruence），指两社团文化是相近还是相异，即前面所提到的文化距离。

（7）社团的态度（［英］group attitude），指两社团对彼此所持的态度是肯定的还是否定的。

（8）打算居留时限（［英］intended length of residence），指学习者社团打算在目的语社区居留时间的长短。

Schumann 认为，学习者与目的语社团之间的社会距离是制约文化适应程度和二语习得水平的主要原因。这是因为，决定社会距离的各种社会因素可以影响学习者的动机、他们对目的语及其社团的态度、目的语输入的品质和数量以及总体学习环境的优劣。在本书的研究框架中，社会距离是人际距离的一个重要方面，上面所列的社会因素是我们在实证调查和分析中重点考察的内容。

在 Schumann 的文化适应模式中，"心理距离指学习者个人对目的语及其社团的总体心理感受，它与个体学习者对学习任务的适应程度有关，属于个人情感变量"②。心理距离主要由以下几种心理因素

---

① 转引自许菊《文化适应模式理论述评》，《外语教学》2000 年第 3 期；另参见韩祥生、陈钰《文化适应模式理论与外语教学》，《上海理工大学学报》（社会科学版）2001 年第 3 期。

② 同上。

决定:①

(1) 语言震惊([英] language shock),指学习者在使用目的语时所体验的困惑和恐惧。

(2) 文化震惊([英] culture shock),指学习者在接触一种新文化时所产生的焦虑和失落感。

(3) 动机([英] motivation),指学习者学习目的语的目的以及为达到该目的而做出的努力。又分为结合型([英] integrative)和工具型([英] instrumental)两种。

(4) 自我透性([英] ego permeability),指学习者的语言自我的塑性和僵化程度。语言自我([英] language ego)是外语学习者在母语习得过程中逐步建立起来并具有保护性能的一种心理屏障。对外语学习的心理抑制作用越强,自我透性越弱,语言信息就越不容易吸收。笔者认为,在跨文化学习过程中,"文化自我"(即对本文化的认同)同样是具有保护作用的一道心理屏障。文化的自我透性的强弱影响到对异文化的适应程度。

尽管 Schumann 的文化适应模式主要是用来分析和解释二语习得的,但该模式同样可以用来解释跨文化适应现象,② 尤其是其中涉及的"社会距离"和"心理距离"以及影响这两种距离的社会因素和心理因素是跨文化学习研究不应忽视的内容,对于本书的研究主题——人际距离的跨文化体验——而言,其启发意义更大。

第三节 跨文化培训:跨文化学习的学习

前面所探讨的跨文化学习主要是指学习者在异文化的日常生活中的自然学习,是个体适应异文化环境的过程,并没有涉及学生在课堂上的

---

① 转引自许菊《文化适应模式理论述评》,《外语教学》2000 年第 3 期;另参见韩祥生、陈钰《文化适应模式理论与外语教学》,《上海理工大学学报》(社会科学版)2001 年第 3 期。

② 同样,Searle & Ward(1990)认为跨文化适应可分为心理适应和社会文化适应两个维度。心理适应是以情感反应为基础,指向在跨文化接触中的心理健康和生活满意度,以心理健康为测量依据;社会文化适应是旅居者适应当地社会、与当地社会成员的有效接触,以测量旅居者在当地社会体验到的困难为依据。参见陈慧《留学生中国社会文化适应性的社会心理研究》,《北京师范大学学报》(社会科学版)2003 年第 6 期。

正规学习。① 而本节所说的跨文化培训则是一种有目的、有组织的系统性学习，其目的在于使学习者能够顺利地适应异文化环境，胜任在异文化中的工作和生活，成功地达到预期的目标。一般而言，跨文化培训包括"以促进人们具备在异文化条件下和文化交叠情境中建设性的适应能力、恰如其分的决策能力和有效的行为能力为目的的所有措施"②。

跨文化培训的目标可以归结为三个方面：认知目标、情感目标和行为目标。在认知层面上，跨文化培训以传授知识为主，培训者向学习者介绍关于异文化的信息、可能出现的问题和冲突的情况以及解决问题和避免不确定性的可能性，语言的培训也属于这个层面。情感层面的目标在于锻炼对自我和陌异事物的敏感性以及与之相关的对看法和评判方式的修改，以便对陌异事物产生积极的印象。③ 情感层面的目标是长期目标，很难加以评价。行为层面的目标重点在于向学习者传授在异文化情境中达到有效的行为能力和对在异文化中的整合具有作用的策略和方法。④ 系统的跨文化培训应当涉及全部这三个目标。尤其需要强调的是，不能因为难以收到立竿见影的效果而忽视情感层面的目标。在异文化环境中，知识的扩充与变化是最容易的，行为方式的改变尽管要慢一些，但比起态度、思维方式、价值观念的变化还是要快得多（Grove & Torbiörn 的跨文化适应模式清楚地表明了这一点，见图3-5）。跨文化学习的核心就在于最后一点，如此说来，要达到成功有效的跨文化学习，关键在于提高对异文化与本文化在思维方式、价值取向和行为规范等方面上的差异的敏感度，跨文化培训的任务就在于培养学习者的敏感性，使学习者学会如何

---

① Banks 在 1973 年就期望通过跨文化学习而扫除"民族文盲"（［德］ethnischer Analphabetismus），1993 年他认为，在课堂上涉及跨文化学习的时候，大多只是传授关于其他民族的知识，希望以此能够消除现存的偏见。然而，为了使不同文化的成员能够相互融洽地交往，仅仅传授有关其他文化的知识是不够的。除此以外对如何辨别、解释和避免或者解决文化冲突做好学习的准备是有必要的。参见 Göbel, K. & H.-G. Hesse,, Die Bedeutung der interkulturellen Forschung für das interkulturelle Handeln, in: Hesse, H.-G. & K. Göbel（Hrsg.）, *Lernen durch Kulturkontakt: Interkulturelles Wissen und Behandlung von Kulturkonflikten*, Frankfurt a. M.: Deutsches Institut für Internationale Pädagogische Forschung, 1998, p. 48。

② Thomas, A. & K. Hagemann, Training interkulturelle Kompetenz, in: Bergemann, N. & A. Sourisseau（Hrsg.）, *Interkulturelles Management*, Heidelberg: Physica Verlag, 1996, p. 174.

③ 参见 Kammhuber, S., *Interkulturelles Lernen und Lehren*, Wiesbaden: Universitäts-Verlag, 2000, p. 14。

④ Ibid..

去观察异文化,如何发现并评价其优缺点,树立一种跨文化意识。就是从这个意义上而言,笔者才将跨文化培训称为跨文化学习的学习,即学习如何进行跨文化学习。

迄今为止,研究者开发了许多跨文化培训的方法与措施。Triandis 区分了以下几种促进跨文化学习的培训措施:①

(1) 理解训练([英]self-inside,[德]Verständnistraining):理解除了自己熟悉的世界观外还有其他的世界观、价值体系、规范体系及取向体系。

(2) 经验训练([英]experiential training,[德]Erfahrungstraining):在培训情境中选择对学习具有重要意义的场景与来自异文化的人进行交往,积累与他们打交道的初步经验。

(3) 与不同亚文化的人交往([英]exposure to many local cultures,[德]Konfrontation mit Vertretern lokaler Subkulturen):争取迅速适应新的环境,积累并应用与行为相关的专门文化的经验。

(4) 尝试性实地逗留([英]field trips,[德]Probeaufenthalt):在决定赴国外工作前,先短暂访问该国,以积累初步经验,适应新的环境。

(5) 文化同化训练([英]Culture Assimilator Training):对认知社会心理学及归因理论的知识进行系统学习,对与异文化伙伴的交往情境进行分析,以辨别异文化的取向体系并使之与本文化的取向体系建立联系。

Brislin 总结了六类跨文化培训方式:(1) 提供信息式;(2) 分析原因式;(3) 提高文化敏感式;(4) 改变认知行为式;(5) 体验式;(6) 互动式。②

Bolten 从培训方法与培训内容相组合的角度建立了四种培训方案(见表 3 – 1),Gudykunst, Huzley & Hammer 也从方法和内容的角度把在跨文化培训中常用的方法做了归类(如表 3 – 2 所示)。

---

① 参见 Thomas, A., Lernen und interkulturelles Lernen, in: Wierlacher, A. & A. Bogner (Hrsg.), *Handbuch interkulturelle Germanistik*, Stuttgart/Weimar: Verlag J. B. Metzler, 2003, pp. 284 – 285.

② 参见胡文仲《跨文化交际学概论》,外语教学与研究出版社 1999 年版,第 193—194 页。

表 3-1　　　　　　　Bolten 对跨文化培训的分类①

普遍文化信息培训	专门文化信息培训
——传授世界范围内的取向体系 ——普遍文化同化训练 ——文化意识讨论小组 优点：与跨文化交际过程的理解相关，具有较高的认知学习效果 缺点：大多为学术性理论，对接受培训的人员而言过于抽象	——国情讲座与讨论 ——专门文化同化训练 优点：如果不只是描述而同时加以解释的话，对某一专门文化体系的发展能有较深入的理解 缺点：在描述性或介绍历史事实过程时容易缩减为"该做的和禁忌的"，有强化定型观念的危险
普遍文化互动培训	专门文化互动培训
——普遍文化模拟 ——自我评价 优点：在由不同文化的人组成的小组中可以体验跨文化性 缺点：模拟等训练大多是虚拟的，受训者不将其当回事	——文化对照训练 ——语言学的文化意识训练 ——谈判角色游戏 优点：如果受培训者群体由来自两种文化的人组成，那么便可以近乎真实地经历跨文化经济行为 缺点：专门文化的知识一般不被传授

表 3-2　　　　　跨文化学习与跨文化能力的培训方法②

		培训内容	
		普遍文化	专门文化
培训方法	教育式	——报告与讨论技巧 ——普遍文化同化培训	——专门文化和地区的指导（如国情课） ——外语课 ——专门文化同化培训 ——专门文化阅读文章（如关于价值、规范、世界观；可供在客居国生活和工作的实际建议等）
	实验式	——跨文化交际小组 ——普遍文化模拟练习 ——自我评价练习（如职业态度，对陌异事物的恐惧感或宽容）	——双文化交际小组 ——专门文化模拟练习 ——专门文化角色游戏

---

① Bolten, J., Interkultureller Trainingsbedarf aus der Perspektive der Problemerfahrungen entsandter Führungskräfte, in: Götz, K. (Hrsg.), *Interkulturelles Lernen-Interkulturelles Training*, München/Mering: Rainer Hampp, 2002, p. 72.
② Gudykunst, Huzley & Hammer (1996); 转引自 Thomas, A., Lernen und interkulturelles Lernen, in: Wierlacher, A. & A. Bogner (Hrsg.), *Handbuch interkulturelle Germanistik*, Stuttgart/Weimar: Verlag J. B. Metzler, 2003, p. 285.

上面所介绍的几种培训方案都是静态的，并没有指明何时进行这些培训，按照一般理解，这些培训工作主要是在出国前进行。

Thomas 认为，从国际上对跨文化培训的研究与实践来看，在出国前的导向性培训及重返本文化后的适应训练方面，研究成果及培训工作比较多，① 而在国外期间的适应工作培训及伴随培训很少，经验及收获培训则鲜有所闻。② 针对这种情况，Thomas 建立了一种流程培训方案（见图 3-8），涵盖了出国前的选择及决定、出国前的各种导向性培训、出国后在国外的适应工作培训及伴随培训、回国前的重返本文化适应培训直至回国后的经验与收获培训。

笔者认为，这是目前为止最完整的培训方案之一。当然，这套方案在实际培训中被接纳的程度以及效果如何，还有待实践的检验。尽管这一方案是针对公司的职员外派培训而设计的，但原则上可以借用到跨文化交往的其他情况的培训中。笔者相信，如果能将 Thomas 的这套培训方案应用到中国留德学生这一群体的话，或者从留学生的角度而言，如果他们能够按照这套方案接受培训的话，③ 那么，中国留学生在德国的学习与生活将会顺利、有效得多，会有助于解决笔者在绪论中所提及的发生在这一群体中的各种问题。

---

① 中国以前在向国外派出公派人员时，一般在派出前都要进行相应的培训，包括语言、文化、礼仪、政治思想及安全意识等方面；目前无论是国家还是单位公派人员出国前接受的培训主要涉及语言及工作培训。在国外期间的适应工作培训、伴随培训以及重返本文化后的适应培训则几乎没有。
② 参见 Thomas, A., Lernen und interkulturelles Lernen, in: Wierlacher, A. & A. Bogner (Hrsg.), *Handbuch interkulturelle Germanistik*, Stuttgart/Weimar: Verlag J. B. Metzler, 2003, p. 285。
③ 目前，留学生及其家长还没有这方面的意识，对该问题的重视程度不够，因而不愿在这方面过多投入，这也是目前国内缺少这方面培训的原因之一，因为在现在的市场经济条件下，如果市场需求大的话，这类培训自然就会增加起来。实际上，这一问题不仅仅限于留学生群体，中国的政府部门、企业目前具有这种意识的也不多，在派遣员工赴国外进修、培训、工作时用于这种培训的投入与西方相比简直微不足道。

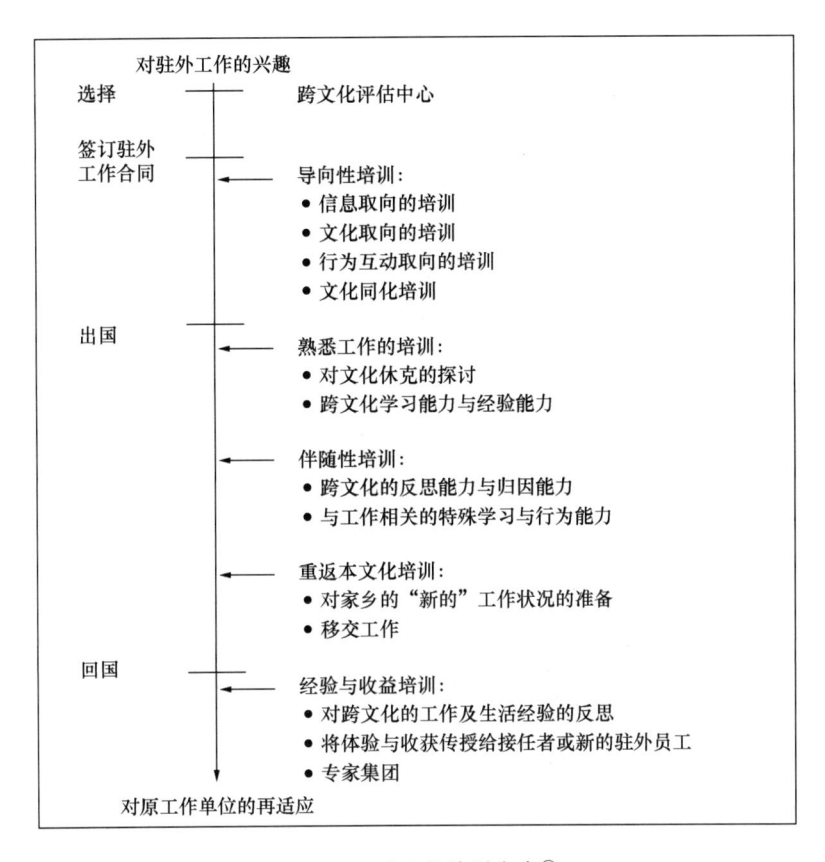

```
选择 ────┬── 对驻外工作的兴趣
         │
         ├── 跨文化评估中心
签订驻外  │
工作合同 ─┤
         │←── 导向性培训：
         │    ● 信息取向的培训
         │    ● 文化取向的培训
         │    ● 行为互动取向的培训
         │    ● 文化同化培训
         │
出国 ────┤←── 熟悉工作的培训：
         │    ● 对文化休克的探讨
         │    ● 跨文化学习能力与经验能力
         │
         │←── 伴随性培训：
         │    ● 跨文化的反思能力与归因能力
         │    ● 与工作相关的特殊学习与行为能力
         │
         │←── 重返本文化培训：
         │    ● 对家乡的"新的"工作状况的准备
         │    ● 移交工作
         │
回国 ────┤←── 经验与收益培训：
         │    ● 对跨文化的工作及生活经验的反思
         │    ● 将体验与收获传授给接任者或新的驻外员工
         │    ● 专家集团
         │
         └── 对原工作单位的再适应
```

图 3－8　跨文化培训方案①

本章小结

笔者在本章中从时代发展的需求出发，探讨了跨文化学习的必要性和重要性。由于跨文化学习在发生机制和本质上与同文化内的学习并没有区别，都是"基于经验的心理变化"，所以笔者先探讨了学习的概念，认为：学习是个体与环境接触，获得经验并产生认知结构和行为方式变化的过程。然后对主要的四种学习理论做了介绍和讨论。在对文化概念的讨论中，笔者认为，各种广义的文化定义都可以纳入三个基本方面：思维方

---

① Thomas, A., Lernen und interkulturelles Lernen, in: Wierlacher, A. & A. Bogner (Hrsg.), *Handbuch interkulturelle Germanistik*, Stuttgart/Weimar: Verlag J. B. Metzler, 2003, p. 286.

式、行为规范、价值取向。在此基础之上，笔者认为：跨文化学习即是以本文化中的经验为基础，在经历异文化环境中的差异过程中重新审视本文化，增强对本文化和异文化的敏感性，提高自己适应新环境的能力。在跨文化研究中的几个核心概念中，跨文化性是跨文化学习的基础和出发点，而跨文化能力是跨文化学习的目标和结果，跨文化态度则是保证成功有效的跨文化学习并获得跨文化能力的前提（见图3-9）。有了这几个核心概念的支撑，跨文化学习理论才得以发展和完善。笔者重点探讨了跨文化学习理论模式中的跨文化适应模式，最后介绍并讨论了跨文化培训的几种理论方案。笔者认为，跨文化培训是对跨文化学习的学习，其着眼点应当是培养学习者的跨文化意识，提高跨文化学习的能力，以更好地适应异文化环境中的生活，完成在异文化中的工作与学习等任务。

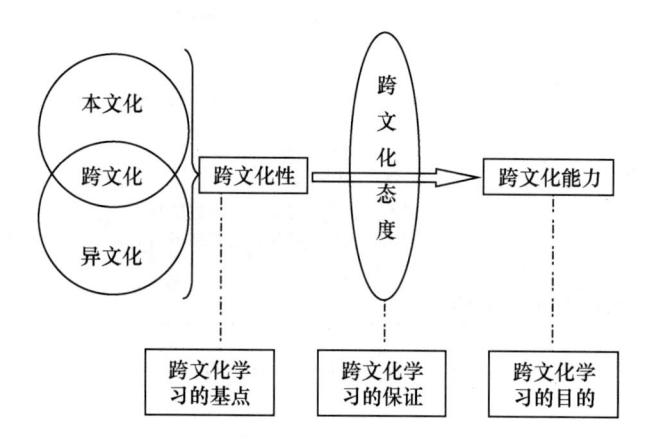

图3-9 跨文化学习理论示意图

第四章 量化研究:人际距离的跨文化比较

> 生活世界以自身的自明性的形态显现出来,致使交往着的行为者是如此信赖地直觉地以这种形态进行活动,从未考虑到它们有成为问题的可能性。——哈贝马斯

任何一个交往行为——其中当然包括跨文化交际行为——都是建立在交往双方对自己和对方的文化传统、社会现实和个体特性的了解和认识的基础之上。而这里的文化传统、社会现实和个体特性便构成哈贝马斯(Habermas)交往理论中的"生活世界"([德]Lebenswelt)的概念。"生活世界"是当代西方哲学的一个基本概念。从西方哲学发展史的角度看,它的提出具有范式转换的重要意义。在哈贝马斯之前,胡塞尔(Husserl)、维特根斯坦(Wittgenstein)等哲学家都曾对这一概念进行过探讨,但哈贝马斯无疑是首位将这一概念从认识论引入交往理论并加以全面系统解析的哲学家。

哈贝马斯认为生活世界的结构一般具有三个层次:文化、社会、个性。他说:"我所说的'文化',指的是可随时动用的知识储备——在这储备中,交往的参与者,当他们对属于某一个世界的事物相互交换看法时,最大限度地做出他们的解释。我所说的'社会',指的是那些合法的秩序——借助于这些秩序,交往的参与者调整着他们的隶属于社会群体的成员,并因而保证他们之间的团结一致。所谓'个性',我指的是主体由以获得言语和行动的功能的那种能力和资格;也就是说,由于这种能力和资格,主体取得了参与相互理解过程的功能,并在其中确定了他本身的身份和特征。"[①]

笔者认为,哈贝马斯的生活世界结构中的"文化"概念是一个广义的概念,它指的是"可随时动用的知识储备"。这种知识储备既包括日常

---

① 转引自艾四林《哈贝马斯论生活世界》,《求是学刊》1995 年第 5 期。

生活中的百科知识和专业知识,更重要的是包括一个民族、一个社会群体共享的生活观、世界观、价值取向、行为规范以及趋于同质的思维模式和行为方式。所以,"文化"在这里是最高层次,它统领另外两个层次:社会层次和个性层次。生活世界作为每一个交往活动的参与者必须置身于其中的境域,它既是主体之间进行交往活动的背景,又是作为交往行为者相互理解基础的"信念的储存库"([德]Reservoir von Überzeugungen)。它提供了前人积累下来的知识和意义的资源,是预设的无争议的背景性信念。生活世界的存在,在严格意义上,并不为交往行为者本身所意识到。正如哈贝马斯所言:"生活世界表现为自明性的或不可动摇的信念储存库,交往参与者利用它来服务于协调的阐释过程。"① 因此,生活世界归根到底不是"一种已经认识到的知识",而是一种"隐含的知识",其特点为:②

首先,它是可以被怀疑和被论证的;

其次,它是具有整体结构的知识,并不能在有限数量的命题中显现出来,其各种构成因素是相互联系的;

最后,它是一个直接的可靠性形式,具有较大的稳定性、可靠性,能够为行为者提供可靠的和安全的关系网络。

正是在这种可信赖的、熟悉的背景中,人们之间的相互理解才是可能的,正是这种相互理解在维系着社会交往行为。在社会交往过程中,行为的环境总是成为各个参与者的生活世界的交叠点。在跨文化环境中,这一交叠点就是上文所说的"文化交叠情境"(见§3.2.3)。"在由各个参与者的生活世界所交叉的那个关于环境的共同界定部分中,最有丰富背景的参与者具有最大的灵活性,随时可以在交往的实际进行中,从他的生活世界的其他片段中调动一切可能的有关因素,来支持他的生活世界中与他者相交的那一片段的内容,从而发挥了该参与者在交往中的实际指导作用。"③

而我们也要看到,生活世界的知识具有矛盾性:一方面,它由于本身不构成认识的对象,而在行为主体那里起着主体意识不到的作用;另一方面,生活世界的知识由于人们的信赖成为人们处理事物的方式的依据。社

---

① Habermas, J., *Theorie des kommunikativen Handelns. Band 2: Zur Kritik der funktionalistischen Vernunft*, Frankfurt a. M.: Suhrkamp, 1981, p. 189.

② 参见艾四林《哈贝马斯交往理论评析》,《清华大学学报》(哲学社会科学版)1995年第3期。

③ 艾四林:《哈贝马斯论生活世界》,《求是学刊》1995年第5期。

会生活中的"价值"和"准则"以及其他文化因素和传统因素都在交往活动中以交往主体意识不到的方式而发生作用。正如哈贝马斯指出的那样:"生活世界以自身的自明性的形态显现出来,致使交往着的行为者是如此信赖地直觉地以这种形态进行活动,从未考虑到它们有成为问题的可能性。"① 如果生活世界局限于同一民族或同一文化内部,由于文化的同质化,交往者对社会交往中基本的价值与准则比较熟悉,"交际者的言语表达模式和认知思维模式应该是同质的"②,那么这种直觉的理所当然的信赖基本上行得通。但是当交际者进入跨文化交际环境中后,原来的生活世界的知识对人们的交际行为仍然起着潜在的导向作用,使人们在交际之初不易将异文化的环境内容考虑进来,跨文化交际——正如在第三章所讨论的那样——便呈现为"一种混合交叉的异质现象。并且这种混合交叉现象往往以违反其中一种文化的(交际)行为模式甚至两种文化常规都违反的形式出现"③,这时就容易产生交际障碍。

既然生活世界是主体之间进行交往活动的背景,同时又是作为交往行为者相互理解基础的"信念的储存库",那么它同样也为我们观察与思考在这一生活世界境域中活动的主体的行为提供了依据。洪堡特曾在1797年草拟了一份《比较人类学规划》,意欲揭示人的个别性、多样性,探明其成因,评判其价值。洪堡特认为,人的比较是一个多层面的研究领域。第一个层面是性别差异,④ 第二个层面是民族(或部族、部落等)的差异,⑤ 第三个层面是个人差异。前面所论及的哈贝马斯生活世界概念中的社会、文化及个体差异等维度实际与这三个层面有很大的重叠部分。由于生活世界知识的整体性、稳定性、可靠性及可论证性,那么通过考察生活

---

① 艾四林:《哈贝马斯论生活世界》,《求是学刊》1995年第5期。
② 钱敏汝:《符号学与跨文化性》,载林宏星、林晖主编《复旦哲学评论》第2辑,上海辞书出版社2005年版,第234页。
③ 同上。
④ 洪堡特曾写过《论性别差异及其对机体性质的影响》(1794)、《论男性美和女性美》(1795)等文章,并在《比较人类学规划》(1797)中详细论述了男女两性的差别和共同特征。参见姚小平《洪堡特——人文研究和语言研究》,外语教学与研究出版社1995年版,第40页。
⑤ 洪堡特曾谈到,人的研究有赖于"对一切国域、一切时代的所有民族进行考察和比较"。但实际上这是不可能做到的。因此,洪堡特陆续考察了几个有代表性的民族,如希腊人[《论古典文化研究:以希腊文化为重点》(1793)、《论希腊人的特性:从理想的和历史的角度进行观察》(1807)等]、巴斯克人[《巴斯克人》(1801)]、马来人[《论太平洋南部诸岛屿的语言》(1828)]等。参见姚小平《洪堡特——人文研究和语言研究》,外语教学与研究出版社1995年版,第2—4、26—30、41—45页。

世界中的文化、社会和个体三个层面的因素就可以对交往主体的行为进行具体的阐释。在对中德两种文化环境中人际距离的对比考察中，笔者也将涉及这几个层面。在下文的实证研究中，笔者对在中国的中国学生和在德国的中国留学生两个群体进行问卷调查，并在此基础上分析文化、社会和个体层面的因素对中国学生的人际距离观念和行为的影响。

第一节 研究假设的提出

笔者在第二章讨论人际距离属性时曾经论及人际距离的文化性和社会性。不同的民族具有不同的文化，不同的文化塑造出不同的行为举止，形成具有文化特色的人际距离观念和行为。而人际距离的社会性则体现在人际距离产生和存在于人与他人的社会互动中。人在与他人的社会互动中形成各种关系，这些关系可以分为等级（即相对权势关系）、亲疏关系等。从表面上来看，人际距离直接产生并存在于交往的个体之间，它似乎更多地受制于性别、年龄、性格等个体因素。但是，任何个体都不是孤立存在的，个体通过社会互动而属于某一个或几个社会群体。"所谓社会群体就是由具有某一共同的且具有社会意义的特征的两个或两个以上的人构成的集合。"[①] 在大多数国家，性别、年龄、种族、社会地位、文化背景都是划分群体的重要特征。[②] 这样，性别、年龄等就不再仅仅是个体的属性，而是成为一种社会属性。那么个体之间的距离实际代表了各个体所属的群体之间的距离。而这些群体之间的距离在不同的文化中又呈现出不同的形态：比如在传统中国文化中，"男女授受不亲"，异性群体间的距离远大于西方社会的异性群体距离；而现代西方文化中由于对同性恋现象的敏感，同性间的距离则远远大于中国文化中的同性距离。笔者看到，异性或同性间的人际距离不仅受个体因素的影响，而且还受社会因素的影响，同时也打上了行为主体所属文化的烙印。同样，年龄本是个体特征，但年龄在不同社会和文化中所蕴含的意义不同，如中国自古以来就强调"长幼有序"和"尊老爱幼"，年龄在中国人的生活中实际构成标示相对权势的一个社会因素。而且，在中国，老年人是经验丰富、睿智、慈祥的象征，而在一些西方国家，老年人则成为保守、孤寂的代名词。年龄也由此被打

[①] 沙莲香主编：《社会心理学》，中国人民大学出版社2002年版，第108页。
[②] 同上。

上文化的烙印。所以笔者认为，文化模式凝聚在社会环境中，成为社会环境背后的一种深层力量。① 文化作为一种模式"制约着人们的行为方式和思考方式，从而区别了不同种族、不同国家，即不同民族的性格特性"②。在第三章讨论文化的定义时，笔者将广义的文化归纳为思维方式、行为规范和价值取向这三个基本方面。这三个方面并不是处于同一地位，而是分层次的，价值取向是文化的核心，价值取向的改变必然导致文化的重构，而价值取向的核心形成道德规范，③ 也就是说，价值取向决定了行为规范和思维方式，而行为规范和思维方式则进一步决定了行为方式。如前所述，对年龄的认知形成不同的价值取向：在中国，老年人一贯被认为是经验与睿智的象征，其在社会生活中的价值就高，那么在中国文化中便形成尊老敬长的行为规范，体现在行为方式上就是对老年人有礼貌，尊敬他们，善待他们；而在西方社会，随着老年人离开工作岗位，人们认为他们对社会的贡献减少，也就是说，他们的价值在减少。正是基于这样一种价值取向，西方人形成与中国人不同的行为规范，并进而影响到对待老年人的行为方式的不同：西方人退休后，并不会得到比工作时更优厚的待遇，而是相反，许多优厚的待遇随着退休而消失。笼统而言，老年人在西方社会受敬重的程度比在中国要弱一些。另外，在西方社会，老年人不愿示老这样一种行为方式也是这种价值取向的一个反映。

笔者在对中国学生在中德两种文化环境中的人际距离行为进行调查时，既要考察性别、年龄、性格等个体因素，也要从社会层面考察由这些因素而形成的权势、地位等群体属性，并将它们放到文化这个大背景下进行考量。

Hofstede（1980）以及 Triandis（1988）都曾将"集体主义/个人主义"列为东西方文化比较时的一个重要的维度。国内外学界已经基本形成一种共识，认为中国文化具有集体主义倾向，西方文化具有个体主义倾向。笔者也基本认同这种观点。而且笔者认为，强烈寻求社会支持是集体主义倾向的体现方式之一，如中国学生的交友及串门等行为；而转向内心、强调自我交流则是个体主义倾向的体现方式之一，如德国人经常性的闭门自思行为。那么，来自集体主义文化熏陶的中国学生在个体主义文化中，其人际距离观念和行为会否有所变化？跨文化性对他们的跨文化学习

---

① 参见沙莲香《中国民族性》（二），中国人民大学出版社 1992 年版，第 10 页。
② 同上书，第 26 页。
③ 参见 Qian, Minru：Interkulturelle Reflexion über die Sprachethik, in：Zhu, Jianhua. & Hans-R. Fluck, & Rudolf Hoberg（Hrsg.），*Interkulturelle Kommunikation：Deutsch-Chinesisch*，Frankfurt a. M.：Peter Lang，2006，pp. 23 – 25。

过程的影响如何？这种影响都体现在哪些方面？不少研究都将中国社会归列为等级社会，那么，这种等级对中国学生的人际距离观念和行为是否有影响，有多大影响？他们到了以"民主、平等、自由"而宣称的西方世界（如德国）之后，对东道国中人际距离的主观体验与在国内有何不同？德国社会是否也存在等级因素，他们对此是如何感知和体悟的呢？这些便构成本章需要探讨的问题。

基于本书第二章的人际距离理论构架和第三章的跨文化学习理论，笔者提出该项研究的总假设：中国留德学生在跨文化环境中的距离观念和行为的核心是心理距离，它受到中德两种文化差异所造成的文化距离以及两种文化中基于各社会参数的社会距离的影响，并在言语层面的语用距离和非言语层面的身体距离上体现出来。而随着跨文化学习的深入发展，他们的距离观念和行为将由开始时更多受制于本文化逐渐转向融入更多的异文化因素并最终达到一个相对的平衡状态。按照第三章（§3.2.6）所探讨的 Bennett 的"跨文化敏感性发展模式"以及其他学者的"跨文化适应模式"，即由最初的民族中心主义阶段逐渐发展并达到民族相对主义阶段的最高层次——整合阶段，由最初的茫然无措和不适应发展为适应并将两种文化中的重要成分整合为一个"新的整体"[1]，"具有文化学习和文化理解的普遍能力，以至于在进入任何一个异文化时都能迅速有效地应对新环境"[2]，达到这种境界，跨文化学习的最高目标也就实现了。在本章中，笔者将通过问卷调查和量化分析来验证上述假设是否成立。

第二节 研究方法与过程

一 收集数据的方式

由于笔者的调查对象为中国留德学生，这种特殊的身份——带有中国文化传统影响下所形成的价值取向、思维方式与行为规范在德国文化中学习和生活——要求笔者用一种跨文化的视角与方法来观察他们在异文化中

---

[1] Thomas, A., Lernen und interkulturelles Lernen, in: Wierlacher, A. & A. Bogner (Hrsg.), *Handbuch interkulturelle Germanistik*, Stuttgart/Weimar: Verlag J. B. Metzler, 2003, p. 282.

[2] Thomas, A., Psychologie interkulturlllen Lernens und Handelns, in: Thomas, A. (Hrsg.), *Kulturvergleichende Psychologie*, Göttingen, et al.: Hogrefe-Verlag, 2003, p. 439.

的心路历程及交往行为。仅仅从中国文化或者德国文化任何一方出发进行观察与解释，都将无法全面揭示这一群体的真正的学习过程，也就无法公正地评判哪些因素在这一学习过程中产生影响。因此，笔者选择从中德两种文化的对比视角中反思生活在异国他乡的中国留学生在人际距离方面的心理及行为的发展变化。笔者从宏观上了解中国学生在中德两种不同的文化环境中对人际距离的理解与体验时，采用了问卷调查法和量化分析的研究方法。

本书第二章已经讨论过，在人际距离理论五个不同维度的距离概念——文化距离、社会距离、心理距离、身体距离和语用距离——中，心理距离处于核心地位，成为前两者（文化距离、社会距离）与后两者（身体距离、语用距离）的中介。至于文化距离和社会距离，尽管人们可以直觉地意识到，但却无法直接观察到。笔者只能通过可以外在表现出来的言语层面的距离（如语用距离）和非言语层面的距离（如身体距离）来间接地观察心理距离并进而考察社会距离与文化距离在其中的影响。所以，在设计调查问卷时，笔者从中国留学生的两个不同的生活世界（中国文化语境与德国文化语境）出发，从他们日常生活中最经常接触到的几个场景（学校、住所、购物、娱乐等公共场所）和几种人际关系（与教授、同学/朋友、家人、房东、服务人员、陌生人等）出发，分别考察他们在公共场合的体距与体触行为、称呼行为以及获得社会支持行为等项目。通过相关的问题笔者可以获取中国留学生主观印象中的人际交往的言语与非言语距离的数据，对其在这两个生活世界中的言语与非言语行为加以考察，以期窥得其心理距离的变化规律，并进一步揭示影响其心理距离变化的深层次因素。

二 样本的选择

笔者在本研究中采用了非概率抽样中的目的抽样、滚雪球式抽样与概率抽样中的分层抽样相结合的方法来确定样本。由于在德国留学的学生——本研究第二阶段的样本总体——绝大部分出国前都接受了德语培训，① 为了保证问卷调查两个阶段的样本总体的基本一致性，笔者在第

---

① 也有部分学生在国内没有学习德语，而是通过语言签证先赴德国学习语言，通过语言考试后再申请大学；还有一部分学生选择德国大学里新开设的用英语授课的专业，这些专业要求申请者具有较高的英语水平，但对德语水平不做要求，因此，这部分学生在出国前也没有接受德语培训。

一阶段的问卷调查中选择在国内参加德语培训的人作为样本总体。① 笔者选取国内举办德语培训班最多的两个城市——北京和上海作为问卷调查的实施地。从地域上而言，这两个城市汇集了中国北方和南方绝大部分的德语学习者。笔者同样采用目的抽样，在这两个城市进一步选择了德语培训公认程度比较高的三个机构：北京外国语大学培训学院、北京理工大学德语培训中心和同济大学留德预备部。从这些机构的德语培训班中抽取样本时，采用分层抽样，即考虑到培训班的不同层次，分别从初级、中级和高级德语培训班中各随机抽样一组，② 组成第一阶段的样本。由于在抽样时考虑了地域因素、培训班的层次因素等，那么，笔者认为，通过这种方式抽取的样本基本能够代表参加德语培训者的总体情况。

在德国进行的第二阶段的问卷调查，由于中国留学生在德国的分布很分散，所以很难像在国内那样集中选择某几个班的学生作为我们的样本。笔者曾经试图通过德国大学外事办、秘书处及学生会获得中国留学生的联系方式，这样就可以严格按照概率抽样原则进行抽样，但是囿于隐私保护原则，这些部门最多只能提供中国留学生名单，但不能提供其他任何信息（包括电话、E‐mail 或住址等）。所以笔者只好放弃概率抽样，而仍然采用目的抽样的方法。由于中国留学生目前已基本遍布德国所有的三百多所高校，从研究成本、便利性及地域性角度考虑，笔者选取在德国西部老工业基地鲁尔区（Das Ruhrgebiet）、首都柏林（Berlin）、东部城市开姆尼茨（Chemnitz）、南部巴伐利亚地区（Bayern）、西南部小城盖摩斯海姆（Germesheim）等地的中国留学生作为样本。在具体的分发调查问卷过程中，实际使用了滚雪球式抽样方式，即由笔者委托在这几个地区的熟人代为分发问卷，他们除了在食堂、学生宿舍等地分发外，还进一步委托他们的同学或熟人分发问卷。另外，笔者还通过 E‐mail 方式将电子版的调查问卷发给熟人，由他们进一

---

① 即便这样也保证不了两个样本总体的完全一致性，除了在上注中提及的原因外，在国内参加德语培训的人也不一定都是为了出国，有些打算赴德留学者参加了德语培训后可能又放弃了原计划。所以很难保证样本总体的完全一致性。而且，即便完全采用随机抽样，也不能保证每个样本都完美地代表总体，而只能说大部分独立样本会接近总体的面貌。所以，笔者在本研究中并不追求样本总体的完全一致。

② 这些培训机构大多都有好几个平行班，在具体选择哪一个班时笔者采用了随机抽样。其中北京理工大学的德语培训班没有分为三个阶段，而是只分为初级和高级两个层次；同济大学留德预备部的高级班中笔者通过目的抽样选择了国家留学基金委委托其培训的一个奖学金生班，该班学生如通过结业考试，将于当年秋季赴德留学。

步分发。① 这样一来，样本的来源就不仅仅局限于上述几个地区。笔者认为，样本来源地域的增加，进一步提高了本调查样本对样本总体的代表性。

三　调查问卷的设计、试测与调整

正如上文所言，本研究将涉及中国留学生两个不同的生活世界——中国文化语境与德国文化语境，所以调查过程也分为两个阶段：在中国的调查和在德国的调查。笔者在第二章曾经讨论过，人际距离是一个多维的概念，其核心是心理距离，它受交际者文化距离、社会距离及个体特征的影响。要想测得人际交往中的心理距离并不容易。我们无法直接测得心理距离，只能通过间接的方式进行测量。笔者认为，人际交往中的心理距离主要通过两个层面体现出来：言语层面和非言语层面，而言语和非言语行为都是可以直接观察与测量的。那么，笔者就可以从这两个层面入手来设计调查问卷的题目。由于称谓行为是社会交往中最敏感的也是最易觉察到的社会现象，所以笔者设计了与称呼代词及姓名称谓相关的题目；在非言语层面，体距行为、体触行为、交际环境与交际频次等都能够体现出人际交往的心理距离，所以，笔者也设计了与之相关的题目。概而言之，笔者综合并借鉴前人的研究问题与成果，结合中国学生日常生活中最经常接触到的场景和人际关系来设计调查问卷。调查问卷基本成形后，笔者又请同行试做问卷并针对他们所指出的一些问题做了调整。这一基本成形的调查问卷经进一步修订后，笔者分别选择了北京外国语大学和上海同济大学举办的德语培训班各一个班（人数分别为25人和20人）进行试测。试测问卷回收后，笔者对问卷做了详细分析，针对问卷中出现的误解、错答、漏答或拒答等现象，寻找出现这些情况的原因，并结合某些试测者在问卷中提出的一些修订建议，对问卷中的问题做了进一步调整，形成最终的"人际距离调查问卷（Ⅰ）"（见附录1）。

---

① 通过 E-mail 方式分发问卷并不是研究者的初衷，而是在分发过程中，有不少留学生提出要求和建议，认为用 E-mail 方式分发问卷更快捷、更经济、更符合信息时代的特点（无纸化）和留学生的工作习惯与意愿（更愿意并习惯于操作电脑和网络）。笔者经过慎重考虑后认为，E-mail 方式同传统的邮寄问卷方式没有太大的区别，它们共同的缺点就是回应率可能较低。但其优点则比较明显：在传统的专业调查（邮寄问卷调查、电话访谈、面对面访谈）中，邮寄调查已经是成本最低的一种，而现在通过 E-mail 邮寄电子版问卷无疑是更加经济、快捷的一种调查方式。目前，随着互联网及智能手机的普及与发展，电子问卷已成为专业调查的常用方式之一。

在第二阶段，笔者以国内调查问卷为模板，针对中国留德学生的实际情况对问卷做了调整，替换了部分与德国文化语境不相干的问题，并增加了与留学生的生活现实相关的部分问题，形成国外调查问卷的雏形，并在部分中国留德学生中试测，然后结合试测中出现的一些情况对问卷中的个别题目做了调整，形成最终的"人际距离调查问卷（Ⅱ）"（见附录2）。

四　问卷调查的实施

调查问卷（Ⅰ）设计好后，笔者分别委托北京外国语大学培训学院、北京理工大学德语培训中心和上海同济大学留德预备部三个机构的同事向选定的样本分发并回收问卷。总共分发问卷200份，回收180份，回收率为90%。样本的具体分布情况如下：[①]

表 4-1a　　　　　样本（Ⅰ）的统计数据概况

	个案					
	有效		缺失		合计	
	数量（份）	百分比（%）	数量（份）	百分比（%）	数量（份）	百分比（%）
性别 * 年龄	177	98.3	3	1.7	180	100

表 4-1b　　　　　样本（Ⅰ）的性别、年龄分布情况

			年龄					合计
			小于18岁	18—23岁	24—29岁	30—35岁	大于35岁	
性别	女	人数	1	61	18	6	2	88
		占总体（%）	0.6	34.5	10.3	3.4	1.1	49.7
	男	人数	0	56	22	11	0	89
		占总体（%）	0	31.6	12.4	6.2	0	50.3
合计		人数	1	117	40	17	2	177
		占总体（%）	0.6	66.1	22.6	9.6	1.1	100

从表 4-1a 可以看出，在回收的180份问卷中，有效问卷为177份，有3份问卷因为没有选择性别或年龄而被计为缺失。从表 4-1b 和图 4-1 中可以很清楚地看到，这些参加德语培训者年龄主要集中在 18—23 岁、

[①] 本章中图表多为程序自动生成，笔者将图表中大部分英语词汇转换为汉语，以利于理解，个别地方由于技术原因没能转换，就在行文中给出汉语意思。

24—29岁和30—35岁这三组，尤其是前两组的人数占总人数的近90%，而且每一组的男女比例基本相当。从总体而言，在这177份有效问卷中，男女比例基本持平（50.3%：49.7%）。

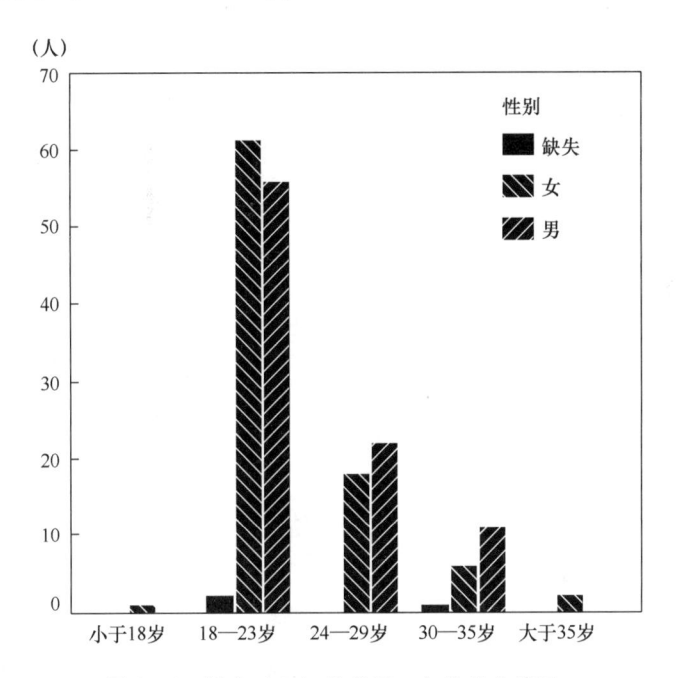

图 4 - 1　样本（Ⅰ）的性别、年龄分布情况

笔者于2005年6月底赴德国调研。如前所述，在德期间，笔者先对调查问卷（Ⅰ）做了调整，并于2005年9月在部分中国留学生中试测，然后结合试测中出现的一些情况对问卷中的个别题目做了调整，形成最终的人际距离调查问卷（Ⅱ）。自2005年11月至2006年6月笔者本人或者通过熟人向在德国留学的中国学生分发人际距离调查问卷（Ⅱ）200份，回收问卷101份，回收率为50%，见下述图表：

表 4 - 2a　　　　　　　样本（Ⅱ）的统计数据概况

	个案					
	有效		缺失		合计	
	数量（份）	百分比（%）	数量（份）	百分比（%）	数量（份）	百分比（%）
性别 * 年龄	100	99	1	1	101	100

表 4-2b　　　　　　样本（Ⅱ）的性别、年龄分布情况

			年龄					合计
			小于 18 岁	18—23 岁	24—29 岁	30—35 岁	大于 35 岁	
性别	女	人数	1	17	30	9	1	58
		占总体（%）	1	17	30	9	1	58
	男	人数	0	5	30	6	1	42
		占总体（%）	0	5	30	6	1	42
合计		人数	1	22	60	15	2	100
		占总体（%）	1	22	60	15	2	100

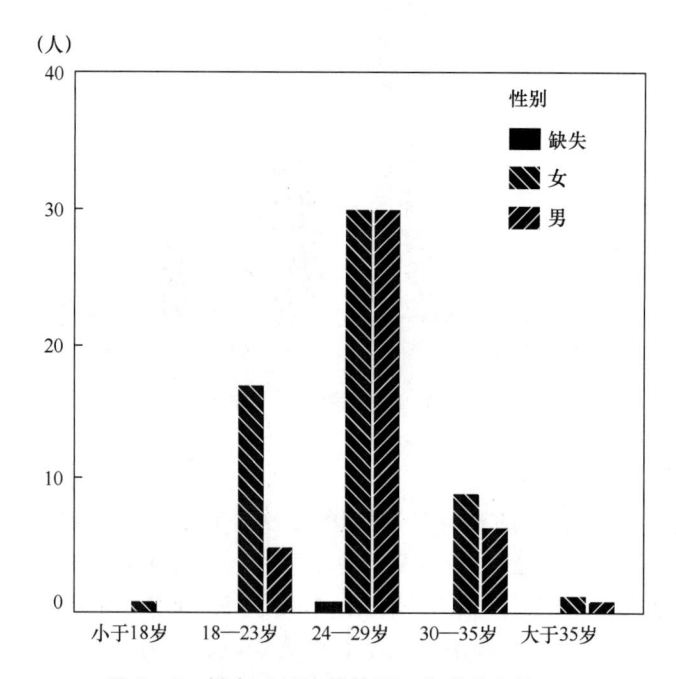

图 4-2　样本（Ⅱ）的性别、年龄分布情况

从表 4-2a 中可以看出，在回收的 101 份问卷中，100 份为有效问卷，1 份问卷由于没有选择性别选项而被计为缺失。从表 4-2b 和图 4-2 中我们同样很清楚地看到，填答问卷的中国留学生年龄也同样主要集中在 18—23 岁、24—29 岁和 30—35 岁这三组，其中前两组占总人数的 80% 多。有趣的是，18—23 岁和 24—29 岁这两组所占总数的比例恰恰与国内样本颠倒过来，而且 30—35 岁组所占比例也比国内样本高。笔者认为，这是可以理解的。在德国的中国留学生由于出国前大多也参加过德语培训，而且接受

问卷调查时已经身在德国，有的都已经在德国逗留好几年，所以，样本总体的年龄应当比正在参加德语培训而尚未出国的样本总体的年龄大。在这100份有效问卷中，除人数最多的一组（24—29岁）中男女比例完全相等（30%：30%）外，18—23岁组及30—35岁组中，女生比例明显高于男生，而且总人数中，男生比例也明显低于女生比例（42%：58%），但是笔者认为，并不能由此推断，中国留德学生这个样本总体中，女生比例高于男生。出现这种情况的原因可能在于，男生对这种心理测量的回应兴趣低于女生。

另外，笔者发现，在中国与德国所进行的这两次问卷调查，回收率差别很大，前者为90%，后者为50%。两者之所以存在比较大的差别，笔者认为原因可能如下：

（1）问卷分发与收集的方式不同。在中国进行调查时，笔者采用目的抽样与分层抽样，委托各校的授课教师向学生集中分发并当场回收问卷；而在德国做调查时，因不具备这种集中分发的条件，所以大多数问卷是由调查者向中国留学生直接分发，也有部分委托朋友代为分发并回收，基本上是一种分散的方式。两种方式相比，在中国，分发问卷者（授课教师）与填答问卷者（学生）呈正权势关系，而在德国，分发问卷者（笔者本人及朋友）与填答问卷者（中国留学生）因需求与目的而呈负权势关系，所以，后者的回应率明显低于前者应在情理之中。

（2）生活环境与经历不同。首先，在中国，学生没有太大的生活和经济压力，一般不必打工，可供支配的时间相对多一些；而留学生则经常承受着较大的经济压力，需要打工以维持在德国的学习和生活，因此，可供支配的时间相对少一些。其次，在中国，学生较少参与这种社会调查，因此对问卷表现出相对高的新奇和兴趣；而根据留学生的说法，他们在德国经常遇到各种各样的问卷调查，因而参与热情不够高，再加上生活与学习的压力，参与问卷调查被某些留学生看作是一种负担，所以，参与的积极性有限。最后，在中国，学生对隐私及保密意识的警觉性没有留学生那么高，而在德国这么一个以保护隐私而著称的社会，中国留学生可能已经或多或少潜移默化地受到影响，认为参与问卷调查相当于一定程度地暴露自己的隐私，因而不愿对问卷做出回应。从这个角度而言，这本身就是一种跨文化学习的结果，从一个侧面印证了异文化对行为主体所产生的影响。

第三节　调查结果与数据分析

本书在第二章讨论了体现与调节人际距离的各种方式，并将这些方式归结为两个层面：非言语层面和言语层面。由于对异文化中人际关系的适应情况主要体现在人际交往的心理距离上，而心理距离无法直接测量，所以笔者在设计调查问卷时主要采用投射法（［德］projektive Verfahren），从可以观察与检验的非言语层面和言语层面的角度进行。下面笔者主要使用社会科学统计分析软件 SPSS 从上述两个层面来分析统计数据并对调查结果进行检验。最后，笔者从社会支持网络角度考察中国学生在中德两个不同生活世界中的社会支持程度，并探讨社会支持网络对中国留学生的跨文化学习过程和效果的影响，然后进一步探讨影响中国留学生在异文化中人际交往的因素。

一　非言语层面的人际距离

在非言语层面，笔者主要考察了两组样本的体距行为和体触行为两个方面。

（一）体距行为

在中国学生的体距行为方面，笔者分别考察了中国学生在公共场合的排队距离、在阅览室/自习室里和公共长椅上的就座行为，以及在非公共场合与朋友聊天时保持的体距或对体距的感觉。

1. 公共场合保持的距离

无论是根据笔者自己的亲身经验，还是根据学界的研究结果，中国人对公共场合的拥挤行为的司空见惯和麻木不仁几乎毋庸置疑。当然，随着全球化发展的不断深化，随着中国现代化、城市化程度的逐渐提高，西方的隐私意识已经慢慢为我们的国民所接受，在这方面走在前列的首先是大都市的年轻一代。由于调查样本（Ⅰ和Ⅱ）的年龄主要集中在 18—29 岁之间，也就是说，这些人主要出生与成长在我国改革开放政策实施以后。那么，笔者认为，这些人当前在公共场合保持的体距应当体现了中国的传统行为方式与西方的文化交互影响的结果。那么，中国学生目前在公共场合排队时保持的体距为多少？通过样本（Ⅰ）就可以获得一个概况；而对本研究更有意义的是，不同文化环境对他们在公共场合的排队距离是否有显著影响？我们知道，在德国，"一米线"几乎无处不在：银行、超市、图书馆、邮局、火车站售票处、政府机关等，但凡办事窗口或柜台前出现了两个人以上，人们皆自觉拉开一米的距离,以示尊重别人的隐私。而样本(Ⅱ)当前的生活世界即为德国文化环境,笔者猜测,这种对异文化的直接接触可能对其行为方式有更大的影响。所以,笔者假设:中国学生在公共场合的排队距离在中德两种文化环境中呈显著性差异。下面笔者对来自这两个样本的数据进行分析。

表 4-3a　　　　样本(Ⅰ)的排队距离统计数据概况

数量(份)	有效	180
	缺失	0
均值		2.9667
均值标准误差		0.05621
众数		3.00
标准差		0.75413
方差		0.56872
全距		4.00

表 4-3b　　　　样本(Ⅰ)的排队距离[①]统计结果

		频数(次)	百分比(%)	有效百分比(%)	累加百分比(%)
有效	非常近(0.15米以内)	4	2.2	2.2	2.2
	很近(0.15—0.45米)	41	22.8	22.8	25
	比较近(0.45—1.2米)	93	51.7	51.7	76.7
	比较远(1.2—2.1米)	41	22.8	22.8	99.4
	很远(超过2.1米)	1	0.6	0.6	100
	合计	180	100	100	

由表 4-3a 可以看出,样本(Ⅰ)的有效问卷数为 180 份,该样本的均值(Mean)为 2.9667,接近其众数(Mode)3.00,说明该样本在排队距离这个变量上所有取值的集中程度很高。这一点从表 4-3b 中各选项的百分比可以得到支持,而图 4-3 则给我们以更直观的印象。从获得的数据及图表得知:排队距离不超过 0.45 米(即 Hall 所确定的亲密距离区)的学生占 25%(其中有 2.2% 的人的排队距离在 0.15 米以内,已经进入亲密距离近区),保持在 0.45—1.2 米(个人距离区)的占一半多,保持在 1.2—2.1

[①] 距离范围分组说明:0.15 米以内包含 0.15 米;0.15—0.45 米不包含 0.15 米,但包含 0.45 米;0.45—1.2 米不包含 0.45 米,但包含 1.2 米;1.2—2.1 米不包含 1.2 米,但包含 2.1 米;超过 2.1 不包含 2.1 米。以此类推,本书其他表或图中出现此情况时不再注明。

(人)
100

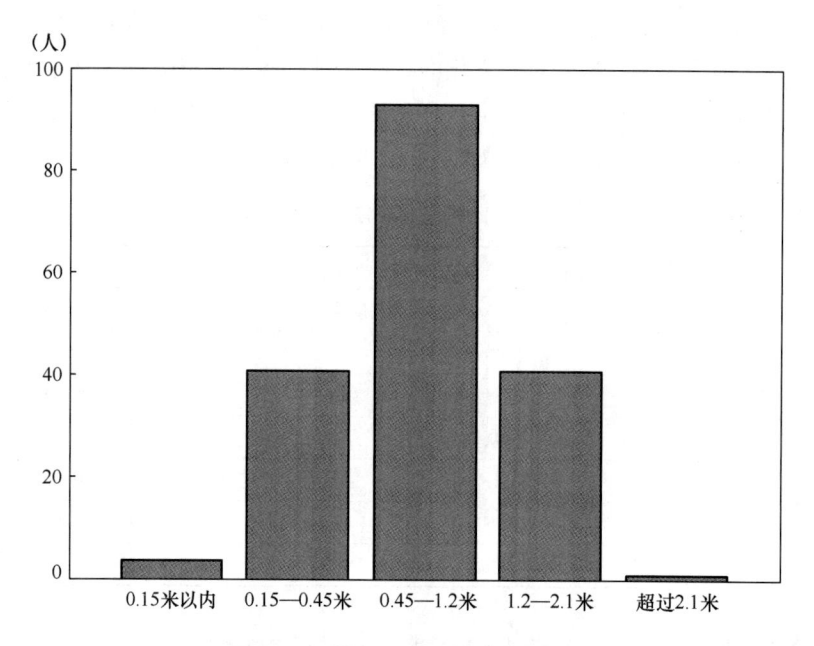

[图表：0.15米以内 ~3；0.15—0.45米 ~40；0.45—1.2米 ~93；1.2—2.1米 ~40；超过2.1米 ~1]

图 4-3　样本（Ⅰ）的排队距离

米（社交距离近区）的占 20% 多，而超过 2.1 米（社交距离远区）的则仅占 0.6%，几乎可以忽略。从中可以得出结论：中国学生在公共场合排队时保持的距离绝大部分仍然比较近。至于保持比较远的排队距离的那部分学生（22.8%）是否由于受到西方文化的影响还是另有其他原因我们不得而知。笔者要考察的是某一文化中的距离行为在异文化环境中是否受异文化因素的影响。这就需要对来自两个文化中的关于距离行为的数据进行比较。下面是来自样本（Ⅱ）的数据。

表 4-4a　　　　样本（Ⅱ）的排队距离统计数据概况

数量（份）	有效	97
	缺失	4
均值		3.2577
均值标准误差		0.07930
众数		3.00
标准差		0.78100
方差		0.60997
全距		3.00

表4-4b　　　　　　　样本（Ⅱ）的排队距离统计结果

		频数（次）	百分比（%）	有效百分比（%）	累加百分比（%）
有效	很近（0.15—0.45米）	14	13.9	14.4	14.4
	比较近（0.45—1.2米）	50	49.5	51.5	66
	比较远（1.2—2.1米）	27	26.7	27.8	93.8
	很远（超过2.1米）	6	5.9	6.2	100
	合计	97	96	100	
缺失			4	4	
合计			101	100	

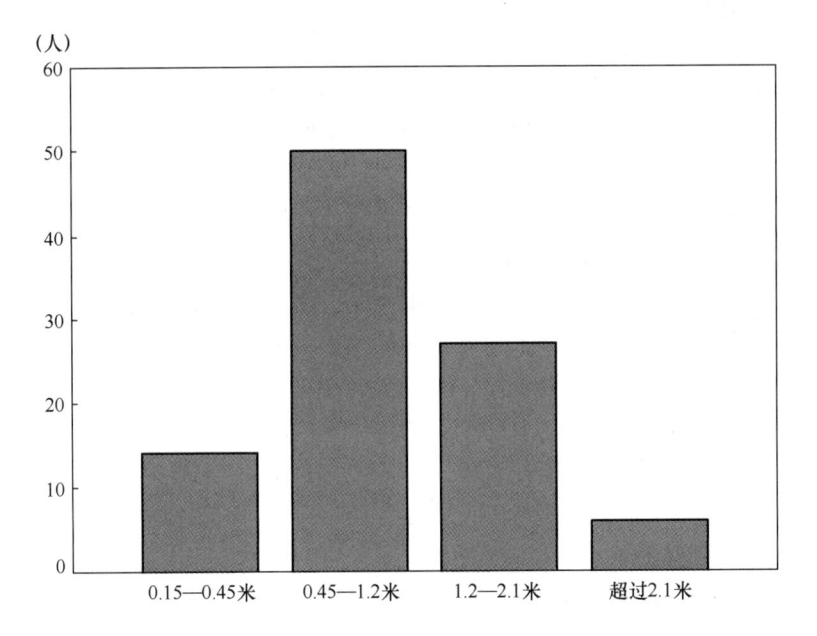

图4-4　样本（Ⅱ）的排队距离

由表4-4a可以看出，样本（Ⅱ）的有效问卷数为97份，缺失值为4份。这97份有效问卷的均值为3.2577，也比较接近其众数3.00，说明该样本在排队距离这个变量上所有取值的集中程度也比较高。这一点从表4-4b和图4-4都可以得到支持。从数据及图表得知：在德国生活的中国留学生中，排队距离保持在0.45—1.2米（个人距离区）的仍为多数，所占比例（51.5%）与样本（Ⅰ）（51.7%）几乎相等。但笔者发现这里有两个有趣的现象：首先，非常近（0.15米以内）这一选项没有出现在图表中，说明样本（Ⅱ）的101个留学生中没有一人选择这一选项，而在样本（Ⅰ）中，选择此项的比例为2.2%，也就是说，在德国的中国留学生认为，在公共场合排队时，人与人之间的体距不应进入亲密距离的近区；其次，选择"比较远"和"很远"的学生比例（27.8%，22.8%）明显高于样本（Ⅰ）中对这两项的选择（6.2%，0.6%）。通过比较，笔者认为，中国留德学生在公共场合的排队距离比国内学生的排队距离大。那么，这种差异是否是一种显著差异呢？笔者需要对这两个独立样本进行T检验[①]。

两独立样本T检验的零假设为H_0：两总体均值之间不存在显著差异。在具体的计算中需要通过两步来完成：第一步，利用F检验判断两总体的方差是否相同；第二步，根据第一步的结果，决定T统计量和自由度计算公式，进而对T检验的结论做出判断。SPSS采用Levene F方法检验两总体方差是否相同。首先计算两个样本的均值，计算每个样本和本组样本均值的差，并对差取绝对值，得到两组绝对值差值序列。然后利用单因素方差分析方法，判断这两组绝对值差值序列之间是否存在显著差异，即判断平均离差是否存在显著差异，从而间接判断两组方差是否存在显著差异。在统计过程中，SPSS将自动计算F统计量，并根据F分布表给出统计量对应的概率，与设定的显著性水平a[②]进行比较，从而判断方差是否相同。如果待检验的两样本均值差异较小，t值较小，则说明两个样本的均值不存在显著差异；相反，t值较大，说明两样本的均值存在显著差异。在SPSS中，将会根据计算的t值和T分布表给出相应的概率值。如果概率值小于或等于显著性水平a，则拒绝零假设，认为两总体均值之间存在显著差异。相反，概率值大于显著性水平a，则不拒绝零假设，认为两总体均值之间不存在显著差异。[③]

笔者通过SPSS对两个样本的T检验结果如下：

[①] T检验（T Test）用于检验两个样本的均值之间是否存在显著性差异。它被用来估计两个样本的均值是来自同一个总体还是来自不同的总体。T检验的零假设是，两个样本的均值来自同一个总体，即两个样本总体均值之间没有显著性差异。参见马广惠《外国语言学及应用语言学统计方法》，西北农林科技大学出版社2003年版，第89页。
[②] 统计学设定的显著性检验标准是以概率为基础的，如果有95%甚至99%以上的概率或把握，可以证明零假设成立。如果只有5%以下，甚至1%以下的概率证明零假设成立，我们就拒绝接受零假设。接受或拒绝零假设的这个临界概率称为显著性水平。一般人们把显著性水平定为0.05或0.01，用a表示。参见马广惠《外国语言学及应用语言学统计方法》，西北农林科技大学出版社2003年版，第86页。
[③] 余建英、何旭宏：《数据统计分析与SPSS应用》，人民邮电出版社2003年版，第133—134页；马广惠：《外国语言学及应用语言学统计方法》，西北农林科技大学出版社2003年版，第89—90页。

表 4－5a 两个样本的排队距离统计数据概况

	样本	数量（份）	均值	标准差	均值标准误差
排队距离	I	180	2.9667	0.75413	0.05621
	II	97	3.2577	0.78100	0.07930

表 4－5b 关于排队距离的两个独立样本的 T 检验

		Levene's Test for Equality of Variances		t-test for Equality of Means						
		F	Sig.	t	df	Sig. (2-tailed)	Mean Difference	Std. Error Difference	95% Confidence Interval of the Difference	
									Lower	Upper
排队距离	Equal variances assumed	2.459	0.118	-3.026	275	0.003	-0.2911	0.09618	-0.48041	-0.10172
	Equal variances not assumed			-2.994	190.863	0.003	-0.2911	0.09720	-0.48279	-0.09934

由输出结果可以看出，两个样本排队距离的选项平均值分别为 2.9667 和 3.2577，标准差分别为 0.75413 和 0.78100，均值误差分别为 0.05621 和 0.07930。F 的概率 $p=0.118$，大于显著性水平 0.05，不能拒绝方差相等的假设，可以认为两个样本总体的排队距离方差无显著差异；然后看方差相等即"Equal variances assumed"时 T 检验的结果，T 统计量的概率 $p=0.003$，小于显著性水平 0.05，拒绝 T 检验的零假设 H_0，也就是说，两样本总体在公共场合的排队距离平均值存在显著差异，即中国学生在公共场合的排队距离在中德两种文化环境中呈显著性差异，也就是说，文化环境的不同导致了中国学生公共场合排队距离的显著差异。

笔者又分别考察了其他几个公共场合（阅览室、公园）中国学生的距离行为和对距离的主观感觉。统计结果分别如下：

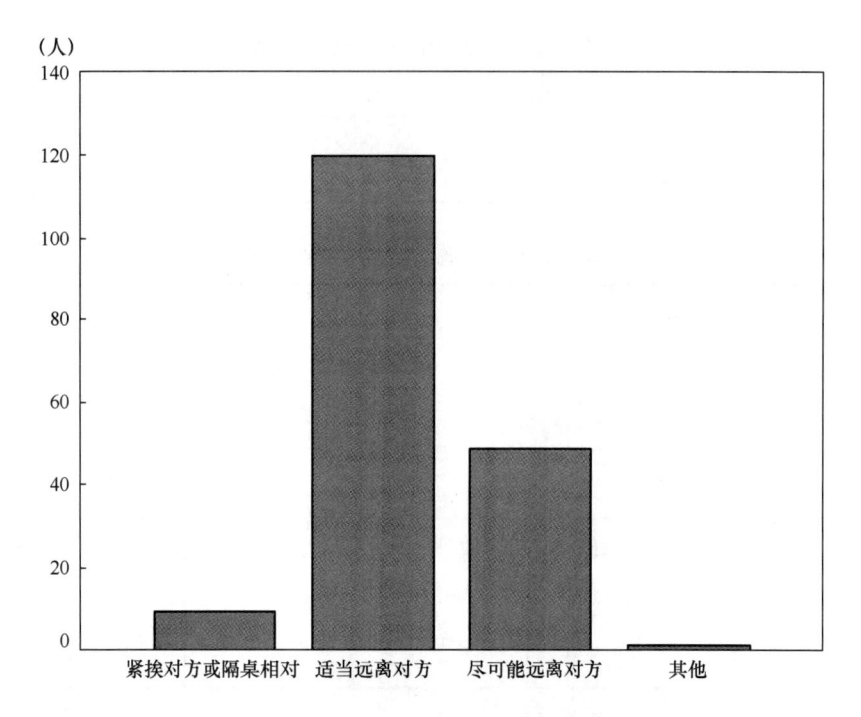

图 4-5 样本（Ⅰ）在阅览室就座时的距离行为

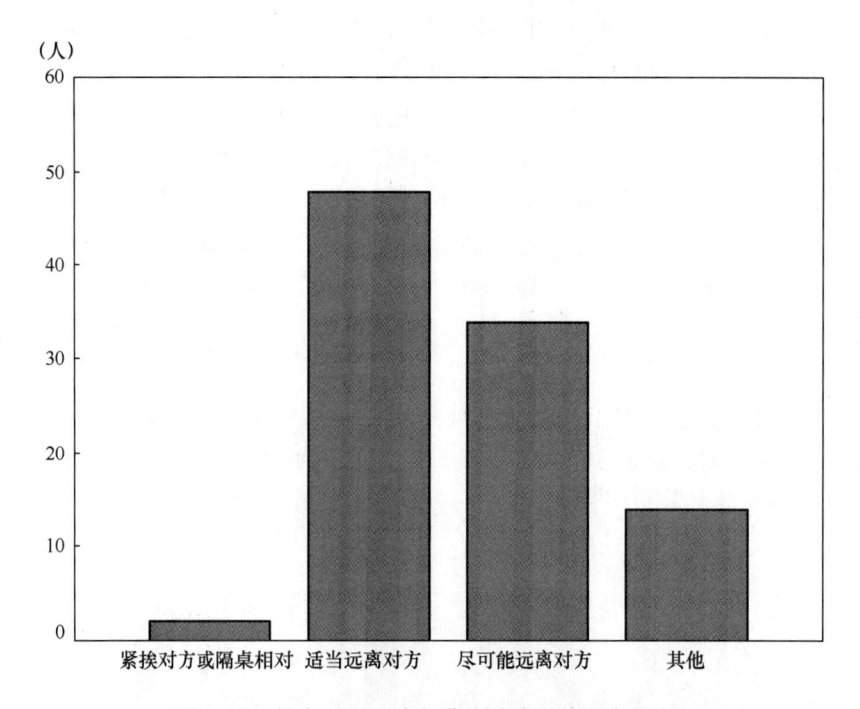

图 4-6 样本（Ⅱ）在阅览室就座时的距离行为

表4-6　　　样本（Ⅰ）在阅览室就座时的距离行为统计结果

	阅览室只有一位陌生读者时 您选择的座位	频数 （次）	百分比 （%）	有效百分比 （%）	累加百分比 （%）
有效	紧挨对方或隔桌相对	9	5	5	5
	适当远离对方	120	66.7	67	72.1
	尽可能远离对方	49	27.2	27.4	99.4
	其他	1	0.6	0.6	100
	合计	179	99.4	100	
缺失		1	0.6		
合计		180	100		

表4-7　　　样本（Ⅱ）在阅览室就座时的距离行为统计结果

	阅览室只有一位陌生读者时 您选择的座位	频数 （次）	百分比 （%）	有效百分比 （%）	累加百分比 （%）
有效	紧挨对方或隔桌相对	2	2	2	2
	适当远离对方	48	47.5	49	51
	尽可能远离对方	34	33.7	34.7	85.7
	其他	14	13.9	14.3	100
	合计	98	97	100	
缺失		3	3		
合计		101	100		

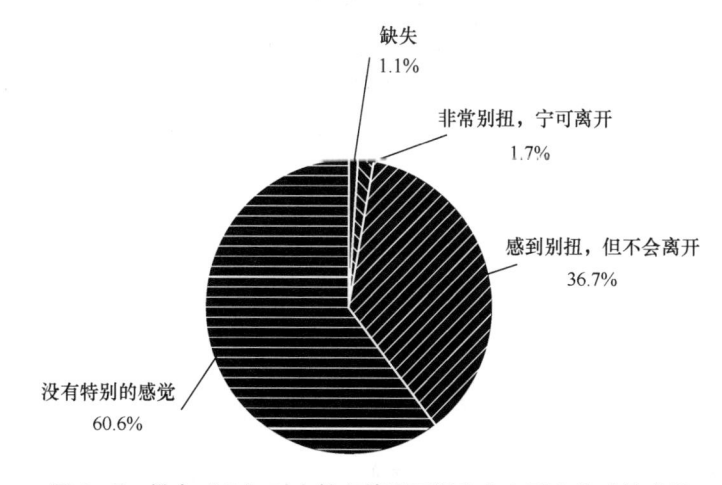

饼图数据：
- 缺失 1.1%
- 非常别扭，宁可离开 1.7%
- 感到别扭，但不会离开 36.7%
- 没有特别的感觉 60.6%

图4-7　样本（Ⅰ）对人较多情况下陌生人坐到身边时的感觉

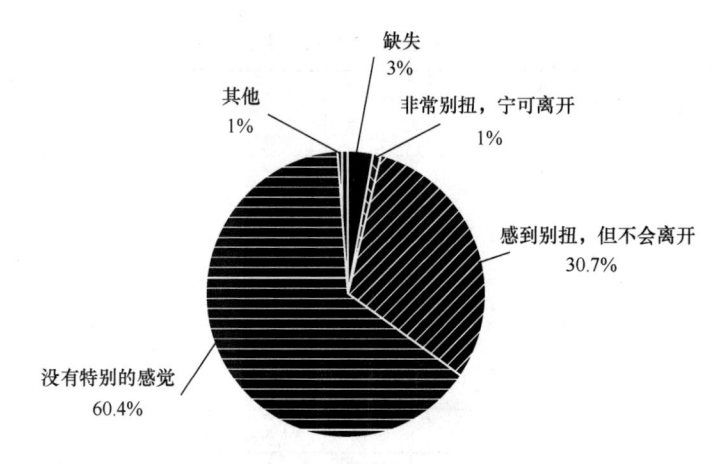

图 4-8 样本（Ⅱ）对人较多情况下陌生人坐到身边时的感觉

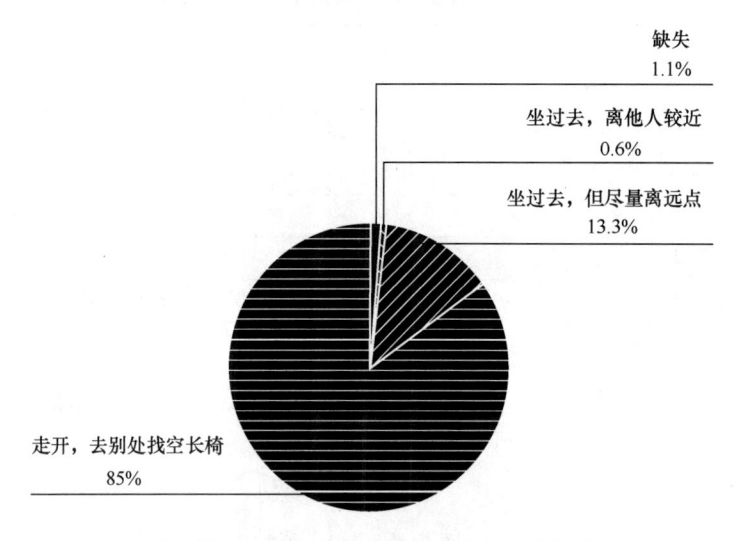

图 4-9 样本（Ⅰ）在公共长椅上有人时选择的行为

那么，在公共场合的这三种场景中，出国前后的中国学生是否表现出显著差异呢？笔者对这三种场景分别进行交叉列联表分析。由于卡方统计量检验是常用的检验行列变量之间是否相关的方法，所以笔者此处采用卡方检验①。交叉列联表的卡方检验零假设是：行和列变量之间彼此独立，

---

① 卡方检验是非参数检验的一种，主要用于考察称名变量、顺序变量之间的联系。其主要用途有两项：（1）考察变量各个类别的频数分布的实际情况与期望情况的差异；（2）检验两个和两个以上因素的独立性，亦即考察它们之间有无关联，笔者在本书中使用的主要是后者，即检验交叉列联表中的行变量与列变量之间是否关联。

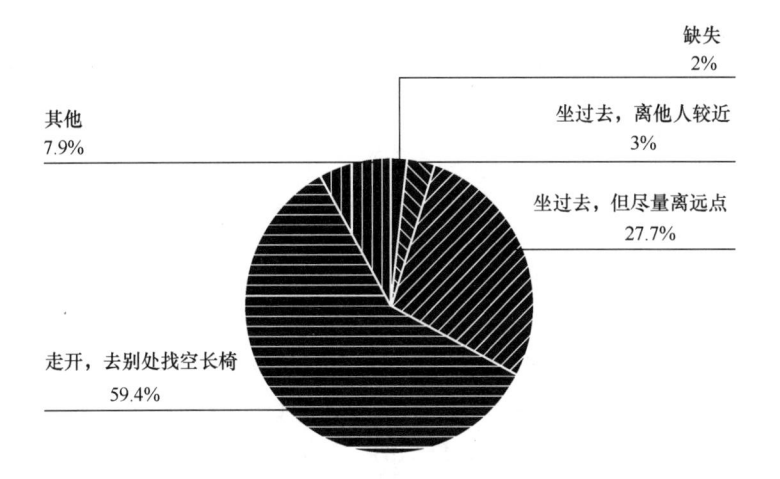

第四章 量化研究:人际距离的跨文化比较　157

缺失
2%

坐过去，离他人较近
3%

其他
7.9%

坐过去，但尽量离远点
27.7%

走开，去别处找空长椅
59.4%

图4-10　样本（Ⅱ）在公共长椅上有人时选择的行为

不存在显著的相关关系。SPSS将自动给出检验的概率，如果概率小于或等于显著性水平0.05，那么应拒绝零假设，认为行列变量之间彼此相关；反之，概率大于显著性水平0.05，那么应该接受零假设，认为行列变量之间不存在显著的相关关系。[①]　两个样本在阅览室选择座位的行为的交叉列联表分析及卡方检验结果分别见下述表格：

表4-8a　　　　　　选择座位行为＊样本的交叉列联表

		样本（人）		合计
		Ⅰ	Ⅱ	（人）
阅览室只有一位陌生读者时您选择的座位	紧挨对方或隔桌相对	9	2	11
	适当远离对方	120	48	168
	尽可能远离对方	49	34	83
	其他	1	14	15
合计（人）		179	98	277

[①]　余建英、何旭宏：《数据统计分析与SPSS应用》，人民邮电出版社2003年版，第100—101页；马广惠：《外国语言学及应用语言学统计方法》，西北农林科技大学出版社2003年版，第105—106页。

表 4-8b　　　两组样本选择座位行为的卡方统计结果

	Value	df	Asymp. Sig. (2-sided)
Pearson Chi-Square	27.997（a）	3	0.000
Likelihood Ratio	28.834	3	0.000
Linear-by-Linear Association	21.404	1	0.000
N of Valid Cases	277		

a　1 cells (12.5%) have expected count less than 5. The minimum expected count is 3.89.

从表 4-8b 可以看出，χ^2（Pearson Chi-Square）= 27.997，概率 p = 0.000，小于显著性水平 0.05，那么拒绝零假设，可以认为行列变量之间彼此显著相关，即当阅览室只有一位陌生读者时，选择座位与不同样本（分别为在中国的中国学生和在德国的中国学生）相关，也就是说，在不同文化环境中，中国学生选择座位的倾向有差异。

通过同样的方式，笔者对两个样本在"人较多情况下陌生人坐到身边时自己的感觉"以及"在公共长椅有人时的行为"这两种场景的统计进行卡方检验（交叉列联表及卡方统计结果表此处从略），发现：两者的 χ^2 值分别为 2.802 和 29.807，概率 p 分别为 0.423 和 0.000。对前一场景而言，$p > 0.05$，所以接受零假设，认为行列变量之间没有显著相关关系，即在阅览室里人较多情况下，当陌生人坐到身边时，两个样本的感觉没有显著差异，也就是说，在不同文化环境中，中国学生对人较多情况下有陌生人坐到身边时的感觉没有显著差异；对后一场景而言，$p < 0.05$，那么拒绝零假设，认为行列变量之间彼此显著相关，即在公共场合的长椅上已经有人时选择的行为与不同样本相关，这证明，在这一场景下，在德国的中国学生和在中国的中国学生选择的行为有差异。

通过对上面几个场景的分析和比较，笔者发现，当场景中的距离可以自由选择时（如排队、选择座位等），在中德两种文化环境中的行为主体的行为有差异；而当场景中的距离不可以自由选择时（如坐满人的阅览室），两组行为主体的感觉与行为趋向一致。这与我们在第二章中所论及的内容相吻合：交际环境对人际距离有影响。在迫不得已的拥挤状态下（如满载的公交车、电梯等），人们习惯于将他人视为非人，此时，其他的一些调节机制在发挥作用，如尽量避开他人的目光，用随身的物件作为隔开自己与他人的障碍物，通过这种方式在心理上设置一种与他人的距离。相反，在宽松的环境中，在中国的中国学生由于习惯了较近的体距，所以在公共场合中也倾向于比较近的距离选择；而在德国的中国留学生由于受到德国文化的影响，在认知或行为上可能已经习得了德国文化中公共场合的体距行为规范，或者至少对此有所意识，那么在可以自由选择的情况下，后者倾向于按照德国文化的体距规范来选择公共场合的距离行为。因此，在正常情况下，两组样本在公共场合的体距行为表现出差异。

2. 非公共场合保持的距离

笔者同样考察了中国学生在国内和在国外与朋友聊天时保持的体距。结果如下：

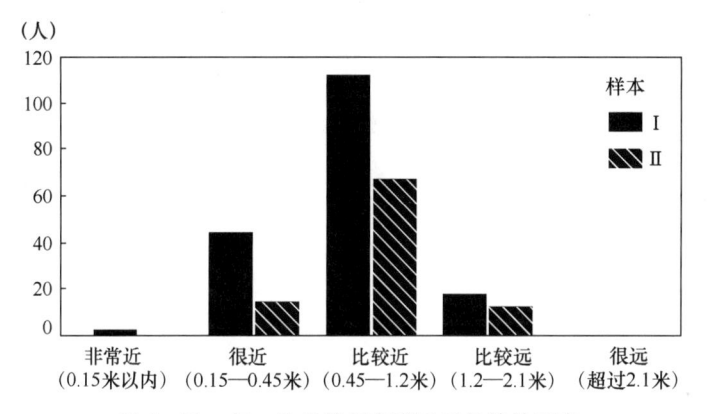

图 4-11　与一位异性朋友聊天时保持的距离

表 4-9　　与异性朋友聊天时保持的距离 * 样本的交叉列联表

			样本		合计
			I	II	
与一位异性朋友聊天时保持的距离	非常近（0.15 米以内）	人数	3	1	4
		占该样本的（%）	1.7	1	1.4
	很近（0.15—0.45 米）	人数	45	15	60
		占该样本的（%）	25.1	15.3	21.7
	比较近（0.45—1.2 米）	人数	112	68	180
		占该样本的（%）	62.6	69.4	65
	比较远（1.2—2.1 米）	人数	18	13	31
		占该样本的（%）	10.1	13.3	11.2
	很远（超过 2.1 米）	人数	1	1	2
		占该样本的（%）	0.6	1	0.7
合计		人数	179	98	277
		占该样本的（%）	100	100	100

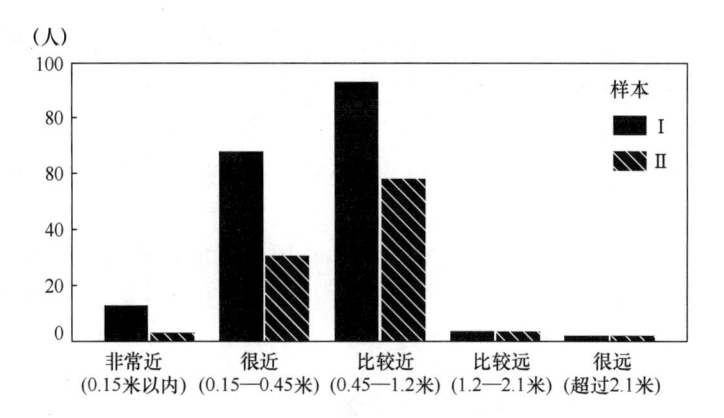

160 跨文化学习与人际距离研究

图 4 – 12 与一位同性朋友聊天时保持的距离

表 4 – 10 与同性朋友聊天时保持的距离 * 样本的交叉列联表

			样本		合计
			I	II	
与一位同性朋友聊天时保持的距离	非常近（0.15 米以内）	人数	13	3	16
		占该样本的（%）	7.2	3.1	5.8
	很近（0.15—0.45 米）	人数	68	31	99
		占该样本的（%）	37.8	31.6	35.6
	比较近（0.45—1.2 米）	人数	93	58	151
		占该样本的（%）	51.7	59.2	54.3
	比较远（1.2—2.1 米）	人数	4	4	8
		占该样本的（%）	2.2	4.1	2.9
	很远（超过 2.1 米）	人数	2	2	4
		占该样本的（%）	1.1	2	1.4
合计		人数	180	98	278
		占该样本的（%）	100	100	100

经卡方检验，在与异性朋友聊天时，两个样本组保持体距的 $\chi^2 = 4.239$，$p = 0.375 > 0.05$，所以认为，在与异性聊天时，两个样本组保持的体距没有显著差异。而与同性朋友聊天时，$\chi^2 = 4.385$，$p = 0.356 > 0.05$，所以同样认为，在与同性朋友聊天时，两个样本组保持的体距没有显著差异。也就是说，中国学生在德国后，与异性或同性朋友聊天时保持的体距跟在中国的中国学生的习惯距离没有发生多大变化。

我们又将数据重新分组，分别看各性别群体在中国和德国与朋友聊天

时的体距情况。结果如下:

表 4-11 女生与异性朋友聊天时保持的距离 * 样本的交叉列联表

女生组			样本		合计
			Ⅰ	Ⅱ	
与一位异性朋友聊天时保持的距离	很近（0.15—0.45米）	人数	19	7	26
		占该样本的（%）	21.8	12.1	17.9
	比较近（0.45—1.2米）	人数	58	43	101
		占该样本的（%）	66.7	74.1	69.7
	比较远（1.2—2.1米）	人数	10	8	18
		占该样本的（%）	11.5	13.8	12.4
合计		人数	87	58	145
		占该样本的（%）	100	100	100

表 4-12 女生与同性朋友聊天时保持的距离 * 样本的交叉列联表

女生组			样本		合计
			Ⅰ	Ⅱ	
与一位同性朋友聊天时保持的距离	非常近（0.15米以内）	人数	6	2	8
		占该样本的（%）	6.8	3.5	5.5
	很近（0.15—0.45米）	人数	43	22	65
		占该样本的（%）	48.9	38.6	44.8
	比较近（0.45—1.2米）	人数	38	31	69
		占该样本的（%）	43.2	54.4	47.6
	比较远（1.2—2.1米）	人数	1	1	2
		占该样本的（%）	1.1	1.8	1.4
	很远（超过2.1米）	人数	0	1	1
		占该样本的（%）	0	1.8	0.7
合计		人数	88	57	145
		占该样本的（%）	100	100	100

表 4-13　男生与异性朋友聊天时保持的距离 * 样本的交叉列联表

男生组			样本		合计
			Ⅰ	Ⅱ	
与一位异性朋友聊天时保持的距离	非常近（0.15米以内）	人数	3	1	4
		占该样本的（%）	3.4	2.6	3.1
	很近（0.15—0.45米）	人数	26	8	34
		占该样本的（%）	29.2	20.5	26.6
	比较近（0.45—1.2米）	人数	51	24	75
		占该样本的（%）	57.3	61.5	58.6
	比较远（1.2—2.1米）	人数	8	5	13
		占该样本的（%）	9	12.8	10.2
	很远（超过2.1米）	人数	1	1	2
		占该样本的（%）	1.1	2.6	1.6
合计		人数	89	39	128
		占该样本的（%）	100	100	100

表 4-14　男生与同性朋友聊天时保持的距离 * 样本的交叉列联表

男生组			样本		合计
			Ⅰ	Ⅱ	
与一位同性朋友聊天时保持的距离	非常近（0.15米以内）	人数	7	1	8
		占该样本的（%）	7.9	2.5	6.2
	很近（0.15—0.45米）	人数	23	9	32
		占该样本的（%）	25.8	22.5	24.8
	比较近（0.45—1.2米）	人数	54	26	80
		占该样本的（%）	60.7	65	62
	比较远（1.2—2.1米）	人数	3	3	6
		占该样本的（%）	3.4	7.5	4.7
	很远（超过2.1米）	人数	2	1	3
		占该样本的（%）	2.2	2.5	2.3
合计		人数	89	40	129
		占该样本的（%）	100	100	100

经卡方检验，χ^2 值分别为 2.280、4.052、1.664、2.508，概率 p 分别为 0.320、0.399、0.797、0.643，p 均大于 0.05，所以，无论是女生组还是男生组，在德国与异性和同性朋友跟在中国与异性和同性朋友聊天时保

持的体距没有显著差异，也就是说，异文化的环境并没有影响不同性别的学生选择与朋友聊天时的体距。

而对于"是否遇到谈话伙伴离您太近让您觉得别扭"这个题目，中国组样本与德国组样本的回答呈显著差异（$\chi^2 = 14.289$，$p = 0.001$，参见表4-15及图4-13），即中国组样本更多感觉到这种太近的距离的情况更多。我们认为，这种差异可以做如下解释：首先，德国人一般情况下是比较重视保持人际间的距离的，所以，中国留学生在与德国朋友的交往中，一般不会出现对方离自己太近的情况；其次，由于中国留学生在德国的朋友大多仍为中国人（参见下文表4-49），所以，他们在交谈时没有感觉到太近的话，说明中国留学生在德国文化环境中已经习得了德式的人际距离规范并在交往中体现了出来。笔者认为，还可以作另外一种解释，即中国留学生到了异国他乡后，由于社会支持的骤然减少，那么在心理上就特别需要一种近距离所带来的温暖。所以，在与朋友交谈过程中，即便对方离自己太近也不一定有所觉察或意识（甚至自己恰恰需要这样一种近的距离），至少不会在心理上感到别扭。但是，笔者在本问卷中没有对这种可能性加以检验，所以此处只能作为一个可能的解释。

表4-15 是否遇到谈话伙伴离您太近让您觉得别扭 * 样本的交叉列联表

			样本		合计
			I	II	
是否遇到谈话伙伴离您太近让您觉得别扭	经常	人数	8	0	8
		占该样本的（%）	4.5	0	2.9
	偶尔	人数	123	54	177
		占该样本的（%）	68.7	53.5	63.2
	没遇到这种情况	人数	48	47	95
		占该样本的（%）	26.8	46.5	33.9
合计		人数	179	101	280
		占该样本的（%）	100	100	100

由上面分析可知，在非公共场合，即在与朋友的个人交往层面，中国留学生与异性或同性朋友保持的距离仍然主要受到中国文化关于性别角色的行为规范的影响，因而与异性保持的体距仍大于与同性保持的体距。

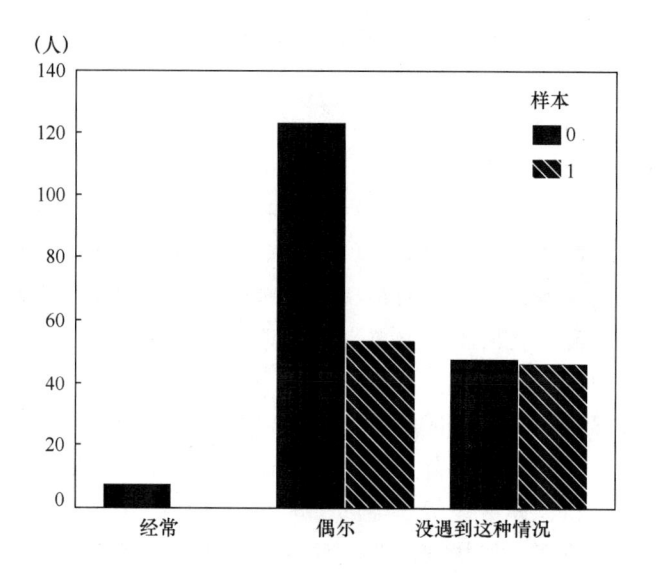

图 4-13 两样本觉得谈话伙伴离得太近的情况

(二) 体触行为

有人将中国文化归为体触文化（[英] contact culture，[德] Kontaktkultur），而将西方文化归为低体触文化（[英] low-contact culture）。这种说法实际并不准确。中国古人见面拱手作揖（没有身体上的任何接触），以示礼貌；而西方社会则以吻对方的手或面表示问候。现代的中国人见面主要以握手相迎，但握手并不一定出现在所有见面场合中；而在西方（根据笔者的经验，至少在法国、德国、西班牙等），熟人见面（不管是异性还是同性）必然是拥抱相吻，即便是初次见面认识，至少也得握握手。[1] 而且，中国人还有"男女授受不亲"的古训，异性之间的体触一直都是比较敏感的。正如 Maletzke 所言，中国人尽量避免与陌生人发生体触。[2] 所以，无论从历史还是从现实角度而言，中国人的体触都要比西方

---

[1] 据尼思观察，"传统的德国人，特别是男人，觉得触摸会令人尴尬。而年轻一代对此的态度就比较随便。现在相当时髦的做法是更多的触摸，甚至以法国方式亲吻或拥抱来打招呼或告别。[……] 握手曾是德国人致意或告别时必不可少的一部分"。[美] 葛里格·尼思：《解读德国人》，张晓楠译，中国水利水电出版社 2004 年版，第 76 页。

[2] Maletzke, G., *Interkulturelle Kommunikation: Zur Interaktion zwischen Menschen verschiedener Kulturen*, Opladen: Westdeutscher Verlag, 1996, p. 78.

人少。① 那么，中国学生对体现人际距离的体触行为有何感觉？到了德国文化环境中，他们的主观感觉和体验是否有显著变化？在跨文化学习过程中，他们的体触行为是否发生变化？笔者通过问卷调查对此进行了考察。

1. 对体触行为的接受程度

首先，笔者考察了在中国的中国学生即样本（Ⅰ）对体触行为的感觉："与朋友聊天时，您是否习惯对方的一些体触行为？"统计结果如条形图 4 - 14 及交叉列联表 4 - 16 所示：

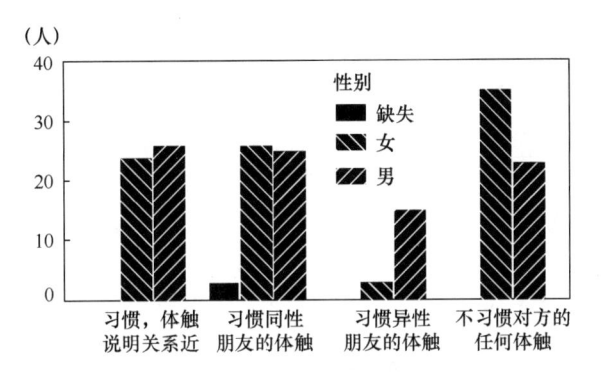

图 4 - 14　样本（Ⅰ）是否习惯对方体触行为

表 4 - 16　　　　　是否习惯体触行为 * 性别的交叉列联表

			性别		合计
			女	男	
是否习惯对方的体触行为	习惯	人数	24	26	50
		占该性别（%）	27.3	29.2	28.2
	习惯同性体触，不习惯异性体触	人数	26	25	51

---

① 令西方人感到惊讶从而引起高度注意的可能是中国人毫不避讳同性间的体触行为（可能从这方面而言他们觉得中国人的体触行为比较多）。"无论是男性朋友还是女性朋友之间，经常是臂搭臂、手挽手地一起走路［……］在中国人之间这是典型的表达友情和信赖的方式。"参见 Gu, Shiyuan, Kulturbarrieren bei der verbalen und nonverbalen Kommunikation, in: Zhu, Jianhua, et al. (Hrsg.), *Interkulturelle Kommunikation: Deutsch-Chinesisch*, Frankfurt a. M.: Peter Lang, 2006, p.171. 笔者在对中国留学生访谈过程中，不少女生也都提及中国的这种现象（参见第五章）。胡文仲也认为：在中国，"同性之间手拉手走路，甚至勾肩搭背，却是容许的，尽管这种现象多见于年轻人中间"。胡文仲：《超越文化的屏障》，外语教学与研究出版社 2002 年版，第 144 页。

续表

		性别		合计
		女	男	
	占该性别（%）	29.5	28.1	28.8
习惯异性体触，不习惯同性体触	人数	3	15	18
	占该性别（%）	3.4	16.9	10.2
不习惯对方的任何体触	人数	35	23	58
	占该性别（%）	39.8	25.8	32.8
合计	人数	88	89	177
	占该性别（%）	100	100	100

笔者对该组数据进行卡方检验，以观察男女性别因素与体触行为的接受程度是否相关。零假设仍然是：行列变量之间彼此独立，没有显著相关。卡方统计量表如下：

表4-17　　体触行为接受程度与性别因素的卡方统计量表

	Value	df	Asymp. Sig. (2-sided)
Pearson Chi-Square	10.577（a）	3	0.014
Likelihood Ratio	11.328	3	0.010
Linear-by-Linear Association	0.801	1	0.371
N of Valid Cases	177		

a　0 cells (0.0%) have expected count less than 5. The minimum expected count is 8.95.

由上表可以看到，$\chi^2 = 10.577$，$p = 0.014 < 0.05$，因此拒绝零假设，认为体触行为的接受程度与性别因素显著相关。

2. 体触行为与性别因素的相关性

另外，笔者分别对"与一位普通异性朋友见面或告别""与一位普通同性朋友见面或告别""安慰或鼓励一位比较熟的异性朋友""安慰或鼓励一位比较熟的同性朋友"等四种情况下样本（Ⅰ）的行为选择做了统计，结果分别如下（此处仅给出条形图，见图4-15至图4-18，具体数据列表请见后面的对比分析）。

笔者对上述情况下的行为选择与性别因素是否相关做了卡方检验（具体检验统计表此处从略，交叉列联表见下文表4-22至表4-29），其χ^2值分别为0.869、25.106、11.435、38.262，对应的概率分别为0.648、

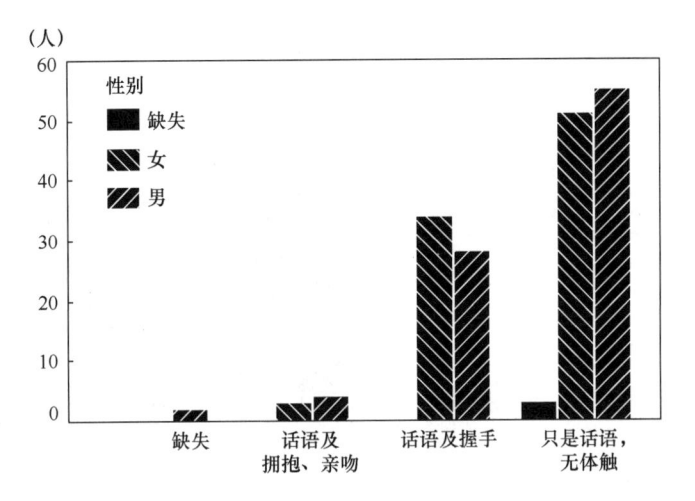

图 4-15　样本（Ⅰ）与普通异性朋友见面或告别方式

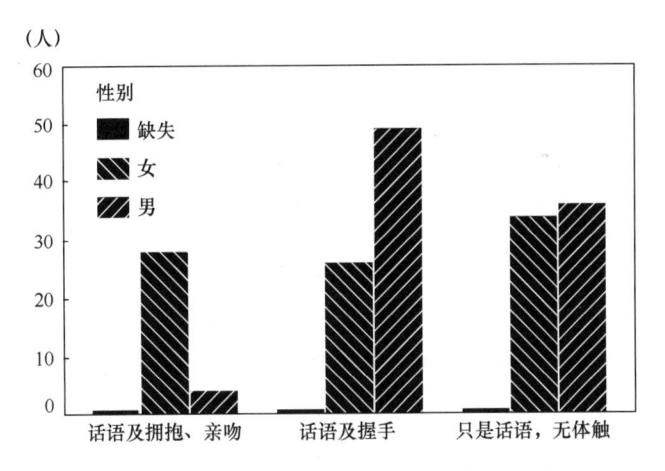

图 4-16　样本（Ⅰ）与普通同性朋友见面或告别方式

0.000、0.003、0.000。可以看出，第一种情况下（"与一位普通异性朋友见面或告别"），$p = 0.658 > 0.05$，则不能拒绝零假设，应当认为：与一位普通异性朋友见面或告别的方式与性别因素没有显著相关；而在后面三种情况下（"与一位普通同性朋友见面或告别""安慰或鼓励一位比较熟的异性朋友""安慰或鼓励一位比较熟的同性朋友"），相关概率 p 均小于显著性水平 0.05，那么拒绝零假设，认为，上述三种情况下，行为方式与性别显著相关。

通过上面的条形图也可以粗略地看出，在"与一位普通异性朋友见面或告别"时，男女生在选择的行为方式上呈高度一致性，选择最多的

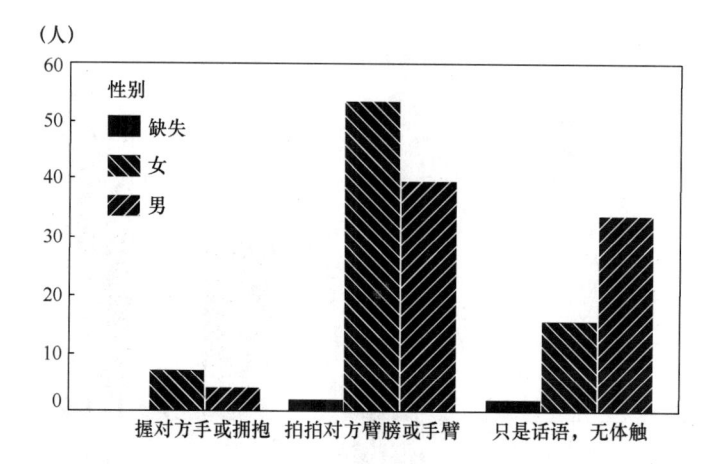

图 4-17 样本（Ⅰ）安慰或鼓励比较熟的异性朋友的方式

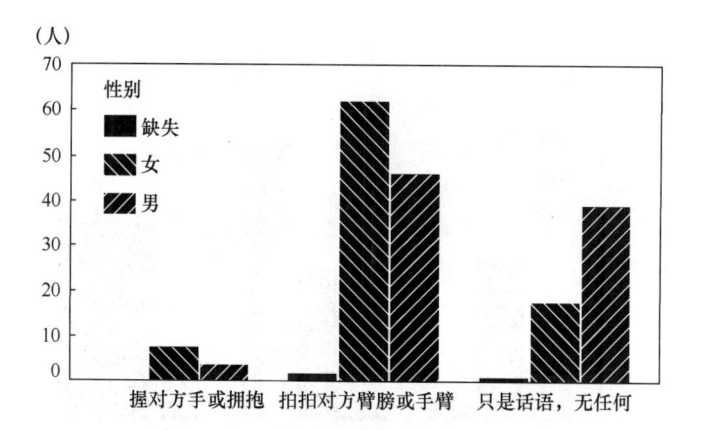

图 4-18 样本（Ⅰ）安慰或鼓励比较熟的同性朋友的方式

都是"只是话语问候或告别，无任何体触行为"（分别占 58%，63.2%），只有极少数同学选择了"话语问候或告别并可能拥抱或亲吻"；而在"与一位普通同性朋友见面或告别"时，女生在三种行为方式上的选择基本相等（31.8%，29.5%，38.6%），选择"话语方式并可能拥抱或亲吻"[①]的比例（31.8%）明显高于男生的选择（4.5%），而男生在与普通同性朋友问候或告别时更倾向于"话语方式并握手"（55.1%）。在"安慰或鼓励一位比较熟的异性朋友"时，男女生都倾向于通过适度的体触行为

[①] 样本（Ⅰ）中，不少作答者在选择此项时将"亲吻"两字给划掉，说明这种见面或告别的行为方式在中国尚不普遍。

（"拍拍对方肩膀或手臂"）来表达，相比之下，只用话语方式的女生（20.5%）明显少于男生（43.8%）。在"安慰或鼓励一位比较熟的同性朋友"时的行为方式，男女生的选择表现出最大的差异（$\chi^2 = 38.262$），女生更喜欢使用深度的体触行为（"握住对方的手或拥抱"：51.1%）或适度的体触行为（"拍拍对方肩膀或手臂"：40.9%）来表达，选择"只用话语方式"的女生极少（8%）；而男生的选择则显著地集中于"拍拍对方肩膀或手臂"选项（69.7%），可能在他们看来，这是他们对同性好友表达鼓励或安慰的最适度的方式。上述结果印证了人们在日常生活中的一般印象：同性之间的交往，中国女生之间更倾向于通过肢体动作来表达感情，而男生之间通过肢体动作表达感情主要限于"握手""拍肩"等浅度的体触行为；在与异性的交往中，不管对方是普通朋友还是比较熟悉的朋友，男生更倾向于"只使用话语方式"；而普通异性间的交往，男女生大部分都恪守"男女授受不亲""君子动口不动手"的古训。由上述分析笔者得出结论：与男生相比，女生更喜欢体触行为（不管对方是异性还是同性，也不管是普通朋友还是熟悉的朋友）；女生的体触行为在同性朋友间很普遍，并且熟悉程度越高，体触行为越普遍；男生的体触行为主要表现在浅度体触。所以，我们不能笼统地说中国文化是体触文化，西方文化是非体触文化，① 而是应当区别具体情况加以分析和讨论。

那么，这种状况在中国留德学生身上是否也如此呢？笔者对样本（Ⅱ）的统计结果如下（此处只给出条形图，见图4-19至图4-22，具体数据统计表详见下文）。

笔者对样本（Ⅱ）在这四种情况下的行为方式与性别做了交叉列联表分析及卡方检验，得到χ^2值分别为：0.602、17.127、1.849、15.164，对应的概率p分别为0.740、0.000、0.604、0.002。可以看到，在与异性相关的两种情况下，概率p均大于显著性水平0.05，则不能拒绝零假设，应当认为：与一位普通异性朋友见面或告别的方式以及安慰或鼓励一位比较熟的异性朋友的方式与性别因素都不显著相关。而在与同性朋友相关的

---

① 关于这一点，笔者在调查问卷（Ⅱ）中也有所涉及。对于问题"您觉得德国普通朋友间的体触行为比中国人多吗？"中国留学生回答"是"的占44%，回答"否"的占56%。也就是说，一半以上的人认为，德国普通朋友间的体触行为比较少。这从主观感觉上印证了"传统的德国人很严肃、不苟言笑"等定型观念。但也要看到，肯定与否定回答的比例相差并不大（44%，56%），所以不能肯定地推断出：德国普通朋友间的体触行为比中国人少。

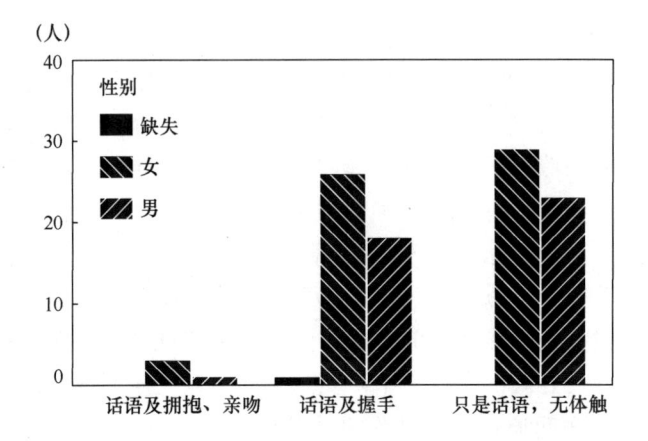

图 4-19　样本（Ⅱ）与普通异性朋友见面或告别方式

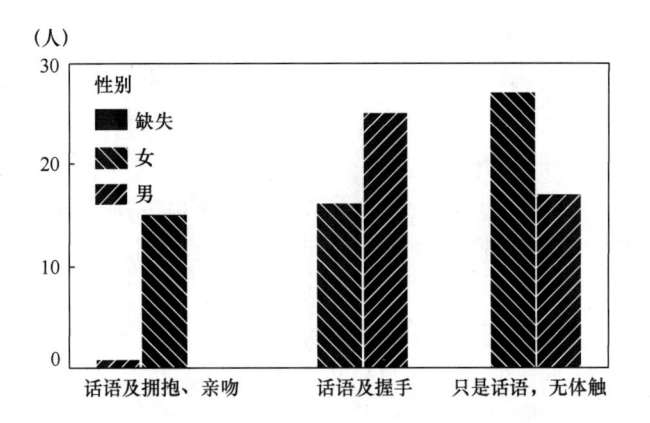

图 4-20　样本（Ⅱ）与普通同性朋友见面或告别方式

两种情况（"与一位普通同性朋友见面或告别""安慰或鼓励一位比较熟的同性朋友"）下，相关概率 p 均小于显著性水平 0.05，那么拒绝零假设，可以认为，上述两种情况下，其行为方式与性别显著相关。

样本（Ⅱ）中，结合条形图 4-19，可以看出，在"与一位普通异性朋友见面或告别"时，男女生在选择的行为方式上同样呈高度一致性，选择最多的都是"只是话语问候或告别，无任何体触行为"，只有极少数同学选择了"话语问候或告别并可能拥抱或亲吻"，这些从下面交叉列联表 4-18 中可以得到更精确的比较。

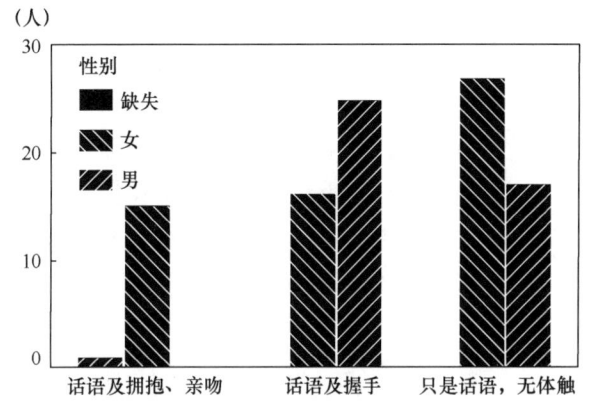

图 4-21 样本（Ⅱ）安慰或鼓励比较熟的异性朋友的方式

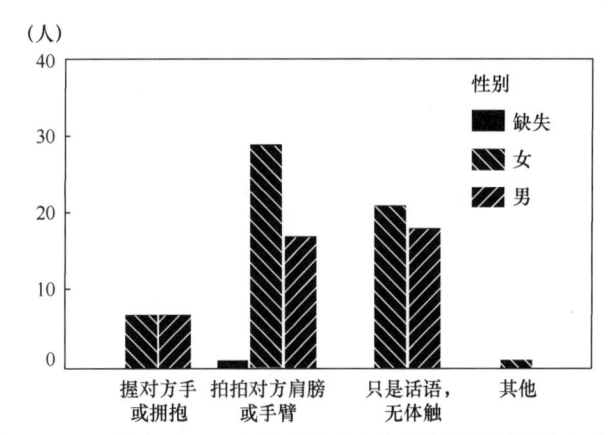

图 4-22 样本（Ⅱ）安慰或鼓励比较熟的同性朋友的方式

表 4-18　　样本（Ⅱ）普通异性朋友见面或告别方式 * 性别交叉列联表

			性别		合计
			女	男	
普通异性朋友见面或告别方式	话语问候或告别，并可能拥抱或亲吻	人数	3	1	4
		占该性别（%）	5.2	2.4	4
	话语问候或告别，并可能握手	人数	26	18	44
		占该性别（%）	44.8	42.9	44
	只是话语问候或告别，无体触行为	人数	29	23	52
		占该性别（%）	50	54.8	52
合计		人数	58	42	100
		占该性别（%）	100	100	100

如果再对照样本（Ⅰ）的交叉列联表（见表 4-19），可以发现，与在中国环境中相比，在德国环境中，女生在前两个选项的比例有所升高，而在第三选项的比例相应下降；而男生在第一选项和第三选项上的比例都有所下降，在第二选项上的比例有较大升高（32.2%，42.9%）。从笔者的分析来看，与在中国文化环境中相比，男女生在德国文化环境中与普通异性朋友见面或告别方式都趋向于减少无体触行为的话语方式，增加带有浅度体触行为（握手）的问候或告别方式。这一点是否与不同的文化环境相关还有待进一步的检验（见下文）。

表 4-19　　　　样本（Ⅰ）普通异性朋友见面或告别
方式 * 性别交叉列联表

			性别		合计
			女	男	
普通异性朋友见面或告别方式	话语问候或告别，并可能拥抱或亲吻	人数	3	4	7
		占该性别（%）	3.4	4.6	4
	话语问候或告别，并可能握手	人数	34	28	62
		占该性别（%）	38.6	32.2	35.4
	只是话语问候或告别，无任何体触行为	人数	51	55	106
		占该性别（%）	58	63.2	60.6
合计		人数	88	87	175
		占该性别（%）	100	100	100

在"安慰或鼓励一位比较熟的异性朋友"时，男女生选择的行为方式也呈现一致性。笔者结合交叉列联表来分析一下这种一致性。

由表 4-20 可以看到，男女生在每一选项上的比例大致相当。12.1%的女生与 16.7% 的男生通过"握住对方的手或者拥抱对方"的方式来表达对异性好友的安慰或鼓励，均高于样本（Ⅰ）中的相应比例（分别为9.1% 和 4.5%，见表 4-21），尤其男生在这方面变化非常明显。50%的女生与 40.5% 的男生选择"拍拍对方肩膀或手臂"的浅度体触来表达对异性好友的安慰或鼓励，比样本（Ⅰ）中的比例（分别为 70.5% 和51.7%）明显下降。在"只用话语表达，无体触行为"这一选项上，样本（Ⅱ）与样本（Ⅰ）中的男生比例非常接近［样本（Ⅰ）为 43.8%，样本（Ⅱ）为 42.9%］，体现了相对的稳定性，而女生选择此项的比例（36.2%）比样本（Ⅰ）中（20.5%）明显增高。从样本（Ⅱ）与样本（Ⅰ）的比较中，笔者发现一个有趣的现象，即男生在第二选项中下降的比例[样本（Ⅰ）为51.7%，样本（Ⅱ）为40.5%]恰恰与在第一选项中增加的比例[样本（Ⅰ）为4.5%，样本（Ⅱ）为16.7%]近似；而女生在第二选项中下降的比例（70.5%，50%）也非常接近于在第三选项中增加的比例（36.2%，20.5%）。这是一种巧合还是与某一因素相关，此处不得而知。后面笔者还将分别对这两个性别群体在不同文化环境中的行为方式做进一步的考察，看单一性别群体的行为变化是否与文化环境相关。

表4-20　　样本（Ⅱ）安慰或鼓励比较熟的异性朋友方式＊性别交叉列联表

			性别		合计
			女	男	
安慰或鼓励比较熟的异性朋友方式	握住对方的手或拥抱一下对方	人数	7	7	14
		占该性别（%）	12.1	16.7	14
	拍拍对方的肩膀或手臂	人数	29	17	46
		占该性别（%）	50	40.5	46
	只用话语表达，无体触行为	人数	21	18	39
		占该性别（%）	36.2	42.9	39
	其他	人数	1	0	1
		占该性别（%）	1.7	0	1
合计		人数	58	42	100
		占该性别（%）	100	100	100

表4-21　　样本（Ⅰ）安慰或鼓励比较熟的异性朋友方式＊性别交叉列联表

			性别		合计
			女	男	
安慰或鼓励比较熟的异性朋友方式	握住对方的手或拥抱一下对方	人数	8	4	12
		占该性别（%）	9.1	4.5	6.8
	拍拍对方的肩膀或手臂	人数	62	46	108
		占该性别（%）	70.5	51.7	61
	只用话语表达，无任何体触行为	人数	18	39	57
		占该性别（%）	20.5	43.8	32.2
合计		人数	88	89	177
		占该性别（%）	100	100	100

上文已经检验过，样本（Ⅱ）在"普通同性朋友见面或告别方式"上的选择与性别因素呈显著相关，也就是说，男女生在该题目上的选择具有显著差异。这一点在表4-22中一目了然。

表4-22　样本（Ⅱ）普通同性朋友见面或告别方式 * 性别交叉列联表

普通同性朋友见面或告别方式			性别		合计
			女	男	
	话语问候或告别，并可能拥抱或亲吻	人数	15	0	15
		占该性别（%）	25.9	0	15
	话语问候或告别，并可能握手	人数	16	25	41
		占该性别（%）	27.6	59.5	41
	只是话语问候或告别，无任何体触行为	人数	27	17	44
		占该性别（%）	46.6	40.5	44
合计		人数	58	42	100
		占该性别（%）	100	100	100

通过对样本（Ⅰ）（表4-23）和样本（Ⅱ）（表4-22）的比较，可以发现，男生在第三选项上的比例几乎保持不变［样本（Ⅰ）为40.4%，样本（Ⅱ）为40.5%］，在其他两个选项上略有变化［第一选项样本（Ⅰ）为4.5%，样本（Ⅱ）为0；第二选项样本（Ⅰ）为55.1%，样本（Ⅱ）为59.5%］。有趣的是，样本（Ⅱ）中没有一个男生选择"话语问候或告别，并可能拥抱或亲吻"，笔者猜测，这可能与德国文化环境中人们对同性恋尤其是男同性恋现象的敏感程度有关，女生在第一个选项上比例的轻微下降［样本（Ⅰ）为31.8%，样本（Ⅱ）为25.9%］估计也与此有关。[①]

通过对表4-24和表4-25的观察对比，笔者发现，在"安慰或鼓励一位比较熟的同性朋友"时，样本（Ⅰ）中男女生行为的选择也表现出显著的差异，女生还是更喜欢使用深度的体触行为（"握住对方的手或拥抱"：51.1%）或适度的体触行为（"拍拍对方肩膀或手臂"：40.9%），而男生则更倾向于选用浅度的体触行为（"拍拍对方肩膀或手臂"：69.7%），在这一点上，前后两个样本中的男生比例表现了很高的稳定性

---

① 笔者在对中国留学生的访谈中，好几个被访者（如林琳、乔敏等）在相关题目上曾经谈及同性恋话题，说明德国文化环境提高了他们对该现象和该话题的敏感度（参见第五章）。

[样本（Ⅰ）为69.7%，样本（Ⅱ）为69%]，而在深度体触行为的选择上比例有所升高[样本（Ⅰ）为9%，样本（Ⅱ）为14.3%]。可以看到，尽管女生仍然倾向于使用体触行为来表达对同性好友的支持，但在德国的中国女生[样本（Ⅱ）]在前两项的选择比例都有所下降，而选择"只用话语表达，无体触行为"的比例由样本（Ⅰ）中的8%上升到了样本（Ⅱ）中的19%。笔者猜测，这可能也与前面提到的对同性恋现象敏感度的提高有关。

表4-23　　　　样本（Ⅰ）普通同性朋友见面或告别方式 * 性别交叉列联表

男生组			性别		合计
			女	男	
普通同性朋友见面或告别方式	话语问候或告别，并可能拥抱或亲吻	人数	28	4	32
		占该性别（%）	31.8	4.5	18.1
	话语问候或告别，并可能握手	人数	26	49	75
		占该性别（%）	29.5	55.1	42.4
	只是话语问候或告别，无任何体触行为	人数	34	36	70
		占该性别（%）	38.6	40.4	39.5
合计		人数	88	89	177
		占该性别（%）	100	100	100

表4-24　　　　样本（Ⅰ）安慰或鼓励比较熟的同性朋友方式 * 性别交叉列联表

男生组			性别		合计
			女	男	
安慰或鼓励比较熟的同性朋友方式	握住对方的手或拥抱一下对方	人数	45	8	53
		占该性别（%）	51.1	9.0	29.9
	拍拍对方的肩膀或手臂	人数	36	62	98
		占该性别（%）	40.9	69.7	55.4
	只用话语表达，无任何体触行为	人数	7	19	26
		占该性别（%）	8	21.3	14.7
合计		人数	88	89	177
		占该性别（%）	100	100	100

上文提到，在跨文化学习过程中，文化环境对行为的影响至关重要。

笔者在对上述几个人际交往场景的性别因素分析过程中,实际已经涉及文化环境的影响。下面笔者以这两个样本作为列变量,以他们选择的行为方式作为行变量,进行交叉列联表分析,并做卡方检验。零假设 H_0 均为:行和列变量之间不存在显著的相关关系。如果概率 $p < a$,那么应拒绝零假设,认为行列变量之间彼此相关;反之则接受零假设。

表 4-25　　样本(Ⅱ)安慰或鼓励比较熟的同性朋友方式＊性别交叉列联表

男生组			性别		合计
			女	男	
安慰或鼓励比较熟的同性朋友方式	握住对方的手或拥抱一下对方	人数	27	6	33
		占该性别(%)	46.6	14.3	33
	拍拍对方的肩膀或手臂	人数	19	29	48
		占该性别(%)	32.8	69	48
	只用话语表达,无任何体触行为	人数	11	7	18
		占该性别(%)	19	16.7	18
	其他	人数	1	0	1
		占该性别(%)	1.7	0	1
合计		人数	58	42	100
		占该性别(%)	100	100	100

笔者使用 SPSS 进行交叉列联表分析并做卡方检验。从输出的统计结果中我们发现,"与一位普通异性朋友见面或告别""与一位普通同性朋友见面或告别""安慰或鼓励一位比较熟的异性朋友""安慰或鼓励一位比较熟的同性朋友"这四个场景下的 χ^2 值分别为:2.650、0.540、8.628、3.072,对应的概率 p 分别为:0.266、0.763、0.035、0.381。只有第三个场景下 $p < 0.05$,那么拒绝零假设,即"安慰或鼓励比较熟的异性朋友方式"与样本显著相关,也就是说,处于不同的文化环境中的样本对行为方式的选择有差异;而其他三个场景下概率均大于显著性水平,应该接受零假设,即在这三个场景下,行为的选择与样本无显著相关,即在不同文化环境中,行为主体的行为没有显著差异,也就是说,文化环境并没有对行为主体的学习过程产生显著影响。

笔者将两个样本中的数据重新分组,将每个样本组分别分为男性组和女性组,然后对两个女性组样本和两个男性组样本的行为方式进行交叉列联表分析并做卡方检验。从输出的统计结果中发现,两个样本的女性组在

上述四个场景下的 χ^2 值分别为：0.994、0.992、7.413、5.721，对应的概率 p 分别为：0.608、0.609、0.060、0.126；两个样本的男性组在上述四个场景下的 χ^2 值分别为：1.599、1.988、5.786、1.066，对应的概率 p 分别为：0.450、0.370、0.055、0.587。所有的概率均大于显著性水平 0.05，所以，均不能拒绝零假设，认为行为的选择与单性别样本无显著相关，也就是说，文化环境既没有对女性的行为选择产生显著影响，也没有对男性的行为选择产生显著影响。那么，笔者在前面对性别因素的影响进行分析时观察到的两个样本中的一些差异并不是显著差异，而笔者前面所做的一些猜测（如关于德国文化环境中对同性恋现象的敏感程度对样本变化的影响等）得不到显著证据的支持，而只能说是可能的影响。由此可以断定，中国学生与性别相关的一些行为方式（如体触行为）脱胎于中国传统文化和当前社会环境的交互作用，这些行为方式在相当长的时间内呈稳定状态，不会因短时间（几个月甚至几年）文化环境的改变而轻易改变。

二 言语层面的人际距离

关于言语层面的人际距离，笔者主要考察称呼行为，因为——正如第二章所指出的那样——它是社会交往中最敏感的也是最易觉察到的社会现象。称呼语对交际双方的社会关系、社会地位及亲疏程度起到标示作用。因此，笔者认为，称呼语是言语层面最先也是最明确体现人际距离的方式。笔者在问卷调查中主要考察了中国学生对中德两种文化中姓名称谓及第二人称称呼代词的使用、观察和学习情况。

（一）姓名称谓

姓名称谓行为可以说是一门艺术，尤其在中国文化中更是如此。中国古代对不同阶层的人应该使用什么样的称谓都有严格的规定，而且姓名往往不能当面直提，对拥有权势的一方（如高官、长辈、长者等）尤其如此。那么，在当今社会，人们是怎样使用姓名称谓的呢？笔者此处通过对中国学生的观察，考察了具有等级关系的双方（如下属对上级、学生对教授，或者反之）使用姓名称谓的情况。

在"中国人当面称呼自己的上司/教授时，最经常使用的是：＿＿＿"一题下，笔者设置了六个选项：

A（姓＋）职衔，如：张教授，（李）处长
B 姓＋先生/女士
C 老/小＋姓

D 姓名

E 名

F 其他，如 _____ .

统计结果如下：

表4-26　样本（Ⅰ）中国人当面称呼教授或上司的方式统计结果

		频数（次）	百分比（%）	有效百分比（%）	累加百分比（%）
有效	（姓+）职衔	175	97.2	98.9	98.9
	姓+先生/女士	1	0.6	0.6	99.4
	老/小+姓	1	0.6	0.6	100
	合计	177	98.3	100	
缺失		3	1.7		
合计		180	100		

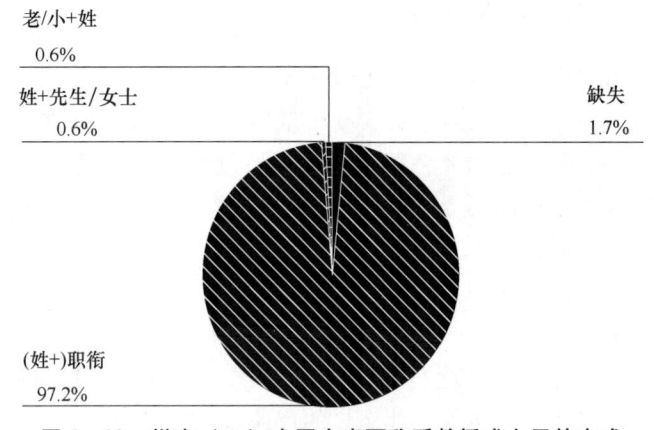

图4-23　样本（Ⅰ）中国人当面称呼教授或上司的方式

无论从各选项的频数、百分比或者饼图来看，都可以很清楚地看出，样本（Ⅰ）非常集中地选择了第一个选项，即职衔称谓。与西方社会相比，"职衔称谓"是中国社会的一大特点，"用姓加职衔做称呼在中国非常普遍"[①]。中国人的官本位思想一直很重，人们非常看重地位与等级。在中国人的心目中，对拥有权势的一方（如上司）称呼职衔相当于拉大

---

① Gu, Shiyuan, Kulturbarrieren bei der verbalen und nonverbalen Kommunikation, in: Zhu, Jianhua, et al. （Hrsg.）. *Interkulturelle Kommunikation: Deutsch-Chinesisch*, Frankfurt a. M. : Peter Lang, 2006, p. 168.

了与对方的社会距离，因为称呼对方的职衔就等于把对方置于其所属群体的最高处（职衔经常是带"长"的），通过把对方往高处捧而拉大与对方的差距，以表示自己对这一职位的敬畏，从而间接表达了自己对处于这一职位的对方的敬畏。这种对对方的敬畏恰恰可以使对方缩小与自己的心理距离，换得对方的亲近。在社会化的过程中，中国人就已经习得了这种思想。中国学生对这一点很清楚，所以在对该选项进行选择时，出现了极高的集中度。在 180 份问卷中，没有一人选择"姓名"或者"名"，各有一人选择了"姓 + 先生/女士"和"老/小 + 姓"，也没有人选择"其他"并提供别的称谓。

而反过来，对问题"上司或教授称呼下属或学生时最常用的方式"的回答主要集中在第三选项"老/小 + 姓"，占一半多，五个选项都被选，因此其集中度远远没有前者高。从这个角度笔者得到的启发是，上司是拥有权势的一方，他想怎么称呼下属大多情况下完全取决于他自己，而且，不管他选用何种称呼，都能得到对方的回应。如果他使用"职衔称呼"，说明他将两人的关系限定在工作或公务关系上；如果他称呼对方的姓名，下属也不会有何异议（自己起了姓名就是让人叫的嘛，更何况称呼者还是自己的上司）；如果上司称呼下属的名字，说明他可能想缩小与下属的距离，给人以关切对方的感觉；而如果上司选用"老/小 + 姓"的方式，则表示他更是放下架子，仅仅从年龄上来标志交际双方的地位，"老 + 姓"表示敬重，"小 + 姓"表示亲切。从笔者的统计数据来看，对这两个对称的问题的回答并不呈现对称状态。上司与下属的相互称呼呈现不对等性，这种不对等性不仅体现在称呼的内容（即用词）上，而且还体现在双方对称呼内容的选择自由度上，前者的选择自由度大，而后者的自由度小得多，几乎没有选择的余地。所以，下属不管是想增大与上司的距离还是想缩小两者的距离，在称谓上只能有一种选择，他的增大或者缩小距离的愿望只能通过其他方式（如非言语或副语言方式）来实现；相反，上司有足够大的自由度来选择表达不同关系的称谓，想公事公办则采用职衔称谓或者姓名，想缩小与下属的距离则直呼其名或者选用"老/小 + 姓"的方式。所以笔者认为，在中国社会，权势等级因素仍然是影响人们选择姓名称谓方式的重要因素。

表 4-27　样本（Ⅰ）中国教授或上司称呼学生或下属的方式统计结果

		频数（次）	百分比（%）	有效百分比（%）	累加百分比（%）
有效	（姓+）职衔	29	16.1	16.5	16.5
	姓+先生/女士	1	0.6	0.6	17
	老/小+姓	101	56.1	57.4	74.4
	姓名	38	21.1	21.6	96
	名	7	3.9	4	100
	合计	176	97.8	100	
缺失		4	2.2		
合计		180	100		

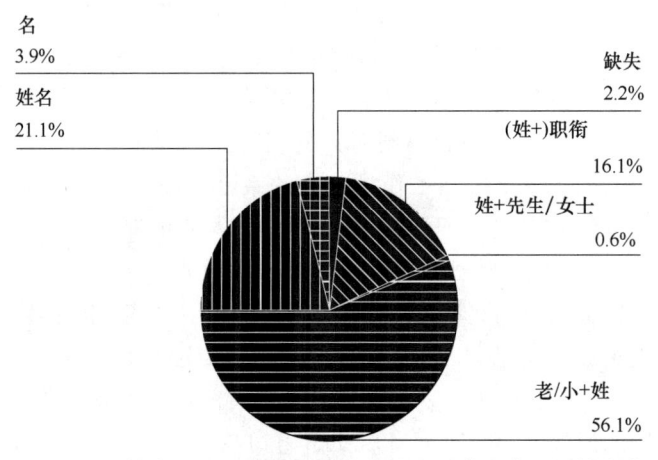

图 4-24　样本（Ⅰ）中国教授或上司称呼学生或下属的方式

那么，中国留学生观察到的德国上司与下属之间的称呼行为是怎样的呢？调查结果如下：

表 4-28　样本（Ⅱ）德国人当面称呼教授或上司的方式统计结果

		频数（次）	百分比（%）	有效百分比（%）	累加百分比（%）
有效	先生/女士+职衔（+姓）	43	42.6	43	43
	先生/女士+姓	52	51.5	52	95
	姓名	1	1	1	96
	名	2	2	2	98
	其他	2	2	2	100
	合计	100	99	100	

续表

	频数（次）	百分比（%）	有效百分比（%）	累加百分比（%）
缺失	1	1		
合计	101	100		

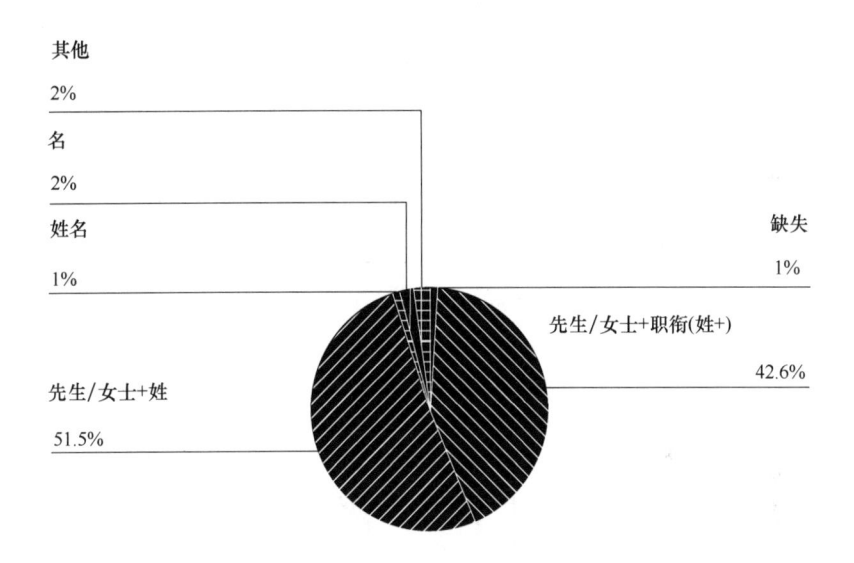

图 4-25　样本（Ⅱ）德国人当面称呼教授或上司的方式

其他 2%
名 2%
姓名 1%
缺失 1%
先生/女士+职衔(姓+) 42.6%
先生/女士+姓 51.5%

由上面的统计图表可以看出，德国人当面称呼上司/教授的方式主要集中在两种方式上：首先是"先生/女士＋姓"，占一半以上；其次是带有职衔的称呼即"先生/女士＋职衔（＋姓）"，占42.6%。那么这是否说明德国人也很重视职衔而在称呼中刻意强调呢？笔者认为还不能做这样的判断，因为样本（Ⅱ）是中国留学生，他们的生活世界主要是学校环境和日常生活环境，他们接触到的工作环境要少得多。而在德国社会，恰恰学术界（如高校等）非常重视职称、学位等级，不只学生重视教师的这些头衔，教师自己也希望这些头衔能被别人注意到。所以，笔者认为，中国留学生是根据对大学环境的认知来选择这些选项的，那么，这只能说明，他们认为，德国人在称呼教授等人时经常使用"Herr/Frau Professor X"这种"职衔称呼"，而并不能说明在其他职业场合德国人也有这种"职衔称呼"的习惯。根据笔者的经验以及其他受访的中国留学生的陈述，德国人口头上使用"职衔称呼"的情况非常少，① 主要用于教授、医生、军人等有限的几类人群。由于其他几种称呼方式的比例极低，可以忽略不计，也就是说，在中国留学生的印象中，德国人对教授或者上司的称呼方式主要为上述两种。而之所以获得这种印象，与他们当前的生活世界是分不开的。

那么，德国的教授或者上司对学生或下属的称呼情况是怎样的呢？笔者的统计结果如下：

表4-29 样本（Ⅱ）德国教授或上司称呼学生或下属的方式统计结果

		频数（次）	百分比（%）	有效百分比（%）	累加百分比（%）
有效	先生/女士+职衔（+姓）	1	1	1	1
	先生/女士+姓	77	76.2	76.2	77.2
	姓名	6	5.9	5.9	83.2
	名	16	15.8	15.8	99
	其他	1	1	1	100
	合计	101	100	100	

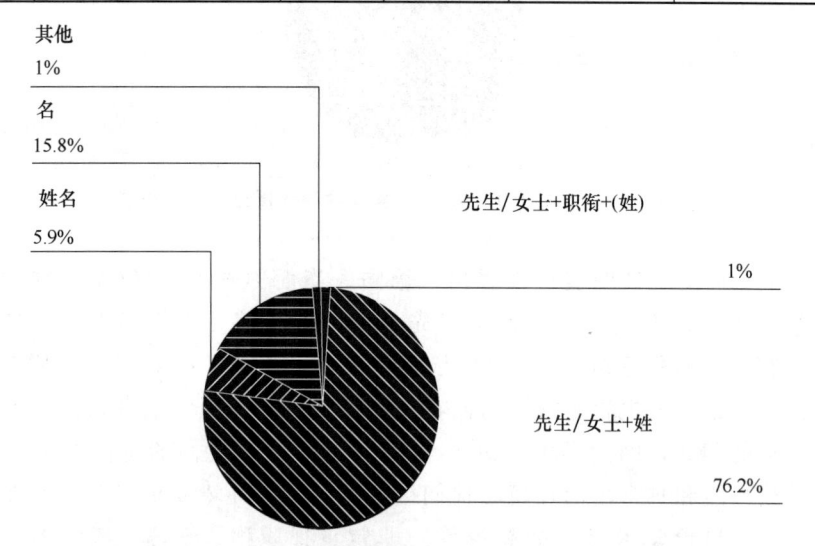

图4-26 样本（Ⅱ）德国教授或上司称呼学生或下属的方式

---

① 遗憾的是笔者此处无法以具体数据来佐证，因为受时间、精力和经费所限，笔者没有针对此项内容对德国的职业场合中的姓名称谓方式在德国人中做调查，所以此处只能根据经验来作比较。有趣的是，在德国一些高校或科研院所也逐渐出现一种不称"教授"的现象，如笔者在访谈中，张明宇谈到其博士后导师曾对他说"请忘掉 Professor"。他认为这可能与该所的科研氛围有关，因为这里的研究小组多为由世界各国科研人员组成的国际性小组。而更有甚者，教授与其博士生互相以名相称。这也说明，德国学术界在全球化（尤其是美国化）的影响下，在称呼行为上开始出现宽松的趋向。

在这里，可以看到，拥有权势的一方（教授或上司）称呼权势相对较低的一方（学生或下属）同样也拥有更大的称呼方式的选择自由度。从这个角度而言，德国的姓名称谓行为也呈现不对等现象。但是从图表中也可以看到，76.2%的人认为德国教授或上司称呼学生或下属时使用"先生/女士+姓"（即"Herr/Frau X"）的方式，集中度也非常高。从称呼内容上来看，双方互称"先生/女士+姓"的比例吻合程度很高，可以认为大致呈对等结构。① 这基本符合实际生活经验：即一般情况下，德国人交往时如果一方使用带姓氏的方式称呼另一方，那么另一方肯定也是以同样方式回应；而如果一方称另一方的名，那么后者肯定也称对方的名。而且如果不是在家庭内部，普通人之间要经过一定时期的交往，而且基本上要在口头上明确提出来相互称"du"以后才能由称姓氏改为称名字。而且在德国人的日常生活中，这种改称并不是说在交往达到一定的时间后就可以进行，有些德国人之间（包括长年共事的同事）毕生都是相互称姓氏和称"Sie"（关于"Sie"和"du"的称呼问题可参见§2.4.2.1和§5.4，另外下一节也将讨论与此相关的调查数据）。

综上所述，在具有权势等级关系的双方交往时，中德两种文化在姓名称谓上具有很大差异：中国人的姓名称谓呈现明显的不对等性，而德国人的姓名称谓则基本呈对等状态。

（二）称呼代词

关于称呼代词，笔者主要考察汉语中的"您/你"和德语中的"Sie/du"这两对词，看在中国学生印象中这两对词的适用范围有何异同，以及汉语中的"您/你"这一对称呼代词是否对中国留学生使用"Sie/du"产生影响，如果是，那么看其产生积极影响还是消极影响。关于汉语中的"您/你"这一对称呼代词对德语学习者使用"Sie/du"所产生的干扰现象，钱敏汝曾经两次举例论证过，并认为：中国的德语学习者在使用

---

① "直到20世纪60年代，彼此不熟悉的德国成年人还是用'您'和姓氏来互相称呼，不这样做就是对别人的侮辱和不敬。"[美]葛里格·尼思：《解读德国人》，张晓楠译，中国水利水电出版社2004年版，第55页。尽管已经过去了近半个世纪，但德国人在姓名称谓上的这种做法依然没有太大变化，只是年轻人之间尤其是大学生之间更倾向于称名和"du"。一个有趣的现象是，也有少部分人采取了折中（与德国语用规则相矛盾）的做法：称名和"Sie"。这种新形式被Lüger称作Hamburger Sie，参见顾士渊《论汉德称呼代词语义的非对应性》，载朱建华、顾士渊主编《中德跨文化交际论丛》，2000年，第11页。与通常的称呼姓氏及配套使用"Sie"的形式相比，Hamburger Sie在一定程度上缩短了交际双方的距离。例如笔者在与跨文化日耳曼学教授A. Wierlacher的交谈中，他提到在与中国跨文化研究学者钱敏汝教授的交往中，他习惯于称名"Minru"，以示双方的熟悉和他对（相对于他而言）年轻一辈的关切，但是在称呼代词上仍然保留"Sie"，以保持距离感。并且他十分肯定地说，在与学界同事的交往中，他一般不会改"Sie"而称"du"。

"Sie/du"这一对称呼代词时受汉语语用规则的干扰。① 笔者在此试图通过问卷调查获得的具体数据来对这一结论进行验证。

在对样本（Ⅰ）调查时，笔者使用的是"您/你"这一对称呼代词，而对样本（Ⅱ）调查时，使用的是"Sie/du"这一对词。从表层意义上来看，德语中的"Sie/du"对应的就是汉语中的"您/你"，所以在学习和翻译过程中，基本上可以不假思索地做这样的对译。但是在其深层意义上，这两对词并不完全相同。例如，在汉语中，默认的第二人称通用称呼是"你"，只有在需要表达尊敬等特别意义时，才使用"您"；而在德语中，根据Helbig & Buscha所著*Deutsche Grammatik*，成人交际如果双方互不熟识，非亲非友，则以"Sie"相称。"这是德语社会公共社交场合最常用最标准的称呼类型，表示交际双方不论等级地位，彼此尊重，视对方为平等的社会成员。"② 也就是说，"Sie"是德国社会人际交往中默认的通用性称呼，在拿不准到底该使用"Sie"还是"du"时，用"Sie"基本上不会有什么大问题，③ 而"du"在德国"是一个特殊的称呼"④，是在关系达到一定的熟悉、信任程度后才使用的一个称呼。也就是说，在汉语中使用"你"称呼与德语中使用"du"称呼，两种情况下所代表的含义不尽相同，所体现的交际者之间的——用人际距离理论中的词汇表达即——语用距离不完全一样。⑤ 但是，在进行综合比较与分析时，有时候

---

① 参见钱敏汝《跨文化经济交际及其对外语教学的意义》，《外语教学与研究》1997年第4期；钱敏汝《符号学与跨文化性》，载林宏星、林晖主编《复旦哲学评论》第2辑，上海辞书出版社2005年版，第233—260页。

② 顾士渊：《论德汉称呼代词语义的非对应性》，载朱建华、顾士渊主编《中德跨文化交际论丛》，同济大学出版社2000年版，第10页。

③ 所以在德国留学的许多中国学生往往使用这一策略，一开始对谁都称"Sie"，这一点在笔者对部分中国留学生的访谈中可以得到印证（参见§5.4.2.2.1）。而且据他们自己反映，之所以统统使用"Sie"，另外一个原因是"简单、省事"，在说话时不需要考虑动词的变位形式。

④ ［德］苏珊·海尔巴赫-格罗塞、尤塔·霍夫曼：《女性商务礼仪》，来炯、刘丽译，电子工业出版社2007年版，第40页。

⑤ 实际上在两种外语的比较与翻译上，绝大部分词汇——如果我们不绝对地说全部词汇——往往只是一般意义上的对应，它们所携带的文化含义等很难做到百分百对应。钱敏汝和顾士渊分别对汉语的"您""你"与德语的"Sie""du"之间的语义差别及不对应性做过讨论，详见钱敏汝《跨文化经济交际及其对外语教学的意义》，《外语教学与研究》1997年第4期；钱敏汝《符号学与跨文化性》，载林宏星、林晖主编《复旦哲学评论》第2辑，上海辞书出版社2005年版，第233—260页；顾士渊《论德汉称呼代词语义的非对应性》，载朱建华、顾士渊主编《中德跨文化交际论丛》，同济大学出版社2000年版，第8—22页。

将"您"与"Sie"、"你"与"du"并提而出现"您/Sie""你/du"的形式,这是出于技术原因,并不表示笔者认为两个词的所有意义都等同,这一点需要大家注意。

本书在第二章中曾经讨论过,在交际中,称呼语的使用能够比较明显地体现出交际者之间的"权势"或"平等"关系,即等级关系。习惯上,人们将年龄(在中国还有辈分等)、官衔、声望、财富、社会地位等都看作是相对权势的影响因素,如在年长者—年轻者,上司—下属,教授—学生,医生—病人,长辈—晚辈等关系中,一般认为,前者对后者拥有相对权势,前者属于等级较高者,后者属于等级较低者。那么在交往中,后者一般要表现出对前者的敬重,使用称呼语时就要选用能够表达尊敬含义的尊称,如"您/Sie"。而在不拥有相对权势(即相对权势接近于零,或曰大致属于同一等级、阶层)的交际者中,如同学、朋友(比较熟悉的)、同事、德国的家庭成员等,则使用"你/du"这样的称呼代词。在调查中,笔者对这种相对权势关系做了考察。下面结合调查结果加以分析和讨论。

笔者同样以在中国的中国学生和在德国的中国留学生两个样本作为列变量,分别以对"上司""教授、德高望重的前辈""年龄比自己大的同事""年龄与自己相仿的同事""年龄比自己小的同事""同学、朋友""陌生的老年人""陌生的年轻人""售货员、餐厅酒吧服务员""国家机关工作人员""医生、律师""自己的邻居"的称呼为行变量,进行交叉列联表分析并进行卡方检验。零假设均为:行和列变量之间彼此独立,不存在显著的相关关系,即对上述人员的称呼在两个样本中没有显著的差异。如果得到的概率 p 小于、等于显著性水平 a,那么拒绝零假设,认为对相应人员的称呼与样本变量显著相关,就是说中国文化环境中的样本与德国文化环境中的样本对同一个人群的称呼存在显著差异;如果概率大于显著性水平,那么接受零假设,认为对相应人员的称呼与样本变量没有显著相关关系,也就是说,不同的文化环境没有导致样本间出现显著差异。

在"称呼自己的上司"一项,笔者得到的结果如下:

表 4 – 30　　　　　称呼自己的上司 * 样本的交叉列联表

			样本		合计
			I	II	
称呼自己的上司	您/Sie	人数	167	94	261
		占该样本的（%）	96	100	97.4
	你/du	人数	7	0	7
		占该样本的（%）	4	0	2.6
合计		人数	174	94	268
		占该样本的（%）	100	100	100

由卡方检验得到的 $\chi^2 = 3.883$，$p = 0.049 < 0.05$，那么拒绝零假设，认为在"称呼自己的上司"这个变量上，样本（I）表现出与样本（II）的显著差异。从表格中可以看出，两个样本在选择的频数比例上差别并不大（分别为 96%，100%；4%，0），其差别主要在于样本（II）对"你/du"的选择为 0。也就是说，在德国，样本（II）称呼上司（认为应当）用"Sie"的比例为 100%，没有人（认为应当）用"du"来称呼上司的。这种情况基本符合德国的现实。在德国，上下级关系非常明确，两者之间以"du"相称的情况很少，① 这成为德国等级观念仍然比较严重的一个有力佐证。而在中国，以"您"称呼上司也是主流，因为在中国，等级观念根深蒂固，它仍然对中国人的行为方式有着深远的影响，所以在与上司的交往中一定要表现出自己的尊敬。用"您"称呼上司即是这种尊敬的表现方式之一。但是另一方面，中国的上下级关系在日常生活和工作中的区分并没有表现得如德国的上下级关系那么明确和严格，至少在称呼代词的选用上不是那么严格。尤其中国人比较注重情境因素，在一种情境中可能称"您"，换了另外一种情境则又可能称"你"了，而在不是非常隆重的场合，上司可能也不太注意下属是否一直对其

---

① 在当前经济管理全球化的大趋势下，美国的管理模式对德国也有很大影响。而且，由于跨国公司的存在，不少美国中高层管理人员被派往德国，他们与员工的交际方式对德国本土管理人员也必然产生一定影响。由于在英语中只有一个第二人称呼代词"you"，而没有"您/Sie""你/du"之分，导致有些德国管理人员也逐渐使用不明确区分上下级的"du"，并要求员工对他们也称"du"。当然，这只是接受了美国管理文化影响的部分新潮管理人员的做法，当前在德国占主流的仍然是上下级之间互相称"Sie"，以明确分工，不在工作关系中掺杂个人关系因素。遗憾的是，囿于时间、经费等因素，笔者在本调查中未能就该问题对德国人进行调查，此处无法提供具体数字来加以比较。这有待以后进一步的研究结果对此提供更具体的数据。

称"您"。① 在样本（Ⅰ）的选择中，有4%的人选择了用"你"来称呼上司，说明在中国上下级关系中，这种现象是存在的。② 尼思认为："尽管德国官方的阶级制度已经废除，现在是一个近似没有阶级的社会，但阶级界限和等级仍起着重要的作用。"③ 而据笔者的实际体验与观察以及从对中国留学生的访谈中获得的信息，笔者认为：等级观念在德国社会的影响仍然很深远。正如此处所说，德国上下级之间很少称"du"。当然德国的这种等级观念是一种隐藏在形式的平等（上下级之间互相称"Sie"，呈对等性）之下的等级观念，而这样的等级观念沉淀到文化的最底层，因而是更深层次的等级，由于披着平等的外衣所以更不易觉察到，它比中国社会的等级观念更坚不可摧。

在"称呼教授、德高望重的前辈"一项，我们得到的结果如下：

表4-31　　称呼教授、德高望重的前辈＊样本的交叉列联表

			样本		合计
			Ⅰ	Ⅱ	
称呼教授、德高望重的前辈	您/Sie	人数	174	92	266
		占该样本的（%）	98.3	98.9	98.5
	你/du	人数	3	1	4
		占该样本的（%）	1.7	1.1	1.5
合计		人数	177	93	270
		占该样本的（%）	100	100	100

卡方检验中的 χ^2 值为 0.160，概率为 0.689，大于显著性水平 0.05，

---

① 中国人在日常交往中并不十分严格地遵照"您""你"的使用规则和范围，这一点笔者在生活中也稍微注意了一下（但未做过统计），比如在电视访谈节目中，主持人开始时可能称对方"您"，但是在访谈过程中，用"你"称呼对方的情况也经常出现；我们经常收到银行、公司或其他机构的广告信、宣传材料等，开头往往是"尊敬的客户：您好!"，但在后面的行文中却屡屡出现"你"的字样，这种情况不只是出现在一家机构，说明这不是个别现象。当然，笔者目前尚未对这一现象做专门统计，这里只是列出这种现象的存在。顾士渊也曾指出，在汉语中，"凡是可使用'您'的地方，几乎都可同时使用'你'。而是否使用'您'，主要取决于交际一方对另一方的恭敬程度，因此带有较强的主观性"。参见顾士渊《论德汉称呼代词语义的非对应性》，载朱建华、顾士渊主编《中德跨文化交际论丛》，同济大学出版社2000年版，第19页。

② 本书关于"您"和"你"两种称呼的讨论主要以普通话为标准。当然，由于中国南方以及北方部分地区的方言中没有"您"这个称呼，在他们的言语交际中也就不存在这个区别，所以选择该项的这部分学生也不排除由于这个原因而做出这样的选择。

③ ［美］葛里格·尼思：《解读德国人》，张晓楠译，中国水利水电出版社2004年版，第72页。

那么接受零假设，认为在"称呼教授、德高望重的前辈"这个变量上，样本（Ⅰ）与样本（Ⅱ）没有表现出显著差异，说明文化环境因素对两个样本组在"称呼教授、德高望重的前辈"这个变量上的选择影响不大。可以看到，两个样本组在"您/Sie"和"你/du"两个选项上的比例极为接近[前者：样本（Ⅰ）98.3%，样本（Ⅱ）98.9%；后者：样本（Ⅰ）1.7%，样本（Ⅱ）1.1%]。这说明，在中国与德国两个文化环境中，中国学生对"教授、德高望重的前辈"称呼"您/Sie"均占压倒性多数；而在两个样本中，都有选择称"你/du"的情况出现——尽管比例都非常小，其原因前面有所涉及：在中国，通用的非标志性称呼代词为"你"，除非要刻意表达对对方的尊敬才选择"您"，而且这种选择也不是每时每刻都呈绝对状态，不注意时在说话过程中很有可能换成"你"，而这种转换经常是不为双方所意识到的。而在德国，一般情况下，教授与学生之间相互称"Sie"，这种称呼呈稳定状态，如果教授在与（某个）学生交往过程中没有提出改称"du"，那么双方之间就永远这么称呼下去，基本不会出现偶尔忘了而称"du"的时候，[①] 而且一旦出现，另外一方基本上能够意识到这种改变，并且必须对这种改变做出反应（是接受还是拒绝），至少在心理上会产生一定的反应。当然，也有特殊情况出现。有些曾经接受过美国教育的德国教授也很乐意与学生相互称"du"，当然这也只是个别现象，比如笔者接触到的 Chemnitz 大学跨文化交际专业的一位教授与他的项目组中的博士生之间相互称"du"；另外汉堡大学的一对教授夫妇在与笔者交谈过一次之后便提出改称"du"。也就是说，德国教授在学生面前的尊严与权威并不一定非要与"Sie"挂钩才能得到体现。

与上下级关系类似，"教授、前辈"相对于"学生、后辈"而言也具有一定的相对权势。通过上述两组数据笔者认为，在对称呼代词的使用上，中德两种文化中都存在比较严重的等级现象（对拥有相对权势者称"您/Sie"几乎毋庸置疑），而德国文化中对等级的界定似乎比中国更加严格和明确。但是人们也要看到，在两种不同文化中，对拥有相对权势者称"您/Sie"的含义不尽相同：在中国文化中，对上司、教授、前辈称"您"更多的是表达一种尊敬与敬畏；而在德国文化中，对拥有权势者称"Sie"更主要体现了一种界限和距离，其中的尊敬与敬畏的意味要少得多（因为相对

[①] 在德国人之间，一般不会出现偶尔忘了而错称的情况。但在以德语为外语的中国留学生身上，这种错误偶尔会发生，比如笔者在访谈中曾经有两三个学生提到这种情况（如田薇、杨洁等，参见§5.4.2.2.1）。

权势高者也对等地以"Sie"称呼相对权势低者)。

在与同事间称呼相关的几个题目上,笔者获得的结果分别如下:

表4-32　称呼年龄比自己大的同事*样本的交叉列联表

			样本		合计
			I	II	
称呼年龄比自己大的同事	您/Sie	人数	128	52	180
		占该样本的(%)	72.7	55.9	66.9
	你/du	人数	48	41	89
		占该样本的(%)	27.3	44.1	33.1
合计		人数	176	93	269
		占该样本的(%)	100	100	100

表4-33　称呼年龄与自己相仿的同事*样本的交叉列联表

			样本		合计
			I	II	
称呼年龄与自己相仿的同事	您/Sie	人数	8	15	23
		占该样本的(%)	4.5	16.3	8.6
	你/du	人数	168	77	245
		占该样本的(%)	95.5	83.7	91.4
合计		人数	176	92	268
		占该样本的(%)	100	100	100

表4-34　称呼年龄比自己小的同事*样本的交叉列联表

			样本		合计
			I	II	
称呼年龄比自己小的同事	您/Sie	人数	4	14	18
		占该样本的(%)	2.3	14.9	6.7
	你/du	人数	172	80	252
		占该样本的(%)	97.7	85.1	93.3
合计		人数	176	94	270
		占该样本的(%)	100	100	100

笔者通过卡方检验得到的 χ^2 值分别为7.769、10.648、15.686,对应的概率 p(分别为0.005、0.001、0.000)均小于显著性水平0.05,那么

拒绝零假设，认为在"称呼年龄比自己大的同事""称呼年龄与自己相仿的同事"和"称呼年龄比自己小的同事"这几个变量上，样本（Ⅰ）与样本（Ⅱ）表现出显著差异，说明文化环境因素对两个样本组在这几个变量上的选择产生了影响。从表格中可以看到，样本（Ⅰ）72.7%的学生选择了（或者认为应当选择）"您"来称呼年龄比自己大的同事，而27.3%的学生选择了"你"，两种选择差别比较大；另外在"称呼年龄与自己相仿的同事"和"称呼年龄比自己小的同事"两个变量上，选择"您"和"你"的比例差别非常大（分别为4.5%、95.5%和2.3%、97.7%），这一点说明，在中国文化中，年龄因素在对同事的称呼问题上起到很重要的作用。而样本（Ⅱ）在"称呼年龄比自己大的同事"这一变量上，两种选择的差别不大（55.9%，44.1%），说明年龄因素在这里没有起到显著作用，但在"称呼年龄与自己相仿的同事"和"称呼年龄比自己小的同事"这两个变量上，样本（Ⅱ）选择"Sie"和"du"的比例同样出现较大差别（16.3%、83.7%和14.9%、85.1%），又说明年龄因素起到显著作用，这似乎是矛盾的。通过对样本（Ⅱ）所做出的选择进行比较，我们发现，有近一半人选择用"du"来称呼年长同事，83.7%和85.1%的人选择用"du"来称呼同龄和年轻同事。笔者认为，统计中所体现出的这种情况并不符合德国的现实情况。因为在德国，很多情况下，尤其是在工作场合，成年人从不用"du"式称呼，他们倾向于保持使用"Sie"而产生的敬意以及庄重感和距离感。① 因为，"一般来说，德国人把一起工作的人看作是同事而非朋友"②，因此，他们一般用比较正式的"Sie"来称呼彼此。也就是说，同事关系一般不被列为可以"duzen"的关系，只有"在车间里，工人们更多地是以'你'相称，称'你'的情况比在管理机构中要普遍。与大的公司相比，小公司里大家很快互相称'你'"③，而这种相称也是对等的，即一方称另一方"du"，那么对方也回称"du"，与年龄没有关系。这一点在笔者所获得的调查数据结果中没有得到支持，也就是说，笔者的调查结果在称呼不同年龄的同事这一变量上与德国社会现实不符。笔者认为，之所以出现这种不符，是因为笔者选择的调查样本是中国留学生，他们是通过自己的眼光和亲身体验来认识德国社会的，而他们到德国的目

---

① 参见［美］葛里格·尼思《解读德国人》，张晓楠译，中国水利水电出版社2004年版，第55—56页。
② 同上书，第41页。
③ ［德］苏珊·海尔巴赫－格罗塞、尤塔·霍夫曼：《女性商务礼仪》，来炯、刘丽译，电子工业出版社2007年版，第40页。

的主要是学习，很少有机会真正参加工作（即便有也只是打打工，从事一些临时性的工作），所以对德国职业生活的了解并不深入，在回答问卷时只能凭自己的感觉和印象来选择，而这种选择不可能不受到源于本文化的价值观念、行为方式的影响。这里笔者依稀看到跨文化性所产生的负面影响：如果中国留学生毕业后留在德国工作，在与同事交往时按照这种情况选择称呼的话（对年长者称"Sie"，对年轻者称"du"），那么很有可能会产生一些误解和不快。所以，尽管在这几个变量上，两组样本表现出显著差异，但笔者认为，它并没有真正反映中德两种不同的文化环境的影响，至少没有真正反映德国社会中同事间相互称呼的现实。

在"称呼自己的同学、朋友"这个变量上，笔者得到的结果如下：

表 4 – 35　　称呼自己的同学、朋友 * 样本的交叉列联表

			样本		合计
			I	II	
称呼自己的同学、朋友	您/Sie	人数	4	2	6
		占该样本的（%）	2.3	2.1	2.2
	你/du	人数	173	92	265
		占该样本的（%）	97.7	97.9	97.8
合计		人数	177	94	271
		占该样本的（%）	100	100	100

通过卡方检验得到 $\chi^2 = 0.005$，$p = 0.944$，大于显著性水平 0.05，那么接受零假设，认为在"称呼自己的同学、朋友"这个变量上，两组样本没有表现出显著差异，说明文化环境因素对两个样本组在该变量上的选择影响不大。两组样本在选择上表现出极大的相似性：选择"您"/"Sie"的比例分别为 2.3% 和 2.1%，选择"你"/"du"的比例分别为 97.7% 和 97.9%。即在"同学/朋友称呼"上，中德两种文化没有太大差异。但笔者由此也可看到中国留学生跨文化学习的结果。在中国，学生之间称"你"不会有任何问题；同样在德国，大学生之间称"du"也不会有太大问题。但是根据笔者的访谈调查，不少留学生在到了德国后，在与别的大学生初次交往时还是会出现拿不准的情况（如果与同学已经很熟悉或者已经成为好朋友，会毫不犹豫地称"du"），这时候他们主要采取两种策略：要么等待对方先发话，根据对方的称呼选择自己该用什么称呼；要么与对方称"Sie"（毕竟是陌生人嘛），如果对方接受并回称"Sie"，那么以后与对方的交往就一律称"Sie"（直到对方提出改换为止），而如果

对方直接提出称"du",那么中国留学生就改换"Sie"而称"du"。由于后面这种情况更经常一些,而且大部分情况下,外国学生首次见面便直接用"du"来称呼对方,基于这样的经历,中国留学生在到达德国一段时间以后,对大学生之间用"du"称呼已经深信不疑,那么他们以后与外国学生初次见面就会毫不犹豫地选择"du"称呼(参见§5.4.2.2.1)。笔者看到,非参与式跨文化交际与实际情境中的跨文化交际还是存在一定距离的,因为人的心理变化受多种因素的影响,有时候当时的情境因素可能发挥的作用更大一些。只有在实际情境中经历过之后,才会形成经验([德] Erfahrungsbildung),并发生基于经验和练习的"行为方式和认知结构的变化"(参见§3),这才是发生了学习过程。正如上文所论及的那样,"跨文化学习方案显然并不是建立在现有的关于异文化的单一信息之上,而是还需要异文化的语境"①。而在异文化的语境中,学习者通过试误、强化、认知、模仿等机制来接触环境,并获得经验,从而产生认知结构和行为方式的变化。这种变化被称为跨文化学习。中国留学生正是在德国文化的具体语境中,通过各种学习策略和学习机制积累了经验,才在认知结构和行为方式上发生了相应的变化,跨文化学习过程才发生,跨文化行为能力才得以提高。

在对陌生人的称呼问题上,笔者得到的结果如下:

表 4-36　　　　称呼陌生的老年人 * 样本的交叉列联表

			样本		合计
			I	II	
称呼陌生的老年人	您/Sie	人数	158	89	247
		占该样本的(%)	89.3	94.7	91.1
	你/du	人数	19	5	24
		占该样本的(%)	10.7	5.3	8.9
合计		人数	177	94	271
		占该样本的(%)	100	100	100

---

① Thomas, A., Lernen und interkulturelles Lernen, Wierlacher, A. & A. Bogner (Hrsg.), Handbuch interkulturelle Germanistik, Stuttgart/Weimar: Verlag J. B. Metzler, 2003, p. 279.

表 4-37　　　　　　　称呼陌生的年轻人 * 样本的交叉列联表

			样本		合计
			Ⅰ	Ⅱ	
称呼陌生的年轻人	您/Sie	人数	40	42	82
		占该样本的（%）	22.6	44.7	30.3
	你/du	人数	137	52	189
		占该样本的（%）	77.4	55.3	69.7
合计		人数	177	94	271
		占该样本的（%）	100	100	100

笔者通过卡方检验获得的 χ^2 值分别为 2.231 和 14.186，概率为 0.135 和 0.000。前者的概率大于显著性水平 0.05，那么接受零假设，认为在"称呼陌生的老年人"这个变量上，样本（Ⅰ）与样本（Ⅱ）没有表现出显著差异，说明文化环境因素对两个样本组在该变量上的选择影响不大。后者的概率小于显著性水平，那么拒绝零假设，认为在"称呼陌生的年轻人"这个变量上，两组样本表现出显著差异，说明文化环境因素对两个样本组在该变量上的选择有显著影响。

笔者认为，对前一种情况"称呼陌生的老年人"，两个样本组选择"您"/"Sie"的比例都比较高（89.3%，94.7%）不足为奇。因为无论是在中国还是在德国，中国人对老年人的尊重程度都比较高，较多人选用尊称"您"/"Sie"理所当然。而且在德国，陌生人之间的通用性称呼就是"Sie"。笔者认为，样本（Ⅱ）选择"Sie"的比例比样本（Ⅰ）选择"您"的比例还高出不少，是中德两种文化共同作用的结果：由于我们选择的样本（Ⅱ）为在德国的中国留学生，他们身份的特殊性——来自中国文化，在德国文化环境中生活——使他们在对该变量做出选择时将考量的重点除了放在"老年人"这个要素（"老年人"在中国文化中意味着要受到尊重）上之外，还同时注意了"陌生"这个因素，因为在德国文化中，"陌生"意味着距离，要保持距离，就要使用"Sie"。由于这种双重作用的效果，所以，样本（Ⅱ）选择"Sie"来称呼陌生老年人的比例比样本（Ⅰ）要高一些。从这一结果也可以看到跨文化学习所产生的影响。

而后一种情况"称呼陌生的年轻人"，样本（Ⅰ）将重点放在"年轻人"这一要素上，所以选择"你"的比例很高，而样本（Ⅱ）同样是受到两种文化交互作用的影响，在注意到"年轻"要素的同时，更加注意

"陌生"要素,所以选择"Sie"的比例(44.7%)比样本(Ⅰ)选择"您"的比例(22.6%)高出不少。由此可以看出,德国的文化因素对中国学生的选择产生了很大影响。

同样是陌生人,在对售货员、餐厅或酒吧等服务行业的职员称呼时,两组样本表现出显著性差异(见表4-38)。在卡方检验中,$\chi^2 = 79.943$,$p = 0.000 < a$。德国文化环境显然对中国留学生如何称呼这些服务行业人员产生了影响。

表4-38　称呼售货员、餐厅酒吧服务员＊样本的交叉列联表

			样本		合计
			Ⅰ	Ⅱ	
称呼售货员、餐厅酒吧服务员	您/Sie	人数	63	87	150
		占该样本的(%)	35.8	92.6	55.6
	你/du	人数	113	7	120
		占该样本的(%)	64.2	7.4	44.4
合计		人数	176	94	270
		占该样本的(%)	100	100	100

而在对"国家机关工作人员"和"医生、律师等"人员的称呼方式的选择上,卡方检验的χ^2值分别为51.688、28.789,概率p均为0.000。可见,分别处于中国文化和德国文化中的两个样本在选择对上述人员的称呼时表现出显著差异(见表4-39和表4-40),可以认为,德国文化对中国留学生的跨文化学习产生了影响。

表4-39　称呼国家机关工作人员＊样本的交叉列联表

			样本		合计
			Ⅰ	Ⅱ	
称呼国家机关工作人员	您/Sie	人数	98	92	190
		占该样本的(%)	56.0	97.9	70.6
	你/du	人数	77	2	79
		占该样本的(%)	44.0	2.1	29.4
合计		人数	175	94	269
		占该样本的(%)	100	100	100

表 4-40　　　　　　称呼医生、律师等 * 样本的交叉列联表

			样本		合计
			Ⅰ	Ⅱ	
称呼医生、律师等	您/Sie	人数	124	92	216
		占该样本的（%）	70.5	97.9	80.0
	你/du	人数	52	2	54
		占该样本的（%）	29.5	2.1	20
合计		人数	176	94	270
		占该样本的（%）	100	100	100

但是，如果再与前面那个变量（即对售货员、餐厅和酒吧服务员的称呼）相比较，就可以发现，两个样本所表现出的差异是不一样的。在德国留学的中国学生对服务行业、国家政府部门从业人员以及医生、律师等职业的从业人员的称呼表现出较高的一致性（称"Sie"的比例分别为 92.6%，97.9%，97.9%），而在中国的中国学生对这几个不同行业的从业人员的称呼表现出较大的差异（称"您"的比例分别为 35.8%，56.0%，70.5%），说明在中国文化环境中，对这几个行业的从业人员的尊敬程度是不一样的，这也在一定程度上反映了这几个行业在中国社会中的地位不尽相同。而在德国社会中，尽管这几个行业也存在不同程度的等级差异，但是由于德语中称呼的对称性原则以及"Sie"作为通用性社交称呼语的原则，使得在与这几个行业的从业人员交际时更多选择"Sie"这一称呼词，以保持相互间的距离。通过这样的比较，同样也可以看出跨文化学习的结果：在德国的中国留学生已经受到（作为德国文化重要组成部分之一的）德语和德国社交规范的影响。

在"称呼自己的邻居"这一变量上，两个样本并没有表现出显著差异（见表 4-41）：经卡方检验，$\chi^2 = 0.227$，$p = 0.634 > 0.05$，两个样本的选择比例非常接近（"您/Sie"：33.0%，30.1%；"你/du"：67.0%，69.9%），说明德国文化环境在这一变量上并没有对中国留学生产生显著影响。

表 4 – 41　　　　　　称呼自己的邻居 * 样本的交叉列联表

			样本		合计
			Ⅰ	Ⅱ	
称呼自己的邻居	您/Sie	人数	58	28	86
		占该样本的（%）	33	30.1	32
	你/du	人数	118	65	183
		占该样本的（%）	67	69.9	68
合计		人数	176	93	269
		该样本的（%）	100	100	100

但是，笔者对这一结果持怀疑态度。笔者认为，由于受调查条件所限，没能在问卷中对"邻居"一词做出明确界定，所以这两个样本对"邻居"的理解可能存在差异。由于样本（Ⅰ）年龄层次非常集中，学历主要为在读大学生或研究生（两者所占比例为 52.8%，详见表 4 – 42），他们在学校里主要住学生宿舍，由于中国大学的学生宿舍大多为多人合住一房间的形式，很少有一个人住单间的情况，所以对样本（Ⅰ）而言，很难将"邻居"这个概念与住在自己附近的同学联系起来；另有大学毕业而年龄尚未超过 23 岁者占 23.3%，而在这个年龄建立自己家庭的比例比较低，所以也就没有真正意义上的邻居，他们所理解并据以做出选择的"邻居"据笔者猜测可能主要是指在父母家时的邻居。那么，选择"您"与"你"的这种比例（33%，67%）可能比较符合中国的社会现状。①

表 4 – 42　　　　　　样本（Ⅰ）的年龄与学历分布

			学历					合计
			大学以下	大学在读	大学毕业	硕士研究生	博士研究生	
年龄	小于 18 岁	人数	1	0	0	0	0	1
		占总体（%）	0.6	0	0	0	0	0.6
	18—23 岁	人数	4	70	42	2	1	119
		占总体（%）	2.2	38.9	23.3	1.1	0.6	66.1
	24—29 岁	人数	0	2	21	13	4	40
		占总体（%）	0	1.1	11.7	7.2	2.2	22.2

---

① 受研究课题及时间所限，笔者在调查中无法涉及各个层次对邻居的称呼这一变量，所以不能对此提出一个有说服力的数据。这有待进一步的调查和研究。

续表

			学历					合计
			大学以下	大学在读	大学毕业	硕士研究生	博士研究生	
年龄	30—35岁	人数	0	0	5	6	7	18
		占总体（%）	0	0	2.8	3.3	3.9	10
	大于35岁	人数	0	1	0	1	0	2
		占总体（%）	0	0.6	0	0.6	0	1.1
合计		人数	5	73	68	22	12	180
		占总体（%）	2.8	40.6	37.8	12.2	6.7	100

而在德国的中国留学生大部分住在比较集中的学生宿舍或公寓（也有少部分人与中国或外国学生合住合租房 WG），只有很少一部分中国留学生选择普通租房。不管选择何种居住形式，一个人拥有单独一个房间是最基本的条件。也就是说，他们所理解的邻居可能包括两种情况：学生宿舍（或公寓、WG）里其他房间的同学以及房东的邻居。根据笔者的统计，在德国的中国留学生的居住方式选择学生宿舍的占 76.5%，而被选中的其他选项（公寓、与他人合住 WG）也主要为学生居住环境，没有人选择租住德国家庭住房，也没有人填其他情况（表 4-43）。所以笔者认为，中国留学生所理解的邻居主要指前者，那么邻居实际就是同学。在这种情况下，用"du"来称呼"邻居"的比例为 69.9% 才有可能。[①]

表 4-43　　　　　样本（Ⅱ）在德国的居住方式

		频数（次）	百分比（%）	有效百分比（%）	累加百分比（%）
有效	学生宿舍	52	51.5	76.5	76.5
	与中国人合住 WG	6	5.9	8.8	85.3
	与外国人合住 WG	6	5.9	8.8	94.1
	公寓	4	4	5.9	100
	合计	68	67.3	100	
缺失		33	32.7		
	合计	101	100		

---

① 因为根据经验，德国的邻居之间一般相互称"Sie"，而相互称"du"的情况比较少见。正如尼思指出的那样：坚持使用"您"还是提醒邻居保持合适距离的一种方式。而且，这样做还可以避免因为亲密关系而带来的暧昧不清或风险。参见［美］葛里格·尼思《解读德国人》，张晓楠译，中国水利水电出版社 2004 年版，第 55—56 页。

笔者用同样的方法检验了两个样本关于中国人和德国人对家庭成员的称呼的选择。结果如表4-44所示。其中的选项数字1—8依次代表：（外）祖父母、岳父母/公婆、父母、叔/舅/姑/姨等、兄弟姐妹、配偶、儿孙等晚辈、对上述所有人都不称"您/Sie"。

表4-44 称呼哪些家人或亲戚用"您/Sie" * 样本的交叉列联表

			样本		合计
			I	II	
称呼哪些家人或亲戚用"您/Sie"		人数	3	9	12
		占该样本的（%）	1.7	8.9	4.3
	1	人数	3	2	5
		占该样本的（%）	1.7	2	1.8
	1, 2	人数	18	7	25
		占该样本的（%）	10	6.9	8.9
	1, 2, 3	人数	6	2	8
		占该样本的（%）	3.3	2	2.8
	1, 2, 3, 4	人数	52	9	61
		占该样本的（%）	28.9	8.9	21.7
	1, 2, 3, 4, 5	人数	1	0	1
		占该样本的（%）	0.6	0	0.4
	1, 2, 3, 4, 5, 7	人数	1	0	1
		占该样本的（%）	0.6	0	0.4
	1, 2, 3, 5, 6	人数	1	0	1
		占该样本的（%）	0.6	0	0.4
	1, 2, 4	人数	14	2	16
		占该样本的（%）	7.8	2	5.7
	1, 3	人数	2	0	2
		占该样本的（%）	1.1	0	0.7
	1, 3, 4	人数	1	0	1
		占该样本的（%）	0.6	0	0.4
	1, 4	人数	1	0	1
		占该样本的（%）	0.6	0	0.4
	2	人数	13	1	14
		占该样本的（%）	7.2	1	5

续表

			样本		合计
			Ⅰ	Ⅱ	
称呼哪些家人或亲戚用"您/Sie"	2，4	人数	1	2	3
		占该样本的（%）	0.6	2	1.1
	8	人数	63	65	128
		占该样本的（%）	35	64.4	45.6
	不知道	人数	0	2	2
		占该样本的（%）	0	2	0.7
合计		人数	180	101	281
		占该样本的（%）	100	100	100

由卡方检验得知，$\chi^2 = 50.808$，$p = 0.000 < 0.05$，拒绝零假设，认为对上述哪些人员称"您/Sie"这一变量与样本显著相关，也就是说，两组样本的选择存在显著差异：从表中可以看出，在样本（Ⅰ）的选择中，至少包括长辈之一的选择占65%，而选择"均不称您/Sie"的占35%；而在样本（Ⅱ）中，选择"均不称您/Sie"的占64.4%，比例恰恰颠倒过来。由此可以看出：德国文化环境对中国留学生在该问题上的选择产生了显著影响，而且这种影响是符合人们所了解的德国社会现实的：即在现在的德国家庭中，家庭成员之间一般相互以"du"相称，长辈和晚辈平等相待。

本书前面提到，钱敏汝曾举例论证过汉语语用规则对德语学习者使用"Sie/du"所产生的干扰现象。她发现，德语学习者在演德语童话剧时，扮演晚辈的学生以"Sie"来称呼剧中的祖母，这违反了德语的语用规则。而出现这种错误，是由于学生按照中国的语用习惯（"您"为尊称）用表层意义与之相同的"Sie"来表示对祖母的尊敬，而忘记了在德国文化中家庭成员之间以"du"相称的规则。也就是说，跨文化性在这里产生了负面影响。笔者完全同意她的这种观点。而如果把笔者这里的调查结果与她举例论证的结果相比，又可以看到，真正的跨文化学习情境（中国留学生在德国生活）与虚拟的跨文化学习情境（中国学生在国内演德语剧）对学习者的认知结构和行为方式的变化所产生的影响不同。前者更接近于异文化的真实，而后者受本文化的影响更大一些。

通过上面的分析，可以看到，在中国文化环境中，人们选择称呼代词的标准主要是依据社会距离，除非在特别隆重的场合，汉语中的"你"是中国文化中无标志性的通用称呼。在交际中如果出现"您"的称呼，那么它一般表示一种尊敬,而不是表示要保持一种距离(相反,有时"您"还可以表示一种亲近,参见§2.4.2.1)。同时它又是相对权势的标志,接受该称呼者拥有相对高的权势和地位。在权势关系中,汉语中的称呼呈现不对称性,权势低者较易发出"您"的称呼,而更容易接受"你"的称呼,权势高者较易发出"你"的称呼,而更愿意接受"您"的称呼。①

而在德国社会中,德语的"Sie"是无标志性的通用称呼,在人际交往中表示一种相互的尊重和距离。如果用科特·列文的同心圆来表示的话,那么在德国人的个体与社会关系结构(如图2-4和图2-5)中,接近表层处有一道清晰、坚固的界限(图中用加粗的黑线来表示),它代表德国人对私人生活和公共生活的区分。德国人与他人的交往大部分维持在黑线以外,至于这些人属于哪个阶层或者从事何种职业,都是次要的,他们都一视同仁,一概以"Sie"相称。在交际中如果出现"du"的称呼,那么它一般表示一种亲近与信任,发出该称呼者一般认为双方的关系已经达到可以将对方纳入自己的亲近交际圈以内(即同心圆黑线以内部分),而如果被称呼者也有同样的感觉,那么就接受该称呼,同时也以相同的方式称呼对方;相反,如果被称呼者觉得双方的关系还没有达到相应的亲近与信任,那么就会拒绝这种称呼,双方依然保持相互称"Sie"的状态。在中国人的社会交往中,尽管也同样存在"自己人"与"外人"这样一个界限,但是这个界限与德国人的个体与社会关系结构相比更接近核心层,我们也仿照列文的同心圆将其描绘如图4-27所示。

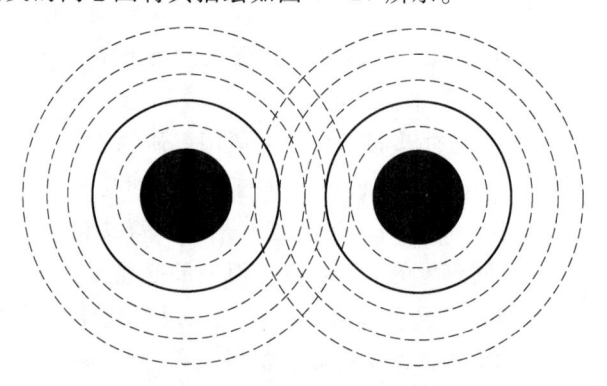

图4-27 中国人的普通交往模式

---

① Gu Shiyuan 也曾经指出过这一点:由于相对较高的地位,所以老板绝不会对秘书使用汉语中的尊称"您",而教授也绝不会对学生使用这种尊称,参见 Gu, Shiyuan, Kulturbarrieren bei der verbalen und nonverbalen Kommunikation, in: Zhu, Jianhua, et al. (Hrsg.), *Interkulturelle Kommunikation: Deutsch-Chinesisch*, Frankfurt a. M.: Peter Lang, 2006, p. 168。

从图中可以看到，中国人在普通交往中，交往双方的个体与社会关系结构重叠的部分远大于德国人的普通交往模式：双方都已经触及并进入对方的个体与社会关系结构黑线以内，即已触及部分隐私（可能在中国人心目中，这部分还算不上隐私）。这样人们就可以理解，在中国，为什么不是特别熟的人初次见面有时也会问及年龄、婚恋等问题。

但是，在中国人的这种交往模式中，并没有像德国人的交往模式中那样，与称呼代词"您"或"你"有一个对应关系。正如前面所说的那样，中国人的称呼代词的使用很多情况下与情境相关，与交往模式没有一种固定的恒久的联系。

三　社会支持

胡文仲在介绍解释文化休克的理论之一——社会支持减少论时指出，"社会支持指的是一个人在困难时得到亲戚、朋友、同事、熟人、邻居等在物质、道义和感情方面的帮助"。[1] 笔者认为，社会支持是普遍存在于社会生活中的，而并非仅仅指在困难时得到的帮助。儒家的基本思想认为，人是在与其他人的关系中生活的。中国文化将人看成是一种关系的存在物，是由周围相互作用的社会环境所确定的。[2] 正如钱穆所言，中国人讲人，不重在讲个别的人，而更在讲人伦。人伦是人与人相处有一共同关系的，要能人与人相处，才各成其为人。[3] 这一点也可以从儒家的核心概念"仁"的构造上看出来：仁者，二人也。即只有在与他人的交互作用中，人的存在才是有意义的。众所周知，人的需求是多方面的，在解释人的动机的各种理论中，无论是"归属与爱的需要"[4]，还是"自我表达的需要"或者"亲和需要"[5]，实际都是指：人作为社会性的动物，需要得到自己所关心和重视的个人和群体的支持、喜爱和接纳。这一点无论在西方社会，还是在东方社会，都是一样的。但是，在不同社会、不同文化中，人们对社会支持的需求程度以及寻求社会支持的方式不尽相同。比如在中国，非常普遍的串门行为便是寻求社会支持的一种方式。通过串门，人们交换信息，

---

[1] 胡文仲：《跨文化交际学概论》，外语教学与研究出版社1999年版，第191页。
[2] ［英］迈克·彭等：《中国人的心理》，邹海燕等译，新华出版社1990年版，第186页。
[3] 钱穆：《从中国历史来看中国民族性及中国文化》，中文大学出版社1984年版，第22—23页；转引自沙莲香《中国民族性》（二），中国人民大学出版社1992年版，第22页。
[4] 马斯洛的需要层次理论中的人类动机之一，参见沙莲香主编《社会心理学》，中国人民大学出版社2002年版，第131—134页。
[5] 麦奎尔的动机类型说中人的两种社会动机，参见沙莲香主编《社会心理学》，中国人民大学出版社2002年版，第134—135页。

交流情感,发发牢骚,评评时政,在这一过程中,消极情绪得到发泄,积极情绪得到强化。人们的需求在交往中得到满足。而在德国,人们更倾向于通过闭门自思来升华自己的思想,使自己趋于成熟。与之形成对照的是德国的酒吧生意红火,各类派对(Party)层出不穷,人们在酒吧和派对上寻求社会支持,以满足与他人交往的需求。那么当中国学生离开熟悉的环境而进入德国这个异文化环境之后,他们的社会支持发生了什么样的变化?而他们寻求社会支持的方式是否发生变化?我们在问卷调查中分别考察了中国学生在中国和在德国的串门行为、聚餐行为、与教授的个人交往行为。

经卡方检验,在"经常到较近的几间宿舍串门"的问题上,两组样本的选择与样本呈显著相关(χ^2 = 20.745, p = 0.000 < 0.05),即两个样本间有差异。笔者发现,"从不串门"的学生比例上升[样本(Ⅰ)9.5%,样本(Ⅱ)12.2%],而选择串门的三个选项的比例都有所下降。也就是说,中国留学生到达德国后,有串门行为的人数比国内减少。由此笔者认为,中国留学生通过串门行为来寻求社会支持的意愿下降,说明在他们身上发生了跨文化学习过程。但导致这一变化的具体原因为受到了德国同学的影响,还是因为宿舍里可以上网聊天而不需要去串门,抑或是因为学习任务重或者想独享个人空间,笔者不得而知。但有一点是肯定的,文化环境的改变导致了串门行为的变化。

表4-45　　经常到较近的几间宿舍串门 * 样本的交叉列联表

			样本		合计
			Ⅰ	Ⅱ	
经常到较近的几间宿舍串门	从不串门	人数	17	12	29
		占该样本的(%)	9.5	12.2	10.5
	1—2间	人数	77	37	114
		占该样本的(%)	43	37.8	41.2
	3—4间	人数	66	33	99
		占该样本的(%)	36.9	33.7	35.7
	同楼层的几乎所有宿舍	人数	19	6	25
		占该样本的(%)	10.6	6.1	9
	其他	人数	0	10	10
		占该样本的(%)	0	10.2	3.6
合计		人数	179	98	277
		占该样本的(%)	100	100	100

在"与同学聚餐频次"上,得到的结果是:聚餐频次与样本没有显著相关 ($\chi^2 = 2.627$, $p = 0.622 > 0.05$)。也就是说,中国留学生在出国前后与同学聚餐的频次没有发生太大变化。而根据笔者的访谈和问卷调查,中国留学生在德国比较熟悉的朋友主要为中国人(见表4-49),他们经常在一起做饭、聚餐,主要是中国同学之间,偶尔也会向个别外国同学显露一下自己的厨艺。所以,做饭与聚餐成为他们在国外寻求社会支持的方式之一。

在与老师的个人交往(请老师吃饭或者被请)上,可以看到,德国老师比中国老师对于中国学生而言更遥不可及。在"请老师吃饭以增进了解和感情"这个题目上,两组样本没有表现出显著差异($\chi^2 = 6.605$,$p = 0.086 > 0.05$)。尽管如此,笔者仍然观察到,与样本(Ⅰ)相比,样本(Ⅱ)有更多的人选择了"几乎从未请老师吃过饭"〔样本(Ⅰ)为55.6%,样本(Ⅱ)为68.3%〕。由此可以推测,在德国,中国留学生与老师之间的距离还是比较大的。

表4-46 学习期间与同学聚餐频次*样本的交叉列联表

			样本		合计
			Ⅰ	Ⅱ	
学习期间同学聚餐频次	很频繁,每周至少一次	人数	25	17	42
		占该样本的(%)	13.9	17.2	15.1
	比较经常,每月一两次	人数	91	51	142
		占该样本的(%)	50.6	51.5	50.9
	偶尔,半年才一两次	人数	48	27	75
		占该样本的(%)	26.7	27.3	26.9
	很少,一两年才一次	人数	13	3	16
		占该样本的(%)	7.2	3	5.7
	几乎从不	人数	3	1	4
		占该样本的(%)	1.7	1	1.4
合计		人数	180	99	279
		占该样本的(%)	100	100	100

表 4-47　　　　　请老师吃饭频次 * 样本的交叉列联表

			样本		合计
			Ⅰ	Ⅱ	
请老师吃饭以增进了解和感情	比较经常，大概每月一两次	人数	11	3	14
		占该样本的（%）	6.2	3	5
	偶尔，半年才一两次	人数	29	17	46
		占该样本的（%）	16.3	16.8	16.5
	很少，一两年才一次	人数	39	12	51
		占该样本的（%）	21.9	11.9	18.3
	几乎从未	人数	99	69	168
		占该样本的（%）	55.6	68.3	60.2
合计		人数	178	101	279
		占该样本的（%）	100	100	100

表 4-48　　　　　老师请您吃饭频次 * 样本的交叉列联表

			样本		合计
			Ⅰ	Ⅱ	
老师请您吃饭频次	很频繁，每周至少一次	人数	1	1	2
		占该样本的（%）	0.6	1	0.7
	比较经常，每月一两次	人数	20	3	23
		占该样本的（%）	11.2	3	8.2
	偶尔，半年才一两次	人数	45	13	58
		占该样本的（%）	25.1	13	20.8
	很少，一两年才一次	人数	49	19	68
		占该样本的（%）	27.4	19	24.4
	几乎从未	人数	64	64	128
		占该样本的（%）	35.8	64	45.9
合计		人数	179	100	279
		占该样本的（%）	100	100	100

而在"老师请您吃饭"这个题目上，两个样本组呈显著性差异（$\chi^2 = 22.925$，$p = 0.000 < 0.05$）。我们看到，样本（Ⅰ）几乎从未被老师请吃饭的人数比例为 35.8%，远低于样本（Ⅱ）（64%）。而选择"几乎从未"这一选项的比例与上一题目中选择该项的比例非常接近（64%，

68.3%），说明约三分之二的中国留学生没有通过吃饭这种方式与德国老师打过交道。相比之下，中国老师对于学生而言更加平易近人一些，而德国老师与学生之间的个人距离更大一些。

朋友在每一个人的社会支持网络中占据很重要的地位，这在哪个社会或文化中都是如此：在美国，由于社会地位和地理位置的变动，人们需要很快结交朋友，不然就会孤独寂寞；而德国人尽管朋友人际网比较小，但是很紧密，朋友间相互承担的责任与义务要更多一些；① 相比之下，汉语里的"朋友"概念指的是一种彼此信任、你我相知、德性相投的关系。② 传统的中国式朋友经常是双方相互卷入对方的个人事务中，甚至"为朋友两肋插刀"，如果用同心圆理论来描述的话，中国传统式的朋友交往模式中，双方的重叠部分已经进入最核心的区域（图4-28）。朋友成为社会支持网络不可或缺的一部分。

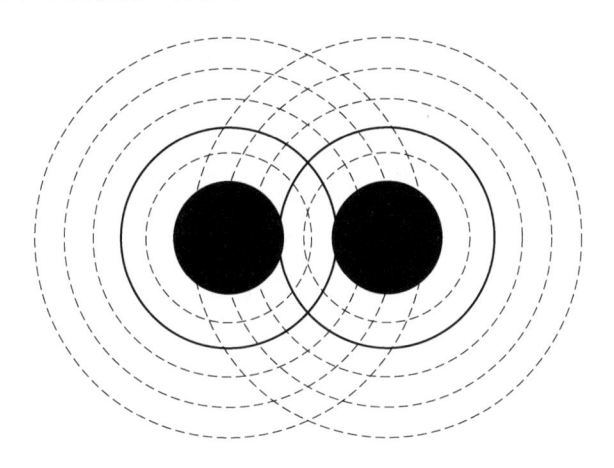

图4-28 中国人的朋友交往模式

中国留学生离开熟悉的中国文化环境，家人不在身边，老师也换了面孔，昔日的朋友天各一方，几乎所有熟悉的社会支持顿然失去，那么，他们是如何重新获得社会支持的？笔者在问卷调查中考察了中国留学生在德国的交友情况。笔者先让中国留学生写出自己在德国认为够得上朋友的人，用一个字母代替其姓名，然后对应这些字母（代表朋友）写出他们的国籍。经统计，结果如下：

---

① 参见［美］葛里格·尼思《解读德国人》，张晓楠译，中国水利水电出版社2004年版，第43—44页。
② 焦国成：《中国古代人我关系论》，中国人民大学出版社1991年版，第74页。

表 4-49　　　　　　　　中国留德学生的交友情况

朋友国籍	第一个为		前三个全为		前三个有一个为		所有朋友均为		至少有一个为		五个朋友以上为	
	人数	百分比（%）	人数	百分比（%）	人数	百分比（%）	人数	百分比（%）	人数	百分比（%）	人数	百分比（%）
中	74	83.1	58	65.2	82	92.1	32	36	86	96.6	36	40.4
德	14	15.7	4	4.5	27	30	1	1.1	51	57.3	2	2.2
其他	1	1.2	—	—	—	—	—	—	—	—	—	—
总计	89	100	89	100			89	100				

在回收的 101 份问卷中，有 12 份因为没有填答此题而被计为缺失，有效问卷为 89 份。在填写的朋友中，中国人最多，其次就是德国人，另外还有英国、波兰、韩国、美国、希腊、叙利亚、葡萄牙、保加利亚、印尼等 25 个国家的人，由于所占比例远低于前两者，可以忽略不计，所以在下面的分析中，笔者只讨论留学生的中国朋友和德国朋友这两项。其中，第一个朋友为中国人的比例为 83.1%，远高于德国人（15.7%），同样，"前三个朋友均为中国人"的比例也远高于"前三个朋友均为德国人"的比例（65.2%，4.5%），说明中国留学生仍然把中国朋友作为自己首要的社会支持。而所有朋友均为中国人、五人以上为中国人的比例分别为 36% 和 40.4%，远远高于对应的德国人比例（分别为 1.1% 和 2.2%）。就是说，30% 以上的留学生的朋友圈完全是中国人，而 89 人中只有一人的朋友圈全是德国人（8 个德国朋友）。人们之所以倾向于和处境、地位、能力相当的人接近，原因之一在于相似性可以使人们容易产生共鸣和理解，所谓的同病相怜就是如此。[①] 这里的接近既包括空间距离上的靠近，也包括心理距离上的缩小。这就是所谓的亲和动机，即"个人要与他人在一起，或者要加入某个团体的需要"[②]。而且，在处于未知与不安导致的恐惧状态时，人们接近、靠拢周围在处境、地位或能力上基本与之相当的人或群体的要求和愿望更加强烈。中国留学生在转换到陌生的跨文化环境中时，其取向明晰度逐渐降低（见 §3.2.6.2 及图 3-5），为了抵制由于取向不明而导致的不安与恐惧，他们首先到与自己源于同一文化的同胞那里寻求支持，以支撑自己的取向明晰度，使自己不致陷入无所

[①] 沙莲香主编：《社会心理学》，中国人民大学出版社 1987 年版，第 216 页。
[②] 吴江霖等：《社会心理学》，广东高等教育出版社 2000 年版，第 177 页。

适从的状态。然而也要看到，在留学生所填写的朋友网络中，至少有一个朋友为德国人的占一半以上，而且其排序还比较靠前（在前三人中至少有一人为德国人：30%），说明德国朋友也是中国留学生在异文化环境中获得社会支持的一个重要来源。而且来自这方面的支持对留学生的跨文化适应更有意义，因为在德国文化环境中，个体的认知参照框架最终会因德国文化因素的加入而发生变化，即发生跨文化学习过程。而与德国朋友的接触无疑将加速这一过程，从而使自己在异文化中的行为适当度逐步提高，并进而提高自己在异文化中的取向明晰度（见§3.2.6.2）。由此笔者得出结论：在异文化环境中，中国留学生首先并主要是在同胞那里寻求社会支持，德国朋友在他们的社会支持网络中也占了比较重要的地位。

四　人际交往的影响因素

笔者在对留学德国的中国学生进行问卷调查时，考察了他们对在德国学习、工作、生活的整体适应状况。统计结果如图4-29所示：

缺失
15.8%

根本无法适应，恨不能马上离开
1%

很不适应
1%

还不太适应
2%

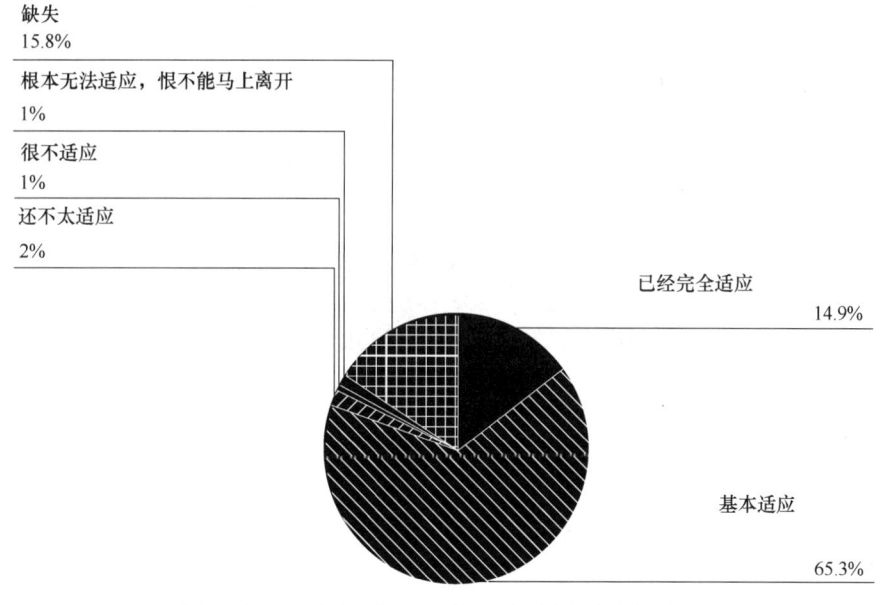

已经完全适应
14.9%

基本适应
65.3%

图4-29　对在德学习、工作、生活的整体适应状况

可以看到，在101份回应问卷中，留学生有80%以上已经完全或基本适应异文化中的生活，只有4%的留学生还不（太）适应。由此可以说，中国留学生对异文化的适应能力还是比较强的。

基本适应并不代表没有障碍，而是在有障碍的情况下也能够容忍差异、调整自己的行为模式,不与环境发生激烈冲突。笔者列举了可能影响中国留学生在德国环境中与他人交往的一些因素,让他们分别选出给自己造成最大障碍的两个因素和造成最小障碍的一个因素。统计结果如下:

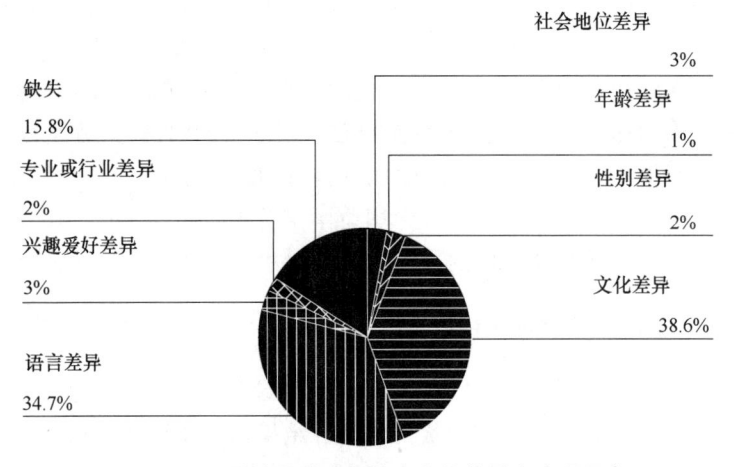

图4-30a 影响留学生与他人交往的最大障碍因素

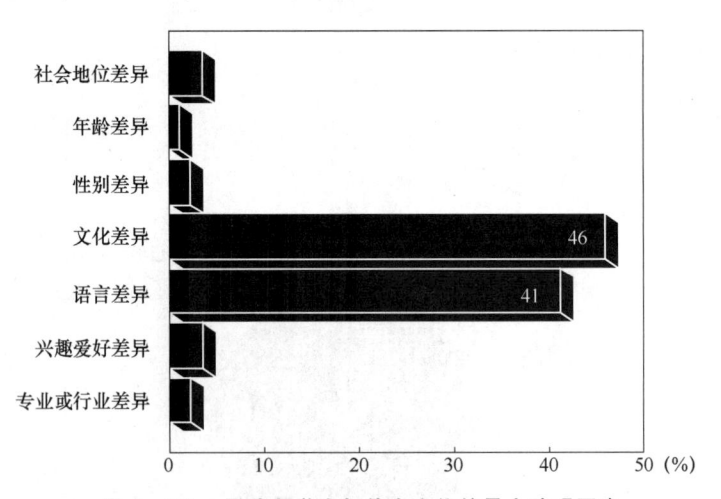

图4-30b 影响留学生与他人交往的最大障碍因素

"文化差异"与"语言差异"分别占据了因素的前两位(分别占38.6%与34.7%,见图4-30a)。尤其值得一提的是,"政治观点不同"与"宗教派别差异"两个选项没有一人选择。从图4-30b[①] 来看可能更

---

① 注意:该图中的比例为有效比例,即剔除缺失值之后的比例,因此与饼图中的数字不一致,下同。

直观一些。

在影响中国留学生与他人交往的次要障碍中，同样是"文化差异"与"语言差异"占据前两位（分别为22.8%和21.8%，见图4-31a和4-31b）。"兴趣爱好差异"与"社会地位差异"的影响程度在"次要障碍"中比例有所上升，分别为18.8%和9.9%。而在"最大障碍"中不曾被选中的"政治观点不同"和"宗教派别差异"也被一些人选择为影响其人际交往的次要障碍，尽管同其他几个因素一样，所占比例很小，但这也说明了在次要障碍中，留学生的选择呈现相对较高的分散性。

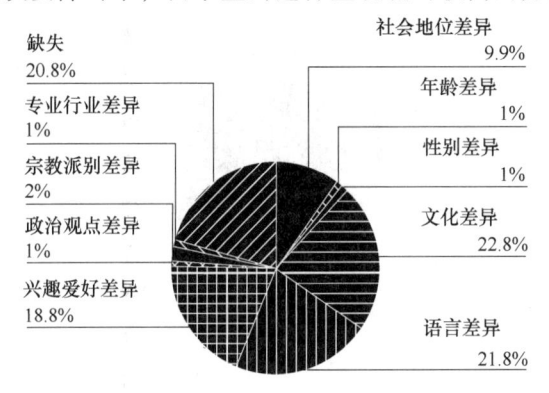

图4-31a 影响留学生与他人交往的次要障碍因素

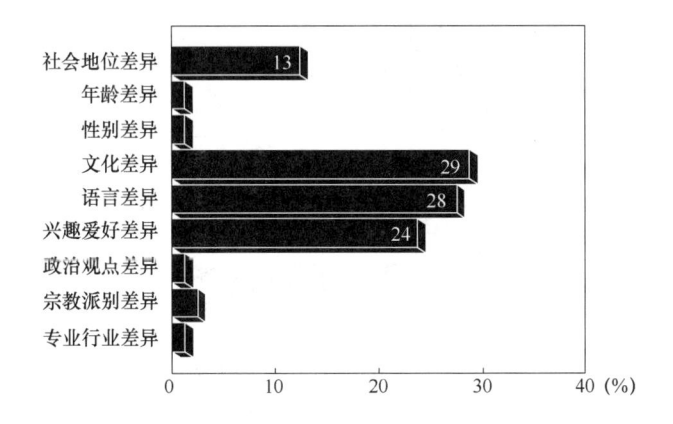

图4-31b 影响留学生与他人交往的次要障碍因素

在影响留学生与他人交往的最小障碍（见图4-32a和图4-32b）中，"年龄差异"与"宗教派别差异"占据前两位（19.8%和15.8%），说明留学生认为，年龄上的差异给他们的人际交往造成的障碍最小。而根据笔者对留学生的访谈,年龄上的差异往往对他们的人际交往呈积极影响,大部分留学生认为,他们跟德国的老年人交往更容易也更融洽(参见§5.4.2.4)。而由于大部分中国留学生没有固定的宗教信仰(个别留学生到德国后参加一些宗教组织的活动,其动机也不完全是出于信仰,而更多是去寻求一种社会支持或者出于学习语言或了解文化的目的),所以,宗教派别的差异对他们而言无所谓。排在第三位和第四位的分别是"兴趣爱好差异"(9.9%)和"专业或行业的差异"(8.9%)。

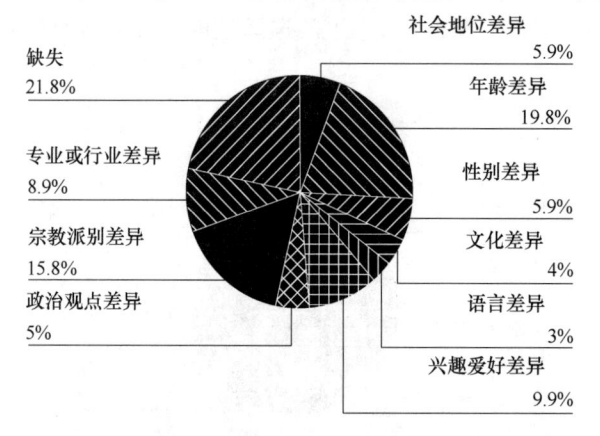

社会地位差异 5.9%
年龄差异 19.8%
性别差异 5.9%
文化差异 4%
语言差异 3%
兴趣爱好差异 9.9%
政治观点差异 5%
宗教派别差异 15.8%
专业或行业差异 8.9%
缺失 21.8%

图 4-32a 在德国影响与他人交往的最小障碍因素

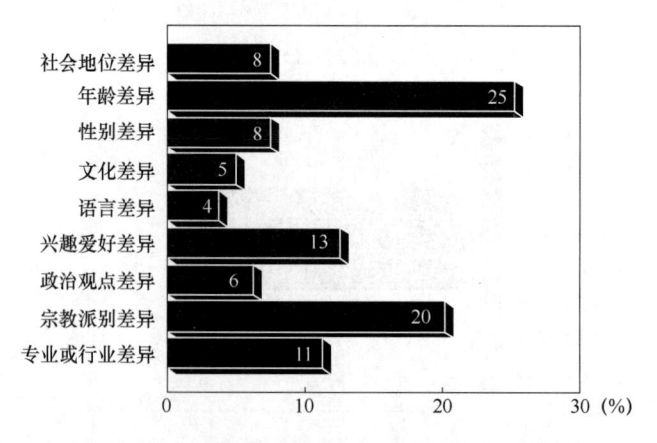

社会地位差异 8
年龄差异 25
性别差异 8
文化差异 5
语言差异 4
兴趣爱好差异 13
政治观点差异 6
宗教派别差异 20
专业或行业差异 11

图 4-32b 在德国影响与他人交往的最小障碍因素

除此以外,笔者还对不同性别的留学生对上述影响因素的选择做了交叉列联表分析和卡方检验。经卡方检验,显著性水平 p(分别为 0.155,0.247,0.139)均大于 0.05,所以,学生对上述因素的选择与性别不构成显著相关关系。但是,如果分析交叉列联表(见表 4-50、表 4-51 和表

4-52)的话,还是能够发现男女性别在上述因素选择上具有一定的差异。

表4-50 影响留学生与他人交往的最大障碍因素*性别交叉列联表

			性别		合计
			女	男	
影响您在德国与他人交往的最大障碍	社会地位差异	人数	1	2	3
		占该性别(%)	2.1	5.4	3.6
	年龄差异	人数	0	1	1
		占该性别(%)	0	2.7	1.2
	性别差异	人数	0	2	2
		占该性别(%)	0	5.4	2.4
	文化差异	人数	24	15	39
		占该性别(%)	51.1	40.5	46.4
	语言差异	人数	17	17	34
		占该性别(%)	36.2	45.9	40.5
	兴趣爱好差异	人数	3	0	3
		占该性别(%)	6.4	0	3.6
	专业行业差异	人数	2	0	2
		占该性别(%)	4.3	0	2.4
合计		人数	47	37	84
		占该性别(%)	100	100	100

在影响与他人交往的最大障碍的选择中,两类性别在"文化差异"和"语言差异"上的总人数分别占各性别群体的87.3%和86.4%,差别不大。但是女生选择"文化差异"的比例远高于选择"语言差异"的比例(51.1%,36.2%),而男生则恰恰相反,认为"语言差异"是其最大障碍(45.9%),这一比例也远远高于女生对该项的选择(36.2%)。这说明,对女生而言,文化差异造成的障碍比语言差异大;对男生而言,语言差异对其人际交往影响更大。笔者推测,男生在外语表达能力上相对弱于女生,所以对语言差异造成的影响更敏感一些。由于笔者没有在调查中对两类性别的(德语)语言能力进行测试,所以无法证明这一点,这里只是一种猜测。

同样,在造成人际交往障碍的次要因素(见表4-51)中,男生选择"语言差异"的比例仍占首位(35.3%),"文化差异"次之(32.4%);女生由于在最大障碍中选择"文化差异"的占了一半以上,所以此处选择"文化差异"的仅占26.7%,而选择"语言差异"的占22.2%,均低于男生在相应选项上的比例。而"兴趣爱好差异"则成为女生在与他人交往中产生次要障碍的首选（33.3%），远高于男生在此项的选择（11.8%）。由上述两个结果可以看出，尽管在影响留学生与他人交往的因素中，文化差异、语言差异和兴趣爱好差异在两类性别中都是最重要的前三个因素，但是它们在男女生中影响程度的排序是不一样的：对女生而言，文化差异影响最大，语言差异次之，兴趣爱好差异再次之；对男生而言，语言差异影响最大，文化差异次之，兴趣爱好再次之[①]。

表 4-51　影响留学生与他人交往的次要障碍因素 * 性别交叉列联表

			性别		合计
			女	男	
影响您在德国与他人交往的次要障碍	社会地位差异	人数	6	3	9
		占该性别（%）	13.3	8.8	11.4
	年龄差异	人数	0	1	1
		占该性别（%）	0	2.9	1.3
	性别差异	人数	1	0	1
		占该性别（%）	2.2	0	1.3
	文化差异	人数	12	11	23
		占该性别（%）	26.7	32.4	29.1
	语言差异	人数	10	12	22
		占该性别（%）	22.2	35.3	27.8
	兴趣爱好差异	人数	15	4	19
		占该性别（%）	33.3	11.8	24.1
	政治观点差异	人数	0	1	1
		占该性别（%）	0	2.9	1.3
	宗教派别差异	人数	1	1	2
		占该性别（%）	2.2	2.9	2.5
	专业行业差异	人数	0	1	1
		占该性别（%）	0	2.9	1.3
合计		人数	45	34	79
		占该性别（%）	100	100	100

---

① 但是，在男生对影响与他人交往的最小障碍的选择中，"兴趣爱好差异"成为首选（22.2%）。说明该因素在男生中的影响程度不一，男生对其的选择呈较高的分散性。

表 4-52 影响留学生与他人交往的最小障碍因素 *
性别交叉列联表

			性别		合计
			女	男	
影响您在德国与他人交往的最小障碍	社会地位差异	人数	4	2	6
		占该性别（%）	9.5	5.6	7.7
	年龄差异	人数	13	6	19
		占该性别（%）	31	16.7	24.4
	性别差异	人数	4	2	6
		占该性别（%）	9.5	5.6	7.7
	文化差异	人数	2	2	4
		占该性别（%）	4.8	5.6	5.1
	语言差异	人数	2	1	3
		占该性别（%）	4.8	2.8	3.8
	兴趣爱好差异	人数	2	8	10
		占该性别（%）	4.8	22.2	12.8
	政治观点差异	人数	4	1	5
		占该性别（%）	9.5	2.8	6.4
	宗教派别差异	人数	9	7	16
		占该性别（%）	21.4	19.4	20.5
	专业行业差异	人数	2	7	9
		占该性别（%）	4.8	19.4	11.5
合计		人数	42	36	78
		占该性别（%）	100	100	100

如表 4-52，在这些因素中，对人际交往影响最小的为：女生的选择集中于"年龄差异"（31%）和"宗教派别差异"（21.4%），也就是说，她们认为，年龄和宗教派别上的差异对她们的人际交往造成的障碍最小；而男生的选择比较分散，主要分布在"兴趣爱好差异"（22.2%）、"宗教派别差异"（19.4%）、"专业行业差异"（19.4%）和"年龄差异"（16.7%）上。

由上述分析得知，在影响留学生与他人交往的诸因素中，文化和语言上的差异是造成留学生人际交往障碍的主要因素，其次是兴趣爱好差异，而社会地位差异也构成影响留学生人际交往的一种因素；相比之下，年龄、性别、宗教派别、专业行业及政治观点等方面的差异对留学生的人际交往障碍不大。而这些因素对不同性别的留学生的影响程度也不尽相同：女生认为文化差异对其人际交往障碍更大，而男生认为语言差异对其人际交往障碍最大。对照钱敏汝的"跨文化经济交际障碍因素模型"（见图2-2），笔者认为这一点可以从性别的差异来加以解释，即在交际过程中，男生更注重信息的传递与交换，所以他们对语言障碍所造成的影响更加敏感，因而将语言因素视为其最大障碍；而女生在交际中可能更多看重心理上的交流，因而视由文化因素所造成的障碍为影响其交际的最大障碍。笔者在对中国留学生的访谈中，他们也提及了各种因素对其人际交往的影响，结果与此接近（详见§5.4.2.4）。

第四节　结论

笔者通过问卷调查对国内的中国学生和在德国留学的中国学生的人际距离行为做了考察，并使用社会科学统计分析软件SPSS对调查所获得的数据进行统计、分析与检验，重点从体距行为、体触行为以及姓名称谓和称呼代词四个方面对中国学生在中德两种文化环境中的非言语层面和言语层面的人际距离观念和行为做了比较与讨论。在分析与讨论过程中，着重考量了社会等级因素、性别因素、年龄因素等对中国学生在中德两种文化中的人际距离观念和行为的影响。笔者认为，无论是等级因素，还是性别或年龄因素，它们都深深打上了文化的烙印。中国留学生从中国文化环境进入德国文化环境后，便进入一种跨文化学习过程。在这一过程中，正如第三章关于"跨文化敏感性发展模式"和"跨文化适应模式"所探讨的那样，中德两种文化中的相关因子必然会有一个相遇、相较、交织、交融的过程，跨文化性就体现了这一过程。在跨文化学习的开始阶段，跨文化性更多地体现为负面影响，而随着跨文化学习的深入，跨文化性逐渐体现出其积极作用。在跨文化适应和跨文化学习趋于一个相对稳定的状态时，跨文化就能够避免、化解和排除跨文化性所带来的负面影响。当然，此处所说的稳定状态也只是一个相对的稳定，跨文化学习过程是一直持续下去的，而不会达到一个绝对的恒定状态。而笔者通过调查和讨论所获得的只是他们漫长的跨文化学习道路上某一段历程的一个立足点，得出的结论是固化的，而他们却还要在跨文化学习的道路上继续走下去，也就是说，现在得出的结论可能会随着他们的继续跋涉和探索而变得不再与他们最新的情状相符，甚至有可能在他们经历过又一段历程后蓦然回首时，他们的实践已经推翻了笔者现在的结论。但是，作为对前一段历程的总结与概括，下述结论或许会为他们本人或其他跨文化学习者前进的道路提供一个视角、一种参考思路。

一 非言语层面

在公共场合，如本章所考察的车站、银行、邮局、阅览室、公园等，当场景中的距离可以自由选择时（如排队、选择座位等），在中德两种文化环境中的行为主体的行为有差异，即文化环境对行为主体的学习过程产生了影响；而当场景中的距离不可以自由选择时，两组行为主体的感觉与行为趋向一致。

在与朋友的个人交往层面，中国留学生与异性或同性朋友保持的距离仍然主要受中国文化里关于性别角色的行为规范的影响，因而与异性保持的体距仍大于与同性保持的体距。

在体触行为所体现出来的人际距离方面，在德国文化环境中，男女生选择与朋友交际的行为方式（深度体触行为、浅度体触行为、无体触行为）没有发生显著变化，仍然是中国文化因子在发挥主导作用。总体看来，性别因素和熟悉程度对两组样本选择行为方式的影响很大，女生更倾向于体触行为，尤其是针对比较熟悉的同性朋友时；而男生则相对倾向于非体触行为，尤其是深度体触行为不为男生所青睐，而当熟悉程度增加时，男生也倾向于浅度的体触行为。在对体触行为的接受程度方面，与男生相比，国内女生更不习惯交往伙伴的体触行为。

综上所述，中国学生与性别相关的一些行为方式（如体距行为、体触行为）脱胎于中国传统文化和当前社会环境的交互作用，这些行为方式在相当长的时间内呈稳定状态，不会因短时间（几个月甚至几年）的文化环境改变而轻易改变。

二 言语层面

称谓对交际双方的社会关系、社会地位及亲疏程度起到标示作用，是言语层面最先也是最明确体现人际距离的方式。中国文化与德国文化在称谓上的最大区别在于汉语称谓的不对称性和德语称谓的对称性。在中国文化中，等级因素仍然发挥主导作用，这表现在姓名称谓与称呼代词使用上的不对称性：即拥有相对权势者更倾向于接受彰显自己地位、等级、尊严的姓名称谓和称呼代词的尊称形式"您"，相对权势低者倾向于使用尊称形式"您"和接受非尊称形式"你"的称呼。德国人在交往过程中选择称谓时不看重双方的地位、等级、阶层差别，而主要是看双方的熟悉程度和信任程度。无论是姓名称谓还是称呼代词，如果双方未能跨越信任、熟悉的界限，那么可能一直使用带姓氏的方式相互称呼，与之相对应，他们的关系将一直保持在"Sie"式交往模式中，相互称"Sie"。这种称呼代表的不是等级和权势，而是一种敬意、庄重感和距离感。

在称呼的选择上，中德两种文化的不同除了表现在等级和社会地位上以外，还表现在对待年龄的态度上。在中国文化中，年龄是一个很重要的因素。年长者相对于年轻者而言具有相对权势，因此更倾向于接受尊称"您"，而年轻者则倾向于使用尊称"您"。在德国，由于称呼的对称性原则，不存在这种现象，不管年长还是年轻，双方要么相互都称"Sie"，要么相互都称"du"，决定使用"Sie"或"du"的是交际者之间的心理距离，而不是年龄、地位等。但是，从我们的调查所获得的结果与德语中称呼的对称性原则相悖，即中国留学生认为在称呼问题上是存在年龄差别的，在称呼年龄与之有较大差异的交际者时，他们倾向于选择非对称式称呼。这体现出跨文化性对跨文化学习者的行为选择产生了负面影响。

由上述分析和讨论，笔者认为，概而言之，中国留学生的人际距离行为主要受本文化中的社会因素的影响，但德国文化环境在不同方面也产生了不同程度的影响。也就是说，中国留学生身上确实发生了跨文化学习过程，但这种学习的效果与留学生的生活环境密切相关：在他们经常接触的环境与场合，跨文化学习效果明显，其观念与行为的改变程度比较大，而且这种改变是趋向于异文化标准。那么，可以期待，他们在相应情境中的跨文化行为能力得到提高；而在他们比较生疏的情境中，其观念与行为方式没有发生较大的变化，仍然趋向于本文化的标准。他们对这些情境的认识和在这些情境中行为方式的选择，仍然主要来自于中国文化中的价值取向、道德观念、思维方式和行为规范的影响。跨文化性在这里更多地体现出其负面影响，跨文化学习的效果不明显。

三 社会支持

人作为社会性的动物，需要得到自己所关心和重视的个人和群体的接纳、喜爱和支持。在不同社会和文化中，人们对社会支持的需求程度以及寻求社会支持的方式不尽相同。在中国，串门行为很普遍，与老师或者同学一起聚餐也比较普遍，这都可以看作是寻求社会支持的一种方式。而在德国，人们可能把酒吧和聚会作为寻求社会支持的场所或场合来满足与他人交往的需求。中国学生到了德国以后，仍然保持了串门、聚餐等寻求社会支持的方式。与中国老师和学生间的个人距离相比，德国老师与学生之间的个人距离更大一些，因而中国留学生从德国老师那里获得的个人支持要少。朋友是社会支持网络中不可或缺的一部分。在异文化环境中，中国留学生首先并主要是在同胞那里寻求社会支持，德国朋友在他们的社会支持网中也占了比较重要的地位。

四 人际交往的影响因素

笔者从调查中获知，绝大部分留学生能够基本适应异文化中的生活，中国留学生对异文化的适应能力还是比较强的。但是，基本适应并不代表没有障碍。在影响留学生与他人交往的诸因素中，文化和语言上的差异是造成留学生人际交往障碍的主要因素，其次是兴趣爱好差异和社会地位差异；相比之下，年龄、性别、宗教派别、专业行业及政治观点等方面的差异对留学生的人际交往影响不大。

综上所述，笔者发现，中国留学生在异文化环境中，在公共场合的距离行为更趋向于异文化的标准，其行为方式符合异文化的行为规范，这种情况下可以认为，他们的跨文化学习过程是成功有效的。这种成功来自于他们对中国人的认同以及对自己作为中国人代表的意识。在德国生活的中国留学生，每一个人都代表了中国人的形象，他们（尤其是在公共场合）的一举一动都有可能被定型为"中国人就是这样子"，能够意识到这一点，那么留学生就会注意自己在异国他乡的行为方式并主动按照当地人的行为规范行事。这一点对我们而言很重要，也就是说，学习是有意识的学习，学习过程不仅仅是经验的形成，也不是行为方式和认知结构的被动变化，更不是一种纯粹的适应，而是一个主动的认识并改造环境和改造自我的过程。只有具有主动意识，采取主动态度，学习才能够更快、更好地获得预期的成效，跨文化学习尤其如此。

本章小结

在本章中，笔者以第二章所建立的人际距离理论为依托，结合哈贝马斯的"生活世界"概念，使用问卷调查方式，对中国学生在中国文化环境和德国文化环境中的人际距离观念和行为做了考察，并使用社会科学统计分析软件 SPSS 对统计数据做了分析和讨论,从体距行为和体触行为以及姓名称谓和称呼代词四个方面分别探讨了影响非言语层面和言语层面人际距离行为的文化、社会和个体的因素,重点分析了性别、年龄、地位、等级等因素与人际距离行为的相关性,并从文化层面考察了不同的文化环境对留学生的跨文化学习过程的影响。对中国留学生的社会支持和人际交往的影响因素的考察,也将为下文对中国留学生关于人际距离的跨文化学习过程进行质性分析提供一种背景框架。通过这种问卷调查、量化统计与分析,笔者对中国学生在中德两种文化中人际距离行为的差异以及德国文化环境对他们的跨文化学习过程所产生的影响有了一个宏观的把握,这将有利于下文对中国留学生在德国文化环境中对人际距离的认识与学习过程做更加深入细致的质性分析。

第五章 质性研究:人际距离的跨文化学习

> 从"日常知识"及"日常理论"的角度而言,人们从未停止过对自己所处的(社会和物质)环境的解释与分析。——魏德曼

本书第三章曾经指出,在当今信息化时代,人们的学习观念已经发生转变,学习不再局限于学校课堂上的学习,而成为人们日常生活中不可分割的一部分。随着全球化发展的日益深化,跨文化学习也已成为当前的现实语境,而跨文化学习能力理所当然地成为参与到全球化进程中的人们所必备的一种能力。作为人才流动最大群体的留学生——本书中为中国留德学生——他们在异文化环境中的学习过程是怎样的?他们是否具有自己的理论体系?由于学习可能发生在日常生活的各个领域,而笔者没有能力考察中国留德学生的所有生活领域,所以只能截取他们日常生活的特定片段,聚焦于他们对"人际距离"概念的理解和他们对德国文化环境中人际距离的体悟与学习。从"日常知识"([德]Alltagswissen)及"日常理论"([德]Alltagstheorie)[①]的角度而言,人们从未停止过对自己所处的(社会和物质)环境的解释与分析。[②]跨文化行为心理学突出了文化意义

[①] 20世纪50年代,Kelly就提出一种观点:人们都在以类似于科学家的方式对其周围世界做出解释,进行预测,计划自己的行动并对其进行反思。随着认知心理学及社会心理学的发展,人在信息加工及行为调控方面的主动作用越来越受到重视。一方面,普通人的日常知识中不乏歪曲与不实,而另一方面,它对建立科学理论的潜在作用也越来越显著。日常知识在表达形式上缺乏完备性,通常由经验(归纳)而获得,间或有矛盾或错误的看法。参见 Flick, U., Alltagswissen in der Sozialpsychologie, in: Flick, U. (Hrsg.), *Psychologie des Sozialen*, *Repräsentationen in Wissen und Sprache*, Reinbek: Rowohlt, 1995, pp. 54 - 77。但是对于应付日常生活而言,这些日常知识(如实用的技能)往往能够发挥很好的作用,而且也涵盖了科学理论无法完全涉及的一些领域。参见 Weidemann, D., *Interkulturelles Lernen*, *Erfahrungen mit dem chinesischen „Gesicht": Deutsche in Taiwan*, Bielefeld: Transcript Verlag, 2004, p.59。

[②] 参见 Weidemann, D., *Interkulturelles Lernen*, *Erfahrungen mit dem chinesischen „Gesicht": Deutsche in Taiwan*, Bielefeld: Transcript Verlag, 2004, p.107。

体系对于个体经历与行为的作用，而在本研究中，笔者将个体及其主观的自我观和世界观（［德］Selbst- und Weltsicht）置于核心地位，在各个体自己的日常理论的基础之上结合研究者的视角来反思文化因素在跨文化学习中的作用。

钱敏汝曾指出："跨文化研究的对象实质上仍是人的内外两种活动：一是不可窥见的人大脑内部的思维活动，二是由各种可观察到的行为组成的外部活动。这两类活动同时又是超越个人并把这些个人连接成社会群体的共同基础，只是它们由于各种人类群体生活的外部环境差异同时又形成了众多不同和独特之处而已。凡是有人类群体存在的地方，这两类活动就穿插交织在他们无数的社会活动中。"① 本章的研究目的在于，通过使用访谈与建构的方法，再现中国留学生对人际距离的跨文化学习过程，发掘留学生个体关于人际距离的主观理论及其随着时间而发生的变化，以研究者和被研究者的双重视角来审视作为跨文化学习过程的外在表现上的这些变化，并通过这些外部活动的变化进而探讨引起这些变化的"内部的思维活动"。

第一节　研究方法的选择

在本章中，笔者使用"质性研究"（［英］qualitative research，［德］qualitative Forschung/Studie）②的方法。目前学术界一般认可的质性研究方法指的是"以研究者本人作为研究工具，在自然情境下采用各种资料收集方法对社会现象进行整体性探究，使用归纳法分析资料和形成理论，通过与研究对象互动对其行为和意义建构获得解释性理解的一种活动"③。

在西方社会科学领域，以实证主义为指导的量化研究方法长期占主导地位，质性研究方法一直受到冷落。20 世纪 60 年代末以来，社会科学工

---

① 钱敏汝：《论跨文化研究的要旨》，载方在庆编著《爱因斯坦、德国科学与文化》，北京大学出版社 2006 年版，第 127 页。
② 在汉语圈还有"质化研究""质的研究""定质研究"等提法，均同指西方近年兴起的与量化研究相对应的一种社会科学研究方法。这一研究方法与中国通常所说的"定性研究"接近，但含义不尽相同。
③ 陈向明：《旅居者和"外国人"——留美中国学生跨文化人际交往研究》，教育科学出版社 2004 年版，第 31 页。

作者越来越意识到：量化研究方法适合在宏观层面上大规模地进行社会调查和政策预测，不适合在微观层面进行细致深入的动态研究，而质性研究方法恰恰在这一方面可以发挥其优势。30 多年来，质性研究在人类学、社会学、民俗学、心理学等学科领域所进行的研究的基础上逐步发展起来，研究者从本体论和认识论的角度对一些重要的理论问题进行了探讨，并逐渐发展出一套操作方法和检测手段。

而在中国，这种情况则恰恰相反。一般来说，至 20 世纪 90 年代，中国学者熟悉并惯用定性的方法（尽管这种方法与西方的质性方法并不完全相同，但此处笔者暂且将二者视为近似），"而对定量的方法则不甚了解且用得不多。[……]所发表的论文或研究报告在概念层次上做抽象议论的多，少有从实践中得来的第一手数据，少有量化的分析；如有统计数据，也只限于描述统计，仅有简单的百分数等统计量，缺乏追根溯源、探究因果承袭的深入讨论"。① 胡文仲在概括中国的跨文化交际研究状况时也感慨地说："第一手材料数量不大，且缺乏系统性。"② 在进入 21 世纪以来，这一研究状况已经得到很大改观，无论是中国学者借鉴西方的研究方法所进行的一些量化或质性研究，还是源自本土化的研究，已有大批基于一手实证材料的研究成果发表或出版。正是基于对先辈学者所感慨的现象的思考，以及受到同行实证研究成果的鼓舞，笔者在本课题研究过程中分别采用问卷调查法和访谈法从实践中获取"第一手数据"，并致力于对这些材料进行量化研究（第四章）和质性研究（本章）。在本课题中，笔者认为这两种方法并不矛盾，而是分别可以在不同范围和不同层次上发挥不同的作用，其功能呈互补性。

一般而言，所谓质性研究方法基于解释主义的理论基础之上。与实证主义③相反，解释主义不承认主体和客体的截然分离，认为主客体的关系是一个互为主体、相互渗透的过程。主体对客体的认识实际上是主体在与客体的互动关系中对客体的重新建构。另外，解释主义流派认为研究者个人的生活经历、价值取向和思想观点对研究也会有很大的影响。

本书在绪论中曾经论及，中国跨文化交际研究领域的量化研究仍然相

---

① 严辰松：《定量型社会科学研究方法》，西安交通大学出版社 2000 年版，"前言"。
② 胡文仲：《试论跨文化交际研究》，载胡文仲主编《文化与交际》，外语教学与研究出版社 1994 年版，第 519 页。
③ 实证主义理论源于经验主义哲学，认为社会现象是客观存在，不受主观价值因素影响，主体和客体是两个截然分开的实体，主体可以通过对一套工具的操作而获得对客体的认识。

对比较薄弱。所以笔者在上一章通过量化研究方法对赴德前和赴德后的中国学生对人际距离的理解做了相关性分析,这种量化分析在宏观层面上为笔者对中德两种文化中的人际距离的异同进行比较提供了一个大致的解释语境,为深入分析中国留学生对人际距离的跨文化学习过程提供了背景信息。但是,他们在异文化环境中对人际距离的学习过程具体是怎样的,他们关于人际距离的主观理论是怎样的以及这些理论随时间的推移有哪些变化,目前仍然不得而知。在这里,笔者选择质性研究方法,是因为:首先,质性研究着重从微观层面对社会现象进行深入细致的描述和分析,笔者可以对中国留学生日常的具体的(跨文化学习)活动进行深入探讨;其次,质性研究强调从被研究者的视角看问题,这可以使笔者从中国留学生自己的视角了解他们关于人际距离的跨文化学习经历以及他们对自己行为的意义解释;最后,笔者研究的是中国留学生对人际距离的跨文化学习过程,需要对他们进行长期的追踪调查,而质性研究则恰恰强调在自然情境下研究事物发展的动态过程,这符合本课题的研究目的。综合上述原因,笔者在本章选择质性研究方法,以期深化对中国留学生的跨文化学习过程的分析。

在质性研究领域,"主观理论研究"([德]Forschungsprogramm Subjektive Theorien)对于德国研究者而言已经并不陌生,由 Dann(1983)、Groeben(1986)、Groeben 等(1988)、Scheele & Groeben(1988)、Scheele(1992)等学者开发的主观理论研究的方法已在应用心理学及教育学研究等领域产生了很大影响并得到了广泛应用。笔者在对中国留学生的跨文化学习过程的质性研究中,主要采用主观理论研究的方法。下面对其做一简要介绍。

一 主观理论研究

主观理论研究的基础在于对人的这样一种基本认识:人作为反思的([德]reflexiv)、具有目的理性的行为主体,其行动([德]Handeln)是建立在以"主观理论"的方式组织起来的知识储备([德]Wissensbestände)的基础之上。主观理论是指对自我观和世界观的全面的和相对持久的具有一种内含的论证结构的认知。[①] 所谓"主观"理论,是指日常生活中普通

---

① Groeben, N., Ausgangspunkte des Forschungsprogramms Subjektive Theorien: Explikation des Konstrukts „Subjektive Theorie", in: Groeben, N. et al. (Hrsg.), *Das Forschungsprogramm Subjektive Theorien: Eine Einführung in die Theorie des reflexiven Subjekts*, Tübingen: Francke, 1988, p. 19.

人的理论,与"客观的"科学理论相对应。主观理论作为理论的特点既在于其内含的([德]implizit)论证结构,也在于其与科学理论并行的解释、预测及工艺学功能([德]Funktionen der Erklärung, Prognose und Technologie)。尽管它们达不到科学理论那样在反思上的准确程度,但是科学理论的理性主义特征却成为其"建设性发展机会的积极的目的维度"①。因此,主观理论研究是建立在以"目的性、反思性、潜在理性和语言交际能力"② 为原则的一个特定的人类形象([德]Menschenbild)及价值体系的基础之上。

(一) 主观理论的定义

主观理论的定义有广义与狭义之分。广义的定义将主观理论理解为:③

——对自我观和世界观的认知
——具有(至少是内含的)论证结构的复合集([德]komplexes Aggregat)
——也具有与客观的(科学)理论类似的功能
——如解释功能、预测功能、工艺学功能等

在该定义中,涉及主观理论的内容、结构及功能。就其内容而言,主观理论被定义为"对自我观和世界观的认知"。因此,主观理论属于"认知"范畴,可被划归心理和精神层面,所以,主观理论只能被推断出来,而不能直接观察。主观理论的对象领域("自我观和世界观")很宽泛,"原则上可以涉及所有对象"④。根据 Groeben & Scheele (2002) 的理解,主观理论是一个一体化理论([德]integratives Konzept),可以用于对其他理论 [如 Kelly (1955) 的个人结构理论([英]personal construct theory)或 Kelley (1972) 的归因理论([德]Attributionstheorie)] 加以精确

---

① Schlee, J., Ausgangspunkte des Forschungsprogramms Subjektive Theorien, Menschenbildannahmen: vom Verhalten zum Handeln, in: Groeben, N. et al. (Hrsg.), *Das Forschungsprogramm Subjektive Theorien: Eine Einführung in die Theorie des reflexiven Subjekts*, Tübingen: Francke, 1988, p. 16.

② Ibid..

③ Groeben, N., Ausgangspunkte des Forschungsprogramms Subjektive Theorien. Explikation des Konstrukts „Subjektive Theorie", in: Groeben, N. et al. (Hrsg.), *Das Forschungsprogramm Subjektive Theorien: Eine Einführung in die Theorie des reflexiven Subjekts*, Tübingen: Francke, 1988, p. 19.

④ Ibid., p. 21.

化和细分。① 从结构上而言，主观理论与其他认知的区别主要在于其复合程度及其组织方式。与"简单的认知"（［德］einfache Kognitionen）相反，主观理论是以某种方式联结起来的多种构想的复合集，从而在论证结构的基础上可能得出一定的结论。主观理论的单个构想（内容）可以通过条件、因果、目的等关系②联结起来。因此，主观理论在原则上类似于客观的科学理论，这种类似尤其源于两种理论形式在功能上的对应。③ 从功能上而言，主观理论能够完成与科学理论类似的解释、预测和工艺学功能。这一点是基于以下的观察，即"普通人"（非科学研究工作者）在日常生活中也在解释他们的周围世界，对各种不同的联系形成假设，并以他们的知识为基准调整自己的行为。既然行为主体还要承受日常生活中的行动压力，那么他们的主观理论不仅具有与科学理论不尽相同的理论内容，而且还要具有一些其他的功能。Dann（1983）认为，主观理论除上面提到的与科学理论类似的功能外，还通过对注意、感知及分类过程的支持而完成一个取向功能（［德］Orientierungsfunktion）。此外，Dann 还指出了上一级的统领功能：即自我价值的保持及优化（［德］Selbstwerterhaltung und -optimierung）。④

狭义的主观理论定义对上述定义做了进一步的精确化，补充了与主观理论的可重构性与可检验性相关的特征。根据狭义的定义，主观理论是：⑤

——对自我观和世界观的认知

---

① 参见 Weidemann, D., *Interkulturelles Lernen: Erfahrungen mit dem chinesischen „Gesicht"*: *Deutsche in Taiwan*, Bielefeld: Transcript Verlag, 2004, p. 68。
② Schilling 列举了以下关系：因果陈述、条件陈述、目的陈述、现实陈述、对应陈述、部分—整体陈述、显示陈述。参见 Schilling, J., *Wovon sprechen Führungskräfte, wenn sie über Führung sprechen? Eine Analyse subjektiver Führungstheorie*, Hamburg: Verlag Dr. Kovac, 2001, pp. 38 – 39。
③ Scheele, B. & N. Groeben,, Das Forschungsprogramm Subjektive Theorien. Theoretische und methodologische Grundzüge in ihrer Relevanz für den Fremdsprachenunterricht, in: *Fremdsprachen lehren und lernen*, 1998（27）.
④ 转引自 Weidemann, D., *Interkulturelles Lernen: Erfahrungen mit dem chinesischen „Gesicht"*: *Deutsche in Taiwan*, Bielefeld: Transcript Verlag, 2004, p. 69。
⑤ Groeben, N., Ausgangspunkte des Forschungsprogramms Subjektive Theorien. Explikation des Konstrukts „Subjektive Theorie", in: Groeben, N. et al. (Hrsg.), *Das Forschungsprogramm Subjektive Theorien: Eine Einführung in die Theorie des reflexiven Subjekts*, Tübingen: Francke, 1988, p. 22.

——这些认知在对话达成的一致（［德］Dialog-Konsens）中可以得到更新与重构
——具有（至少是内含的）论证结构的复合集
——也具有与客观的（科学）理论类似的功能
——如解释功能、预测功能、工艺学功能等
——这些认知的可接受性可以作为"客观的"知识加以检验

对话中的可更新性与可重构性的前提是，主观理论在与研究者的交谈中能够通过言语表达出来。尽管一个人的主观理论并不一定在所有细节上都是有意识的，但是研究者认为，当相应的交谈情境激发到其解释机制时，主观理论能够广泛地被行为主体意识到。如果研究者与调查对象在对话中达成一致，认为调查对象的主观理论的结构被适当地重构出来，那么主观理论就可以说是得到了详尽的阐明。所以，狭义的主观理论只是指那些在对话达成一致的过程中被阐明的、通过交际方式确证了的理论。①

狭义定义中增加的第二个成分与对主观理论作为"客观知识"的可接受性的检验有关。这一标准涉及"主观理论与现实的对应性问题，即这一（适当重构的）认知体系在实际操作中具有多大程度的可靠性，作为客观知识的可接受度有多大"②。

狭义定义中增加的这两个标准均与主观理论的调查与确证的研究过程紧密相关，其原因正如 König 所言，这里的研究对象不能独立于研究方法之外，而是完全由研究方法所决定。③

（二）主观理论的研究过程

主观理论的调查与确证的研究过程按照"理解式描写"（［德］verstehendes Beschreiben）和"观察式解释"（［德］beobachtendes Erklären）

---

① Weidemann, D., *Interkulturelles Lernen：Erfahrungen mit dem chinesischen „Gesicht"：Deutsche in Taiwan*, Bielefeld：Transcript Verlag, 2004, p. 71.
② Scheele, B. & N. Groeben, Das Forschungsprogramm Subjektive Theorien. Theoretische und methodologische Grundzüge in ihrer Relevanz für den Fremdsprachenutnerricht, in：*Fremdsprachen lehren und lernen*, 1998（27）；转引自 Weidemann, D., *Interkulturelles Lernen：Erfahrungen mit dem chinesischen „Gesicht"：Deutsche in Taiwan*, Bielefeld：Transcript Verlag, 2004, p. 71。
③ König, E., Qualitative Forschung subjektiver Theorien, in：König, E. & P. Zedler（Hrsg.）, *Bilanz qualitativer Forschung. Band II：Methoden*, Weinheim：Deutscher Studien-Verlag, 1995, pp. 11 – 29.

的顺序进行。① 研究过程的第一阶段着眼于主观理论的资料收集。在这一阶段使用的方法主要为围绕某一主题的访谈，使访谈对象在访谈过程中阐述其主观理论，紧接着将主观理论的内容按照一定的规则压缩为一个结构图。在这一阶段，调查时的情境很重要，要保证访谈对象与研究者之间能够进行一种尽可能坦诚的、平等的对话，这样，访谈对象才能够尽可能真实地阐述其主观理论。当访谈对象与研究者达成一致，认为主观理论已经被适当地、完整地描摹下来，主观理论的资料收集才算结束。这样一种"交际式确证"（［德］kommunikative Validierung）保证了对主观理论重构的符合度（［德］Rekonstruktionsadäquanz）。在这一过程中，研究者认为，主观理论反映出在某一主题上"行动者的原因、意图和目的"②。在研究过程的第二阶段，主要是检验主观理论与现实的符合度（［德］Realitäts-Adäquanz）。如果说主观理论在第一阶段是描述性概念（［德］deskriptives Konstrukt），对它的确证可以而且必须通过"对话一致理论的真相标准"（［德］dialog-konsens-theoretisches Wahrheitskriterium）进行的话，那么在第二阶段，它就是解释性概念（［德］explanatives Konstrukt），其行动的有效性必须经由"证伪理论的真相标准"（［德］falsifikationstheoretisches Wahrheitskriterium）的检验。因此，在研究的第二阶段，需要对行为进行观察，以检验调查对象的主观理论是否在其行动中反映出来。③

从上面所讨论的狭义定义来看，只有在对话达成的一致中通过言语明确表达出来并且其实际的行动有效性在行为观察中得到证实的那些认知才能称为主观理论。然而，主观理论的解释性确证（［德］explanative Validierung）在实践中却很少见到。④ 由于研究对象的限制以及可靠性的检验在实施中的困难，⑤ 从迄今为止的研究状况来看，Weidemann 认为，尽管交际确证

---

① Groeben, N., *Handeln, Tun, Verhalten als Einheiten einer verstehend-erklärenden Psychologie. Wissenschaftstheoretischer Überblick und Programmentwurf zur Integration von Hermeneutik und Empirismus*, Tübingen: Francke, 1986; 转引自 Weidemann, D., *Interkulturelles Lernen: Erfahrungen mit dem chinesischen „Gesicht": Deutsche in Taiwan*, Bielefeld: Transcript Verlag, 2004, p. 71.

② Weidemann, D., *Interkulturelles Lernen: Erfahrungen mit dem chinesischen „Gesicht": Deutsche in Taiwan*, Bielefeld: Transcript Verlag, 2004, p. 71.

③ Ibid., pp. 71 - 72.

④ Ibid., p. 72.

⑤ Steinke, I., Validierung: Ansprüche und deren Einlösung im Forschungsprogramm Subjektive Theorien, in: Witte, E. H. (Hrsg.) *Sozialpsychologie der Kognition: Soziale Repräsentationen, subjektive Theorien, soziale Einstellungen*, Lengerich: Pabst, 1998, p. 139.

经常被用到，但主观理论的研究主要集中于以广义定义为基础的研究。①

（三）主观理论的变化

由于本书主要致力于对日常世界的学习和变化过程的探讨，那么主观理论研究是否适合本课题的研究呢？这就要看主观理论的可变性或者稳定性到底如何。

主观理论被定义为"相对持久的精神结构"②，因此，上面所介绍的两阶段的研究过程以及可靠性标准都是建立在一定时间内恒定不变的假设的基础之上。然而另一方面，主观理论并非完全恒定不变。它们在生活过程中被获得，被改变。那么，Wegner & Vallacher 对于一般认知的描述也同样适用于主观理论："这个循环是这样运行的：认知结构将行动和注意力引向某些特定的经历，而这些经历则又反过来修改认知结构；修改后的认知结构则进一步引导行动和注意力进行新的经历。"③ 主观理论的可变性问题迄今主要在培训措施的开发与实施方面得到论述以及在心理疗法方面得到应用，④ 对日常生活中主观理论变化的专门的记录与分析目前还很少，据笔者所知，Weidemann 对德国人在台湾关于"面子"的跨文化学习过程的研究⑤在该领域做了很好的尝试。

由于主观理论的复杂多层性及其在日常生活中尝试过的功能性，所以

---

① Weidemann, D., *Interkulturelles Lernen: Erfahrungen mit dem chinesischen „Gesicht": Deutsche in Taiwan*, Bielefeld: Transcript Verlag, 2004, 75.

② Groeben, N., Ausgangspunkte des Forschungsprogramms Subjektive Theorien. Explikation des Konstrukts „Subjektive Theorie", in: Groeben, N. et al. (Hrsg.), *Das Forschungsprogramm Subjektive Theorien: Eine Einführung in die Theorie des reflexiven Subjekts*, Tübingen: Francke, 1988, p. 18.

③ Wegner, D. M. & R. R. Vallacher, *Implicit Psychology: An Introduction to Social Cognition*, New York: Oxford University Press, 1977, p. 290; 转引自 Weidemann, D., *Interkulturelles Lernen: Erfahrungen mit dem chinesischen „Gesicht": Deutsche in Taiwan*, Bielefeld: Transcript Verlag, 2004, p. 76。

④ 如 Mutzeck, W., Ressourcen Erschließende Beratung (REB) unter Verwendung Subjektiver Theorien, in: Mutzeck, W. et al. (Hrsg.), *Psychologie der Veränderung: Subjektive Theorien als Zentrum nachhaltiger Modifikationsprozesse*, Weinheim/Basel: Beltz, 2002, pp. 22 - 38; Schlee, J., Veränderungswirksamkeit unter ethischer Perspektive — Zur Umkonstruktion Subjektiver Theorien in Familien- und Organisationsaufstellungen nach Bert Hellinger, in: Mutzeck, W. et al. (Hrsg.), *Psychologie der Veränderung: Subjektive Theorien als Zentrum nachhaltiger Modifikationsprozesse*, Weinheim/Basel: Beltz, 2002, pp. 39 - 52; 参见 Weidemann, D., *Interkulturelles Lernen: Erfahrungen mit dem chinesischen „Gesicht": Deutsche in Taiwan*, Bielefeld: Transcript Verlag, 2004, p. 76。

⑤ Weidemann, D., *Interkulturelles Lernen: Erfahrungen mit dem chinesischen „Gesicht": Deutsche in Taiwan*, Bielefeld: Transcript Verlag, 2004.

主观理论的改变并非易事。Wahl 认为:"据我们估计,以这种'压缩的'方式出现的主观理论改变起来非常困难。"① 然而,职业培训措施的成功之处却恰恰依赖于对已经程式化的知识的改变。要想改变已成俗套的主观理论,就需要"中断"([德]Innehalten)、言语表达([德]Verbalisieren)和反思([德]Reflektieren),以打破俗套并获得新的——与培训目的相对应——主观理论。所获得的新的主观理论必须紧接着经过反复多次的应用而重新被"压缩",方能保证行动按照这一新的主观理论来进行。②

根据迄今为止的研究③,可以这么认为,主观理论的改变可以由各种各样的事件所促发。有意识的反思在这里并不是一个必要条件,但对主观理论的改变却非常有益。主观理论的改变可以通过指导而进行,但却并不完全依赖于指导。根据目前的研究,我们可以做如下推断:④

——人们在尚没有满意的主观理论可以解释的环境中会感到困惑不清,这时候会更愿意接受一个现成的新理论

——新理论的有针对性的、令人信服的地方(例如通过明确的指导)能够促生改变

——即便明确表明了改变的意愿,日常经验不经过有针对性的指导或对峙也将会被归属到现存的主观理论之中去

——要学会一个新理论,必须练熟与之相符的行动,二者必须结合进行

---

① Wahl, D., Veränderung Subjektiver Theorien durch Tele-Learning, in: Mutzeck, W. et al. (Hrsg.), *Psychologie der Veränderung: Subjektive Theorien als Zentrum nachhaltiger Modifikationsprozesse*, Weinheim/Basel: Beltz, 2002, p. 16.

② Ibid..

③ 如 Schlee, J., Veränderungswirksamkeit unter ethischer Perspektive — Zur Umkonstruktion Subjektiver Theorien in Familien- und Organisationsaufstellungen nach Bert Hellinger, in: Mutzeck, W. et al. (Hrsg.), *Psychologie der Veränderung: Subjektive Theorien als Zentrum nachhaltiger Modifikationsprozesse*, Weinheim/Basel: Beltz, 2002, 39 – 52; Bender-Szymanski, et al., *Kognitive Veränderungen durch Kulturkontakt. Eine Prozeβanalyse kognitiver Repräsentationen zur Akkulturation deutscher StudienreferendarInnen in multikulturellen Schulen, dokumentiert an zwei Falldarstellungen*, Frankfurt a. M.: Deutsches Institut für Internationale Pädagogische Forschung, 1995; Hartung, S., Veränderungen der Subjektiven Theorien zu unternehmerischen Zusammenhängen durch Einsatz eines Planspiels, in: Mutzeck, W. et al. (Hrsg.), *Psychologie der Veränderung: Subjektive Theorien als Zentrum nachhaltiger Modifikationsprozesse*, Weinheim/Basel: Beltz, 2002, pp. 90 – 106。

④ 参见 Weidemann, D., *Interkulturelles Lernen: Erfahrungen mit dem chinesischen „Gesicht": Deutsche in Taiwan*, Bielefeld: Transcript Verlag, 2004, p. 77。

将主观理论描述为一种"相对持久的"理论并不排除在可观察的时段内出现变化,尽管迄今尚未有针对这些变化的条件、起因和过程的综合论述。Weidemann 认为,主观理论的变化与其他认知内容的学习过程没有原则上的区别。之所以这么认为,还因为广义的主观理论包括其他的认知构想（［德］kognitive Konzepte）。①

主观理论研究本身并不十分完善,研究者也陆续指出其内在的矛盾与问题。② 而 Groeben 等人也并没有宣称自己的理论是普遍适用的。必须承认,在（社会）科学研究领域,任何一个理论都不可能适用于所有现象,每一个理论总有其适用的前提条件和局限性,主观理论研究也同样如此。但是,主观理论的基本定义中已经考虑到了现象的多样性并强调了个体视角,而且将日常知识限定为"具有（至少是内含的）论证结构的对自我观和世界观的综合认知"③,这些均适合本课题的研究。另外,为了理解建立了论证结构的知识储备,主观理论研究开发了一系列研究方法,访谈法（［德］Interview）与建构法（［德］Strukturlegeverfahren/Strukturlegetechnik）即为其中两种重要方法。笔者将这两种方法应用到本课题的研究中,通过访谈获得受访对象的主观体验,通过建构法与受访对象一起用结构图表示出他们的主观理论,这样就可以对照结构图进行横向和纵向的综合比较研究。

二 访谈法

质性研究的方法丰富多样,根据所研究的问题、目的、时空情境、研究对象不同而有所不同。收集材料的方法一般有三种：访谈、观察（［德］

---

① 参见 Weidemann, D., *Interkulturelles Lernen: Erfahrungen mit dem chinesischen „Gesicht": Deutsche in Taiwan*, Bielefeld: Transcript Verlag, 2004, p. 78。
② 如 Flick, U., *Vertrauen, Verwalten, Einweisen Subjektive Vertrauenstheorien in sozialpsychiatrischer Beratung*, Wiesbaden: Deutscher Universitäts-Verlag, 1989; Steinke, I., Validierung: Ansprüche und deren Einlösung im Forschungsprogramm Subjektive Theorien, in: Witte, E. H. (Hrsg.), *Sozialpsychologie der Kognition: Soziale Repräsentationen, subjektive Theorien, soziale Einstellungen*, Lengerich: Pabst, 1998, 120 – 148; Straub, J. et al., *Die verstehend-erklärende Psychologie und das Forschungsprogramm Subjektive Theorien*, Göttingen: Vandenhoeck/Ruprecht, 2005。Weidemann 总结了其中最重要的几个问题,详见 Weidemann, D., *Interkulturelles Lernen: Erfahrungen mit dem chinesischen „Gesicht": Deutsche in Taiwan*, Bielefeld: Transcript Verlag, 2004, pp. 78 – 80。
③ Groeben, N., Ausgangspunkte des Forschungsprogramms Subjektive Theorien. Explikation des Konstrukts „Subjektive Theorie", in: Groeben, N. et al. (Hrsg.), *Das Forschungsprogramm Subjektive Theorien. Eine Einführung in die Theorie des reflexiven Subjekts*, Tübingen: Francke, 1988, p. 19.

Beobachtung）和资料分析（［德］Dokumenteanalyse）。①

　　访谈通常使用开放式，访谈结构应当为受访者用自己的语言表达自己的想法留有充分的余地。访谈者应注意受访者对问题的定义和思维方式，遵循他们的思路，用他们的语言表述来讨论问题。访谈应因人而异，不必拘泥于同一程式。尽管访谈者一般会事先准备一份访谈提纲，列出访谈者根据文献和个人经验认为应该了解的问题，但访谈提纲只是起一个提示作用，在访谈时应当让受访者尽可能自由地表达自己的感觉和看法。如果受访者没有提到访谈者认为重要的问题，可以在适当的时候（以不影响受访者的思维、不打断其思路为原则）提出该问题，征询对方的意见。另外，访谈者要注意做好访谈笔记，记录下访谈者观察到的东西（如受访者的非言语行为等）、访谈者使用的方法和这些方法对访谈的作用以及可能对访谈产生影响的访谈者个人因素（如性别、年龄、职业、相貌、衣着等）。访谈的时间和地点应当以受访者方便为主。在访谈前，访谈者应该向受访者介绍研究课题，并和受访者就访谈次数、时间长短及保密原则达成协议。由于质性研究强调使用被研究者自己的语言建构和再现其意义和理论，所以如果可能，最好将谈话内容录音，以便于研究者日后分析材料，但从研究的道德伦理层面的要求而言，事先必须征得受访者的同意。

　　观察可以分为参与式观察（［德］teilnehmende Beobachtung）和非参与式观察（［德］nichtteilnehmende Beobachtung）两种。在参与式观察中，研究者和被研究者一起生活、工作，研究者同时扮演双重角色：既是研究者又是参与者。参与式观察的长处在于：研究的情境比较自然，研究者可以深入到被研究者的文化内部，从被研究者的视角更深刻地了解他们行为的意义。但是，这种方法也存在其不可避免的弊端：首先，研究者和参与者的双重身份使其很难保持做研究所必需的心理和空间距离，即保持与研究对象的客观距离（参见§2.1关于"距离"概念的讨论）；其次，研究者参与到被研究者的生活情境之中，必然会将自己（文化）的一些因素带进这一情境，那么，很有可能会对被研究者的行为、思维产生影响而使研究无法捕获到被研究者的原本状态；同时，研究者作为参与式观察者在参与过程中也可能受到被研究者的影响而改变自己原来的看法和研究思路。笔者认为，按照前面所述的"质性研究"方法的理论基础——解释主义流派的理解，此处所列的弊端并非绝对意义上的弊端，因为解释主义

---

① 陈向明：《旅居者和"外国人"——留美中国学生跨文化人际交往研究》，教育科学出版社2004年版，第36页。

不承认主体和客体的截然分离,那么,研究者与被研究者的关系是一个互为主体、相互渗透的过程,研究者在与被研究者的互动关系中完成对被研究者的认识和重构,而在这样一个过程中,研究者也同样在不断成长,不断完善对自我的认识和对自己研究课题的认识。而且,解释主义流派并不否认研究者个人的生活经历、价值取向和思想观点对研究的影响。在非参与式观察中,研究者置身被研究者的生活世界之外,作为旁观者了解事件的动态。这种方法的长处是研究者不会对被研究者产生影响,比较容易保持一定的"客观性",但很难对问题进行较深入的了解与揭示,无法像参与式观察那样遇到疑问即时提问,有时由于观察距离较远,看不清或听不清正在发生的事情。而且,非参与式观察属于隐蔽式研究,通常事先不征得被研究者的同意,这就存在一个研究者的伦理道德问题。笔者认为,不管采取哪一种方法,(事先或事后)征得被研究者的同意是至关重要的,作为研究者应该尊重被研究者做选择的权利。

资料分析包括对所有可以收集到的文字、图片、音像材料以及实物的分析。该方法比较适合于历史研究,也可以用来补充通过访谈法和观察法所获得的信息。

实际上,访谈、观察和资料分析可以从不同角度对研究结果进行补充和检验。在研究中经常是三种方法并用,只不过要根据实际情况而有所侧重而已。笔者在对中国留学生关于"人际距离"的跨文化学习的调查中即主要采用了访谈法,个别地方也通过观察法和资料分析法来补充或检验。

三 建构法

"建构法"是主观理论研究为了用图表来描绘主观理论而开发出来的。建构法的目的在于,在与受访者的对话中将其主观理论的结构用图表方式描摹出来。要做到这一点,研究者首先要向受访者解释其规则体系,后者需要掌握并应用这些规则。然后,研究者根据访谈获得的数据用这些规则和符号为受访者的主观理论建立结构图([德]Strukturbild),并同访谈者就该结构图进行讨论,看是否真正表达了受访者的意思并与受访者一起对该结构图做出修改,这就是所谓的"对话一致性"方法[①]。由于主观理论研究中所使用的建构法规则体系非常庞大,其对主观理论中出现的概

---

① 参见 Scheele, B. & N. Groeben, *Dialog-Konsens-Methoden zur Rekonstruktion Subjektiver Theorien: d. Heidelberger Struktur-Lege-Technik (SLT), konsensuale Ziel-Mittel-Argumentation u. kommunikative Flussdiagramm-Beschreibung von Handlungen*, Tübingen: Francke, 1988.

念的定义部分所使用的关系为 8 种，解释结构部分为 12 种，均使用相应的符号表示出来。① 根据研究项目的规模和实际需要，并依据在试测过程中所发现的问题，笔者对这些建构规则做了很大简化，并增加了一些关系，而且在必要时还将研究者的视角通过某些符号或关系在图中标明。笔者在研究过程中使用的符号及其代表的关系具体见图 5-1。

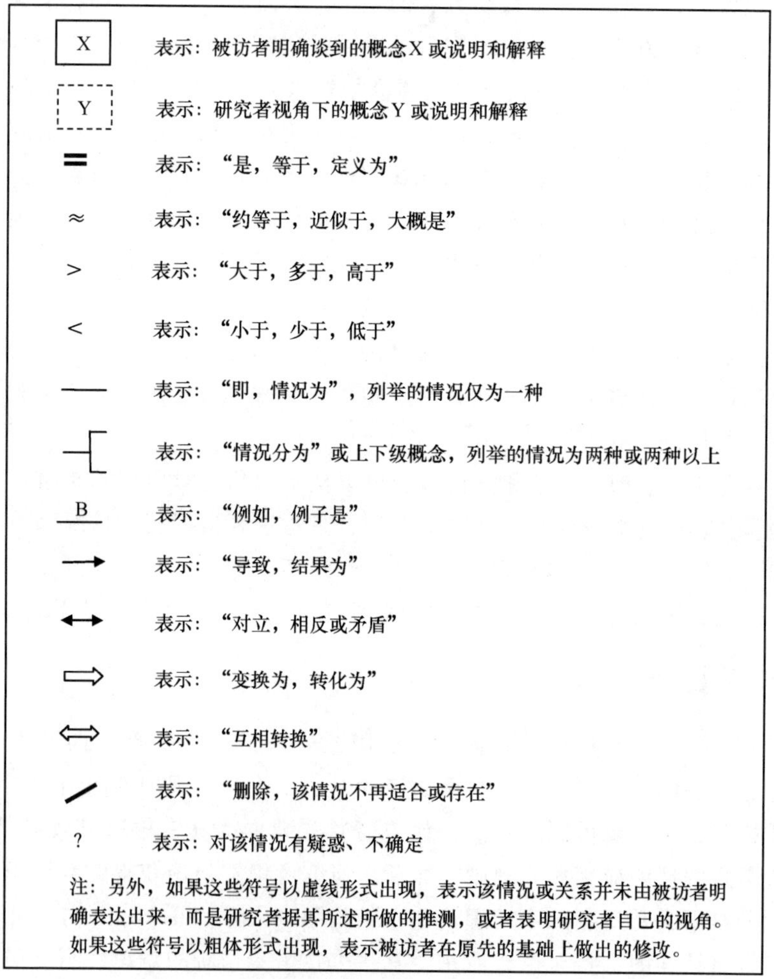

X	表示：被访者明确谈到的概念 X 或说明和解释
Y (虚线框)	表示：研究者视角下的概念 Y 或说明和解释
=	表示："是，等于，定义为"
≈	表示："约等于，近似于，大概是"
>	表示："大于，多于，高于"
<	表示："小于，少于，低于"
——	表示："即，情况为"，列举的情况仅为一种
⊣	表示："情况分为"或上下级概念，列举的情况为两种或两种以上
B	表示："例如，例子是"
→	表示："导致，结果为"
↔	表示："对立，相反或矛盾"
⇒	表示："变换为，转化为"
⇔	表示："互相转换"
/	表示："删除，该情况不再适合或存在"
?	表示：对该情况有疑惑、不确定

注：另外，如果这些符号以虚线形式出现，表示该情况或关系并未由被访者明确表达出来，而是研究者据其所述所做的推测，或者表明研究者自己的视角。如果这些符号以粗体形式出现，表示被访者在原先的基础上做出的修改。

图 5-1 本书的主观理论结构图中所用符号

---

① Scheele & Groeben 对这些规则体系做了详尽的介绍和解释，参见 Scheele, B. & N. Groeben, *Dialog-Konsens-Methoden zur Rekonstruktion Subjektiver Theorien: d. Heidelberger Struktur-Lege-Technik（SLT）, konsensuale Ziel-Mittel-Argumentation u. kommunikative Flussdiagramm-Beschreibung von Handlungen*, Tübingen: Francke, 1988, pp. 53–82.

第二节　访谈对象的选择

在对访谈对象进行抽样时，笔者采用了目的抽样方法。在抽样过程中，既考虑了样本的代表性原则（即选择的样本能够比较典型地代表该样本总体情况），又考虑了样本的异质性原则（即所选择的样本不能在个体情况方面呈现高度同质性，如专业、性别、年龄、地域等）。由于中国留德学生这个样本总体的情况呈现复杂的多层次性，应该说，这两种原则的最佳结合是非常困难的，或者可以说是矛盾的。因为，如果考虑了代表性原则，那么，在实施访谈之前，笔者怎么知道谁最有代表性？笔者只能通过初步访谈，在获得比较一致的结果基础上逐步缩小范围，最终确定访谈对象；而如果考虑了异质性原则，那么该样本对于样本总体而言是否具有典型的代表性则又成为问题。所以，笔者在试测基础上，初步确定了30名访谈对象。这30名访谈对象既要存在异质性，如在留学经费来源、性别、专业、所在地等层面，又要呈现一定的同质性，即上述各层面的群体成员都要达到相应的数量和一定的比例，才能够对该群体是否普遍存在某一现象具有较充分的代表性，这也为第二步访谈提供进一步选择的依据。经过第一次访谈后，笔者根据异质性与同质性相结合的原则，最终确定14人作为进一步访谈的对象。下面是样本中14名中国留学生的简介。出于保密原则，除个别人名应受访者要求保留真实姓名外，我们对其他人名和所有的地名都做了技术处理。

鲁延涛：男，25岁，中国某高校自动化专业本科毕业，在德国东部Z市语言班学习德语，自费；

李一茹：女，22岁，中国某高校德语专业本科毕业，在德国东部R市学习经济管理专业，自费；

田薇：女，27岁，中国某高校教师，在德国东部R市攻读音乐学博士学位（中德联合培养），享受DAAD奖学金；

曲婉：女，25岁，中国某高校德语教师，在德国西部G市攻读日耳曼语言文学专业博士学位，享受赛德尔奖学金；

林琳：女，23岁，中国某高校行政管理专业毕业，在德国西部N市学习翻译专业，自费；

陆高：男，21岁，中国某高校德语专业学生，在德国西部S市日耳曼语言文学专业学习，交换生，自费；

魏妍：女，21岁，中国某高校德语专业学生，在德国西部S市日耳曼语言文学专业学习，交换生，自费；

邱阳：男，24岁，中国某高校德语专业研究生，在德国西部S市日耳曼语言文学专业学习，享受校际交流奖学金；

杨林：男，24岁，中国某高校电子信息专业毕业，在德国东部Z市学习电子信息专业，自费，女友尚在中国；

杨洁：女，27岁，中国某高校教师，在德国东部R市攻读医学博士学位（中德联合培养），享受DAAD奖学金，丈夫在中国；

肖静茹：女，20岁，中国某高校德语专业本科毕业，在德国西部N市学习翻译专业，自费；

乔敏：女，23岁，中国某高校英语专业本科毕业，在德国西部N市学习翻译专业，自费；

陈立：男，27岁，中国某高校电气工程专业硕士研究生毕业，在德国东部Z市攻读电气工程专业博士学位，享受导师项目资助，与女友同在德国；

张明宇：男，29岁，中国某科研机构理论物理专业博士毕业，在德国南部D市某大学研究所做博士后研究，享受洪堡学者奖学金，妻子、女儿（未满1岁）尚在中国（第二次访谈时，其妻女已到德国）。

第三节 研究过程

对中国留学生的访谈研究过程经历了以下几个步骤：确定访谈提纲—试测—修订访谈提纲—确定第一次访谈对象—第一次访谈—分析访谈录音并确定第二次访谈对象—第二次访谈—分析第二次访谈录音并做比较分析。

笔者在赴德国之前就开始与在德国的学生或朋友建立联系，委托他们帮助寻找刚到德国并愿意接受访谈的中国留学生。到达德国后，在确定访谈提纲的基础上，笔者分别在德国的东部和西部各选取了一名中国留学生进行访谈。在访谈结束一周后，再次约见访谈对象，与受访者在主观理论研究的建构规则基础上，将访谈中涉及的重要概念和解释写在小卡片上，根据受访者的叙述，按照建构规则中的各种关系共同建立结构图。之后就上次访谈以及建构过程与受访者进行讨论。通过试测，笔者发现，严格按照主观理论研究程式来进行访谈的话，问题太多，而且过于详细，访谈时间远远超出研究者的想象，也几乎超出受访者能够忍耐的程度。而且建立主观理论结构图的规则过于复杂，受访者在尚未完全掌握的情况下无从下手。根据这种情况，笔者将访谈提纲大大压缩，减少问题数量。在这个基础上基本形成最终的访谈提纲。另外，笔者也大大简化了建立结构图的规则，力图在建构过程中能够相对简洁明了地表示出受访者的主观理论结构。由于时间关系，没有对调整后的访谈提纲做再次测试。

做出这种调整之后，笔者通过目的抽样和"滚雪球"式抽样方法，根据异质性和同质性原则初步确定了30名访谈对象，分别在2005年12月—2006年2月进行了第一次访谈。根据访谈获得的信息，笔者再次按照同质性与异质性原则相结合的方式对访谈对象进行了筛选。最终确定上面所列的14名访谈对象。在对访谈内容进一步分析并建立其结构图的基础上，经过4—6个月时间，笔者于2006年5—6月份对上述14名访谈对象进行了第二次访谈。在访谈中，首先了解第一次访谈之后，受访者的日常生活发生了什么样的变化，对访谈中所涉及的问题有何新的思考和看法。然后研究者与受访者共同就建立的结构图进行讨论，对其中所涉及的内容是否符合当前的想法做了补充和修改，这种补充与修改便反映出受访者在近半年时间内所发生的变化，也就是反映受访者在日常生活中对人际距离问题的跨文化学习的阶段性结果。

第四节 研究结果：分析与讨论

从笔者对14名中国留学生的两次访谈所获得的信息以及建立在这些信息基础上的结构图可以看出，他们在德国文化中关于人际距离的跨文化学习过程既呈现出一定的共性，也有各自独特的经历与体验，无论是他们的成功经验还是消极体验，对其他的跨文化学习者都有一定的借鉴意义，可以说，每一名留学生的跨文化学习经历与体验都值得我们进行深入、细致的研究。受本书篇幅所限，笔者此处仅选取杨林进行个案研究，以他的留学经历与思考作为引子为其他留学生的情况穿针引线，并体现本章将要讨论的重要主题。这里的叙述既包括他日常的生活和学习经历，也包括他关于人际距离的主观理论内容。然后对照其经历介绍他对人际距离的跨文化学习过程，这里笔者借助从访谈中获得的主观理论结构图。这样做既可以比较完整、生动、动态地呈现一位具有代表性的留学生的生活经历，又能使大家在有具体内容参照的情况下对本课题的研究方法有一个整体的把握。在此基础之上，笔者最后对全体访谈对象的跨文化学习过程分类加以综合比较，以发现中国留学生在异文化中跨文化学习过程的一般性规律及各自的独特之处。

一 个案研究：杨林对人际距离的跨文化学习

在对杨林这一个案进行分析时，笔者先介绍杨林到达德国后一年多的生活经历，在此基础上将研究视角聚焦于他关于人际距离的跨文化学习过程。在分析他的跨文化学习过程时，笔者使用了主观理论研究中的建构法来描摹他的主观体验，发掘他关于人际距离的主观理论，并对照基于前后两次访谈信息而建立起的人际距离主观理论结构图分析他的跨文化学习过程。

（一）杨林的留德经历

第一次见到杨林是经由Z大学中国学生会主席的引荐，时值2005年冬季学期刚开学不久，此时杨林来到德国已经近半年。访谈在杨林的一位中国同学的宿舍里进行。

杨林来自于中国北部的一个农民家庭，他们当地的农民大部分都比较贫穷，他父母做点生意，认为"出去看看这个世界"（杨林语，本章中凡引用杨林原话不再注明出处），对孩子而言"能长见识"，所以支持并有能力资助他的出国留学计划。他在国内学的是电子信息专业。赴德国留学是他的梦想，因为除了可以得到深造以外，他还"对这个国家的文化、民族性格感兴趣，觉得这个民族还是比较优秀的"。本来在大学一年级时就想出来，但父母不同意，坚持让他大学毕业后再出国。对父母的这种决定，杨林现在的看法是：

> 我觉得父母的决定对错参半，有对的地方也有错的地方。对的地方就是，国内大学跟这儿的大学学习完全不是一回事，我觉得国内大学的学习纯粹是对社会理解的一种学习，而这边的大学学习是一种科学性的、交流性的，两种是完全不一样的，可以学到不一样的东西，国内能学到一些不是书本上的那些知识，是如何去对付不同的人，但在这边不行，你也知道，外国的人际关系比较简单化，所以不太一样，这就是好的一点。不好的一点就是跟国内的教育有关，国内的教育现在说应该是一种半失败化产品，不是一种很成功的产品，所以这就有点不同，觉得有点浪费时间，这很正常，大部分人都是这样想的。

大学本科毕业后,杨林学了半年德语,然后便通过中介于 2005 年 4 月来到德国 Z 大学,先上了半年德语培训班,然后通过了德国高校入学德语语言水平考试([德]DSH),于 2005 年 10 月正式注册为 Z 大学电子信息专业学生。目前,杨林在德国的留学经济来源完全依靠父母,"以后肯定需要打工,但现在还没打"。

在出国前,他除了在语言方面、物质方面做准备外,还从精神上做了一些准备,由于是第一次出国,"知道出来之后肯定会孤独啊,所以就培养一些兴趣爱好,在出国之前培养一下,多找点东西,在国外孤独的时候可以拿出来看一看;再就是生活习惯方面,出来之前稍微改变一下。另外通过网络了解德国的一些情况,主要是阅读网页,也跟别的人聊天。网上有好多留学区,有不少信息"。尽管各方面的准备都做了,但刚到德国时,他仍然觉得"很陌生,有点害怕,有点胆怯;来之前感觉很向往、很新鲜、很刺激,但是从下飞机以后,就有那种感觉了,感觉很陌生,到了一个陌生的环境里"。不过他的心态比较端正,"我内心觉得很正常,知道会觉得很陌生,所以就告诉自己,过三四天就习惯了。出去多走一走,天天见到的全是这些人,就习惯了"。他既在内心上做了准备("知道会陌生"),也在思想上采取了对策("过三四天就习惯了"),而且还从行动上拿出了对策("出去多走一走")。从这里看到,杨林除了具有较好的计划性外,他的自我调节能力也很强。

杨林到德国后,找房子还算比较省心。来之前中介委托了一位中国学生,这位中国学生领着他申请了 Z 大学的学生宿舍,因为他参加的语言班就属于该校的语言班,所以名义上他已经是该校的学生。他对宿舍的条件感到"蛮不错的",家具一应俱全,单独浴室(两人共用)、厨房(严格意义上来说那只是个灶台),只是房间有点小,密封性不太好,冬天有点冷,房租 160 欧元(包括水电),"还算可以,也不能要求太高,我觉得还不错的"。

刚到德国时,除了上面提到的那种陌生感之外,杨林最大的困难就是语言障碍,他感觉像"被人抛弃了一样,语言水平不够,没有人交流"。而且他认为,出来以后如果完全跟中国人接触,那就有一种"井底之蛙"的感觉,虽然在德国,"但思维还是停留在中国的一种思维,感觉更加孤独,思维上的感觉和环境上的感觉有时候有一种强烈的对比,保守的人在一个开放的环境下不会去适应,有可能会更保守,而且有时候会恨自己,久而久之就会有一种抑郁症,自己抑郁,感觉很不成功,因为周围的人跟你越来越不一样,差距越来越远"。这种不适应大概持续了半年时间。他将语言障碍导致的这种差距归因于中国人的群体性格，认为中国人的特点是：语言不好就不敢说，不相信自己。"中国人没有百分百的把握，不去打这种仗，不像他们外国学生，很大方。"在上语言班时他还没有克服这种心理。慢慢地感觉到自己的语言有了好转，出去买东西的时候，他也敢问价钱了。完完全全克服障碍是半年以后的事情，通过了 DSH 考试以后，他感到非常高兴，迫不及待地想找个人交流，"因为考试其实挺难的，有不少人没通过，所以感到自己付出的跟得到的还是成正比的，当时感觉还是挺成功的"。从那时候起他就敢于去跟别人交流了，"因为考试都过了嘛，证明你有这种能力了"。但是他感觉只用半年的时间学习语言不太够，而现在（专业学习开始后）已经没有专门的语言培训了。

在语言班学习时，杨林参加了学校组织的一次游览历史文化名城德累斯顿（Dresden）的活动，同行的人里还有叙利亚、土耳其、非洲、越南等地的学生。后来杨林自己又去了一趟该城，另外游览了两个小城，再就是刚到德国时经过慕尼黑，这就是杨林到德国半年多时间曾经到过的地方。

杨林正式注册为 Z 大学学生之后，专业学习是 10 月份开始的。刚开学时不明白的事情比较多，所以他找教授的次数也比较多，每个学科一开始都要去找：数学、基础电子等，大概有六七个，还有教授的助手。至今，他每个教授差不多找过四回了，基本上每个教授一个星期找一次。由此他总结说："如果想去接触教授，还是有机会的，关键看你想不想。不过大多数中国学生是教授不找，他就不去，基本上是这样，所以接触比较少。我是经常去串门子（大笑）。"在去教授那儿"串门子"之前，他都是通过 E-mail 与教授约好时间，他认为，"直接去敲门面谈在这边不太礼貌"。

杨林对这边的学习条件感到很满意，无论是硬件（图书馆、网络等）还是软件（教育制度宽松、因人而异），都觉得很好。唯一"不适应的地方就是完全失去了一本教材，不太适应，感觉什么都要学，但是好像又不属于考试的内容，又不敢去学，就是这种心理状态"。

由于目前的学习还不是很深入，都是基础性的，比较简单，所以他有较多的时间从事他的业余爱好。他对所有的体育运动都感兴趣，最近主要是游泳、打羽毛球、骑自行车（他在这里买了辆自行车）。在大学里就有游泳馆，每个星期可以免费游一次，但他一般是到外面的游泳馆去，两个星期去一次。他曾经邀请其他中国同学一起去，但不知为什么他们都不去，而德国朋友他还没有交到，只是认识了其他国家的几个同学，但还从来没有跟他们一起去过,所以他总是一个人去游泳。从事这些体育活动时,他一般不考虑异性朋友,因为"在国外男女之间很容易发生感情,而孤独的情况下不适合谈恋爱,因为那个时候的恋爱都比较虚假,是一种需求吧。而一旦发生感情之后往往就做不成朋友了"。谈到异性,杨林似乎感触比较深,他觉得中国女生似乎有一种渴望,就是希望男生主动,这样有一种被得到的感觉,"在这边女生很难去主动追求男生,所以如果男生不主动,都是单身汉"。在杨林的印象中,德国女生大多都不太喜欢中国(男)人,"因为德国人都不属于成家立业的那种,她们只是寻求一种刺激,一种异国恋的刺激。德国女人、外国女人大多都是这样。也有主动接触过我的,算是有,不过不是属于很直露的那种,有一种新鲜的感觉嘛,她们可能是对中国文化感兴趣,或者对我这个人感兴趣"。但杨林有女朋友,现在还在国内。所以他是不会去发展这种"异国恋"的。

除了从事体育运动等业余爱好外,杨林的另外一个业余活动就是去参加教会的活动,这也是他除了在课堂上能够接触德国人的另外一个渠道。他参加的是摩门教,"去那边的目的嘛,信是一半,另一半是体验他们的文化,交流一下"。杨林认为,信耶稣基督信到什么程度完全由自己来决定,"进去的大多数人不是百分百地相信"。在他的眼里,摩门教是一种"俱乐部":

> 活动很多,每周三都有青年的[活动],先学习一些书,一些理论上的东西,然后就是侃大山,闲聊。星期六、星期天都有活动,周一晚上也有活动,想去就去。学习理论的东西读圣经,也有自己的东西:摩门经,是属于基督教下的一个分支,只要是讲圣经的都是基督教的。在教会里接触很多很多德国人,他们都很不错,跟他们的接触感觉很好,不抽烟、不喝酒、不说谎,大多数不好的习惯,那里面都接触不到。所以,跟这些人接触惯了之后再接触平常人就觉得有点别扭,怎么身上这么多毛病,就会有这种感觉。这里其他国家的人不太多,大多数都是德国人,中国人更是寥寥无几。大多数中国人不知道为什么,好多人害怕去接触这些东西,因为觉得好像是太完美,限制了自己的生活,我感觉他们是这些个原因,有点禁欲的感觉,不能有性方面的想法,不能喝酒这些东西。在来德国之前是比较向往这些东西。原来与异性交往跟现在的想法完全不一样。在国内因为一直没有接触过这些东西,所以就有一种神秘的感觉[……]现在就比较平静。

参加摩门教的活动使他找到了与德国人接触与交流的机会。在教会里认识的一个德国家庭曾经请他到家里去做客。去了后主要是聊天，吃饭时主人夫妇、孩子和孩子的女朋友都在场，大家边吃边聊，很热闹。吃完饭后聊了没多长时间就离开了。感觉时间不是很长，不像在中国那样聊上半天。也没有主人舍不得让客人走的那种恋恋不舍的感觉，而且在他看来，主人仿佛松了一口气，有一种"终于走了"的感觉。吃饭时那么热闹，告别时这么冷淡，前后如此大的反差，对杨林来说又是一个"Schock"（惊诧），他觉得自己"又认识了一点"。在谈到该家庭的房子时，杨林说："他们家也不是很大 [……] 卧室等私人空间我没有去看过，不是好朋友，所以不太好意思去看。"

与教友们的接触不仅为杨林提供了友情与社会支持，使他更直接地接触到德国日常的生活，而且也丰富了他的德语语言知识。例如，对于德语中的称呼代词"Sie/du"，他本来就不太计较这些东西，但是后来一个教友开车捎他去参加活动时，一上车他就用"du"称呼对方。这个德国人给他解释说，德国人开始时都是用"Sie"称呼。杨林理解了他的言外之意："我们俩还不是很熟。"然后第二次的时候他就用"Sie"称呼这个德国人，结果对方对他说："为什么不 duzen（相互称'du'）呢？我们已经认识过了，而且上次聊得挺不错，现在已经熟了。"让杨林用"du"称呼他。"我都被搞糊涂了。以后用'Sie/du'不分时，我就全部用'du'，对老人我也用'du'，当然不是跟教授了。现在称呼教授还是用'Sie'，公共场合全是用'Sie'，学生之间都是用'du'，不管男的女的，一见面就用'du'。"通过这一经历，杨林感觉到了用这种称呼能够区分人际距离的远近。但他觉得这比较烦琐，认为没有必要区分"Sie/du"，距离的远近可以用别的东西代替，具体用什么代替他也没有继续阐发下去。

杨林曾经有一次跟一个德国人说过另外一个他不喜欢的地方：德国人打招呼的方式，"非常烦琐，有点虚伪。为什么每次都要问'你过得怎么样'（Wie geht es dir/Ihnen）？我觉得没有必要，打招呼就是打招呼，过得怎么样跟你没关系，你完全可以看得出来怎么样"。外国人所说的一些祝福性的话，他觉得这只是一种客套、礼节性的东西，觉得有些虚假。"中国也有这些东西，但环境不一样，中国人的感觉跟外国的感觉完全是两回事，不知道为什么。"

另外，杨林对与德国人告别时该说些什么话也还没有完全搞清楚，只是说一些"祝你一路顺风！"（Alles Gute）之类的东西，有时候尴尬得都不知道说些什么,只能强挤笑容。杨林觉得,有时候除了说"tschüs""tschau""auf Wiedersehen"(再见)等之外,感觉还想说些什么,但是不知道该说什么,不知道德国人是在等他说还是他们自己也想说,有时候双方对视五六秒钟,结果什么也没说出来,然后一个"tschüs"(比较熟悉的人之间的告别语:再见)就走了。据杨林观察,在日常生活中,告别语中"tschüs"用得最多,"跟教授也说'tschüs',教授也说'tschüs'"。他认为,这边教授"挺不错的",包括跟他们有时候有说有笑的也可以,没有感觉到师生之间所存在的等级距离。

尽管杨林曾经被德国家庭邀请到家里做客,而且也已经接到今年圣诞节去教友家里做客的邀请,他也曾经被其他外国同学邀请到宿舍里吃饭、聊天,但是他感觉仍然存在一些心理上的困难,"不知道怎么融入他们德国人社会,这应该算是一种困难。最简单的例子,就是平常不知道他们说些什么。咱们中国人喜欢的那些东西他们不喜欢,也不知道他们感兴趣的东西是什么,不知道跟他们怎么交流。在文化上的差异。没有办法融入他们的社会,有时候觉得挺着急,还是生活时间不够"。

到德国后,杨林感觉到的最大差异是人的性格和思维上的差异,这种差异既体现在学习方面,也体现在日常生活方面。对此他颇有感触。

在专业学习小组里讨论时,杨林感到跟外国学生在思维逻辑上的冲突,有时就有点难以接受。

> 外国学生的思维逻辑是一种直线化的,就是碰到一个问题讲一个问题,而中国学生是属于那种问题聚积到最后一起去解决的,但他们外国学生是属于一步一步来的,这就有差别。所以他们外国学生上课的时候提问的时间特别多,这个问题,那个问题。但是我就希望先把问题记下来,最后可能问题之间有一些联系,我可以自己解决,就不需要教授这边。但是还不明白的、自己解决不了的再去问教授。但是外国学生不,上课就觉得有点吵,我本人比较喜欢一个安静的环境。

在碰到困难时,杨林感触最深的是外国人对他不了解。在学习上他们完全把他当成一个德国人来看待,来要求。"他们不区分你是德国人还是外国人,也不会因为你是外国人语言不好而给你开绿灯。"有一门实验课,由于他的德语还不够好,时间比较紧,课前的准备不充分,实验不是很成功,当然不是很失败,但只做到70%的成功。看到成绩不是很好,他就向负责实验的老师解释。但是事情出来了教授也不接受这些解释，而只是看结果。"教授说没准备好就是没准备好，没有任何借口。"在杨林看来，应该具体情况具体分析，"有些东西你感觉他们应该原谅你，或者觉得你是外国人，应该慢慢地一步一步来。但他们不是这样的，他们完全把你当成一个德国人来要求"。对这一点，他有时候觉得不太适应。

杨林所提到的"文化差异"既包括物质上的差异，也包括价值和思维上的差异。但杨林认为，物质上的差异都是次要的东西，思维上的差异是根深蒂固的，特别是德国人的办事方式：死板、刻薄，在生活方式上，自我与公众之间界限比较明显，跳跃比较快。

> 比如在 Party（聚会）上认识一个人很容易，但是事后两个人碰到了可能不会觉得那天我见过你，不会有那种像咱们中国的那种熟，就是熟归熟，碰到一些事情还是按原则来办事，他们就是这样的，他们的朋友圈子跟咱们中国有很大差别，所以很多时候你会觉得他们是在冷落你，但其实不是这样的，他们的生活方式就是这样子。工作、学习和生活，这几个环节之间是脱节的，不是一样的，就像朋友和同事之间也是两个概念，接触面积很少，这一点很不适应，人际关系。

还有一件事也让杨林体验到了德国人与中国人的这种不同：语言班的老师骑车在路上遇到他时，双方只是笑笑就过去了，这让杨林感觉到了其中的距离感。

> 我印象中感觉她应该停下车，跟我聊上几句话，谈谈一些事情。按照中国人的习惯就应该是这样，但是她骑车就过去了，只是笑笑，没有打招呼。［……］而在课堂上，她跟我们学生之间都是 duzen，是很熟的，但现在不是上课时间，所以她认为没有必要那么熟。

通过这几件事情，杨林对"距离"的概念有了比较深的认识，他说：

> 人际间的距离，我感觉就是一种场合之间的转换。举个最简单的例子，你跟你的父亲在商业场合、在家里和在朋友面前的距离是不一样的，在家里你和父亲的距离是零，但是在商场上，［……］跟在家里比，距离会稍微远一点。不像在家里那么亲密，但是至少还有一种亲和力。［……］我觉得就是一种环境的转换决定了距离，你跟你的

朋友在工作、生活、学习上的距离都是不一样，不同的环境下感觉到的距离感是不一样的。

在杨林的理解中，"距离"这个概念还包含了"冷、疏远和孤独感"的意思。但是他并不觉得德国人"冷"。当听到一个伊朗同学说德国人冷时，他就告诉这个同学，"那是因为你太被动，所以感觉到他们很冷"。但对德国人不太活泼这一点，他还是承认的。所以，他觉得在与德国人交往时，主动是很重要的因素，"关键你自己希望主动还是被动，如果被动的话，你感觉疏远了，特别跟德国人；主动的话，你会争取到机会，我觉得这个最重要"。也正是在这种信念下，他在开学伊始便频繁地找教授谈问题，去参加 Party，参加摩门教"俱乐部"的活动。在这种主动的攻势下，他确实掌握了一点优势：与德国人交流他不发怵了，而且语言水平也得到了提高。从他的叙述中，笔者能够感觉到当时他的那种自信。"我跟那个朋友在一起，他的德语语言能力比较差，所以聊天的时候，他们都愿意跟我说，而不跟我那个朋友说。因为语言能力越差，交流的话题就越少。"相对于话题内容而言，杨林认为语言的熟练程度不太重要；相反，他认为跟中国人之间交流，熟练程度很重要，说话很风趣特别重要。"但德国人不在乎这些东西，他们只在乎自己得到些什么，在乎交往时得到的一些快乐，不会去欣赏你身上的幽默风趣这些优点。"

根据杨林的观察，德国人也比较向往跟中国人交往，但是中国人好像比较排斥。因为有一次一个德国朋友问他，中国人为什么那么喜欢扎堆？因为这位德国朋友看到中国人经常在一起吃饭、喝酒、聊天，感到不可理解："这些东西都可以啊，为什么不跟我们在一起？"杨林认为，这还是一个主动不主动的问题。

> 我也有这种感觉，我很想跟一个外国人交朋友，而且我也觉得这个人也很喜欢跟我交朋友，但是我就是不愿意迈出这第一步，我觉得他应该先跟我交往，因为我是来到了德国，"物以稀为贵"嘛，我是属于"稀有"的那一类，为什么他们不主动来跟我交朋友？而且大多数外国人到中国的话，都是中国人先跟他们接触，但是在这儿完全不是一回事（呵呵）。
>
> 中国学生扎堆，我觉得大多数是一种文化上的原因。其实中国人跟中国人在一起还是很好接触的，除了语言上的原因之外，再就是环境，处于你熟悉的环境，而且在思维方式你都熟悉的那种环境下，你

很容易去释放自己。但是在这种环境下，你就会慢慢收敛，可能有时候是为了保护自己，因为怕自己被西方那种思想给感染，但是其实我觉得本质上他还是渴望接触到德国人的。比如说去参加一个Party，大多数中国人不太喜欢跟中国人说话，他们眼睛都盯着外国人，他们渴望去跟外国人交流，但是实际上他们不敢去，所以去Party时会觉得很冷场。如果是外国人的Party，就感觉中国人跟中国人在一起，很奇怪，好像不是去参加一个Party，而是去找老朋友交流的，这不是参加一个Party，失去了Party的意义了，你到那里不是去找乐子，而是给自己增添一种负担。就是这样子，很奇怪，解释不清楚，只是感觉文化上的差别太大，所以就不敢迈出去。

正是由于文化差异的存在，所以在杨林与德国人的交往中，双方经常谈论的话题就是文化差异、两国之间的差异，这样对德国懂得越来越多。

我觉得政治很重要，不了解政治就不了解这个国家，还有历史啊，生活习惯。你谈得越多，你就知道他们平常都干了些什么事情，很重要。跟他们谈论这些事情，他们的视角从来不会受我的影响，他们外国人的生活本来就是一种自我的，不会受别人影响的；我的视角也不会受太大影响，但是多多少少也会。但是涉及生活习惯方面，有可能将来在德国找工作什么的，就会设法去改变一下。

杨林对文化差异体会比较深的地方还体现在德国人的私人空间观上。他认为德国人很注重私人空间，"任何时候你都要约 Termin（时间安排）嘛，这就是最明显的例子。再就是不喜欢你随便打扰别人，不喜欢有事没事找他帮忙，德国人好像不太喜欢经常帮别人"。另外，他从德国同学那里了解到，德国学生用的车子大多数是父母的车子。尽管这是他们家的车子，但是哪天谁用，都有一个严格的时间表。如果孩子想用车子，必须提前跟父母说一个时间，父母在时间表上安排好他用车的时间。不像在中国，家里谁用车是随时可以商量的，而且随说随用一般也无妨。另外就是关于隐私话题的体会。有一次，杨林在聊天时见到一个长得不太好看的、岁数比较大的男子，听到他说还没有女朋友时，杨林就问了一句："为什么？"结果这句话把周围在场的人都搞笑了，"我觉得他们在笑我这个问题，［……］你也应该知道我说的什么意思，［……］反正就是那种不该问的，不该问这个问题"。

但是到德国以后，大家对待年龄问题的态度却又让他经历了一个小小的"Schock"（惊诧）。因为在出国前他就知道，在国外大家一般不问年龄，尤其是不能问女士的年龄。可是"到了这儿后，很多人问年龄，有同学，还有教会的，都问过。被问到时也没有什么太多感觉，只是有一点点惊讶，也不是尴尬，就是有点惊讶，跟以前说的不一样。当然问就问了，他们问我的时候，我也问他们，就这样。我觉得他们问我了，我也应该知道知道对方的一些事情"。

在杨林的印象中，与德国人谈论政治一般不属于忌讳的话题，他们有时候会聊到中国的共产主义、社会主义等，而且拥有不同的政治观点也不影响跟德国人的交往。跟德国人交流时，从来没有发生过激烈争论的情景，只是把自己喜欢的东西说出来，然后他们同意的话就说同意，不同意的就说自己的，不会因为争论而影响朋友间的交往。另外，杨林觉得，宗教派别和观点倒是对人际交往有影响。跟摩门教的教徒交往比非教徒要来得容易，更有亲近感，"都有共同的信仰，像一家人的感觉"。而该教派提倡不吸烟、不喝酒，而不管是中国人之间还是外国年轻人之间，喝酒对交往很重要，所以，信仰摩门教对教徒而言，缺少了一部分与别人共同娱乐、消遣的东西，一定程度上也影响了跟别人的交往。另外，由于他参加的摩门教教规限制，而他结交比较多的也主要是教友，所以在他们之间很少谈到性。至少可以说性是信仰摩门教的这些德国人之间的忌讳话题。而有趣的是，有一天杨林碰到两个德国小孩，他们对他说"3＋3＝6"，因为在德语中"6"与"Sex"（性）同音，而且他们还做着那个动作，令杨林感到好笑，"如此小的年龄就知道这些东西！"

据杨林观察，德国人的肢体语言比较少，但"亲吻的场面在这边太正常了"。另外，他认为德国人说话语气比较生硬，而中国人说话时感情流露不是很明显，到底是高兴还是生气，语调上分不出来。"我没见到非常要好的两个德国朋友交谈，但是如果是那种青少年之间的交流，就感觉有一种兴奋的成分在里面。但是德国人上了一定岁数，比如说工作了以后，就没有那种兴奋的成分在里面了，越来越生硬了。"

对于人际距离的影响因素，除了上面已经提到的之外，从性别上而言，他认为德国女人跟男人差不多，她们跟男人属于同一个性格，所以跟德国的异性交往和同性交往都是一样的，没有太大区别。而从年龄上而言，他认为老人好接触一些，因为"老人比较孤独，生活圈子比较小，更渴望被人理解"，而同龄人如果找不到相同的话题，谈话就进行不下去，所以他再次强调了话题的重要性。正是从交流话题角度而言，杨林觉得兴趣爱好非常重要，因为德国人跟别人交往时注重的是话题内容，而"如果你不是博学的人，那么兴趣爱好就是你唯一的话题了"。相比之下，国籍、民族或者种族以及专业或行业影响都不是很大。但他承认，在德国跟其他国家的人交往比跟德国人交往更容易一些，因为"有共同的经历和感受"。

对德国人注意保持交往者之间距离的做法，杨林很理解，因为他自己也是这样做的，"自己的私生活不希望别人来打搅；再就是有一些事情我不太喜欢别人问"。他承认，距离具有两面性，有时候好有时候坏。"好的时候会使你生活更轻松一些，不像中国人，谁都会来找你帮忙；坏的一面就是有时候冷一些。"

不知笔者作为研究者对他的访谈是否已经涉及或打搅了他的"私生活"。但他能够比较坦诚地向笔者诉说他的经历、感受、思考和困惑，作为研究者，笔者已经心满意足而且对其心怀感激。

近半年之后，笔者再次约见杨林。这次是在他自己的宿舍，时间已经接近子夜。他习惯于熬夜，仍然在就灯自习等待。让座后，他先为笔者沏了一杯自制的冰红茶。味道还真不错。等笔者把录音设备、纸笔以及根据上次访谈建立的结构图准备好之后，他就开始向笔者叙述近半年的感受。

第一次对杨林进行访谈时，他刚学完语言半年，专业学习还不太累，时间还比较充裕，也挺放松的，"反正暂时感觉挺高兴，都挺有趣"，但是现在他已经感觉到各种压力了：

> 生活压力和学习压力。人自立以后总会有压力的，生活上的，感情上的，学业上的。再就是考虑到将来，乱七八糟的，未知的事情太多了，压力自然就大了。压力大了跟人交往时就感觉不自然了，状态也不是那么自由。不像刚开始来的时候，学语言的时候，跟外国人谈的时候也都谈些高兴事。现在一有压力了，人不自觉地就老往那些背面的事情上说了，就是说不是那么愉快的事，一些话题不自然就往那方面扯，就像跟以前那些外国朋友聊天的时候谈天说地乱七八糟的，说着说着就开始笑。现在说着说着就觉得把自己那些苦水找个人倾诉一下，说过两次，主要是感情上的事。对方是以前经常在一起的外国朋友，比较要好的同性朋友。异性朋友交往不算太多，好像外国女的不太喜欢跟中国男的交往。跟这些朋友谈论感情上的事时，他们大多

不太感兴趣。他们生活比较简单,你跟他们谈的时候,他们也不明白,我觉得是他们不明白,不是没有兴趣,他们不明白为什么中国的学生会有那么多事情(大笑)。

这次的谈话几乎完全是围绕着"压力"这个概念展开。谈到经济压力,他主要是考虑到家长的负担和自己的独立意识。他认为,一方面可能在家长羽翼的遮护下生活的时间太长了,现在有一种渴望,自己都25周岁了,到了该自己独立做事情的年龄,依然处于依赖家长的这种状态使他觉得过意不去。而现在他对金钱的看法也发生了变化,"现在不是享受,完全是出于生存,享受根本谈不上"。因此,他需要小心考虑的事情比较多,比如与大家一起吃饭时,总是考虑这钱自己该不该出。相比之下,他觉得学习上的压力是差不多的,"每个人学习上都会有压力的"。

由于杨林想让国内的女朋友也到德国来,但是她的语言又不太好,所以还要在网上教她学英语。① 这样,既要自己学德语,学专业课,又要帮女友学英语,还得考虑打工,而且他女朋友学的是文科专业,准备去 M 大学,他自己也准备转到那儿去上学,需要考虑的事情太多了。这些事情积在一起,"就觉得喘不过气来,晚上现在就失眠,睡不着,特别累。人考虑的事情不能太多,现在就是觉得太累了"。

由于压力大了,时间少了,慢慢他就懒得与他人联系了:

> 不知道你有没有那种感觉,碰到你不是特别要好的人你就特别懒得跟他们联系,比如一个不是很好的朋友来到你的城市旅游,你就特别懒得去接待他,不知你有没有这种感觉,[……]当然如果是一个特别好的朋友来的话,我接待他感到特别高兴。现在我就特别懒得联系,有外国朋友我也懒得联系,不知这个懒是出于什么原因,[……]这样一来生活的圈子越来越小,我觉得这挺可怕的,特别是在异国他乡,对一个人来说是挺可怕的。

在疏于联系的情况下,杨林把以前写的一些电子邮件拿出来看(这是他的习惯),发现一件挺有趣的事情:"外国朋友写信有个共同的特点,

---

① 杨林的女朋友选择的是用英语授课的国际性专业,申请学校时只要求英语成绩,对德语不作要求。

如果他忙他就会写这段时间比较忙，可能没有时间跟你联系，下次写信时他会说'对不起'。"这件事虽然是一件小事，但是他读了以后感觉特别舒服。而谈及他给他们写的信：

> 多余的话没有，就说了一下最近干了什么，然后说完以后什么事都没有了，然后是问好，没有一些鼓励我们之间友谊的一些话，我觉得这是一种缺陷，没有一种事先预警的提示，如果我很忙的话我应该告诉他我很忙，就是没有留出余地，而且有时候根本就不是故意这样的，但是久而久之就习惯了，但是我觉得他们外国人这一点特别好，有时候不得不佩服。

杨林总结这段时间的交往情况，认为懒得联系原因不光在他自己身上，与外国人的交往热情也有关系。他觉得跟外国人交往同跟异性交往有相似之处。刚开始跟外国人交往的时候，他有种被他们宠着的感觉，"因为你很新鲜啊，他们会主动跟你交流，久而久之他们会厌倦了，不会那么主动跟你说话了。〔……〕再就是与谈论的话题有关，刚开始谈的所有的都是不同的学识，但是后来所有不同性都谈完了，还谈什么"。

令杨林感到奇怪的是，其他国家的学生（如美国或非洲的学生）到德国后，适应特别快；而中国学生来到以后，"刚开始时我觉得是有优势的，但是后来就变得没有优势了"。他试图将此归咎于中国人喜欢玩深沉的东西，对那种比较感性的、表面化的东西不感兴趣，而是只喜欢研究那种理性的、深层次的东西。有时候他觉得外国人说的一些话听着特假，无法搞清楚对方是出于真心还是只是表面文章。但是，在礼节方面，他已经认识到以前的一些看法和做法在德国的文化环境中是需要做出调整的，比如在见面打招呼方面：

> 现在觉得这一块可能跟以前不一样，现在我觉得如果对方只是一种微笑，是不感兴趣的一种表达，仅仅是出于礼貌和友好，作为一般情况总是会说说话，话语总是要比那种表情来得直接一些。我现在一般不会是仅仅微笑，我觉得是特别的不礼貌。大多数情况是可能他们先看着我们的表现，外国人先看着你的表现，如果是你主动先跟他们微笑，他们也只是向你微笑，他们不会是你对他微笑，他们跟你打招呼。现在我一般是主动打招呼，比如以前跟楼长见面只是微笑，现在都跟他打招呼，就觉得他的态度就不一样了，就不那么生硬了。而且

说出来的时候最好是带升调，不知道为什么，他们说话总是带升调，我不清楚是怎么回事。

处于压力下的杨林变得比较敏感。以前他一般是什么事情都不想得那么复杂，而是把什么事情都简单化。"比如高考，我都没有多大压力，就觉得是个什么结果就是什么结果，反正努力过了。"但是出国以后，他就感觉到不一样了：

因为什么事情都往好的方面考虑，可能对周围的人太在乎了，在乎他们的眼光啊。再就是因为自己是属于一个少数派，少数派的人总是想着，既然你是少数派，那就应该体现出少数派的地方（大笑）。（笔者："为什么觉得自己是少数派？"）再怎么说咱也是黄皮肤啊，走在大街上，虽然你有时候自己不这么想，但外国人可能就是这么想。也不是孤立、隔离和疏远，你坐在公交车上的时候就会觉得外国人会多看你两眼，但是就是这两眼，会让你感觉很不自在，要在国内的话，没人会在乎你的，他们只不过最多可能会瞟一眼，但是你在公交车上他们是特意去看你，看你有没有跟他们不同的地方。不自觉地就会在各种情况下有压力，少数派，还是心情放不开。

不到半年的时间，杨林的思想和情绪变化如此之大，着实令笔者惊讶。正如他所说的那样："人在一种压抑的状态下，怎么可能谈些高兴的事情呢？"在这次访谈中，他的嘴边几乎没有离开过"压力、压抑"等字眼，而且谈着谈着，他抬头看了看宿舍的天花板，问："你不觉得现在这个环境很压抑吗？"听了他的这句问话，笔者感到一丝恐惧和怜悯：可怜的杨林，他不会是已经有心理障碍了吧？他在谈话中多次问及笔者的感觉和意见，但考虑到"研究者效应"问题，笔者尽量少做解释和评判。但听到他这句话后，同情心占了上风，笔者觉得有义务为他摆脱这种状态尽一点心。笔者认为，由于这是最后一次对他进行访谈，而且谈话已基本接近尾声，所以，笔者作为研究者发表一些看法、做出一些提示和帮助对本项研究影响不大；而且即便笔者不帮助他做一些分析，别的什么人也可能帮他分析和解释，笔者作为他留学生涯中的一个观察者和参与者，如果为他提供的一些分析和建议发挥作用而导致他有所改变的话，那也是他的跨文化学习过程的一部分。于是笔者针对他的这种心态在一些方面做了较多的解释和建议。

在后来的分析结构图的过程中，杨林认为在"忌讳的话题"一项中应该再加上一个"个人感情方面"。因为我们前面介绍过，杨林曾经两次向德国朋友诉说自己感情上的苦闷，而对方根本不感兴趣。笔者向他做了一番解释后，他恍然大悟："噢，会不会他们把感情这些事情作为最隐私的事情，他们把这也看作一种很隐私的事情？怪不得，我谈了两次，对方都没有兴趣。"

在使用称呼代词方面，杨林表现得比以前谨慎了，"大多数情况下我都是用'Sie'，一般不敢用'du'，因为不太熟，不知道什么情况下该用'du'。因为好几次用'du'，习惯了就什么时候都想用'du'，让人感觉我跟谁都想套近乎。所以，只要是工作了的，我都会用'Sie'去称呼，然后第二次见面的时候我会问一下，可不可以用'du'称呼。这种表面性的东西现在做到了一点点"。

对性别因素，杨林也有了不同的看法。因为他的异性朋友比较少，"这可能间接说明男女还是有区别，要不然的话男女可能都会多多少少去接触，但现在接触最多的还是男士，可能德国女的跟咱中国女的一样，喜欢被动，不像是美国那些女的，她们会主动去追求"。

对主动与被动的关系，杨林也有了新的看法。他认为，当外国朋友来自己"家"（即指他宿舍）时，他就应该是主动者，而不是一个被动者。"在这种情况下，我就应该表现得像个主人似的。以前我总是想让他们有一种这个家的主人的感觉。现在我想结束的话就马上要结束它，就是要做出自己的选择，不能让客人做选择，而且我感觉他们也总是在让我做选择。我发现，有些礼节还是很重要的。"

在关于主动和被动的话题中，笔者——杨林的客人，作为这次访谈的主动者——还是主动结束了这次谈话。因为笔者发现，在一个多小时的倾诉后，杨林的情绪已经有所稳定，不再那么苦闷，而且又有了第一次访谈时的那种自信。这正是笔者所希望看到的，也正是本项研究的目的和价值之一——为处于某些消极状态中的留学生提供一种可选的思路，为他们摆脱消极情绪提供些许帮助。如果杨林真是由于笔者聆听了他的倾诉，由于他倾听了笔者的解释和建议而忘却了自己的压力和压抑，重新拾起信心和勇气的话，那么笔者由于占用了他的宝贵的睡眠时间（他目前经常失眠！）所产生的愧疚感或许会有所减弱。

总而言之，杨林在到达德国一年的时间里，经历了新鲜、兴奋、困惑、自信、压抑、苦闷等状态，这是一个艰难的学习过程，也是一个曲折的适应过程。所幸的是，杨林在这种学习和适应过程中保持了自己清醒的头脑,他有意识地去思考一些问题,建立了自己的一套主观理论,并针对现实情境对自己的一些想法和行为方式做出了相应的调整:这就由被动地适应转化为主动地学习,并进而转化为主动地适应。相信经过这种主动的学习与适应,他以后的留学生活收获会更大。

(二) 杨林关于人际距离的主观理论

在对杨林留德生活的两次访谈介绍中,读者能够清楚地看到杨林为自己的日常生活建立主观理论的过程,当然他这种理论的建立过程大多是无意识进行的。无论是他提出的某一个观点还是指出的某一个现象,他都试图去解释它,或者通过事例来证明它。这样的解释或者举例都是以他自己的日常生活的知识储备为基础,然后通过他的主观逻辑建立了他的日常生活的主观理论。笔者从他的庞大的日常生活主观理论中截取关于人际距离的部分,并将其用结构图的方式描述出来,见图5-2和图5-3①。

在图5-3中可以看到,杨林对"距离"有一个明确的定义(笔者截取这一部分,见下文图5-6):距离就是场合之间的转换。他通过举例来说明自己的论点,即父子距离和朋友距离在不同场合下有差异。另外他还给出了"距离"这一概念的伴随意义:疏远、冷淡和孤独感。这成为他关于人际距离的主观理论中的核心观点。

在图5-3中,杨林分别从不同方面提及可能影响人际距离的各种因素:性格/态度、性别、年龄、等级/地位、民族/种族、语言能力、政治观点、宗教派别、兴趣爱好等,而且特别强调了文化差异在人际距离中的影响作用;然后从称呼语、打招呼、道别语、谈论的话题、忌讳的话题、体触、亲吻、语气/语调/语速、表情、交际场合、交际频次等方面介绍了人际距离的内容和体现方式(见图5-2)。图5-2和图5-3合在一起便构成杨林关于人际距离的主观理论结构图。该图将他关于人际距离的主观理论中的核心概念、重要层面、主要关系等相对经济而又直观地表示出来。通过建立和比较不同时间点的这种主观理论的结构图,笔者就可以对其中的变化(即学习过程)有一个直观的了解。本书在第二章构建人际距离理论时,曾经将人际距离理论中的几个核心概念的关系用图示方式表示出来(见图2-9)。为了叙述的方便,在不改变杨林关于人际距离的主观理论总体结构的前提下,笔者结合研究者的视角(图2-9),将图Ⅰ-a和图Ⅰ-b调整为下文的图Ⅰ-A和图Ⅰ-B(图

---

① 图5-2与图5-3实际应该合并为一个图,由于页面篇幅所限,在本书中拆成两个图。下文还有类似情况。

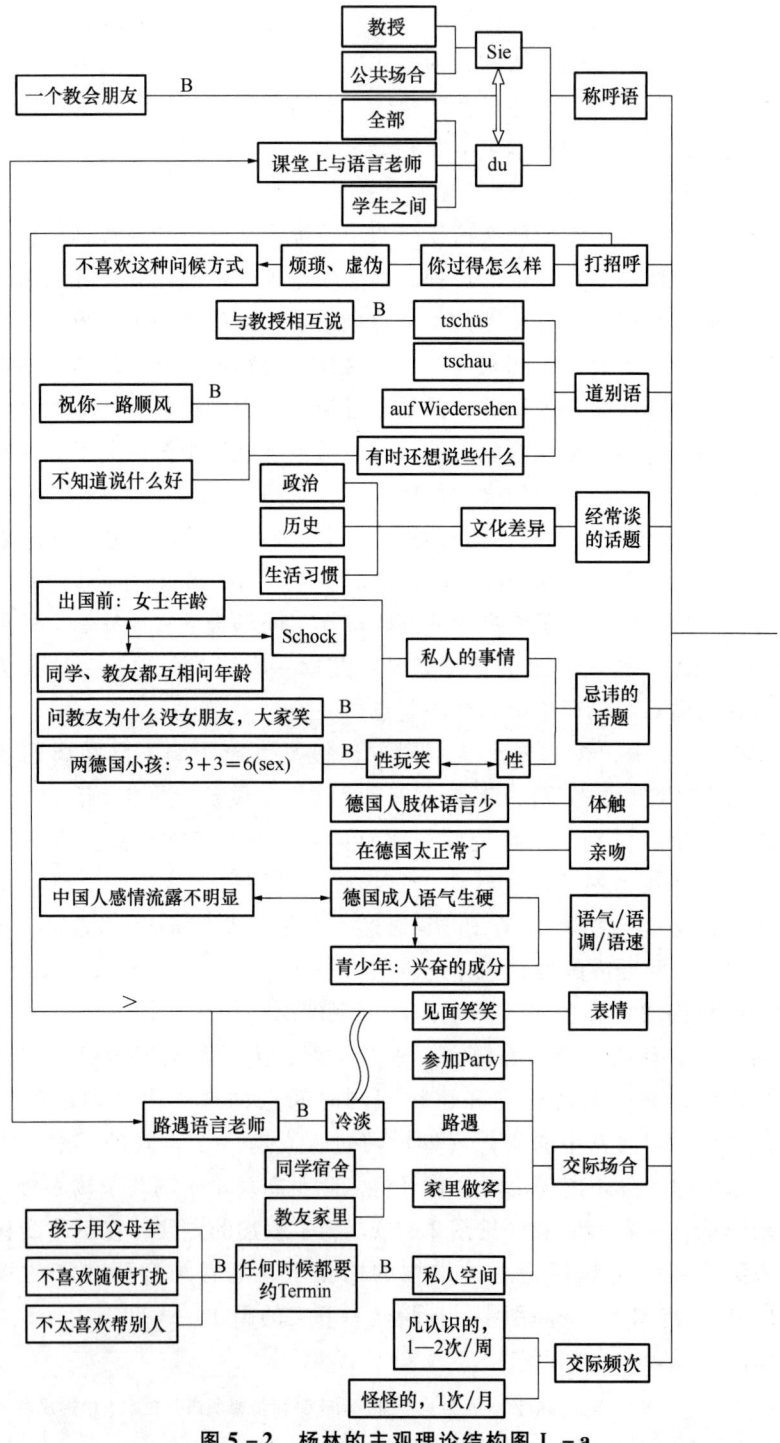

图 5-2 杨林的主观理论结构图 Ⅰ-a

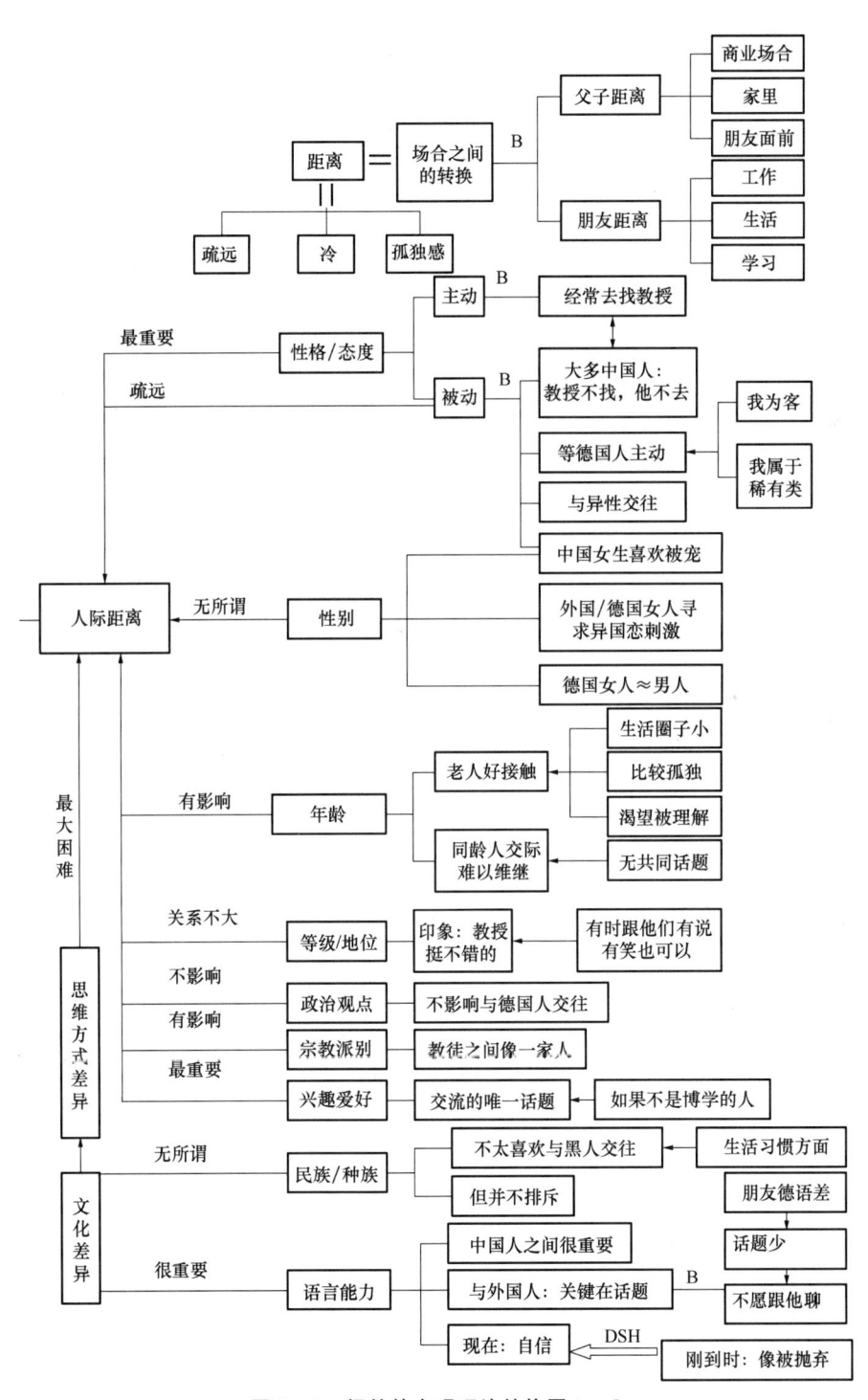

图 5-3　杨林的主观理论结构图 I-b

5-4 和图 5-5）。

这样，笔者实际将人际距离这个"黑匣子"具体分解为文化距离、社会距离、心理距离、言语距离和非言语距离五部分。这样的分解显得逻辑关系更加清楚，笔者分析起来也更加方便，但基本上没有改变原来的结构关系（笔者在图 5-4 和图 5-5 中用虚线以示与原结构图的区别）。

言语层面和非言语层面的人际距离是人们作为行动者的人能够直接听到、看到和感觉到的，也就是现象层；而人际距离的影响因素是需要意识和反思的，从而构成意识层，所以笔者先从言语和非言语这些现象层来进行分析，然后再对影响人际距离的各种因素加以讨论。

1. 言语层面的人际距离

笔者在前面曾经讨论过，称呼语作为人际交往中最先用到的言语成分，能够比较清楚地表明交往者之间的相互关系。而德语中"Sie"与"du"的区分则成为德语学习者和使用者必须掌握的一项内容，掌握不好或者使用不当，则很容易产生一些不必要的交际失误。

如图 5-7 所示，杨林由于到德国前学过半年德语，对"Sie"与"du"的使用规则和适用范围有一个大致的了解，所以在公共场合以及对教授他都是使用"Sie"，而在学生之间则用"du"相称。在语言班里，老师与学生之间也是用"du"相称。由于他在德国（语言班）接触的大多为以"du"相称的人，与他人以"du"相称已成为习惯，所以他跟刚认识的一位教友说话时也是直接用"du"，但该教友帮他做了纠正：在德国刚认识时互相称"Sie"。不管该教友是出于好心帮杨林纠正一个错误，还是他真的不习惯在相识之初就被人以"du"相称，反正使杨林感觉到了两人之间的距离，于是在第二次与该教友见面时，他便用"Sie"相称，结果又被该教友指出不当之处：大家已经认识了，而且上次聊得还不错，所以应该用"du"相称。这就把杨林搞糊涂了：到底何时该用"Sie"，何时该用"du"？达到什么样的熟悉程度才能改称"Sie"为"du"？这个标准该怎么把握？于是，在关系不是很明朗的情况下（除了与教授 siezen，与同学 duzen 之外），杨林采取了"一刀切"原则：全部用"du"称呼，对老人也用"du"。实际上，他的这种抉择是不妥的。我们知道，在关系不明确的情况下恰恰应该都用"Sie"，因为"Sie"是德国社会人际交往中无标志性的称呼，即普通的社交称呼。但是，主观理论的"主观"也正体现在这个地方。之所以说是主观，是因为行为者根据自己的知识储备和经验所建立的一种理论体系，并根据该理论体系对一些两难境地做出抉择。由于主观理论体系没有经过客观的科学检验，所以难免存在

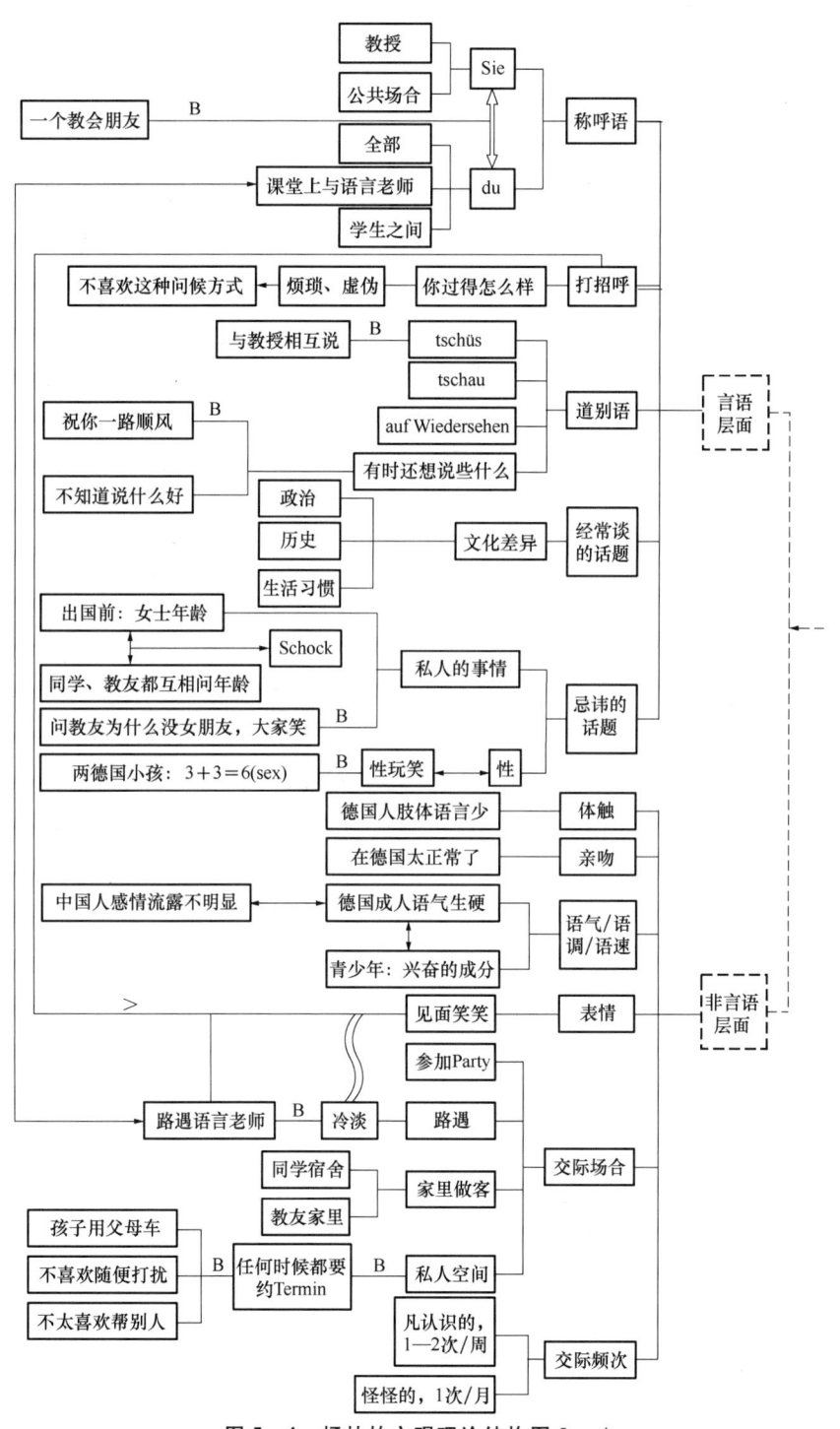

图 5-4 杨林的主观理论结构图 Ⅰ-A

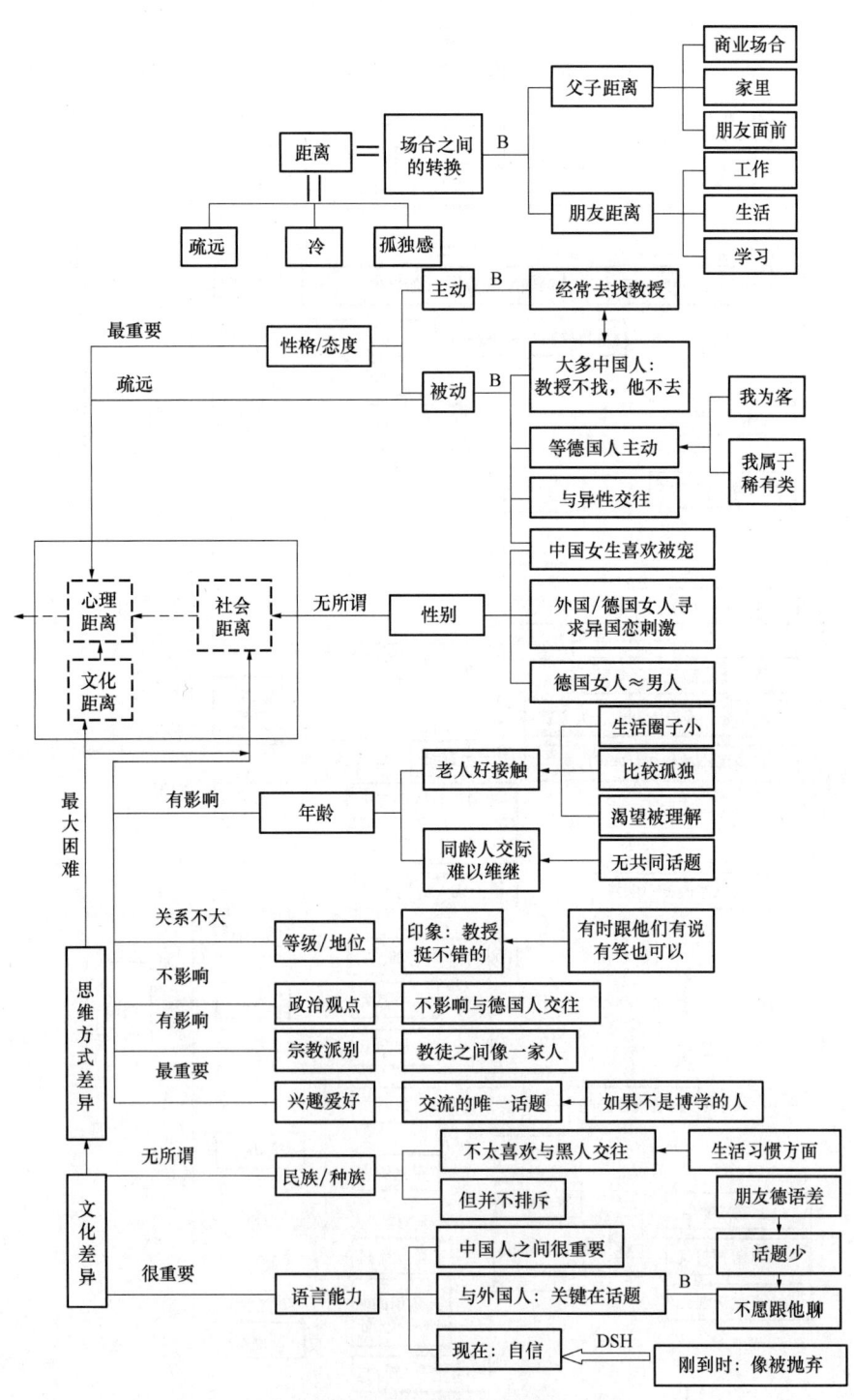

图 5-5 杨林的主观理论结构图 Ⅰ-B

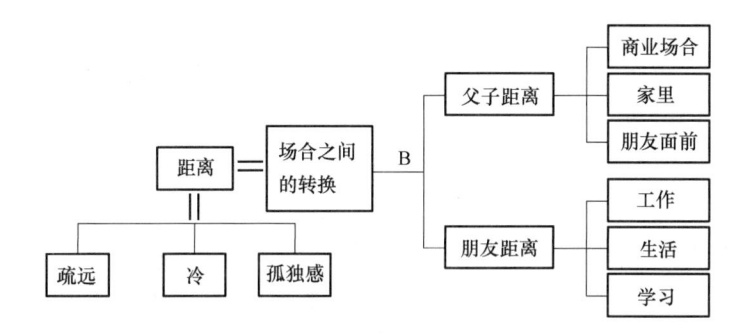

图 5-6 杨林关于"距离"概念定义的主观理论结构图 I

缺陷和错误。这种缺陷和错误在实践过程中可能会被发现，那么主观理论便得到修改（参见§5.4.1.3），向科学性和客观性迈进了一步；但主观理论中的错误或缺陷也可能没有被发现（这种情况比较少，一般情况下总是会逐渐被发现的），那么就仍然保持在其主观状态。

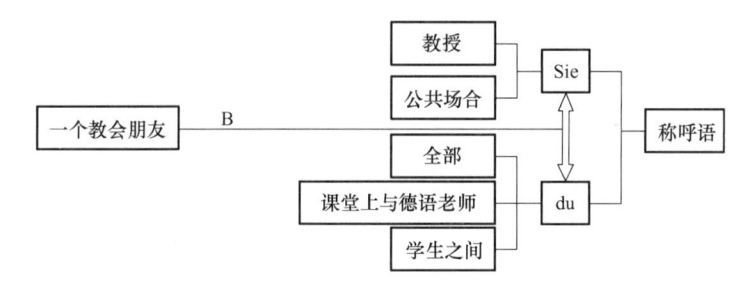

图 5-7 杨林关于称呼语的主观理论结构图 I

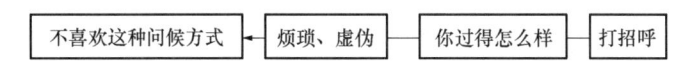

图 5-8 杨林关于招呼语的主观理论结构图 I

对于打招呼这一行为（见图 5-8），杨林认为德国人总是问"Wie geht es Ihnen/dir"（您/你过得怎么样），显得烦琐和虚伪，他认为完全没有必要总是这样问，所以他不喜欢这种问候方式。这里，杨林提到中德之间的差异，但是没有意识到这是一种约定俗成，是一种程式化的东西，正如中国人之间见面经常会问"吃了吗？""上哪儿去？"一样，它已经失去了句子本身的意思，而是成为见面问候这种交际模式中的一个固定符号，所有这些符号表示的是同一个意思，即"我注意到你了—我们互相认识—我在向你问候—我意欲维护我们间的关系"，同样，对这些问候方式的回应也是程式化的。也就是说，问候者与被问候者双方都不太会在意问候的内容，重要的是形式，这种形式就是维系双方关系的纽带。杨林作为一个外国人，对德语中"Wie geht es Ihnen/dir"的（汉语）意思过于注意（在访谈中他说这个句子时用的是汉语而不是德语，可见汉语对译对他产生了影响），而没有考虑到它只是一个符号，是维系关系的一种形式而已，所以便感到烦琐和虚假。当然问候不一定非要用言语形式，通过招手或者微笑等非言语形式也同样可以表达问候之意，在中国文化中这也是常用的问候方式，所以杨林在路上遇到语言班老师时，便采用了他所熟悉的问候方式：笑笑；而对方回应他的也是同样的"笑笑"，这让他感到有点冷淡的感觉（见图5-4）。他觉得老师应该停下来跟他聊上几句（双方在课堂上是以"du"相称，说明关系比较熟），因为"按照中国的习惯就应该是这样"。由此可以看到，他在异文化环境中仍然使用本文化的行为方式（以笑问候）和本文化的评价标准，说明他尚未完全掌握异文化环境中的行为方式和取向体系，而本文化的生活世界知识仍然在指导和影响着他的取向和行为。他的主观理论是建立在两种文化的基础之上，而跨文化性在这里显然起了负面作用。试想一下，假若杨林用德国的方式来问候对方，对方还会只笑笑而过吗？

如图5-9所示，在道别语中，杨林的印象是："tschüs"使用的频次较高。而且他还举例加以说明：与教授之间（存在权势等级）告别都互相用"tschüs"，与其他人肯定更是如此。但他觉得，除了说"再见"之外，还应该说点别的什么，但有时候又不知道该说啥，所以干脆只说声"tschüs"了事。

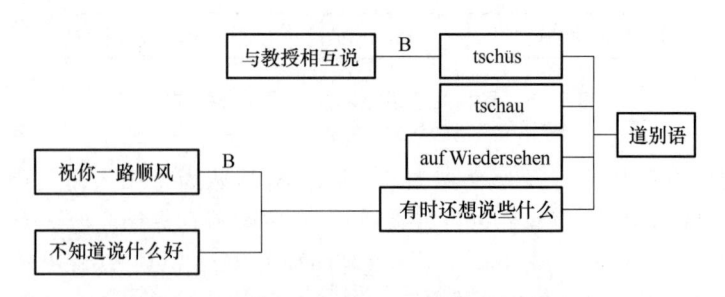

图5-9 杨林关于道别语的主观理论结构图Ⅰ

如图5-10所示，在刚到德国的半年内，文化差异成为杨林和外国人之间经常谈论的话题。正是由于文化差异的存在，才激发了双方的好奇心与兴趣，这对双方的交往非常有利。谈论的话题涉及两个国家、两种文化在政治、历史、生活习惯等方面的差异。在忌讳的话题方面，杨林曾经经历过小小的震惊和尴尬。出国前他就了解到，在国外大家对年龄都讳莫如深，但是到了德国后，无论是同学还是教友，大家都相互问年龄，这大大修改了他原来在国内时的主观理论。而当一年龄较大的教友说还没有女朋友时，他又是采用中国式的行为方式：问"为什么？"结果把周围在场的人都搞笑了。他能够觉察到他们是在笑他这个问题，说明他具有一定的异文化敏感性。而他由此进一步认为，这个问题涉及的内容属于"私人的事情"，是不该问的，表明杨林已经具有了一种跨文化意识。"性"是忌讳的话题之一，至少在教友之间是如此。但令杨林感到有趣的是：德国小孩竟然还对他这个外国人开性玩笑。这到底体现了德国儿童对外国友人的亲近还是疏远，从杨林的主观理论及其结构图中不得而知。

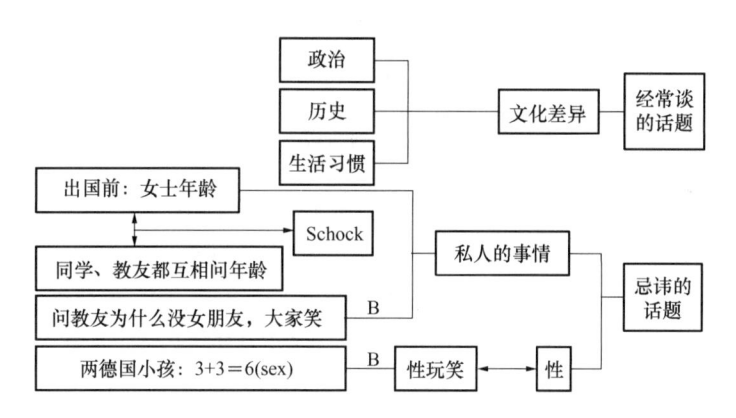

图 5-10　杨林关于话题的主观理论结构图 I

从上面的分析可以看出，在杨林的主观理论言语层面，最能体现人际距离的主要表现在称呼语、打招呼和隐私话题等层面。

2. 非言语层面的人际距离

如图 5-11 所示，在非言语层面，据杨林观察，德国人的肢体语言比较少，因而其体触动作就少；相反，亲吻这种特殊的体触在德国"太正常了"。杨林认为，从副言语层面（语气/语调/语速）也能感觉到文化上的差异：德国青少年的谈话中带有兴奋的成分，而德国成年人（尤其参加工作以后）的语气生硬；相比之下，中国人的感情在副言语层面上流露不明显。从表情上而言，杨林认为，见面只是笑笑意味着冷淡，他举的例子就是在路上遇到语言班老师，双方只是笑笑便擦肩而过，并没有聊上几句，他便觉得不习惯，有一种冷淡的感觉。① 正是因为有这种感觉，所以他意识到自己以前在这方面的一些失误，后来他调整了自己的行为方式，对楼长问候时不再只是笑笑而已，而是用言语方式，结果收效很好（详见§5.4.1.3.1）。

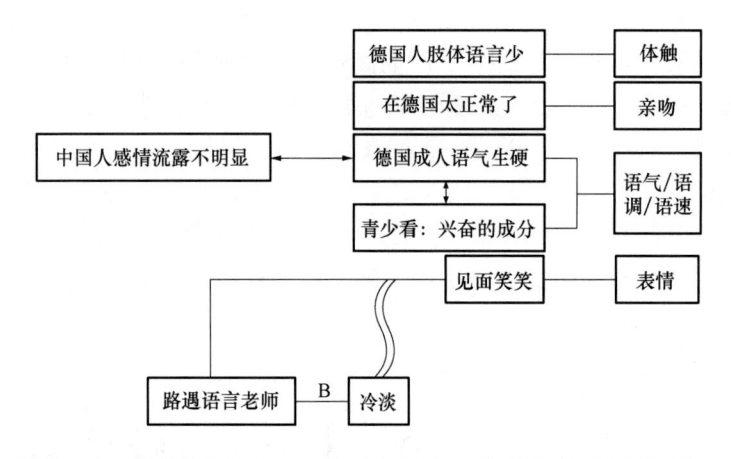

图 5-11 杨林关于体触、亲吻、副言语、表情的主观理论结构图 I

交际场合作为非言语层面的环境因素，对人际距离有着重要的影响。这一点与杨林的"距离"定义相吻合。如图 5-12 所示，他列举了四种场合：参加 Party、路上相遇、到家里做客、私人空间。杨林觉得，大家参加 Party 时互相亲近，很熟悉的样子，但事后在路上遇见时却很冷淡，没有了那种熟悉的感觉；语言班老师在上课时与学生相互称"du"，但在路上碰到仅仅笑笑而已，让杨林感觉很冷淡。杨林将此也归咎于场合的转换："课堂上熟归熟，但现在不是课堂上，所以没有必要那么熟悉。"被同学或教友邀请到家里去做客，这也体现了交往者之间的距离已经有了一定程度的缩小，但尚未缩小到可以参观他人私人空间的地步。杨林对德国

---

① 殊不知"德国人的微笑却是表示真心的喜爱，而且人们比较谨慎，通常只对了解和真正喜欢的人微笑"。参见［美］葛里格·尼思《解读德国人》，张晓楠译，中国水利水电出版社 2004 年版，第 75 页。如果真如尼思所言，那么杨林的这种认识是由于跨文化性的负面作用所致：在杨林的印象中，如果学生对老师微笑致意的话，老师往往会关切地与学生聊上几句，以示对学生的关怀。所以，在异文化的同样情境中，他也期待德语老师的言语关怀，而并没有意识到，在德国文化中，老师对他笑笑已经表达了对他的"真心的喜爱"。由于对这一背景不了解，所以便有被冷淡的感觉。而他后面根据此次经历以及与楼长的交往经验所做出的调整（不光笑笑，还主动打招呼）与德国文化情境中的行为规范并不相悖，所以可以视为他的跨文化能力的提高。

人的私人空间的理解除了客观存在的空间概念（家庭、学生公寓）外，更重要的是体现在任何时候都要提前约好时间安排上：孩子用父母的车子都需要提前约定；而时时事事约时间安排（Termin）这种方式——杨林认为——体现出德国人不喜欢被别人随便打扰以及不太喜欢帮助别人①的思想。也就是说，在杨林的主观理论中，提前约定"Termin"（时间安排）意味着"距离"。德国人的距离观念在亲人间照样体现得很明显。

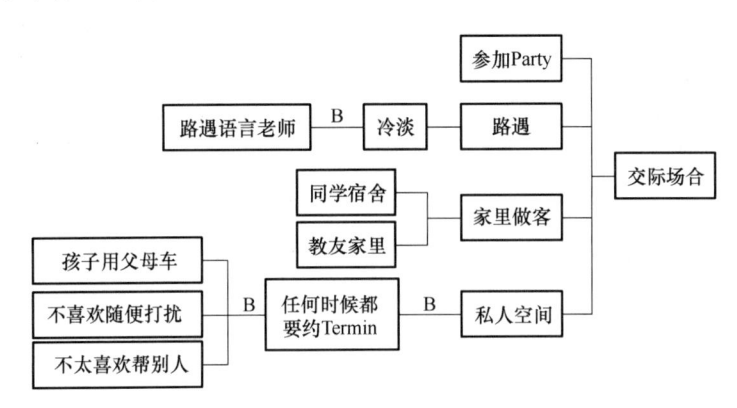

图 5-12　杨林关于交际场合的主观理论结构图 I

按照杨林的主观理论，交际频次也可以看出人际距离的远近（见图 5-13）：只要认识的朋友他一般每个星期联系一两次，一般是去宿舍串门；而有一些人显得怪怪的，他也保持同他们的联系，只不过次数少而已：大概每月一次。

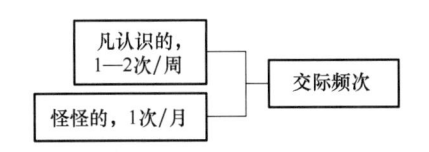

图 5-13　杨林关于交际频次的主观理论结构图 I

由此我们看到，在杨林的主观理论中，非言语层面的人际距离最主要

---

① 杨林得出的这个结论与尼思的研究结果相反。尼思认为："向德国朋友提及你有难处，他就会不吝时间地问你很多详细的问题以找到症结所在，并考虑如何帮助你。"（［美］葛里格·尼思：《解读德国人》，张晓楠译，中国水利水电出版社2004年版，第72页）关于德国人是否愿意帮助别人这一点，大多数留学生在访谈中都有所涉及，如张明宇的德国同事告诉他什么时候孩子该打什么疫苗并帮助他填材料申请孩子抚养补助金，而李一茹则认为，"举手之劳而不触及他们利益的事，德国人很愿意帮忙，比如问路时；但是再深了，他们就不愿意了，比如借钱"。

体现在交际场合的不同。

3. 关于人际距离影响因素的思考

本书上文曾经讨论过，影响人际距离的因素是多维度、多层面的，既有个体因素，也有各种社会因素，既有情境因素，也有超越具体情境的文化因素。而从文化的最广义上而言，上述所有因素都可以统领于文化这个总概念之下。由于杨林在其主观理论中并没有将这些因素划分不同的层次和维度，另外也由于一些因素无法确定地划归某一范畴，如：性别、年龄等既可以作为个体因素发挥作用，也可以作为一种社会群体概念而产生影响，所以此处也不对这些影响因素做进一步的归类，而是按照行为者的陈述将其主观理论的结构表示出来。

在杨林的主观理论中，"主动"与"被动"是影响人际交往的最重要的两种态度（见图 5-14）。在实践中，这两种态度他都践行过。他的主动主要体现在经常去找教授请教问题上。由于刚刚在大学注册为正式学生，所以有好多问题需要解决，于是在选择的几门课中，每门课的教授他都去找过，而且几乎每个星期一次。正是由于采取了主动，抓住了机会，与教授多接触，他才会产生这种印象："教授挺不错的，有时跟他们有说有笑也可以。"也就是说，等级/地位因素（见图 5-15）在这里显得无足轻重。而据杨林观察，大多数中国人在这方面处于被动局面："教授不找，他不去。"

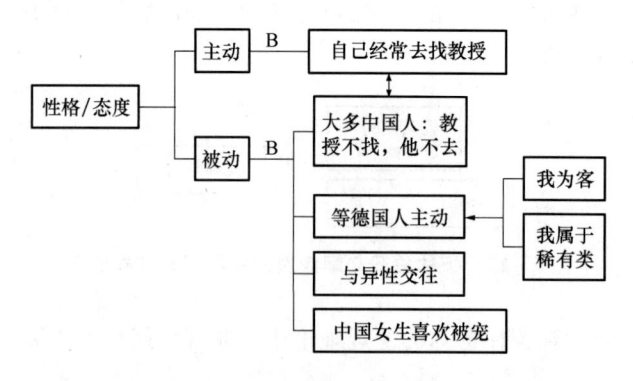

图 5-14 杨林关于性格/态度因素的主观理论结构图 I

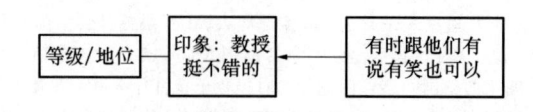

图 5-15 杨林关于等级/地位因素的主观理论结构图 I

另外，杨林在与其他德国人以及中外异性交往过程中，采取的是被动的方式。他认为，自己是远方来的客人，理应受到主人的主动接待；而且，在德国环境中，与众多的德国人相比，他属于"稀有类"，既然如此，就要体现出自己"以稀为贵"的"贵"处，德国人应当先表示出主动。由于"在孤独的状态下男女之间很容易发生感情"，所以，在与异性的交往中，杨林采取的也是谨慎和被动的态度，很少主动找异性交往。此外，杨林认为，中国女生属于被动型，她们喜欢被宠，一般不会去主动追求男生，而是喜欢那种被得到的感觉（见图5-16）。而杨林自己就属于被动型，所以，他身边的异性朋友少就不足为奇了。

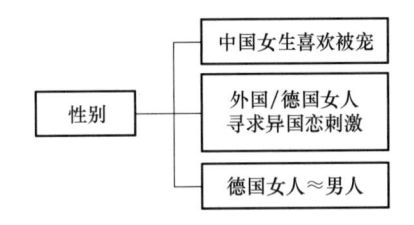

图 5-16 杨林关于性别因素的主观理论结构图 I

从性别因素来看（见图5-16），杨林开始时认为："德国女人跟男人差不多，她们跟男人属同一种性格"，所以跟德国的同性还是异性交往在他眼中都是一样的。

从年龄上来看（见图5-17），杨林认为老人好接触，他将原因归结为：德国老人生活圈子小、比较孤独、渴望被理解，所以与德国老年人交往更容易一些。而与同龄人交往的话，关键在于有无话题。如果没有共同话题，则同龄人之间的交际难以为继。所以，杨林认为，发展兴趣爱好最重要，因为"如果不是博学之人，那么与他人交流的唯一话题就是双方的兴趣爱好了"（见图5-18）。也就是说，他认为通过相同的兴趣爱好能够缩小交往双方的距离。对这一点，他在出国前就有所准备了：培养自己的多种业余爱好。

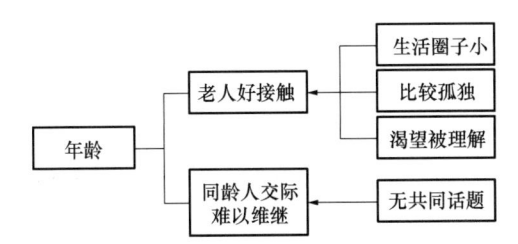

图 5-17 杨林关于年龄因素的主观理论结构图 I

```
兴趣爱好 — 交流的唯一话题 — 如果不是博学的人
```

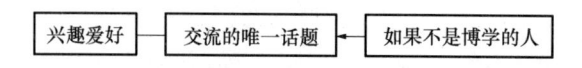

图 5-18　杨林关于兴趣爱好因素的主观理论结构图 I

如图 5-19 所示，在杨林的主观理论中，对人际距离有影响的因素还包括宗教派别和宗教观点。同一宗教派别的教徒之间就像一家人，交往起来比与其他人容易。相反，他认为，不同的民族或种族以及不同的政治观点对人际交往的影响微乎其微。

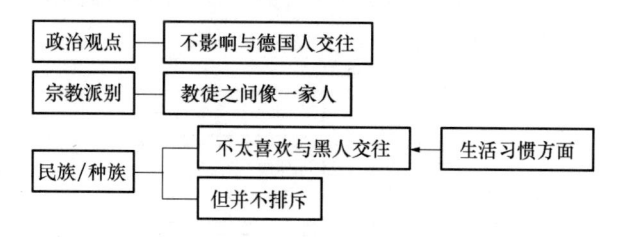

```
政治观点 — 不影响与德国人交往
宗教派别 — 教徒之间像一家人
民族/种族 ┬ 不太喜欢与黑人交往 — 生活习惯方面
          └ 但并不排斥
```

图 5-19　杨林关于政治、宗教观点及民族/种族因素的主观理论结构图 I

在诸因素中，杨林认为语言能力很重要，这种重要性体现在与中国人的交往中。如果一个人的语言表达能力比较强，说话幽默风趣的话，那么他的朋友可能就会多；"而与德国人的交流，语言的熟练程度并不是最重要的，关键在于话题"。他举了个例子来说明这一点：他的一个朋友德语语言能力差，因此可谈的话题就少，所以，德国人不愿跟这个朋友聊，而更愿意与语言能力较强的他聊天。杨林此处把德国人的交往意愿仍然归因于话题，而语言能力的强弱则决定了话题的多少。杨林在语言能力上的这种自信来自于他通过了 DSH 考试。而在这之前，也就是刚到德国参加语言培训时，有一种"像被抛弃的感觉"（见图 5-20）。

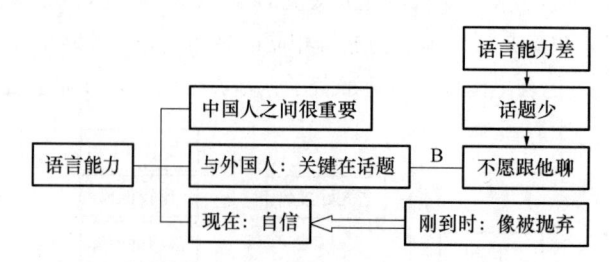

```
语言能力 ┬ 中国人之间很重要     语言能力差
         ├ 与外国人：关键在话题 —B→ 话题少
         │                            不愿跟他聊
         └ 现在：自信 ← 刚到时：像被抛弃
```

图 5-20　杨林关于语言因素的主观理论结构图 I

总括上述所有因素，杨林的主观理论认为，由于文化差异而导致的思维方式的差异为人际交往制造了最大的困难，它既影响了人际间的社会距离，同时也影响人际间的心理距离。这种影响通过现象层的言语层面和非言语层面体现出来。

(三) 杨林关于人际距离的主观理论的变化

从第二次对杨林的访谈所获得的结构图来看，在近半年时间之后，杨林对距离概念的定义并没有发生变化，而他关于人际距离的主观理论的其他部分已经发生了一些变化，既有增加的范畴，如"信件联系""目光"等，也有增加的事例和关系等，还有删除或者变换了的概念或范畴。所有发生变化的内容我们此处都用粗体或粗线凸显出来。这样，由访谈所获得的杨林关于人际距离的主观理论变化结构如图5-21所示：

1. 言语层面的人际距离

在言语层面，笔者发现，杨林的主观理论的变化首先体现在称呼代词的使用上（见图5-23）。原来在拿不准的情况下，杨林全部使用"du"，而现在他却把"全部"改成为"不敢用"。这可能因为他习惯使用"du"了，所以什么时候都想用"du"，给人的感觉是他跟谁都想套近乎。所以，现在一般"不敢用"，因为不太熟，不知道什么情况下该用"du"，所以大多数情况下都使用"Sie"。他的主观理论在这方面的变化，可以说基本符合德语的语用规则。由此可以看到，在人际交往中的称呼代词问题上，杨林在跨文化环境中经历了错误（初次见面称教友用"du"）—纠正（教友说初次见面应称"Sie"）—改正（第二次见面称教友用"Sie"）—再纠正（教友让称"du"）—困惑（到底何时用"Sie"，何时用"du"）—无奈的选择（不能确定时全部用"du"）—最终的选择（大多数情况下用"Sie"）这样一个曲折的过程，但最终他的主观理论基本趋近于客观事实和德语的语用规则和习惯。在这样一个曲折的过程中，他的跨文化行为能力也逐步得到提高。

在打招呼方面，杨林感觉见面如果光以微笑作为问候方式的话，表示的是一种冷淡，特别不礼貌，这一点他通过与楼长打招呼的例子进一步加以说明（见图5-24）。以前跟楼长见面时只是笑笑，现在见面时主动跟对方打招呼，通过言语的方式来表达问候，发现楼长的态度不那么生硬了，因此他不再觉得打招呼是一种烦琐和虚伪的问候方式，也逐渐由不喜欢而改为主动使用这些问候方式。这种观念与行为上的转变说明在他身上发生了跨文化学习过程。这里，人们不仅看到杨林跨文化学习的过程（由路遇语言班老师而产生思考并联系到与楼长的交往），而且也看到他跨文化适应的过程（由对楼长笑笑到言语问候）与结果（楼长的态度不那么生硬了）。在这样一个跨文化学习与适应的过程中，杨林跨文化能力

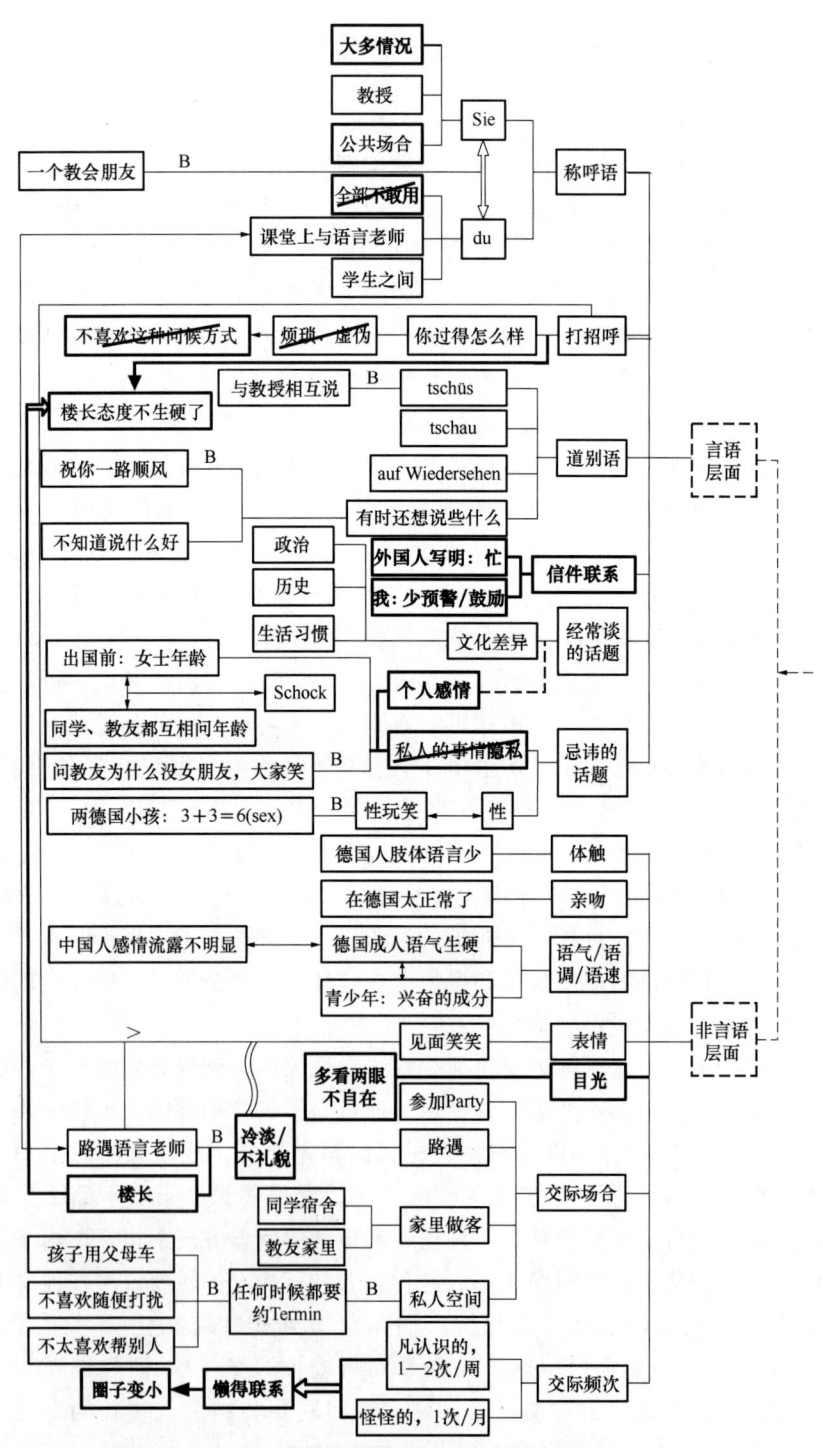

图 5-21 杨林的主观理论变化结构图 Ⅱ-A

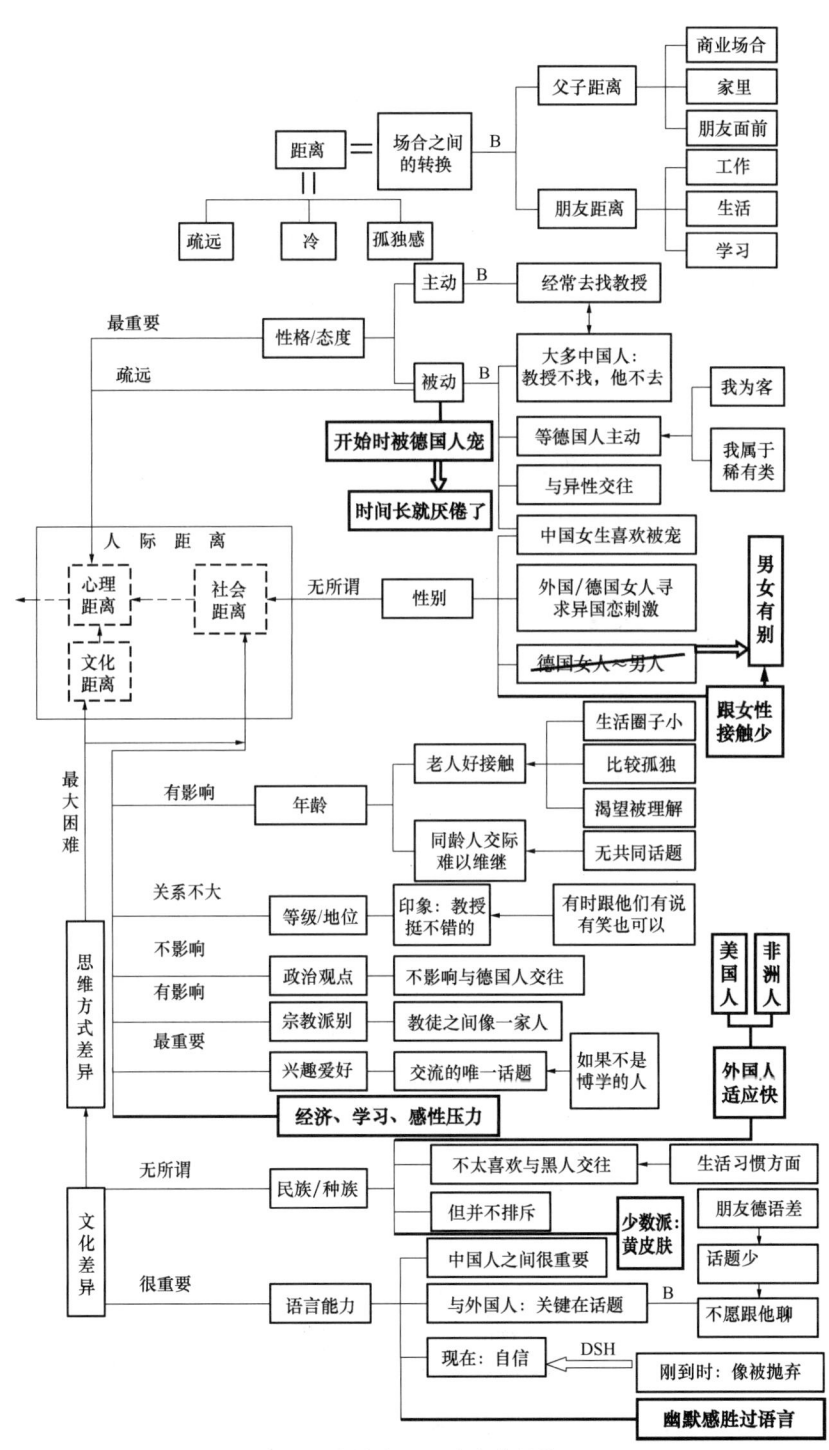

第五章 质性研究:人际距离的跨文化学习　267

图 5-22　杨林的主观理论变化结构图 Ⅱ-B

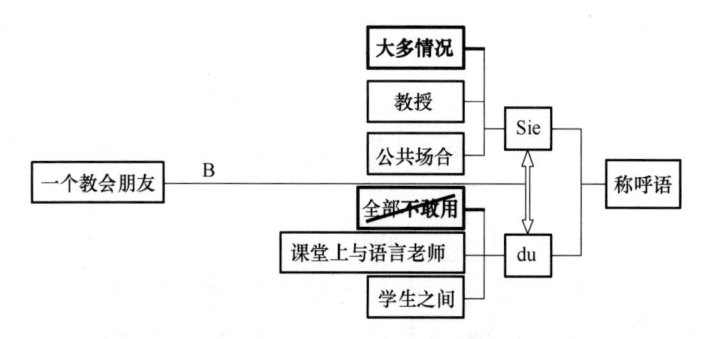

268　跨文化学习与人际距离研究

图 5-23　杨林关于称呼语的主观理论变化结构图 Ⅱ

的提高体现在：由觉得打招呼是一种烦琐和虚伪的问候方式而不喜欢打招呼到经过思考后改为主动使用言语上的问候方式。

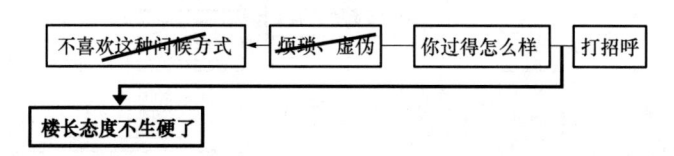

图 5-24　杨林关于招呼语的主观理论变化结构图 Ⅱ

在长期处于生活、学习和感情压力的情况下，杨林疏于或懒得与以往的朋友联系。他的习惯——喜欢把以前写的东西拿出来看——让他有了一个有趣的发现。他发现外国朋友写信时有一个共同的特点：如果近期比较忙的话，外国朋友会在信中写明：这段时间比较忙，过段时间再联系。等下次写信时说声"对不起"。这种"预警式"的话语给自己留出了余地，即便长时间不联系也不至于疏远与对方的关系，因为已经告诉对方，这段时间不联系是因为忙，而不是疏远对方。而杨林发现自己的信中就缺少这种"预警式"的话语，没有鼓励双方友谊的话。由此他得出结论，跟外国人交往还是需要讲究技巧，应该明确地言传，而不能只是意会。这与上面所论及的打招呼的变化如出一辙。笔者相信，有了这样一种思考和认识，杨林在这方面的跨文化行为能力会有所提高，而他与外国朋友们的交往也必将得到改善。

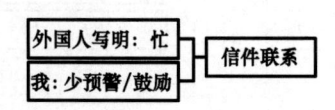

图 5-25　杨林关于朋友交往的主观理论变化结构图 Ⅱ

同样由于各方面的压力，使得杨林两次将自己个人感情上的事向德国朋友倾诉。这里，笔者同样看到了跨文化性的负面作用：中国人与德国人对"朋友"的理解是不一样的。在德国人的眼中，朋友意味着义务和责任，[①]在成为朋友前，他们要了解对方的人品、性格、兴趣，了解对方是否可靠，言行是否谨慎等。而一旦成为朋友，德国人的友情可能会持续一辈子。在这样的朋友面前，德国人当然也会谈论自己的一些个人感情方面的事。由于杨林的生活世界知识中尚未储备这些内容，所以他还是按照中国人对朋友的理解来行事，结果发现对方并不感兴趣。这实际是有原因的：首先，对方还没有将双方的关系看作是朋友关系；其次，在德国人的观念中，感情会影响谈话的客观性，因此，"在谈话中尽量不要提及个人的故事和经历"[②]，这是德国人保持客观的一个前提。后来经过思考，杨林才恍然意识到：德国人把个人感情当作个人隐私，他们不会把自己这方面的事情曝光于大庭广众之下，同样，如果不是家人或者好朋友，[③]他们也不希望了解对方感情方面的隐私。在这里，杨林把"私人的事情"这个概念改成了"隐私"，将个人感情纳入隐私的范畴，这样，个人感情便属于杨林的人际交往主观理论中应当避免的忌讳话题（见图 5-26）。有了这样一种理论上的加工与认识，杨林在异文化中的行为必然会有所改变：他不会轻易再向见过几面聊得也比较投机的德国人倾诉衷肠了。

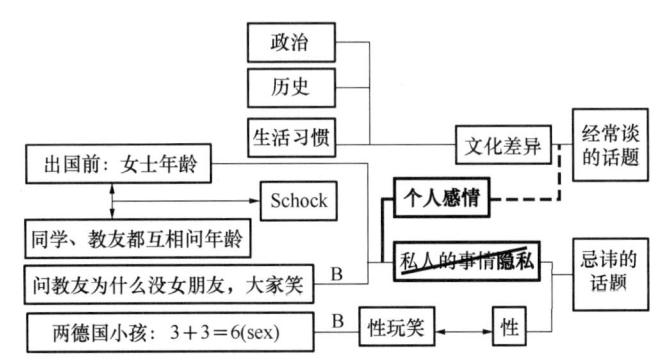

图 5-26 杨林关于话题的主观理论变化结构图 Ⅱ

---

① [美]葛里格·尼思：《解读德国人》，张晓楠译，中国水利水电出版社 2004 年版，第 43 页。
② 同上书，第 69 页。
③ 尼思曾经指出：德国人往往把感情保留给家人和朋友。参见 [美] 葛里格·尼思《解读德国人》，张晓楠译，中国水利水电出版社 2004 年版，第 75 页。

2. 非言语层面的人际距离

在非言语层面，除了上面提到的问候由"笑笑"改换为言语行为的"打招呼"之外，杨林在其主观理论中又增加了"目光"这个新范畴（见图 5 – 21）。之所以提出这一点，是因为在重重压力之下，他变得比较敏感，因此在公交车上能够感觉到外国人的那种审视的目光。而他认为，自己作为这儿的"少数派"——黄皮肤的中国人，应该体现出"少数派"的地方来，实际就是不让外国人发现自己身上的缺点，而这些缺点有可能被外国人归结为中国人都具有的缺点，从而让杨林觉得自己为中国人丢脸——这种想法在中国留学生群体中很普遍，笔者本人在德国访学期间亦有同感。在别人审视的目光下要想表现得完美一些，又为他增加了一份负担，因而他觉得"不自在"。这种情况与我国刚刚开放时，不少外国人到中国后的感觉如出一辙。

发生变化的另外一个方面同样是由于压力的存在：杨林懒得与中外朋友联系，这样他的生活圈子越来越小（见图 5 – 27）。他认为，在异国他乡，这种状况持续下去的话"很可怕"。

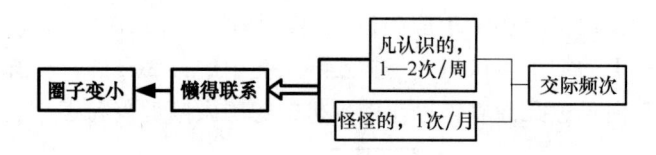

图 5 – 27　杨林关于交际频次的主观理论变化结构图 II

3. 关于人际距离影响因素思考的变化

由于各种压力的存在，杨林在言语层面和非言语层面关于人际距离的主观理论都有了一定程度的改变和调整。同时，他也在不断思考造成这些改变和调整的原因以及影响因素。

杨林之所以感觉到"生活圈子越来越小"，除了因为他自己"懒得联系"之外，他认为跟德国人也有关系。因为刚到德国时，自己作为"少数派"对"多数派"的德国人而言很新鲜，所以即便自己不主动与他们联系，德国人也会主动来"宠着你"，但是久而久之，"差异都谈完了，没有新鲜话题可聊了"，德国人就厌倦了，就疏远了（见图 5 – 28）。这时，一直把自己当作客人的杨林还是没有调整自己的态度为主动，相反，而是慢慢懒得与他们联系了（可能这种懒于联系也源于他已经感觉到对方的不主动），这便使他在与德国人交往方面有了更大的失落感。笔者认为，既然杨林已经意识到这种影响因素，那么，如果他调整自己的态度，变被动为主动，应当能够改善与德国人的交往，使自己的生活圈子越来越大。

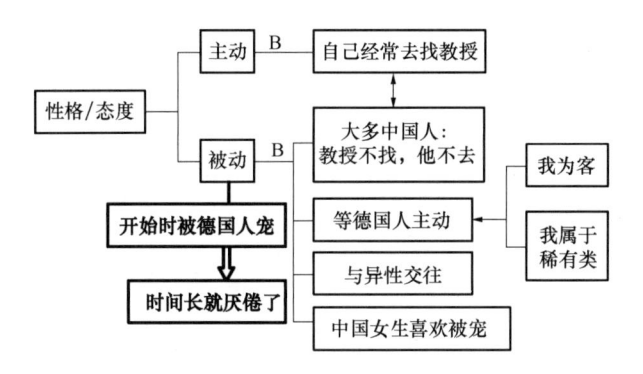

图 5-28　杨林关于性格/态度因素的主观理论变化结构图 Ⅱ

杨林对自己的人际交往状况进行思考的另外一个收获就是，发现自己的异性德国朋友很少。现在他认为，跟德国异性接触少，这也间接说明德国女人与男人还是存在差别的，所以他推翻了原来认为"德国女人≈男人"的观点（见图 5-29）。

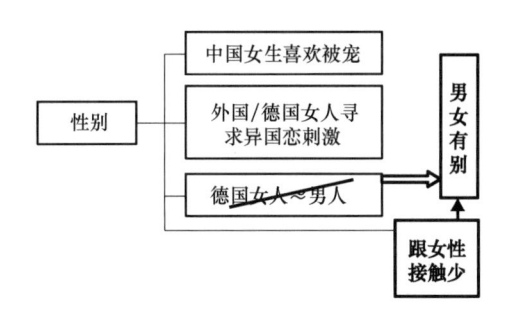

图 5-29　杨林关于性别因素的主观理论变化结构图 Ⅱ

杨林还发现，作为"少数派"的黄皮肤中国人，在刚到德国时与他人交往还具有优势，但是后来优势就没有了；相反，其他外国人（如美国人、非洲人等）适应更快一些。他试图将此归咎于中国人喜欢玩深沉的东西，对那种比较感性的、表面化的东西不感兴趣，而是只喜欢研究那种理性的、深层次的东西。

在语言能力方面，杨林开始注意外国人说话的幽默感，并思考德国人的幽默感来源于何处。他现在认为，不光对中国人而言，幽默风趣很重要，对德国人而言，幽默感同样胜过语言本身。

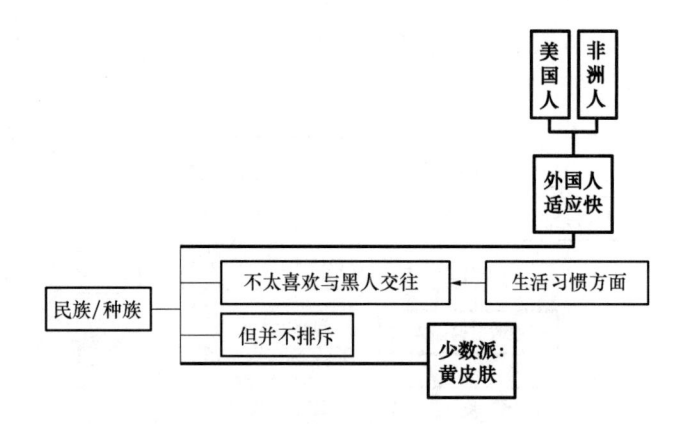

图 5 – 30　杨林关于民族/种族因素的主观理论变化结构图 Ⅱ

在所有这些因素之外，杨林在其主观理论中影响人际距离的因素中又增加了"经济、学习、感情压力"这一项（见图 5 – 22）。而从第二次访谈的整体情况来看，这一项对他的人际交往影响最大，几乎将他推到"可怕的"边缘。

（四）总结

上文笔者分析了对杨林在德国留学生涯中的两次访谈以及由访谈所获得的他关于人际距离的主观理论及其变化。从他的主观理论中可以看出，人际距离体现在言语层面和非言语层面的多个范畴中，而影响人际距离的因素从不同视角而言可以是个体因素、社会因素和情境因素。杨林在跨文化环境中积极运用他的主观理论来思考和分析他的生活世界以及发生于其中的人际交往，并对其理论与实践做出及时的调整，以适应变化了的环境。这可能就是（跨文化）学习的魅力所在：不断调整自己以应对变化了的环境，从而由主观逐步接近客观的真实。在跨文化的环境中，这种学习与调整显得尤为重要。

二　综合比较：中国留学生对人际距离的跨文化学习

上文以杨林为例，从他在德国近一年的留学生活经历中发掘他关于人际距离的主观理论及其变化与调整。笔者分别考察了他到达德国半年及一年时在言语层面、非言语层面对人际距离的经历与体验，并从意识层面对影响人际距离的各种个体的、社会的和文化的因素做了比较深入的分析。如前面所介绍，笔者在实证研究中共选择了 14 名留学生各进行了两次访谈并分别建立了其关于人际距离的主观理论结构图。下面，笔者以这 14 名受访者的主观理论结构图为依据，对他们在德国期间对人际距离的跨文化学习过程加以综合比较,看这些带有不同目的、属于不同层次、具有各异的性格特征的留学生的跨文化学习过程是否具有一定程度上的相似性,或者看他们的跨文化学习过程之间是否存在某些共性。笔者将他们关于人际距离的主观理论分为概念定义、言语和非言语层面的具体体现和影响因素三部分分别加以比较。

(一)"距离"定义的跨文化学习

从中国留德学生关于人际距离主观理论的结构图中笔者发现,他们对访谈中提到的"Distanz/距离"这一概念有着不同程度的理解和各不相同的定义。理解的多样性恰恰说明了该词的多义性,本书在第二章也专门讨论过这个概念的多层面的意义。另外,由于主观理论有别于客观的科学理论的特点,所以在他们对"Distanz/距离"的定义中,用词不像科学定义那么精确、完整、统一,定义方式和注重的内容也因人而异,各不相同。但是,大多数定义基本能够集中到我们所要探讨的"人际距离"所蕴含的核心意义上:即是人际交往中的一种感觉与需求。下面,笔者对留学生在访谈中对"Distanz/距离"的定义做一简单的列表式对照。

表 5-1　　　　　　对"Distanz/距离"概念的定义方式对比

定义方式	结构图Ⅰ(第一次访谈)	结构图Ⅱ(第二次访谈)
描述	李一茹、杨洁、田薇、乔敏、魏妍、陆高、曲婉、邱阳、鲁延涛、杨林、林琳、陈立	肖静茹、田薇、魏妍、鲁延涛
举例	杨林、杨洁、乔敏	
评价	林琳、陆高、田薇、邱阳	鲁延涛、张明宇
没有涉及	张明宇、肖静茹	

表 5-2　　　　　　对"Distanz/距离"概念的定义范畴

定义方式	结构图Ⅰ(第一次访谈)	结构图Ⅱ(第二次访谈)
(物理)空间	曲婉、邱阳	鲁延涛
私人空间、自己空间	李一茹、魏妍	肖静茹
场合的转换	杨林	
隔膜,无法深入对方内心,没法沟通	杨洁、田薇、曲婉、邱阳	魏妍、鲁延涛
防御及保护机制	乔敏	
(文化)差异,语言差异,人际差异	魏妍、陈立、陆高	

续表

定义方式	结构图Ⅰ（第一次访谈）	结构图Ⅱ（第二次访谈）
冷淡	鲁延涛、杨林	
美感	林琳	鲁延涛
无法弥补		张明宇
场		田薇

从表5-1中可以看出，大多数留学生采取了描述定义的方式来理解"Distanz/距离"这一概念，也有留学生从其功能方面加以评价。不少留学生在定义这一概念时采取了多种方法相结合的方式，如杨林、杨洁、乔敏采用了描述定义并举例论证的方式（见图5-6、图5-31和图5-38），而田薇、林琳、陆高、邱阳等则除了给出定义之外，还对这一概念及其所代表的现象给予了评价（见图5-32至图5-35）。

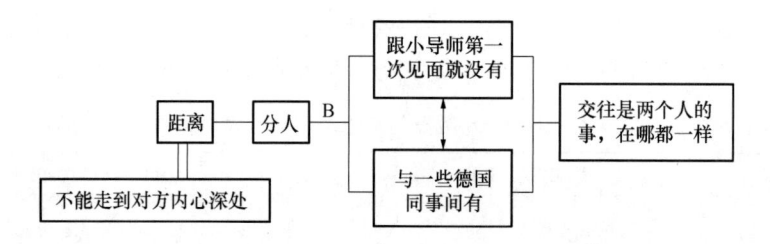

图5-31 杨洁关于"距离"概念定义的主观理论结构图Ⅰ

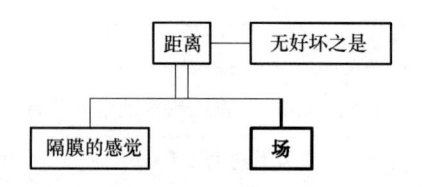

图5-32 田薇关于"距离"概念定义的主观理论变化结构图Ⅱ

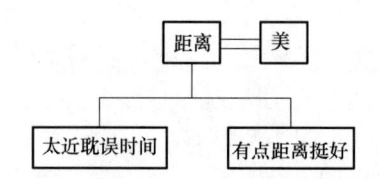

图5-33 林琳关于"距离"概念定义的主观理论结构图Ⅰ

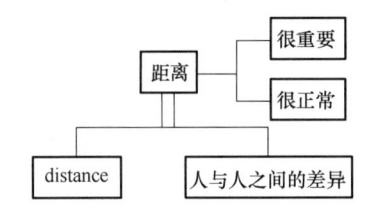

图 5-34 陆高关于"距离"概念定义的主观理论结构图 I

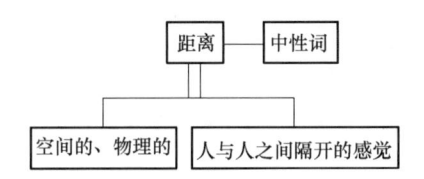

图 5-35 邱阳关于"距离"概念定义的主观理论结构图 I

从留学生对"Distanz/距离"这一概念的定义来看，涉及了（物理）空间、私人空间、隔膜的感觉、差异等范畴，而其中定义最为集中的范畴为"隔膜、无法深入对方内心、没法沟通、冷淡"（5 人），其次便是"（文化）差异、人际差异"（3 人）和"私人空间、自己空间"（3 人）。可以看到，留学生对"距离"概念的理解在一定程度上非常接近笔者在第二章所讨论的"距离"概念的诸多定义。例如：此处的"隔膜、无法深入对方内心、没法沟通、冷淡"与笔者前面所提及的"对待某人的一种态度：接触少，缺少热情"以及"人与人关系上的距离"等定义（参见§2.1）非常接近；魏妍、陈立、陆高等所指出的"（文化）差异、语言差异及人际差异"（见图 5-36、图 5-37、图 5-34）等则点明了人际间产生距离的社会与文化因素；林琳认为，距离产生"美"（见图 5-33），这实际已经涉及布洛的"心理距离"的概念（见§2.3.1.3）；而乔敏从防御及保护机制角度述及的距离的两个功能（"自己不会受伤害"和"不会给别人带去麻烦"，见图 5-38）与"空间气泡说"中论及的个人空间的功能（"以免受到身体和情感上的伤害"，参见§2.3.1.4）比较吻合。也就是说，尽管受访者所用的词汇及定义方法不同，但他们都从不同方面提出了与客观的科学定义非常接近的定义范畴和相应的定义内容。

从前后两次的访谈结果来看，大部分留学生在第一次访谈中对"Distanz/距离"概念给予了各自的定义（只有张明宇对此"没有感觉"以及肖静茹没有涉及），在第二次访谈中基本不再给予新的意义补充，只有田薇、

```
        距离
    ┌────┼────┐
   差异  私人空间  **没法沟通**
```

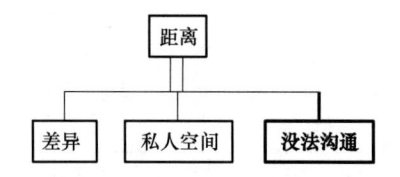

图 5-36　魏妍关于"距离"概念定义的主观理论变化结构图 Ⅱ

```
      距离
    ┌──┴──┐
  文化差异  语言差异
```

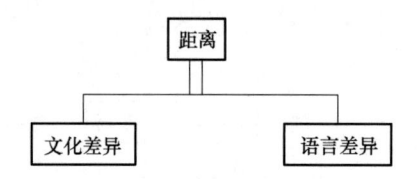

图 5-37　陈立关于"距离"概念定义的主观理论结构图 Ⅰ

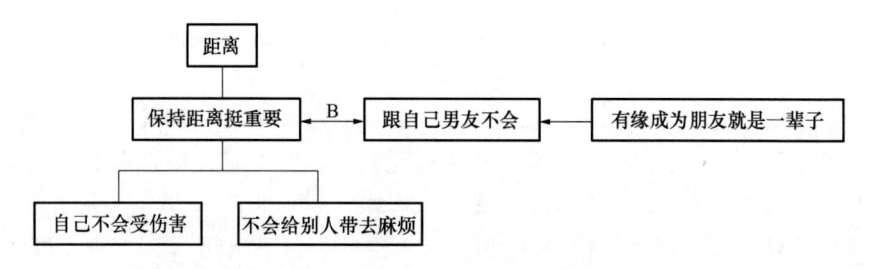

```
     距离
      │
  保持距离挺重要 ──B── 跟自己男友不会 ──── 有缘成为朋友就是一辈子
    ┌──┴──┐
 自己不会受伤害  不会给别人带去麻烦
```

图 5-38　乔敏关于"距离"概念定义的主观理论结构图 Ⅰ

魏妍、鲁延涛在第一次访谈基础上又补充了新的意义（分别见图 5-32、图 5-36 和图 5-39 的粗线部分），而张明宇则补充了对距离的评价（"无法弥补"，见图 5-40），但没有人对第一次访谈中所下的定义做出修改。而在第一次访谈中未曾给予"距离"概念以定义的留学生经研究者进一步询问，在第二次访谈中也对此做出了相应的定义（见图 5-41）。笔者认为，这跟中国人的思维相关：如果不是专门提出来的话，他们在日常生活中一般不在意对某个（抽象）概念进行精确定义，而往往只注重现象的罗列和内心感受的倾诉。

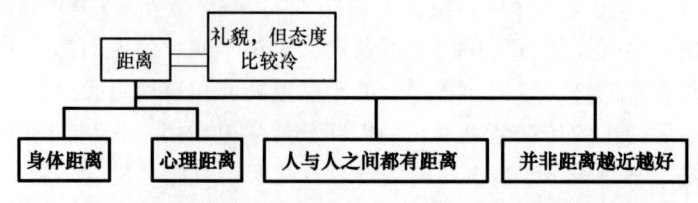

```
         距离 ── 礼貌，但态度比较冷
    ┌─────┼─────┬─────┐
 **身体距离** 心理距离 人与人之间都有距离 并非距离越近越好
```

图 5-39　鲁延涛关于"距离"概念定义的主观理论变化结构图 Ⅱ

```
距离 ← 无法弥补
  ↓
没有感觉到
```

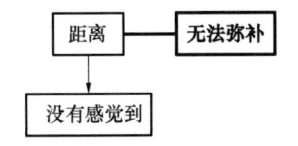

图 5-40　张明宇关于"距离"概念定义的主观理论变化结构图 Ⅱ

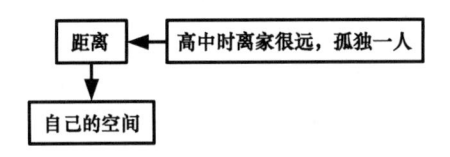

```
距离 ← 高中时离家很远,孤独一人
  ↓
自己的空间
```

图 5-41　肖静茹关于"距离"概念定义的主观理论变化结构图 Ⅱ

由留学生的主观理论及其结构图可以看出,他们对"距离"概念的定义基本上是一次成形——不管受访者在第一次受访时在德逗留时间比较短(如三个月)还是相对长一些(如一年以上),经过半年时间之后再次受访时,他们对"距离"现象的体会都有或多或少的变化,但对"距离"概念本身的理解没有发生多大变化,或者也有一定的变化,但他们在陈述中没有相对明确地指出来。也就是说,对诸如"距离"这样一些抽象概念的跨文化学习过程在留学生到达德国后即已发生,经与研究者的对话而给出一个相对明确的定义,但是在以后的学习过程中,只针对"距离"现象给予了更多的观察和思考,对其概念本身大多没有给出新的解释,这一点应当说比较符合中国人不太注重抽象思维的习惯。

(二) 言语层面人际距离的跨文化学习

在言语层面,笔者发现,与德语相关的内容(如道别语、称呼语等),中国留学生基本不存在太大的问题。随着时间的推移,留学生对德国生活的日益适应,他们的德语知识在不断扩充,而对于特定语言的具体使用场合和规则也逐渐有了更加明晰的认识。同样,在一些社交礼俗方面,他们原来在国内时所形成的一些定型观念也随着他们在异文化环境中的亲身体验和思考而发生变化。笔者认为,在他们身上的确发生了跨文化学习过程。而在这一学习过程中,跨文化性一方面产生了消极的影响,另一方面也发挥了积极作用。下面,笔者从称呼语、道别语、忌讳的话题和经常谈论的话题四个方面加以具体比较。

1. 称呼语

德语的第二人称称呼代词区分为"Sie"与"du"对中国留学生来

说并不是什么特别新奇的事情,因为汉语中也区分两种不同的情况:"您"与"你"。由于"Sie/du"与"您/你"有一个大致的对应关系(见§4.3.2.2),所以,中国留学生在学习德语中的这一现象时并没有多大的困难,困难在于使用德语的"Sie"或"du"时,必须对动词做出不同的变位。使用"du"时的动词变位比使用"Sie"时的动词变位要复杂,所以中国学生大多习惯于使用"Sie"。正如国内某高校德语专业学生陆高所说,"因为'Sie'这个变化比较好变,[……]在中国一般都是喜欢用'Sie'"。他所说的这种情况体现在大多数中国留学生身上,尤其是当他们初到德国的一段时间内。

另外,受中国礼俗及语用习惯的影响,中国人对长者和上级一般都要使用尊称,所以,中国留学生在德国文化环境中使用称呼代词时,认为德语中的"Sie/du"等同于汉语中的"您/你","直接把中国的这一块用到德国这一块"(田薇语),对陌生的长者或自己的上级一概称"Sie"。由于德国人在公众场合对陌生人以及在职业生活中对同事一般习惯于使用尊称"Sie",所以,中国留学生在这一点上可以说是歪打正着,符合了德国一般的社交习惯。也就是说,跨文化性在这种场合发挥了一种积极作用。但是,大多数留学生在使用"Sie"时,其出发点是"体现礼貌"(鲁延涛、田薇等语)与"尊敬"(邱阳、田薇语)或"尊重"(乔敏、魏妍等语)等,所以,绝大多数人列举的使用"Sie"的情况为:对年龄大的人("年长的""老人")、上级、教授("导师""师生")。而对方也用"Sie"来称呼他们却并没有引起留学生更多的思考,难道对方也用"Sie"来表示礼貌、尊敬或尊重吗?按照中国的价值观和思维方式,这似乎讲不通。正如田薇所言,这一点"还没好好考虑过"。在受访的留学生中,只有少数几个人指出:对"Sie/du"的区分体现了德国人比较重视人际距离的思想(如魏妍、邱阳、陈立、杨洁等)。因此,使用"Sie"的场合除了上面提及的几种情况外,他们还列举了"正式的场合"("课堂上师生间")问路"第一次见面""与服务行业的人"等情境。这几种场合中的人际交往主要体现出一种"庄重感"和"距离感"。在这些场合,如果(未经双方同意)使用比较随便的"du"称呼就会引起很大的问题。在第二次访谈时鲁延涛就讲述了这样一次经历:在超市买东西结账时,跟收银员打招呼不小心用了一个"dir"("du"的第三格),当时就感觉对方脸色不太好,"她没说什么,但是能看出她有点不高兴,因为开始时本来挺高兴的。从她脸色上看出来我用错了"。应当说,他能够从对方脸色上看出来自己用错称呼了,说明他的德语已经有了一定的进步。因为在第一次访谈时（当时他刚到德国，学习德语仅三个月），他只笼统地认为"Sie/du"之分"可以体现礼貌"，而并没有涉及"Sie/du"分别适用于哪些场合（笔者推测他当时对此不是很清楚）；而在第二次访谈时，他已经学习德语将近九个月了，所以对使用称呼代词的场合了解得比较清楚了，才做出相应的归类（见图5-42）。尽管对规则比较清楚了，但在具体使用过程中仍然经常混淆，如上面所犯的错误。另外，他还提及，他在教会里认识的一个六七十岁的德国老人心态比较年轻，经常和他们聊足球，甚至有时候还一起踢足球。他们之间相互称"Vorname"（名），但是他有时候用"du"称该老者，有时候又称"Sie"。而老人并没有纠正过他这个问题，鲁延涛将其归因于"他知道我语言差"（鲁延涛语）。由此笔者看到，在异文化中的学习也必然经历"尝试—错误—修改—再尝试"这样一个多次循环的过程。

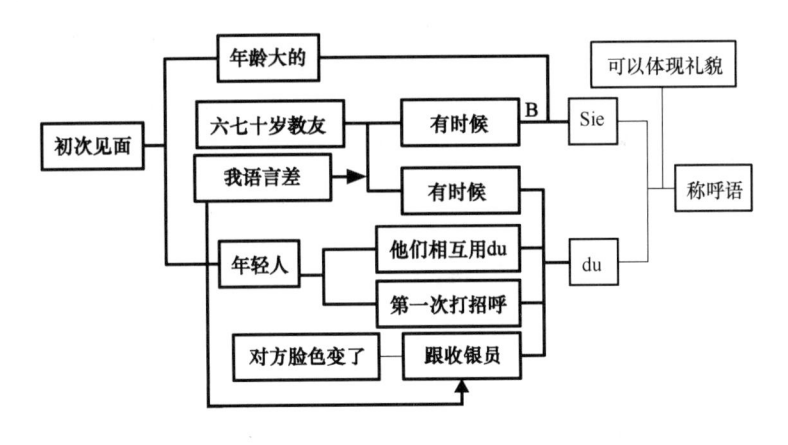

图 5-42　鲁延涛关于称呼语的主观理论变化结构图 II

在所有受访者中，陈立对德语中"Sie/du"之区别体会尤其深刻，他甚至将此上升到文化层面。他认为，"这也是一种文化，它这个'Sie'就是那种典型的德国文化，［……］强调了德国人的那种办事态度，该工作就工作，工作就必须认认真真，而且必须严严肃肃，［……］你要一工作的时候，上下级就非常严了，你必须称'Sie'"。笔者认为，陈立的这种观察与思考恰如其分地表现了德国社会使用"Sie"的一个方面：体现上下级关系及纯粹的工作态度，也就是说，德语的"Sie/du"之分体现的是一种公私分明的态度，这一点也符合尼思的观察，"在很多情况下，尤其是在工作场合，成年人从不用'你'式称呼，他们倾向于保持因使用'您'

而产生的敬意以及庄重感和距离感"。① 笔者认为,只有把称呼问题上升到这样一个层次,才能明白德国人为什么至今仍然那么严格地坚守这一语用规则。

但是,大部分中国学生并没有将称呼问题上升到这一层次。他们在出国前或者到达德国后的最初几个月都接受过德语培训(学习),对德语相关的语言知识和应用规则有一个大概的认识,什么时候以及对谁该使用"Sie"或者"du"来称呼有一个初步的了解。而对于"Sie"与"du"的区分是否说明德国人比较重视人际距离则思考并不多或者不是很清楚。(见图 5-43)但是半年之后,笔者发现,大部分学生肯定了这一关系(见图 5-45 和图 5-46)。这可能就是所谓的"研究者效应",因为在研究过程中涉及该现象了,所以引起受访者的注意与思考。而生活中的实践经验则给予他们的思考以答案。笔者认为,这样的"效应"在研究过程中是不可避免的,它恰恰可以引导研究对象对某个问题做更深入的思考。而这样的思考对研究对象来说有益无害,笔者认为,这也是研究者的目的之一:通过本研究,促使留学生对德语语用规则的观察与思考,提高他们在社交过程中对该问题的敏感与重视,以避免发生或尽量减少鲁延涛那样的口误,从而更有效地提高他们的跨文化行为能力。

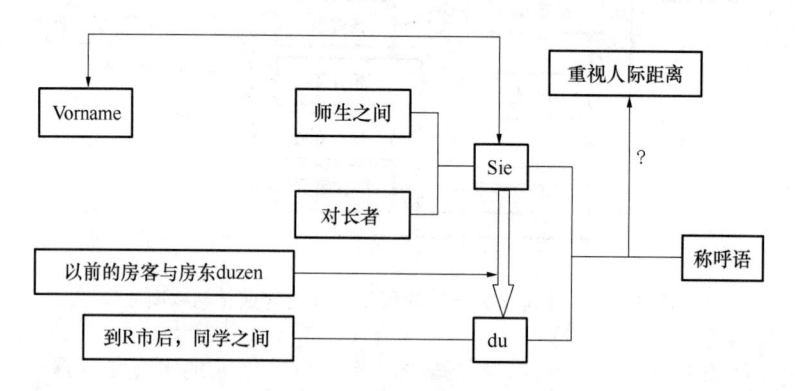

图 5-43 李一茹关于称呼语的主观理论结构图 I

在同中国留学生的访谈中笔者发现,在称呼代词的使用上,中国留学生采取了一种被动的对等原则:即在称呼问题上,除去非常明确的场合(如对教授基本都称"Sie",对同学大部分称"du")外,在其他不是很清

---

① [美]葛里格·尼思:《解读德国人》,张晓楠译,中国水利水电出版社 2004 年版,第 56 页。

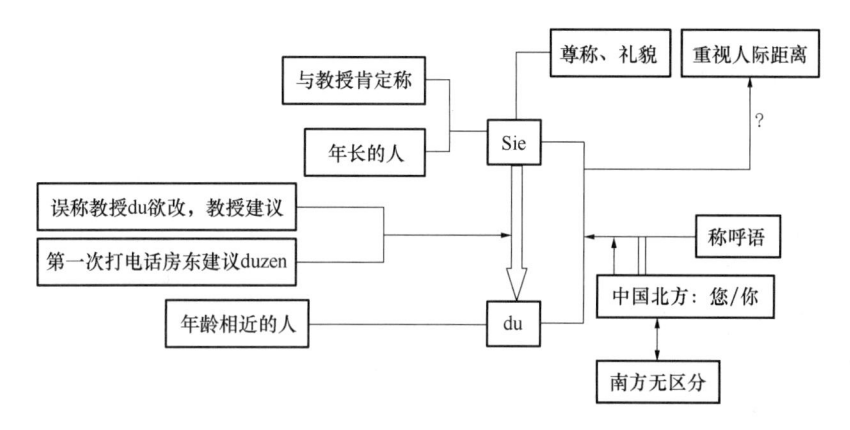

图 5-44 田薇关于称呼语的主观理论结构图 I

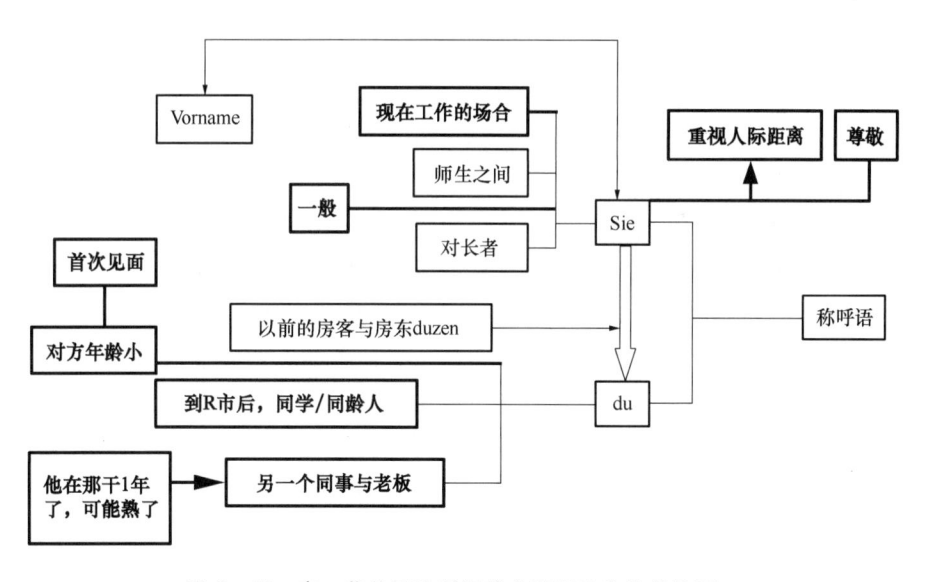

图 5-45 李一茹关于称呼语的主观理论变化结构图 II

楚或者拿不准的情况下，他们一般是等待对方先发出称呼，然后根据对方的称呼来对等地回应对方。在异文化环境中，这种策略显得非常聪明。因为在德国社会，按照德语的称呼对等的语用原则，这样做的结果一般不会出现差错，而经过一两次成功的模仿体验后，他们在这方面的认识得到强化（这就是学习，参见§3），所以，以后一旦遇到类似的疑惑的场合，他们就毫不犹豫地采取等待的策略。笔者认为，这样一种被动的等待策略在异文化环境中尽管不是一种最好的行为方式，但不至于发生较大的社交失误（如鲁延涛、杨林等所经历的失误），仍不失为一种比较聪明的学习策略。

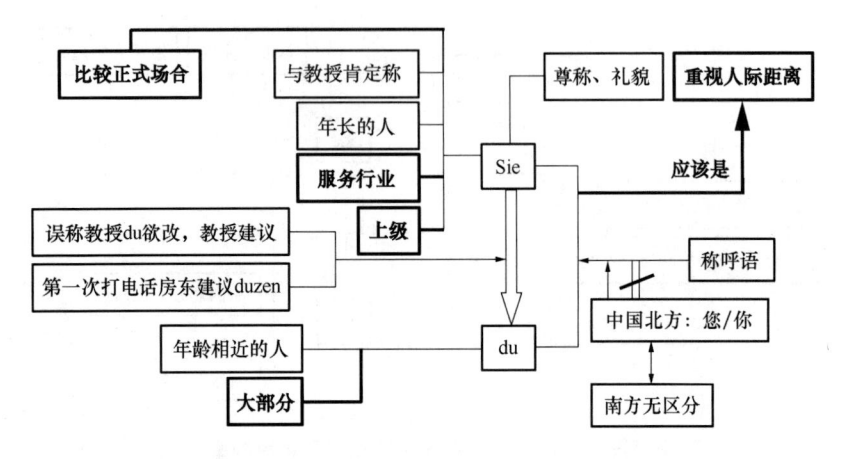

图 5-46　田薇关于称呼语的主观理论变化结构图 Ⅱ

从中国留学生那里笔者还了解到另外一种语用策略：即当他们遇到拿不准的场合，如向陌生人问路而对方年龄与自己不相上下或者无法判断对方年龄时，或者在学校里遇到其他同学时①，他们"第一次打招呼通常都是 Sie"（乔敏语，见图 5-47）。笔者认为，这一策略也非常实用。因为"Sie"是德国社交场合的基本称呼代词，一般情况下使用它不会产生太大的交际失误，尤其是当自己拿不准的时候，说明自己与对方的关系仍然比较生疏，这种情况下使用"Sie"应当说非常恰当，既表示了对对方的尊敬，又表示一种庄重，同时说明双方的关系还不是很熟，需要保持一定的距离。如果对方也感觉到这种称呼比较合适的话，那么双方的交往就可以这样保持下去；而如果对方觉得双方的关系已经越过了陌生的界限，可能会提出转变为"duzen"（使用"du"相称）的要求，在这种情况下，中国留学生一般来者不拒，非常乐意接受"du"的称呼（而且他们在称呼的转换问题上一般也是采取等待策略，见下面内容）。

笔者在访谈中了解到，大部分学生在德国期间都经历了某些交往关系中由"Sie"改称"du"的情况，在这种情况下，他们一般都能够感觉到这种转换所带来的"温暖和亲切感"，因为大部分情况下是对方发出这种转换的要求（见图 5-43 至图 5-47），中国留学生很少会主动提出这种

---

① 笔者在访谈中发现，在刚到德国时，仍有不少中国留学生习惯于在同学之间也称呼"Sie"（当然大部分长时间学过德语的会用"du"），他们是按照生疏与熟悉程度的原则来使用这一称呼的：大家是首次见面，还很陌生，所以称"Sie"。但是，这种情况持续的时间很短，因为他们很快发现，几乎所有的大学生之间都是以"du"相称，所以慢慢就习惯于使用"du"了。

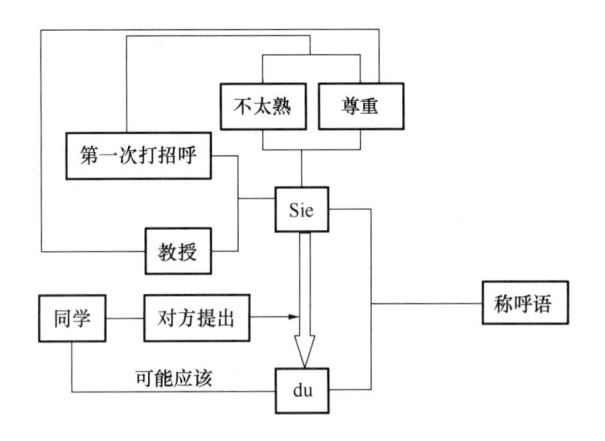

图 5-47 乔敏关于称呼语的主观理论结构图 I

要求（杨林是个例外），所以在这方面一般也不会出现问题。但是也有无意间发生口误的情况，如鲁延涛在与超市收银员的交际过程中所出现的失误。这种失误使他进一步意识到，德语中的"Sie/du"是不能随便混用的。但是笔者也发现了一个有趣的现象：有两个攻读博士学位的留学生（田薇和杨洁）反映，由于在同学之间习惯于使用"du"了，所以有时候在跟教授谈话过程中，会无意识地出现口误而以"du"称呼对方，等发现口误意欲改换过来时，教授一般会善意地提出不必改换，以后就称"du"了（分别见图5-44和图5-48）。但自费留学的大学生没有反映这种情况，而是遇到相反的情况（被对方拒绝而改换为"Sie"，如杨林）。笔者猜测，之所以会出现前一种情况，其原因可能在于：首先，攻读博士学位的学生年龄相对要大一些，因而与教授在年龄上的权势距离小一些；其次，攻读博士学位的中国留学生在国内大部分已参加工作，从生活经历和学术经历上而言与教授的差距比其他学生要小一些；最后，也是最重要的一点，这里所谓的教授一般就是博士生在德国的导师，这种关系比普通大学生与教授的关系要近得多。所以，当自己的博士生出现口误后，教授们一般很乐意接受这种无意的口误。至于其他大学生发生口误后教授是如何回应的，笔者在访谈中没有获得相应的信息。

从对留学生的访谈和上面的分析中，笔者可以做如下总结：

（1）中国留学生对德语称呼代词的语用规则基本上掌握得比较清楚，使用也比较妥当（在受访者为德语教师或者德语专业在读学生或毕业生时尤其如此）。使用"Sie"的情况主要为以下几种（这里的归类实际上存在重合的部分，而这一点在有的留学生的主观理论结构图中也可以看出

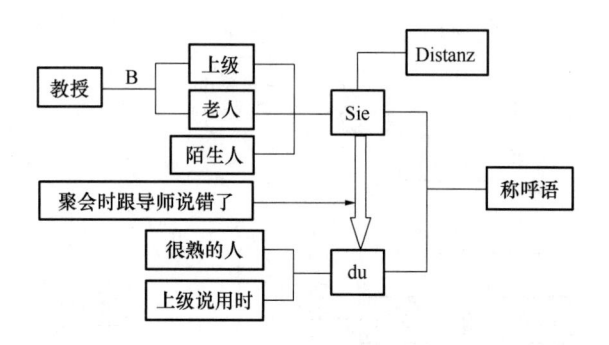

图 5-48 杨洁关于称呼语的主观理论结构图 I

来）：首先表示尊敬或尊重，对与自己具有明显的级别、年龄或社会地位差异的人（如教授或上级）称"Sie"；其次表示礼貌或庄重，在正式的场合（如在课堂上或工作中）对教授或上级称"Sie"；最后表示初次见面、尚不熟悉，如跟同学、房东或者路人。而使用"du"的情况主要为以下几种：首先表示熟悉，如与自己的朋友；其次表示一种约定俗成，如与同学或同龄人，或者称呼小孩，当然这种约定俗成的背后还是体现了一定的文化积淀：如在同学间互相称"du"的潮流始自 20 世纪 60 年代，学生运动的成员有意地以"du"相称，"来表示集体的团结"[①]。当然，中国留学生对称呼代词的这些规则的掌握并不说明他们在社交过程中能够熟练而又准确地使用称呼代词，他们偶尔也会出现口误的情况（一般多为非德语专业的人），不过不至于出现重大的交际失误。

（2）在跨文化学习的环境中，中国留学生在称呼问题上保证不出现交际失误的方法是等待策略：即在不清楚该使用哪一种称呼代词时先不发话，等待对方先称呼后再对等地回应。由于德语中的称呼语基本呈对称性，所以，尽管这一策略显得有点被动，但是其优势还是比较明显的，最起码不会发生像杨林那样的尴尬场面（参见§5.4.1.2.1）。另外，在称呼的转换上（由 siezen 转换为 duzen），中国留学生从来不"先发制人"，向来是等待对方提出这种要求，然后自己欣然接受。

（3）在异文化环境中，源于本文化的价值观、思维方式等仍然影响着留学生的行为方式。在称呼问题上，应该说跨文化性发挥了一定的积极作用：由于汉语中的"您/你"称呼的区分，所以中国留学生把"您/你"的语用规则直接搬到德语中，如对长者和上级表示尊敬而选用与"您"

---

① [美]葛里格·尼思:《解读德国人》，张晓楠译，中国水利水电出版社 2004 年版，第 56 页。

对应的"Sie",笔者认为这种做法歪打正着,因为在德国通用的社交称呼代词为"Sie",所以,在这种场合使用"Sie"是比较妥当的,不管对方将其理解为尊敬,还是理解为生疏或者庄重,抑或是理解为保持距离,自己的交际意图达到了,而且没有产生交际失误。当然,随着在德国居留时间的延长,留学生还是能够慢慢了解称呼代词中所蕴含的深层文化含义(如陈立所理解的那样),这样的话,真正的跨文化学习便成功了。

2. 道别语

正如有的留学生所言,在国内学习德语的时候,"刚学'auf Wiedersehen'的时候,我们可能都是遵照 siezen(用'Sie'称呼)的那个东西学的,所以说得特别多"(田薇语)。按照一般的语用规则,德语中的道别语与称呼语有一定的对应关系,在正式场合或者其他以"Sie"相称的交际关系中,道别语通常是"auf Wiedersehen";在非正式场合或者以"du"相称的关系中,道别语通常用"tschüs"或者"bis dann"等其他语汇。但是,留学生们在异文化中的亲身体验却基本上否定了这一对应关系。几乎所有的受访者在第一次访谈时便很明确地指出,在"tschüs、tschau、auf Wiedersehen"等表示"再见"的告别语中,"tschüs"成为他们当前使用频次最高的语汇之一(见图5-49至图5-56)。当然,这跟他们的生活环境有很大关系:因为他们是在学校这样一个大环境中,而同学之间在称呼语上基本选用"Vorname"(名)和称呼代词"du",所以,大家自然就倾向于使用"tschüs"。但是,即便与教授打交道,相互用"auf Wiedersehen"作别的也比较少。而据留学生观察,无论是在学校里,还是在官方机构(如签证处、外事办等),或者在其他服务行业或公共场合(如超市、邮局、银行),大家都使用"tschüs"告别。相比之下,"auf Wiedersehen"几乎将要被人遗忘了,只是在极个别场合才用(如有的学生与教授之间使用,见图5-54和图5-55)。值得注意的是,根据留学生的观察,另外一个词"tschau"已经为众多大学生所接受,而且在生活中也非常普遍地被使用,几乎已经获得与"tschüs"难分伯仲的地位。

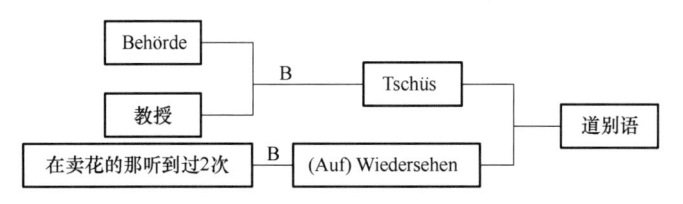

图5-49 杨洁关于道别语的主观理论结构图 I

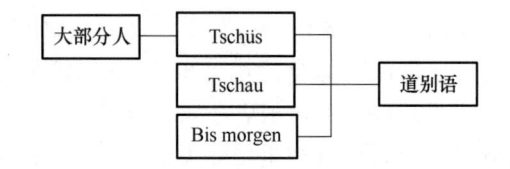

图 5-50　鲁延涛关于道别语的主观理论结构图 I

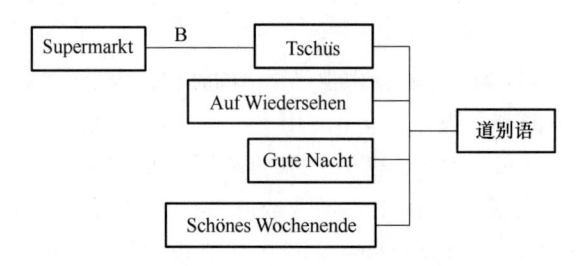

图 5-51　林琳关于道别语的主观理论结构图 I

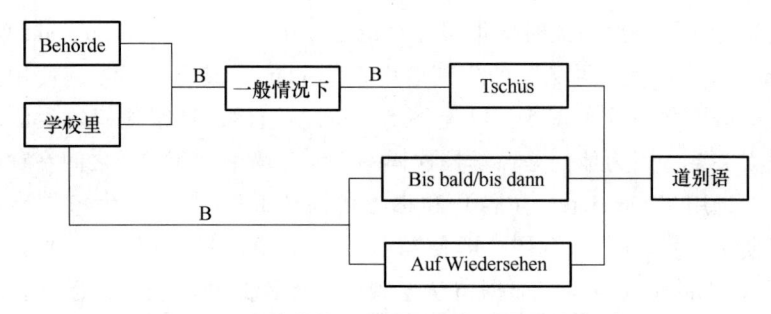

图 5-52　肖静茹关于道别语的主观理论结构图 I

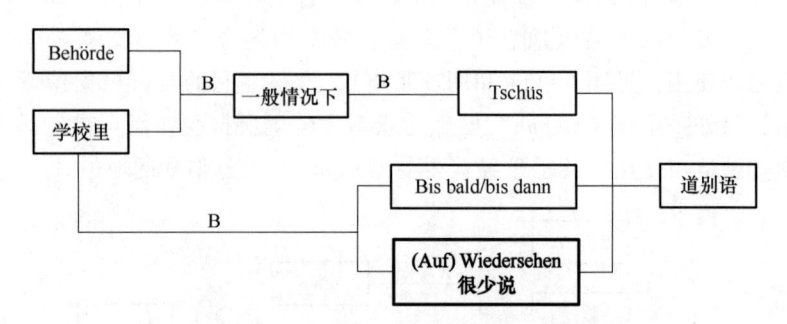

图 5-53　肖静茹关于道别语的主观理论变化结构图 II

如果比较一下受访者前后两次的主观理论结构图，就可以发现，第一次访谈时所谈及的使用"auf Wiedersehen"的场合在第二次访谈时都被加

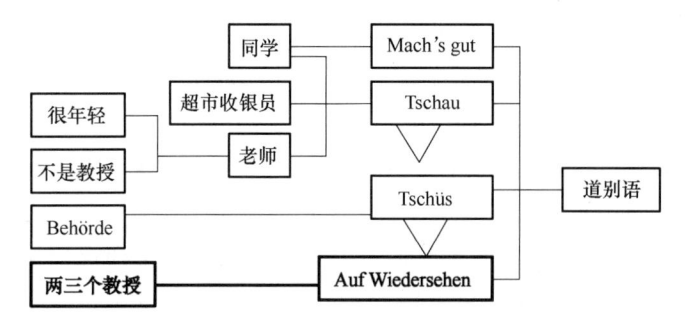

图 5-54　李一茹关于道别语的主观理论变化结构图 Ⅱ

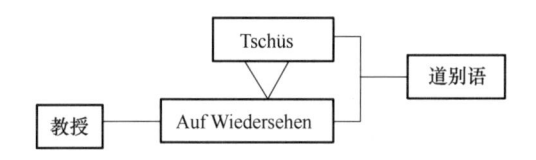

图 5-55　田薇关于道别语的主观理论结构图 Ⅰ

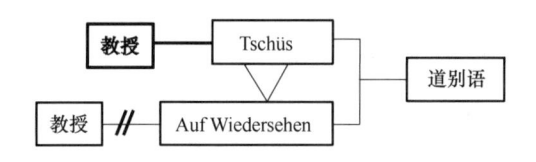

图 5-56　田薇关于道别语的主观理论变化结构图 Ⅱ

上了"很少用"这样的限定词。由此可以推测，受访者在刚到德国时，受国内德语培训（学习）时所学知识的影响，在与教授等打交道时，使用比较正式的道别语"auf Wiedersehen"，同样由于德语里的对等原则，教授们也回之以"auf Wiedersehen"（当然仍有一些教授在跟学生交往时倾向于使用"auf Wiedersehen"作别）；而在经过半年时间之后，他们的观察与思考——在研究者效应的影响下成为一种有意识的活动——有了新的变化：他们发现，几乎所有的人都使用"tschüs"，包括教授们也对学生使用"tschüs"告别。所以，在留学生们的印象中，"tschüs"已成为德国社会的主流道别语。以前那种与"Sie/du"对应的"auf Wiedersehen/tschüs"的作别方式已经趋于消失，德国人也倾向于使用简洁明快的道别语。如果不是处于真正的跨文化学习环境中，他们可能还保留着当初学德语时的那种印象，即与"siezen"对应的道别语是"auf Wiedersehen"，与"duzen"对应的道别语是"tschüs"。

3. 话题

在言语层面，交往时话题的选择往往成为交际双方关系远近的标示。这一点得到留学生们的认同。几乎所有受访的留学生都从不同方面强调了（共同）话题在与德国人交往中的重要作用，有的是因为与交往伙伴拥有共同话题而进一步巩固了双方关系，因此特别强调共同话题的重要性（如杨洁、田薇、陆高等），有的是因为与德国人交往时不知道该谈些什么话题而陷入交际饥荒之中（如肖静茹），也有的因为触及了一些不该触及的话题而影响了双方交往的质量（如杨林）。

在"忌讳的话题"一项，令留学生们和研究者感到惊讶的是，西方社会讳莫如深的收入（对大学生而言指打工工资）、年龄、婚姻状况等话题并不像传说的那样是严格忌讳的话题（至少在年轻人中间如此）。[①] 无论男性还是女性，他们在交往中（仍然还不是特别熟悉的情况下）都经常被问及年龄等，被问及这些情况时他们大多也没有产生什么强烈的感觉，而他们也遵从对等原则毫不隐讳地回问对方的相关内容。只有林琳碰过壁：她多次问及一德国男生的年龄，对方始终没有回应。开始时她以为对方是开玩笑，后来证实，那位男生不是开玩笑，而且还郑重其事地告诉她："年龄是个人隐私。"当然，在类似的忌讳话题或者私人话题上，留学生们也是采取一种被动的策略：如果对方不问（年龄）不谈（感情），那自己也不问不谈；如果对方问了或者说了，那么礼尚往来，自己也回应一下。在异文化环境中，这种策略同样很奏效，它为留学生们免去了误解与冲突，为他们赢得了友情；相反，在这方面比较主动的做法反而产生了负面效果（详见§5.4.1）。

据留学生们反映，另外一个方面，即经常谈论的话题在开始时几乎离不开中德两国的文化差异，包括政治、经济、生活习惯等（如魏妍、李一茹、田薇、杨林、杨洁、曲婉等），或者与留学生的学习、工作（如邱阳、魏妍、曲婉、杨洁等）或交往双方的业余爱好（如陆高、鲁延涛）或信仰（如陆高）相关。而随着时间的推移，交往双方的关系随着话题的增减而逐渐发生分化。一种情况是关系得到巩固和进一步发展，双方已经比较熟悉甚至成为（德国式）朋友了，那么，"几乎什么都可以谈"（田薇语），包括属于社交禁区的年龄、婚姻状况、感情或者家庭琐事等（如杨洁、田薇），例如杨洁导师的秘书（与杨洁年龄差不多）经常约杨

[①] 在此前跨文化交际的诸多论著中，均将此项列为中国人的陋习：即在交际伊始便询问对方视为隐私的一些信息。

洁一起去职工食堂吃午饭,在吃饭过程中什么琐碎的事情都聊,比如杨洁问及秘书结婚没有,而对方告诉她,自己与男朋友生活在一起,还没有结婚,并跟她很严肃地谈论婚姻及生孩子的问题等;而杨洁比较熟悉的小导师(女)也曾经向她谈及自己的姐姐生了双胞胎、但她姐姐原本并不想要双胞胎等家庭中的"鸡毛蒜皮之事"(杨洁语)。由此可以看到,在熟悉的情况下,德国人与中国人谈论的话题没有什么太大差别。但是,另一方面,如果双方没有开发出新的话题,那么对对方的兴趣会慢慢减退,而交往热情也会随之下降(见§5.4.1.1),双方的关系就不会有较深入的发展。

(三) 非言语层面人际距离的跨文化学习

1. 体距与体触

在非言语层面,留学生们根据观察和经验认为,德国人在日常生活的交往中,相互之间保持的体距"不会特别近"(肖静茹语)、"比中国人远一些"(陆高语),而田薇则"觉得跟中国人差不多"(田薇语),并且认为,"排队的话,空隙比在中国大一些,我觉得是因为中国人多吧"(田薇语)。她的这一看法与本书在第四章中所讨论的公共场合中的体距标准(见§4.3.1.1)相吻合。

据留学生们观察,在德国,拍肩等体触行为也"很少见"(林琳语),偶尔教授会拍拍学生的肩膀表示鼓励。但大部分留学生认为,德国普通朋友间的亲吻/拥抱等体触行为则"太常见了"。拥抱及贴面吻作为见面问候的体势语现在在西方社会比较流行,而中国社会中则没有这一习俗,所以,在他们印象中,德国人的亲吻与拥抱等身体语言比中国人多得多。但是,也有留学生认为,中国在这方面进步比较快,大街上经常见到(情侣间的)亲吻,而在德国却不是特别多。魏妍认为,不能接受中国的那种作秀般的亲吻,但是在德国,当神父的妻子以亲吻向她问候时,她"觉得挺好"(魏妍语),因为她认为,"可能觉得他们文化就这样"(魏妍语),所以能够接受。而田薇在国内的导师由于曾经留学意大利,所以每次上课结束后要跟每个博士生拥抱一下作别,"他说,跟学生的这种感情好像抱一下的感觉更好,觉得大家好像跟他更贴近了,我们自己也有这种感觉。所以在这边也没有不习惯"(田薇语)。而据笔者的亲身体验,觉得拥抱与贴面吻作为一种问候方式,在德国这样的文化环境中是可以接受并能够感觉到那种亲近感,但是,如果每次见面,与每个(比较熟悉的)人都做这么大动作的话,笔者觉得有点太过烦琐,从实用角度还是更倾向于中国式的问候方式:通过言语问候,或者招招手或握握手,或者微笑一下，这样更经济，更含蓄。

关于体触方面，几乎所有留学生都提到中国女生在国内经常手拉手逛街的情境在德国几乎很少见，他们一致认为，在德国如果同性间拉手的话，那么很容易被认为是同性恋。这一点印证了笔者在第四章讨论体触行为时所做的那些推测（参见§4.3.1.2）。

从前后两次的访谈内容结构图中我们可以看到，在体距与体触行为方面，中国留学生半年之后的感觉没有发生多大的变化，基本保持了刚到德国时的那种印象。

2. 副语言特征

中国留学生普遍认为，通过交际双方的语气、语调、语速等副语言特征能够判断两者的关系远近与亲疏。大家在描述上述几项内容时所用语言并不多，但他们提供的信息却呈现出高度的一致性。比如："关系密切的会随便一些"（田薇语），从交谈时的副语言特征能够看出"双方关心和感兴趣程度"（杨洁语），"朋友或熟人在交谈时表情放松，显得比较热乎"（陆高语）。也有个别留学生认为，根据语气/语调/语速等副语言特征"很难判定双方的关系"（鲁延涛语）。鲁延涛认为："有时候有可能只是好朋友，也可以做出情侣的样子。我觉得很难，要通过这些明确判断出来。"（鲁延涛语）实际此处所说的"判断双方的关系"是一种笼统说法，并非指明确地判定双方的真正关系。所以，按照鲁延涛提供的信息，笔者也可以认为，在交谈时，即便是做出情侣般的非语言特征，至少说明两者关系比较近（鲁延涛所说的"好朋友"）。

笔者对比前后两次的访谈内容结构图发现，在副语言特征方面，留学生们的看法在半年时间里几乎没发生任何变化。可能相对于其他一些方面而言，副语言特征过于细微，而且对留学生在德国的留学生活影响也并不大，所以没有引起他们更多的思考。

3. 交际场合

从交际场合而言，几乎所有受访的留学生对问路时德国人所表现出的热心大加赞赏。杨洁的经历可以充分说明德国人热心助人这一点："在车上有个老太太看我一脸迷茫地看地图的样子，就跟着我下了车。问我想去哪儿，我跟她说了，然后她告诉我怎么走，并且说可以陪我走上一段路，后来她走得太慢，我就跟她告别自己先走了。后来到了一个 Kreuzung（十字路口）处，我又迷茫了，结果那老太太又从后面赶上来跟我说［……］这种情况已经遇到过好几次了。所以说德国人非常热情友好。"（杨洁语，见图5-57）邱阳的经历是，他和同学出去旅游的时候，想与同学合影时，有德国人主动上来问是不是需要帮忙；另外还遇到德国人将周末票赠送给他继续用，因此，在他的印象中，"德国人很热情"（邱阳语）。而陆高在一个德国农民家庭生活了两个星期之后感慨道，"农民家庭嘛，人很好，很热情，特朴实。[……]感觉德国人其实也很感性的那种，以前对德国人的传统印象是，感觉他们挺死板，不过现在经过这段经历后发现并不完全这样，德国人也很好，他们感情也很丰富"（陆高语）。由此我们看到，跨文化交往与跨文化学习的确有助于消除不同文化间的误解、偏见以及一些传统的定型观念，能够真正感性地认识某一个具体的文化、社会或者个人。而陆高与刚来德国时在火车上认识的一个小伙子还一直保持联系并偶尔一起吃吃饭，这一点着实让笔者都感到惊讶。笔者印象中的德国人在火车上经常是正襟危坐，报纸掩面，丝毫不理会周围的人与物。看来，并不是所有的德国人都是这种样子，而且，德国人也在随着时代的发展而变化，尽管这种变化在德国人身上进展极其缓慢。

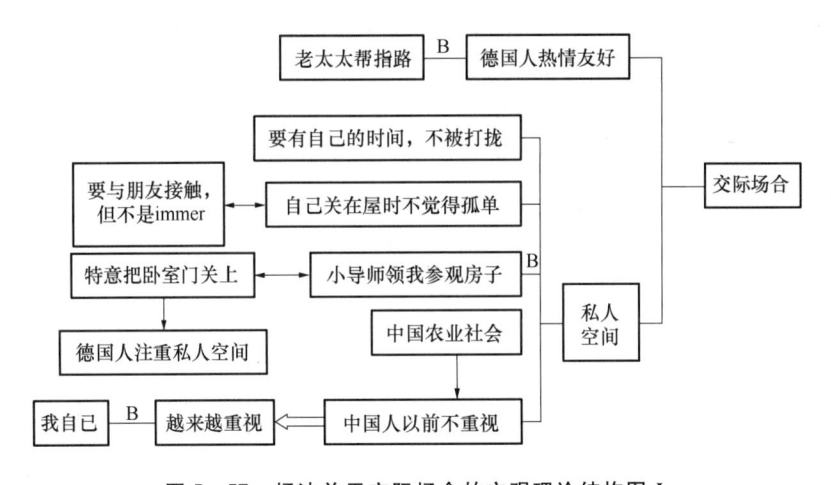

图 5-57 杨洁关于交际场合的主观理论结构图 I

在交际场合中，留学生们对私人空间的理解表现出较深的感触。由于留学生们在出国前大多都已上过大学，而中国大学生宿舍的拥挤情况几乎为所有受访者所不喜欢。所以到了德国后，能拥有一间自己的宿舍是所有受访者感到最为高兴的。也就是说，他们也都希望拥有自己的个人空间。而且，"自己关在屋里并不觉得孤单"（杨洁语），因为"有电话、网络等通信工具"（肖静茹语）。"有时候工作后回到自己的小屋，就有一种特放松的感觉，就觉得这个空间反正是我的，我想干什么就干什么，我随便躺啊，坐啊什么的，我觉得很舒服，现在慢慢地这种感觉更强一些了，[……]现在可能就更注重个人的空间了。"(李一茹语)但是，也有个别留学生在刚到德国的那一段时间对这种单人单间的居住方式感到不适应，"因为以前大学的时候和大家一起，来这以后一个人住还真是有点不太适应，[……]大概过了半个月吧就开始有些不适应，再有一个月，不用一个月，再有半个月差不多就挺过来了，然后找一些事情干也就无所谓了。现在没有这种感觉了"(鲁延涛语，见图5-58)。鲁延涛的这种适应过程基本上符合我们在第二章所讨论的U形或W形曲线图。而大部分的留学生在德国生活一段时间以后，都会慢慢适应并习惯于一个人居住。一个人的宿舍不光是为留学生们遮风避雨的休息场所，还是他们静心学习、上网交际的主要活动场所，而且，它的保护和调养功能（§2.3.3）为留学生们提供了最大的放松的保障：离开社交的喧嚣，暂时与外界隔绝开来，独自享用这份清闲。所以，大部分受访者对德国人的这种安排和习惯感到非常满意，也能够理解"德国人周末不希望别人打扰而一整天都待在家里"(肖静茹语，见图5-59)的做法。尽管如此，中国留学生对同学（主要还是中国同学）的串门行为也并不感到不舒服，毕竟在中国环境中生活了多年，形成的习惯很难马上改变；而且，串门也保证了朋友间的相互沟通，为中国留学生提供了一定的社会支持（见§4.3.3），与"一人一间宿舍"的安排恰好互补。

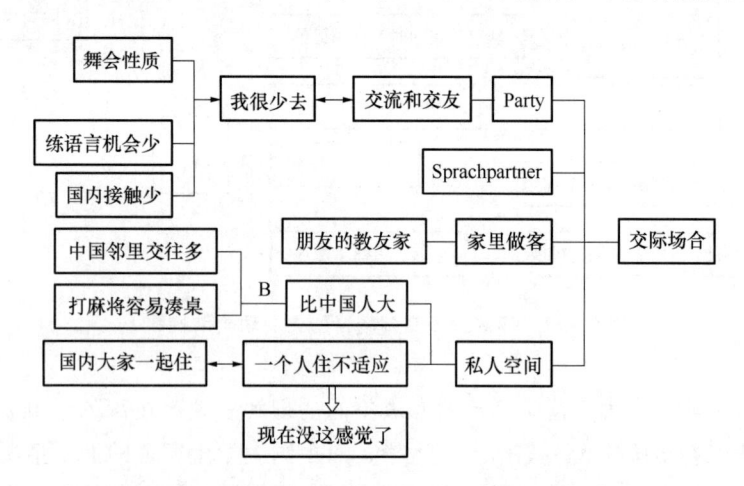

图 5-58 鲁延涛关于交际场合的主观理论结构图 I

也有受访者将"工资、异性朋友、自己的怪癖、自己的家庭情况"（曲婉语，见图5-60）等划归私人空间的范畴，实际上与言语层面的"忌讳的话题"有重合的地方，也有受访者说："从物质上而言，把门一关就是我的私人空间；但更多是精神上的，如自己的秘密等。"（邱阳语）

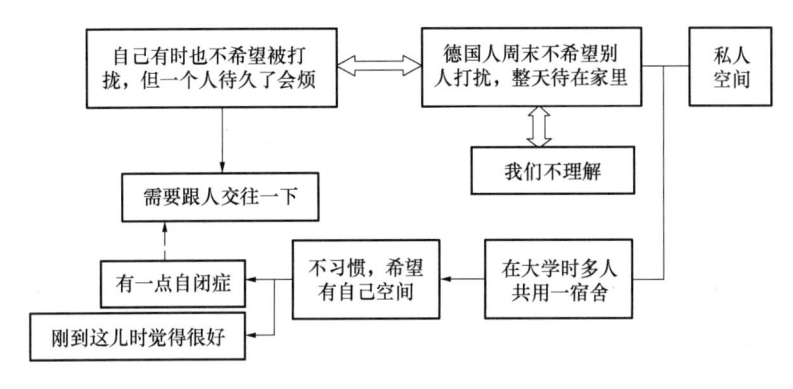

图 5-59　肖静茹关于私人空间的主观理论结构图 I

在访谈中，绝大多数受访者认为，德国人（需求）的私人空间比中国人的大，"比中国人护得牢一点"（曲婉语）。另外，受访者在被邀请到德国人家里做客时，也非常注意尊重对方的私人空间，一般不会对他们某些关闭的厚厚的门后面的情况感兴趣。即使主人领着参观房子时，"我也没有进卧室去看，因为在中国我也不愿意进别人的卧室"（田薇语）。这可以看出，现在的中国年轻人自己的隐私观念已经有所提高，希望别人尊重自己隐私的需求也高了，那么对别人隐私的尊重程度也相应提高。尤其是中国留学生生活在德国这种特别注重隐私的文化中，自然也受到其熏陶，不再像在国内时那样对什么都好奇。可以看到，他们在德国生活的时间越长，他们对德国人的这种隐私观念的理解和认同程度越高。

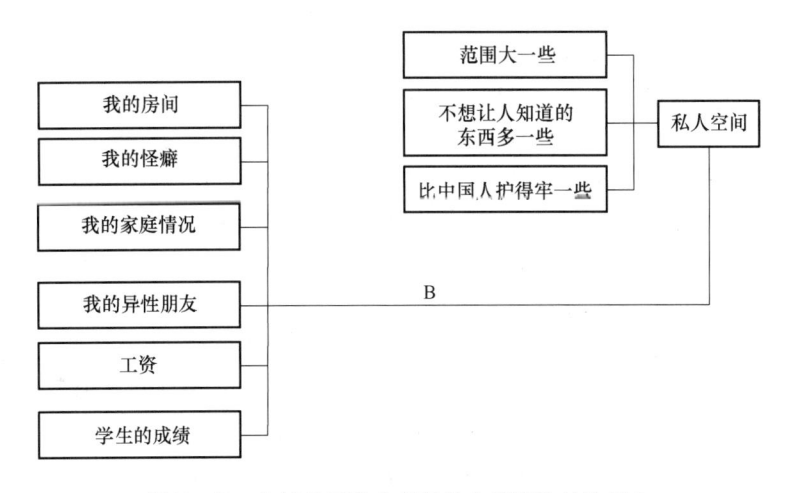

图 5-60　曲婉关于私人空间的主观理论结构图 I

(四) 人际距离影响因素的跨文化学习

笔者曾经对影响中国留学生在德国的人际交往的因素做过问卷调查，并在上一章对其结果进行了分析。从结果来看，文化差异和语言差异成为影响留学生在德国人际交往的最大障碍，兴趣爱好以及社会地位差异被认为是次要障碍，而年龄差异及宗教派别差异被认为是障碍最小的因素（参见§4.3.4）。

笔者在访谈中也请留学生谈了他们认为对人际距离具有影响作用的因素。尽管他们所提及的范畴以及所认同的因素因人而异，但仍呈现比较高的一致性，与上述因素有较高的吻合。

在受访的留学生中，几乎每个人都屡屡谈及文化背景和文化差异给他们在异国他乡的人际交往所带来的影响。杨林认为，文化差异造成思维方式的差异，而这些则为他与德国人进行成功的交往制造了最大困难（见图5－3）。大部分留学生认为，在深层次问题上，如人生、感情、生活习惯等，相同的文化背景很重要。"我和德国人可以在工作中保持很好的交往关系，但只是停留在工作上；如果要谈论人生、感情等深层次问题，我肯定还是找中国人。"（李一茹语）所以，不同的文化背景影响了留学生与德国人的深层次交流，无法使他们"走到对方内心深处"（杨洁语）。而且，由于缺乏相同的文化背景，德国人开的幽默玩笑尽管从语言上能够完全理解，但就是笑不起来，这一点是令多数中国留学生非常苦恼而又无法尽快克服的问题之一。

除了文化差异给留学生的人际交往造成的巨大障碍外，语言障碍也成为留学生最大的也是最难克服的问题之一。绝大部分受访者认为，语言是影响人际距离很重要的一个因素。留学生初到一个语言与自己的母语完全不同的国家时，如果语言能力不强，理解不了对方，或者"看完电影后跟别人讨论剧情时不能清楚地表达自己的思想，很郁闷，很无奈"（林琳语）；语言能力差，交流往往浮于表面，"交流的话题少"（杨林语），很难在深层次问题上与对方沟通，则"不能走到对方内心深处"（杨洁语），那么自然就会感觉到与对方的距离。

语言困难不仅影响留学生的日常生活，而且影响到他们的学术参与。如果他们的语言水平没有达到所要求的标准，就很难理解与掌握课堂的内容并一起参与讨论，更无法参加学校开展的各种学术活动。在笔者的访谈调查中，留学生参与大学的学术活动程度以及意愿很低，其主要障碍在于语言困难，大多表示"听不懂"，即使"知其然"，也"不知其所以然"，所以干脆就"不听了"。本地学生没有任何语言问题，而留学生在理解专业问题时首先还要逾越"语言障碍"这座大山。陌生的口音、俚语、谚语、成语和当地文化，都成为留学生理解的障碍。语言问题不仅阻碍了留学生的文化适应过程，而且也影响了他们与德国人的有效交往，导致他们的消极知觉。在这种消极知觉的影响下，他们会产生一种防卫机制，自我退缩或者封闭，这样便形成一个恶性循环，最终导致跨文化学习的失败。

性格与态度在大多数受访者眼中也是具有决定性的影响因素。如肖静茹认为自己是内向性格，属于"自闭型"，那么她在人际交往中就不会那么主动，因此，她的朋友在经过半年的时间后仍然是周围那几个中国人；而林琳认为自己是非常外向的性格，而且"喜欢玩"，经常出入"Mensadisco"（学生食堂的酒吧），并且还有固定的德国"Kinopartnerin"（相约一起看电影的伙伴），所以尽管她在出国前只学过不到一年的德语，但到德国以后，她的交往圈子远远大于以前在国内德语专业毕业的学生，而且其德语水平提高非常快。但是，单纯的内向还是外向性格并不完全影响人际交往。只要在生活中主动一些，内向的人同样可以交到不少朋友，如笔者在前面的分析中所看到的杨林的努力。他自己认为是内向性格，但开始时，他在与别人的交往中非常主动，尽管其中也出了一些差错，但他的整体状态非常好；后来由于各方面的压力，使得他在交往中趋向被动，就觉得自己的"生活圈子越来越小"，而且认为，这种状态"在异国他乡是很可怕的"。

在影响人际距离的诸多因素中，留学生们也屡屡提及等级范畴，而且认为，在德国，不同等级间的距离比较疏远，有时候等级观念甚至比中国还要强烈。比如"德国的教授与学生之间等级差距很大，尽管在课堂上可以与教授很自由地讨论某些问题，但是在日常生活中，学生与教授几乎没有相交的地方；在中国，师生之间的关系要更舒服一些"（邱阳语）。

在年龄这个范畴上，几乎所有的受访者都认为，在德国，跟老年人交往比跟年轻人交往更容易一些，他们将其归因于老年人"孤单、阅历多、平和、乐观、热情"（陆高语），其中"孤单""孤独"等语汇出现在解释该现象的原因中的频次非常高。而与年轻人交往，则必须以共同的爱好或兴趣为前提（见图5-17）。

在性别因素上，受访者的体会不尽相同。有的人认为，"在中国，同性、异性之间的交往肯定不一样"（邱阳语），而在德国，"区别不明显"（杨林、邱阳语），尽管都是认为不明显，但目前杨林几乎没有异性朋友，而邱阳的异性朋友则比同性朋友多一些。相比之下，受访者中，大多数女生认为自己同性朋友多，只有魏妍的异性朋友多一些，她认为："异性之间交往更容易。"而男生则大多认为，自己的异性朋友比同性朋友多一些，只有杨林是个例外，因为经过半年多的时间之后，他自己的交往圈子中几乎没有女性，这一事实使他推翻了自己半年前的观点而认为德国男女生也有区别（见图 5-22 及图 5-29）。

大多数受访者认为，在德国，在与他人交往过程中，政治观点、宗教信仰、国籍、专业/行业等对人际距离的影响不大。

三 结论

在访谈过程中笔者发现一个有趣的现象（这一点从访谈录音及笔录中也可以得到明确的印证），年轻的自费留学生回答笔者的提问时往往顾虑比较少，信马由缰，想到哪儿说到哪儿，有时滔滔不绝，有时激情奋昂，有时愁绪满容……总之一句话，他们很少掩饰自己的感受与情感；而奖学金生[①]的回答要谨慎得多，主要体现在以下两个方面：

（1）奖学金生对采访者的问题琢磨得比较仔细，经常与采访者就问题本身进行一定的讨论后方能作答，用于考虑问题的时间比较长。这一方面体现了他们所具有的学术精神和研究态度：即首先要弄清楚采访者的问题到底要问啥，目的何在，然后才给出符合采访者目的的答案；另一方面也表明他们比较注意控制自己的情感，尽量限制自己的回答，以防提供过多的信息或者流露太多的感情。

（2）奖学金生的回答往往字斟句酌，言简意赅，在弄清楚问题的意思或者目的之后，往往只言片语便结束对该问题的回答，大多情况下需要采访者进一步追问相关内容。因此采访进行得比较艰难。

由此笔者也可以推断，大学生在与他人交往时更放得开一些，更容易流露真实情感和想法。在他们的叙述中，他们自己感觉良好的，则表现得比较自信；他们认为好的事情，就说它好，而认为不好的人或者事情，他们也直言不讳地表示出不愿与之交往或者不愿从事这些事情的想法。这种坦诚的态度也正是德国人所欣赏的，这在一定程度上为他们在德国的人际交往奠定了基础。

另一方面，奖学金生在与朋友交往中则表现得有条不紊，尽管他们也渴望得到别人的关心与亲近，但这方面的需求比大学生还是淡一些（至少表现出来是这样）。另外由于他们的年龄大，学识高，层次高，所以言谈举止更有节有度，这成为他们融入当地社会生活的一大障碍。他们与同

[①] 他们大多在国内已大学或研究生毕业甚至已工作多年了，到德国来攻读博士学位或者做相关课题研究。

事之间的交往相对淡一些,相互间的距离大一些,没有特别亲近的朋友。但是,他们拥有另外一个优势:奖学金。由于有了奖学金这个经济上的保障,他们基本上没有什么生活负担,能够承受一些消遣娱乐方面的消费,如与朋友们一起去看电影、听音乐会,一起去聚会、喝酒、跳舞等。从这方面而言,他们与德国人的交往面就更广一些,对德国人的文化生活接触比较多,了解得也更快一些。这为他们更好地融入德国文化打开了便利之门。

而大部分留学生是自费出国留学(见表5-3),尤其在到德国后的初期,他们的经济来源只能是依靠父母的积蓄。如果德语语言考试还没有通过的话便不允许打工,即便通过了语言考试,已经注册到大学了,而且也拿到打工卡了,由于语言水平所限以及德国经济的不景气,失业率比较高,工作岗位有限,这些留学生也很难找到打工的机会。所以,他们的经济来源从心理上而言没有保障;另一方面,他们也不想拿父母的血汗钱去享受,"现在不是享受,完全是出于生存,享受根本谈不上"(杨林语),所以,他们没有多余的钱出去消费,也没有多余的时间去与德国人交朋友和消遣。这大大限制了他们的生活圈子,因此,他们的朋友圈子往往局限于中国人之间,很少有较多的德国朋友(见表4-49)。

表5-3　　　　留学生在德国学习、科研、工作的经济来源

		频数(次)	百分比(%)	有效百分比(%)	累加百分比(%)
有效	自费	82	81.2	83.7	83.7
	中方奖学金	0	0	0	83.7
	德方奖学金	6	5.9	6.1	89.8
	国内单位资助	1	1	1	90.8
	德方合作单位资助	9	8.9	9.2	100
	合计	98	97	100	
缺失		3	3		
	合计	101	100		

正如 Kim 所言,人是一个开放的系统,有着与生俱来的适应和成长的内驱力。[①] 适应是人类的一个基本的生活目标,是人们面对来自环境的挑战

[①] Kim, Y. Y., Cross-Cultural Adaptation. An Integrative Theory, in: Wiseman, R. L. (Ed.), *Intercultural Communication Theory*, Thousand Oaks: CA Sage, 1995;转引自杨军红《来华留学生跨文化适应问题研究》,博士学位论文,华东师范大学,2005年,第147页。

时所做出的很自然的以及连续的反应。跨文化适应是个体在新的文化环境中开始转变的起点，跨文化学习是这个转变的过程。跨文化适应同样既是一种结果，也是一种过程。适应带来一种连续的内在的改变。从这一点上看，每一个人都永远不是一个终端产品，而是处于不断的成长和成熟的过程中，在个体不断地提升和改变自身的过程中，个性的改变也有可能发生。①

从笔者对中国留学生的访谈中可以看到，他们在日常生活中所建立的主观理论也在随着时间的推移而发生相应的变化，不管这种变化是外显的（如笔者所分析的言语层面和非言语层面的变化），还是内隐的（如对影响人际距离的因素的思考），都是跨文化学习的结果。当交往者进入跨文化交际环境中后，原来的生活世界的知识依然对其交际行为起着潜在的导向作用，使其在交往之初不容易将异文化的环境内容考虑进来，当交往双方原来的生活世界相距较远而其交叠部分甚少时，就容易产生交际障碍。当然，如果在进入异文化之前已经对其有所接触，比如通过有意识的学习、培训，将异文化的生活世界的内容吸收到自己的生活世界中来，那么，出现跨文化交际障碍的情况就会减少。

本章小结

本章通过对中国留学生的访谈，并应用日常生活的主观理论研究工具——建构法及结构图来比较和分析留学生跨文化学习过程中的两个时间点，通过对杨林这个个案的深入分析，以及对14名留学生在半年时间内关于人际距离的思考的综合比较与分析，了解到留学生的言语与非言语行为方式在异文化环境中所发生的变化以及他们所认为的可能影响其思维或者行为发生改变的因素，了解到他们如何在自己的主观理论中来加工这些变化，这便了解了他们在异文化环境中的跨文化学习过程。通过本课题的研究，不仅可以使留学生对自己在异文化环境中的思想和行为有一个反思，可以更多地走向自我分析，进行自我调整，而且可以为其他跨文化学习者提供一定的参考和思路。

---

① 参见杨军红《来华留学生跨文化适应问题研究》，博士学位论文，华东师范大学，2005年，第147页。

第六章 研究结论与展望

跨文化学习方案显然并不是建立在现有的关于异文化的单一信息之上，而是还需要异文化的语境。——布莱滕·巴赫

跨文化学习是一个系统的过程。真正的跨文化学习是建立在尊重、宽容和理解的基础之上。——綦甲福

第一节 研究成果

在全球化成为当今社会的现实语境的前提下，随着不同文化的人们相互交往的频次和程度的增加，人们越来越认识到提高跨文化能力的重要性和紧迫性。而跨文化能力只有通过跨文化学习实践并辅以跨文化理论研究才能有效而成功地获得并得以提高。从实践角度而言，跨文化学习能力成为全球化时代人们必备的一种能力；从理论角度而言，跨文化研究将为跨文化学习实践提供丰富的理论源泉、有效的理论指导和充足的发展动力。

如前所述，当前的全球化已经远远超出了最初的经济全球化的范畴，人员的全球流动与配置也是全球化的重要内容与形式之一。在这些人员当中，留学生已成为最大的流动群体。本书在绪论中曾经提到，中国留学生以超过3万人的数量雄踞留德学生群体之首。然而，正如笔者在问卷调查和追踪访谈中所了解的那样，他们的留学生活并非一帆风顺。迥异的文化传统、社会结构、教育模式的确开阔了留学生们的视野，丰富了他们的人生经历，但是也确实给他们的跨文化学习带来了一定的障碍和困难。在科技文明高度发达而人际关系疏离的德国社会，中国留学生中有的人如鱼得水，成功地适应了异文化中的生活并完成了学业，有的人却承受着诸多压力，无法很好地适应异文化，很难完成跨文化学习的任务。

本课题的研究正是基于上述学术背景和留学生现实之需，笔者以跨文

化学习理论为纲，以留学生对跨文化环境中人际距离的适应为目，分别通过问卷调查和追踪访谈的方式对留德学生群体进行量化研究和质性研究，使用主观理论研究的工具与方法再现并分析了中国留德学生关于人际距离的跨文化学习过程。

本研究在整理和继承前人研究成果的基础上构建了人际距离理论和跨文化学习理论，并基于所构建的理论对中国留德学生在跨文化学习实践过程中关于人际距离观念和行为的认知进行了宏观的量化研究和深入的质性分析。具体而言，本书的研究成果主要体现在以下理论价值和应用价值两个方面。

一　理论价值

本书的理论价值主要体现在以下三个方面：

首先，本书构建了相对完备的人际距离理论体系。

在以往关于人际距离的研究中，既有从非言语交际角度关于空间距离（身体距离）的研究成果，亦有从社会学或社会心理学的视角对社会距离的考察，或者从社会语言学视角对称呼行为等所体现出的社会距离的考察，但这些研究大多拘于某一个视角，不能够全面地反映人类交往行为中的人际距离这一复杂现象。本书以前人的这些理论构建和实践研究为基础，通过厘清不同层面的距离概念间的关系构建了人际距离理论：距离是人类社会交往活动中普遍存在的现象。心理距离是人际距离理论的核心，而文化距离、社会距离对心理距离有着直接的影响，心理距离在言语层面和非言语层面分别体现为语用距离和身体距离。通过与人际交往行为理论中的礼貌原则和"权势"／"平等"原则的比较分析，讨论了人际距离理论在交际行为研究中的地位，并进而提出了自己的观点：距离理论对人际交往行为具有更强的解释力，从某种程度而言，它是人类交际行为的一种更为本源的解释体系。在人际交往行为研究中建立相对系统的人际距离理论，这是笔者的一个创新性尝试，当然，这一尝试性的设想还有待进一步的发展和深化。

其次，本书拓展和充实了跨文化学习理论。

在构建了人际距离理论之后，本书又探讨了全球化背景下的跨文化学习理论，为人际距离的研究提供一种跨文化的宏观视角。在全球化时代，跨文化学习既是必要的，又是重要的。笔者认为：跨文化学习在发生机制和本质上与同文化内的学习并没有区别，都是"基于经验的心理变化"。跨文化学习理论与学习理论有着一脉相承的关系。本书论证了跨文化性在跨文化学习中引起障碍和冲突的负面影响，同时也论证了跨文化性在跨文化学习中避免、化解和排除跨文化性负面影响的积极作用。在跨文化学习理论中，笔者认为，跨文化性是跨文化学习的基础和出发点，而跨文化能力是跨文化学习的目标和结果，跨文化态度则是保证成功有效的跨文化学习并获得跨文化能力的前提。跨文化学习是以本文化中的经验为基础，在经历异文化环境中的差异过程中提高自己适应新环境能力的过程。跨文化适应只是跨文化学习的一个方面，真正的跨文化学习既要理解异文化的价值取向，还要反观本文化的价值体系，在两种文化的相互观照中提高跨文化能力。要达到这样的目的，就需要敏感的跨文化意识，而接受跨文化培训则是培养这种敏感性的有效方式：即对跨文化学习进行学习。显然，跨文化学习方案并不是建立在现有的关于异文化的单一信息之上，而是还需要异文化的语境。本书以跨文化学习理论为纲，考察了中国学生在中德两个生活世界的不同场景中的人际距离观念和行为，对其在德国文化环境中对人际距离的认知过程做了深入细致的分析。这一研究为学界关于跨文化性的探讨从另一角度提供了"第一手数据"，进一步充实了跨文化学习研究的理论。

最后，本书将主观理论研究方法引入跨文化学习研究。

从方法论上而言，由于中国留德学生是一个很大的群体，而且人际距离又涉及多个层面，要深入探讨他们在跨文化人际交往中的心理距离及其变化过程，这就要求笔者在研究中既要考虑研究的普遍性意义，又要深度挖掘留学生跨文化学习的实质，所以笔者采用量化研究与质性研究双管齐下的研究方法，从宏观上统计并比较分析了中国留学生群体在中德两个文化的"生活世界"中的人际距离观念和行为，并从微观上深入分析了留学生个体关于人际距离的跨文化学习过程以及对此产生影响的各种因素。在本书中，笔者认为量化研究与质性研究这两种方法并不矛盾，它们可以在不同范围和不同层次上发挥不同的作用，其功能呈互补性。

在对统计数据进行量化分析的过程中，笔者使用了社会科学研究领域应用极为广泛的统计分析软件包 SPSS。该软件包功能十分强大，不仅可以进行数据的统计描述，而且可以从不同方面对数据进行相关性、归因等"追根溯源、探究因果承袭"的分析和讨论，并能对分析结果进行各种检验。笔者在本课题的研究中尝试运用了该软件包，应该指出的是，书中所使用的统计分析与检验功能也只是该软件包强大功能中很小的一部分，其更加深入、细致的分析与检验功能有待今后结合有关研究做进一步的开发和应用。

从被研究者视角建立理论，这一点应当说是近年来质性研究者一直努力的方向，但将这种方法用于中国留德学生的研究尚属首次。笔者在书中对德国心理学界近年来渐趋流行的日常理论和基于日常理论的主观理论研究进行了粗线条的介绍，[①] 并在研究中尝试性地运用了该理论的基本思想、研究工具与方法。笔者在质性研究中采用了访谈法和建构法来获得中国留学生的主观体验，建立其主观理论结构图，并借助结构图来描述、分析、比较中国留学生的跨文化学习过程。结合本课题的实际情况，笔者对主观理论的研究方法进行了简化，无论从访谈问题还是从建构规则上都做了调整。通过调整发现，笔者根据访谈内容所建立的中国留学生人际距离主观理论结构图基本上能够真实地反映他们的主观理论结构，而受访者在一定程度上也能够理解并接受运用这种方法对其主观体验的描述和分析。由此我们认为，任何一个理论，任何一种工具，都不能不加选择地应用到研究对象上，而必须结合研究对象的实际情况做出限制和调整，才能获得比较理想的效果。否则，即便该理论再完备，其方法再科学，如果研究对象不能很好地配合的话，通过这些理论和方法得出的结论也很难具有代表性，其效度和信度及推广度也就无从谈起。或许正是通过这样不断的限制与调整，理论才更加完备，方法才更加科学，学术才有所发展。

二 应用价值

任何理论的创立与发展都应当以能够指导实践为要旨，笔者在研究过程中尤其重视理论源于实践并将理论用于指导实践。

首先，中国社会向来注重集体性，传统中国人有一种对群体和他人的向心力。由于留学生身在异国他乡，原先熟悉的文化和社会环境不复存在，失去了原有的社会及亲情支持。而德国文化中的"内向性"（［德］Innerlichkeit）使得德国社会强调个体性，个人对他人存在一种离心力。在这样的环境中，背井离乡的留学生必然会产生孤独感、落寞感。而通过笔者的问卷调查和追踪访谈，可以使受访者本人对德国人强调个体、重视距离的传统有一种主观上的准备，进而及早调整对他人向心力的期望值，以减少文化的不适性或文化休克，从而使得跨文化学习更有成效，更快更好地提高自己的跨文化能力。这在本课题的实证研究中也得到了验证。

其次，由于本书在论述过程中涉及中德两种文化在人际距离范畴上的

[①] 限于篇幅，本书无法详细介绍该理论，意欲对该理论有深入了解的研究者可参阅第五章所涉及的文著。

对比，因此其实践意义绝不仅限于留学生群体的跨文化培训，对于其他外派人员的跨文化培训和跨文化学习同样具有一定的指导意义。在中国的"一带一路"倡议背景下，跨文化培训和跨文化学习显得尤为重要。

最后，目前赴德国留学的中国学生已达到历史上的最高峰，尽管最近几年增速有所减弱，但绝对数量仍然在增加。这在一定程度上为德国高校的管理者增加了管理难度。而且，由于中德两种文化距离较大，中德教育体制迥异，中国留学生对在德国的学习和生活等方面都表现出了不同程度的不适应，不少人经历过严重的文化休克，更有甚者走上违法犯罪甚至自杀的道路。也就是说，仅仅置身于异国他乡，学生不见得能够快速有效地进行跨文化学习并获得跨文化能力。上述种种现象的出现对德国的高校管理者也是一个挑战。笔者认为，留学生的跨文化学习是一个系统的工程，需要留学生个体、学校甚至国家等各方面的努力及合作方能取得成效。本书的研究成果不仅为现实的外语教学提供了一种导向，而且可以为中德两国的教育管理部门提供一些参考，使它们对年轻一代的跨文化交流的管理更加有的放矢，更好地帮助两国年轻人提升跨文化学习能力。

第二节 对跨文化学习的启示与建议

综合本书内容，笔者认为，中国留学生的跨文化学习过程主要涉及一个主体、两种文化、三个层面、四个阶段。

一个主体在本课题中就是指在德国留学的中国学生个体。实际上，在日益全球化的今天，跨文化学习主体的范围越来越广泛：政府的驻外使领馆人员，外派的跨国公司经理及职员，赴国外留学、游学的大、中、小学学生，在国外访学或参与合作的科研人员，赴国外经商或务工人员，赴国外度假或参观游览的游客等。这些不同的群体，甚至于每一个个体，他们出国的目的、在国外的逗留时间都不尽相同，但是，只要踏入了异国他乡，接触了不同于本民族文化的另外一种文化，他们就成为跨文化学习的主体。当然，不同的跨文化学习主体因其目的、任务、时间等各异，所以参与跨文化学习的主观意愿及程度也各不相同。另外，参与跨文化学习的个体在性别、年龄、职业、身份等方面不尽相同，从这一点而言，针对不同群体甚至个体的跨文化学习方案也应有所区别，需要动态调整。

笼统而言，本课题所涉及的两种文化是指中国文化和德国文化。中国文化和德国文化分属东西两种文化，二者有着较大的差异。而对"个体"

和"群体"的意识程度不同构成东西方文化的主要区别,这是学界基本形成的共识。按照费孝通先生的理解,"'己'正是西方文化的核心概念。要看清楚东西方文化的区别,也许理解这个核心是很重要的,东方的传统文化里'己'是应当'克'的,即应当压抑的对象,'克己'才能'复礼'[……]'扬己'和'克己'也许正是东西方文化差别的一个关键。"① 中国文化是指中华各族人民在华夏大地上所创造的文化,② 按照一般的理解,"中国文化的思想内核就是群体意识"③。当然,随着全球化的发展,西方文化中注重个体的意识也已影响到中国人,尤其是北京、上海等大城市的年轻人。但一般而言,中国人有着几千年传统积淀的群体意识在短短几年、几十年时间内是不会马上改变的。也有学者将中国文化总特征归结为伦理类型,认为:"半封闭的大陆性地域、农业经济格局、宗法与专制的社会组织结构[……]孕育了伦理类型的中国传统文化。这种文化类型不仅在观念的意识形态方面发生着久远的影响,而且还深刻地影响着传统社会心理和人们的行为规范。"④ 中国传统文化所具有的特点可归结为:重实际求稳定的农业文化心态、以家族为本位的宗法集体主义文化、尊君重民相反相成的政治文化、摆脱神学独断的生活信念、重人伦轻自然的学术倾向、经学优先并笼罩一切文化领域。⑤

在欧洲,与拉丁民族相比较,日耳曼民族文化"至少落后五百年"⑥。而当今的德国,早已凭借其先进的科技、发达的经济和丰富的文化而跻身世界强国之林。德国总理默克尔曾在新年致辞里讲道:"勤奋和纪律、丰富的思想和最高水准的技术,正是这些美德使我们变得强大。"⑦ 除此以外,德国人的秩序意识、完美主义、环保意识以及完备的法律制度等都构成了德国文化最核心的内容。根据学界的一般认识,德国文化是德国历史的产物。德国"深处欧洲中央"([德] mitten in Europa)

---

① 费孝通:《文化论中人与自然关系的再认识》,载费孝通等《中国文化与全球化》,江苏教育出版社 2003 年版,第 5—6 页。
② 黄高才主编:《中国文化概论》,北京大学出版社 2011 年版,第 16 页。
③ 易中天:《中国文化与中国人》,载费孝通等《中国文化与全球化》,江苏教育出版社 2003 年版,第 130 页。
④ 张岱年、方克立主编:《中国文化概论》(修订版),北京师范大学出版社 2004 年版,第 65 页。
⑤ 同上书,第 268—284 页。
⑥ 阎宗临:《欧洲文化史论》,广西师范大学出版社 2007 年版,第 18 页。
⑦ Merkel, A., Neujahrsansprache. URL: http: //www.bundeskanzlerin.de, 访问时间: 2015 年 12 月 30 日。

这一地缘政治的因素，造就了德意志独特的历史。正如有学者指出的那样，"独特的地理条件给德国人造成了一种特殊的感觉，即'被包围'（［德］eingekreist werden）的感觉"。① 这种"被包围"的感觉加强了"自己人"和"外人"的区别，加强了自我封闭以及自我保护的意识。② 德国文化中的"内向性"、德国人的恐惧（［英+德］German Angst）、德国人的秩序狂等可能均与此有关。跨文化研究学者霍夫斯泰德（G. Hofstede）将此归结为"规避不确定性"（［英］avoidance of uncertainty，［德］Unsicherheitsvermeidung），并认为，德国人在对待不确定性问题上，表现出的恐惧比英国人要大。③ "为了规避不确定性，获得较多的安全感，德国人创造出了世界上首屈一指的法律制度和法制文化。［……］为了消除不确定性，德国人做事情时务求完美、精益求精，这就使德国的科学技术、教育等各行各业发展出一种极其注重精确性的文化，［……］为了克服恐惧感，德国人极其注重环境问题，这就使德国的环保产业领先于世界许多国家。"④

本书在讨论跨文化培训方案时，曾简单介绍了 Thomas 的流程培训方案（见图3-8），该方案涵盖了出国前的选择及决定、出国前的各种导向性培训、出国后在国外的适应工作培训及伴随培训、回国前的重返本文化适应培训直至回国后的经验与收获培训。笔者认为，这是目前为止最完整的培训方案之一。据此，可以将跨文化学习的过程粗略地分为四个阶段：出国前的准备、出国后的调适、归国前的准备和归国后的调适。留学生个体作为跨文化学习过程的主体，在这四个阶段中，无疑自己需要付出巨大的努力。但笔者认为，要取得跨文化学习的成功，仅仅依靠留学生自己的努力是不够的。如果将留学生自己的努力定义为微观层面的努力的话，那么成功的跨文化学习还需要学校及培训机构、外事处、使领馆相关管理机构等中观层面组织与机构的努力，以及宏观层面即国家在文化、教育以及经济和外交政策方面的支撑和保障。

一　微观层面

在第四章本书曾经得出结论：学习是有意识的活动，学习过程不仅仅是经验的形成，也不仅是行为方式和认知结构的被动变化，更不是一

---

① 李伯杰：《德国文化研究》，北京师范大学出版社2015年版，第29页。
② 同上。
③ 同上书，第208页。
④ 同上书，第271—273页。

种纯粹的适应,而是一个主动的认识并改造环境和改造自我的过程。只有具有主动意识,采取主动态度,学习才能够更快、更好地获得预期的成效,跨文化学习尤其如此。针对跨文化培训的三个目标:认知目标、情感目标和行为目标(参见§3.3),笔者认为,在微观层面,个体需要做出的努力是:

1. 从认知角度而言,要认识到由于文化差异而造成的文化距离是一个既存的事实,对异文化的不适是一种正常的反应。所以,在对异文化知识的获取上应采取主动。只有最大限度地掌握异文化的语言、关于异文化的信息、可能出现的问题和冲突的情况以及解决问题和避免不确定性的可能性,即最大限度地掌握两个"生活世界"的内容,了解德国人因不确定性而导致普遍存在的"自己人"与"外人"之间保持心理距离的需求,才能获得一种在异文化中行为的明晰度,不至于陷入困惑或者尴尬的境地。

2. 从情感角度而言,应认识到跨文化学习过程是一个再社会化过程,具有无形的强制性和被迫性。所以,留学生在出国前应在尽可能全面了解目的国文化的基础上,从心理上衡量自己对目的国文化的承受能力。在出国后应当锻炼对自我和陌异事物的敏感性,培养对陌异事物的好奇感,调低自己的最低要求水平,以便对陌异事物产生积极的印象。端正对异国文化的态度,不以文化的差异来评判文化的优劣。一方面不能完全用自己文化中的价值取向、思维方式和行为规范对异国文化进行过早的否定或批判,这样有可能在心理上对异国文化产生抵触情绪,不利于在异国的学习和生活,也不利于在异国的跨文化交流。另一方面也不能对异国文化盲目地崇拜和追随,而使自己迷失自我。对待异国文化的正确态度应该用乐观的心理看待两国文化差异,从心理上包容两国文化的差异,用积极的心理主动对自己进行再社会化,通过心理控制使自己成为在两种文化中都能游刃有余的跨文化行为者。①

3. 从行为角度而言,应该积极地采取各种方法尽快克服文化差异所带来的不适。尽量多地和当地人打交道,以便学习在异文化情境中达到有效的行为能力和整合能力的策略和方法,观察并有选择地吸收异文化中的思维方式和行为规范,并尝试用异文化的视角和价值观念去观察和分析事物以及人们的性格和行为举止,解释不符合本国文化的各种现象。同时要

---

① 参见张立军《文化差异对留学生的心理影响及对策研究》,《湖北社会科学》2004 年第 4 期。

保持与家人或密友必要的联系，让他们分享自己的感受，他们的支持和鼓励有助于适应异国的文化，也有助于减轻孤独感。

二 中观层面

目前，无论是国内的各高校及培训机构，还是出国留学中介机构，在留学生的出国培训方面，往往只注重语言的教学，而缺少跨文化适应及跨文化学习的培训与指导，尤其缺少关于人际交往和心理调适方面的培训。而出国后，德国高校对中国留学生的管理与德国学生以及其他国家的留学生的管理没有太多的区别对待，很少会有专门针对中国学生的一些活动或者辅导。所以，尽管目前中国越来越多的高校及中小学校与国外相关学校建立校际交流，但在跨文化适应与跨文化学习方面，仍缺少较为完备的培训与指导方案。笔者认为，无论是在出国前，还是在留学过程中，中国学生都需要在跨文化适应及跨文化学习方面的专门培训，培训方式及内容可参照第三章所介绍的跨文化培训方案，笔者尤其推荐 Thomas 的跨文化培训方案，因为该方案涉及了对出国人员在出国前后、回国前后的全程培训与指导。针对目前越来越多的中德学生交流项目，学校等教育机构应建立系统的跨文化学习培训体系，除了在学生出国前需要对其培训外，在整个留学过程中，也需要定期或不定期地对其加以指导，如果中方学校与德方学校能够派出专人负责这些学生，经常组织一些活动，加强中国学生与当地人的互动，将加速双方的相互了解，大大克服由于文化距离而导致的双方的心理距离。[①] 宏观来看，这对两种文化的交流、两个民族人们的相互理解与接纳大有裨益。另外，在留学生回国前后，应当对其重新适应本文化进行相应的培训，可以组织他们对自己的留学经历进行回顾、总结与评价，在与他人的交流中加强对自我的认同，而其他意欲出国的人员也可以从他们成功的经验或失败的教训中得到启发。在这方面，中德双方的教育和管理机构可以为留学生提供很好的培训和交流平台。

三 宏观层面

从宏观层面而言，留学生来源国、目的国的经济发展状况，在国际上的地位，两国的政治、经贸、外交关系、文化教育及留学政策等都对留学生的跨文化学习具有直接或潜在的影响。

[①] 由中国的北京外国语大学、南京大学和德国的哥廷根大学两国三校联合培养"跨文化日耳曼学"双硕士学位项目在这方面做出了卓有成效的尝试。

中国的出国留学政策是中国政府公共政策的重要组成部分，是国家决策层根据一定时期的基本国策、国际关系、价值标准与合理性原则，对出国留学活动实施管理、服务、控制和调节的制度性规定。中国的出国留学政策具有比较明显的渐进性和相对独立的阶段性特点；其主体内容和实施导向是由国际和国内的政治、经济、文化状况以及中国对外关系所决定的。[1] 新中国成立以来，尤其是改革开放以来，随着留学活动、留学形式和留学人员群体的不断拓展，中国政府采取了不断扩大派遣留学生、放宽相应政策限制和加大吸引留学人才力度等一系列政策和措施，对出国留学政策进行了不停顿的调整。[2] 出国留学政策已经成为中国改革开放政策体系的重要组成部分，出国留学活动也已成为促进中外教育、科技、贸易和文化交流的重要桥梁。

尤其是随着中国综合国力的不断提升，中国在国际上的地位日益提高，中国的文化自信心得到加强。党的十七届六中全会提出了"增强国家文化软实力，实施文化走出去战略"[3]，以"推动中华文化走向世界，不断增强中华文化国际影响力"[4]。党的十八大则进一步确认全面实施"文化强国"[5]战略。正如国学大师南怀瑾所言："没有自己的文化，一个民族就不会有自信心，也不可能得到外人的尊重。"在我国这样的政策和战略支持下，走出国门与另外一种文化打交道的国人自然拥有更多的自信。在这种文化自信的支撑下，我们参与文化对话、参与世界话语体系构建的程度必将得到加强，效果必然有所改善。

具体而言，基于对中德两种文化存在较大差异的认识，中国政府也采取了一系列措施来保证中国留学生在国外留学阶段的生活、学习和工作的顺利进展。然而由于在德国的中国留学生数量大，中国大使馆教育处的人手远远不够。所以国家应当在这方面加大投入力度，加强对中国学生会和各种学会组织的管理，加强留学生相互之间的联系，使身在异国他乡的留学生能够时刻体会到祖国对他们的关心和帮助，尤其是对刚到德国的留学

---

[1] 苗丹国、程希：《1949—2009：中国留学政策的发展、现状与趋势》（上），《徐州师范大学学报》（哲学社会科学版）2010年第2期。

[2] 苗丹国：《新中国出国留学政策的形成、变革与发展》，载黄晓东主编《留学与中国社会的发展：中国留学文化学术研讨会论文集》，珠海出版社2009年版，第136页。

[3] 本书编写组：《〈中共中央关于深化文化体制改革　推动社会主义文化大发展大繁荣若干重大问题的决定〉辅导读本》，人民出版社2011年版。

[4] 同上。

[5] 胡锦涛：《坚定不移沿着中国特色社会主义道路前进，为全面建成小康社会而奋斗——在中国共产党第十八次全国代表大会上的报告》，人民出版社2012年版。

生要给予足够的关心和指导,这样既有利于他们快速地适应当地的生活和学习,而且也加深他们对自己国家的认同。国家应从政策上加大吸引留学人才的力度,吸引留学生尽早学成归来服务于国家。待留学生回国之后,应有专门的机构为其提供相应的重返本文化培训以及就业指导,减少他们重返本文化时的"文化休克",提高其就业率。

而从德国社会的视角来看,尽管中国留学生群体中因文化不适应而违法犯罪的人数比例很小,不至于给德国社会的治安与稳定制造很大的麻烦,但是,毕竟德国文化与中国文化有着较大的文化距离,从建设一个"负责任的社会"的角度而言,德国社会不应忽视该群体(哪怕只是其中一小部分人)的诉求,而是应当采取主动的态度和积极的、有针对性的措施,引导中国留学生更好地适应德国的社会、文化,促进他们与当地人之间更加有效的交流与沟通,保障中国留学生的跨文化学习取得成效,从而提高留学生的跨文化能力。而中国留学生跨文化能力的提高,无疑将为蒸蒸日上的中德经贸往来、文化交流以及两个民族的相互理解增加强劲的助推力。

综上所述,本书认为,跨文化学习是以本文化中的经验为基础,在经历异文化环境中的差异过程中提高自己应对新环境能力的过程。显然,跨文化学习方案并不是建立在现有的关于异文化的单一信息之上,而是还需要异文化的语境。但是仅仅将学生置于异国他乡也并不能使他们快速有效地进行跨文化学习并获得跨文化能力。留学生的跨文化学习是一个系统的工程,需要留学生个体、学校甚至国家等各方面的努力及合作方能取得成效。基于上述理论探讨和实证分析,笔者从微观、中观和宏观三个层面对中国留学生在德国文化中克服文化距离和社会距离所造成的心理距离,从而更好地适应异文化环境并提升跨文化能力提出建议,为现实的跨文化教育提供一种导向。

第三节 展望

应该指出的是,受研究者学术视野及研究水平所限,本书尝试构建的人际距离理论和跨文化学习理论框架尚有待进一步的检验、深化和完善。另外,受时间、精力和经费所限,笔者在研究中没有针对相关内容在德国人中做调查,所以在对中国留学生的一些主观印象进行分析时,有时只能根据经验或其他学者的相关研究成果来做比较或引证。此外,研究者下一步还应当考虑如何将研究成果有效地应用到跨文化教育实践中去。笔者殷切希望教育机构能够将相关研究成果融合到教学实践中去，培养学生的跨文化意识，提高他们对异文化和本文化的敏感性，从而提高他们的跨文化学习能力和跨文化能力，更好地吸收和借鉴异民族的先进文化，传播和弘扬中华民族的优秀文化，提升国家软实力，由"民相亲"助推"国之交"，由"各美其美，美人之美"进而达致"美美与共，天下大同"[①] 之愿景。

[①] 1990 年 12 月，日本著名社会学家中根千枝教授和美国人类学家乔健教授在东京召开"东亚社会研究国际研讨会"，为费孝通先生 80 华诞贺寿。在"人的研究在中国——个人的经历"主题演讲中，费老总结出了"各美其美，美人之美，美美与共，天下大同"的十六字箴言。参见费孝通《反思·对话·文化自觉》，载费孝通《论人类学与文化自觉》，华夏出版社 2004 年版，第 188 页。

参考文献

Ahrens, Nicole, *Kultur als potentieller Determinationsfaktor für interpersonale Raumverhaltensphänomene und -präferenzen im Gesamtkontext kommunikativen Verhaltens: Eine Fallanalyse intra- und interkultureller dyadischer Interaktionssituationen innerhalb eines deutschsprachigen Umfeldes* (Dissertation), Bielefeld: Universität Bielefeld, 2003.

Antweiler, Christop, Interkulturalität in der Theorie und ein Beispiel aus Indonesien, in: Hahn, Alois & Norbert Platz (Hrsg.), *Interkulturalität als neues Paradigma: Trierer Beiträge*, Trier: Universität Trier, 1999.

Argyle, Michael & Janet Dean, Eye contact, distance and affiliation, in: *Sociometry*, 1965, No. 28.

Bausinger, Hermann, Kultur, in: Wierlacher, Alois & Andrea Bogner (Hrsg.), *Handbuch interkulturelle Germanistik*, Stuttgart/Weimar: Verlag J. B. Metzler, 2003.

Bayer, Klaus, Die Anredepronomina „Du" und „Sie": Thesen zu einem semantischen Konflikt im Hochschulbereich, in: *Deutsche Sprache*, 1979, Nr. 1.

Bender-Szymanski, Dorothea, Barbara Lueken, & Andreas Thiele: *Kognitive Veränderungen durch Kulturkontakt. Eine Prozeβanalyse kognitiver Repräsentationen zur Akkulturation deutscher StudienreferendarInnen in multikulturellen Schulen*, dokumentiert an zwei Falldarstellungen, Frankfurt a. M. : Deutsches Institut für Internationale Pädagogische Forschung, 1995.

Beneke, Jürgen, The value of cultural studies in the training of cross-cultural negotiators, in: *European Journal of Education*, 1983, No. 2.

Beneke, Jürgen, Das Hildesheimer Profil Interkulturelle Kompetenz (HPIK). Vorschläge für ein Interkulturelles Assesment Centre, in: Institut für Auslandsbeziehungen (Hrsg.), *Interkulturelle Kommunikation und Interkulturelles Training, Problemanalysen und Problemlösungen*, Stuttgart: Institut für Auslandsbeziehungen, 1994.

Bennett, Milton, Towards ethnorelativism: A Development Model of Intercultural Sensitivity, in: Paige, Michael R. (Ed.), *Education for the Intercultural Experience*, Yarmouth: Intercultural press, 1993.

Bolten, Jürgen (Hrsg.), *Studien zur Internationalen Unternehmenskommunikation*, Waldsteinberg: Heidrun Popp Verlag, 2000.

Bolten, Jürgen, Interkultureller Trainingsbedarf aus der Perspektive der Problemerfahrungen entsandter Führungskräfte, in: Götz, Klaus (Hrsg.), *Interkulturelles Lernen — Interkulturelles Training*, München/Mering: Rainer Hampp, 2002.

Bolten, Jürgen, Interkulturelle Wirtschaftskommunikation, in: Wierlacher, Alois & Andrea Bogner (Hrsg.), *Handbuch interkulturelle Germanistik*, Stuttgart/Weimar: Verlag J. B. Metzler, 2003.

Bolten, Jürgen (Hrsg.), *Interkulturelles Handeln in der Wirtschaft, Positionen, Modelle, Perspektiven, Projekte*, Sternenfels: Wissenschaft & Praxis, 2004.

Braun, Friederike, Vom Duzen, Siezen und Erzen — Anredeformen, Anredeprobleme, in: *Sprachreport*, 1987, Nr. 1.

Brown, Penelope & Stephen Levinson, Universals in Language Usage: Politeness phenomena, in: Goody, Ester (Ed.), *Questions and Politeness: Strategies in Social Interaction*, Cambridge: Cambridge University Press, 1978.

Brüch, Andreas, *Kulturelle Anpassung deutscher Unternehmensmitarbeiter bei Auslandsentsendungen: Eine empirische Studie in den USA, Kanada, Japan und Südkorea zu Kriterien und Einflussfaktoren erfolgreicher Aufenthalte von Fach-und Führungskräften*, Frankfurt a. M. et al. : Peter Lang Verlag, 2001.

Burgoon, Judee K. & Stephen B. Jones, Toward a Theory of Personal Space Expectations and their Violations, in: *Human Communication Research*, 1976, No. 2.

DAAD, *Ländersachstand: China*. Kurze Einführung in das hochschulsystem und die DAAD-AKtivitäten, 2018.

Denecke, A. , Zur Geschichte des Gruβes und der Anrede in Deutschland, in: *Zeitschrift für den deutschen Unterricht*, 1892, Nr. 6.

Drechsel, Paul, Dieter Kramer, Karl-Josef Kuschel, & Ram A. Mall, et al.

(Hrsg.), *Interkulturalität — Grundprobleme der Kulturbegegnung. Mainzer Universitätsgespräche Sommersemester* 1998, Mainz: Studium generale der Johannes Gutenberg-Universität, 1999.

Dubois, Jean, *Lexis-Dictionaire de la langue francaise*, Paris: Librairie de Larousse, 1975.

Flick, Uwe, *Vertrauen, Verwalten, Einweisen. Subjektive Vertrauenstheorien in sozialpsychiatrischer Beratung*, Wiesbaden: Deutscher Universitäts-Verlag, 1989.

Flick, Uwe, Alltagswissen in der Sozialpsychologie, in: Flick, Uwe (Hrsg.), *Psychologie des Sozialen, Repräsentationen in Wissen und Sprache*, Reinbek: Rowohlt, 1995.

Furnham, Adrian, The Adjustment of Sojourners, in: Kim, Young Yun & William B. Gudykunst, (Eds.), *Cross-cultural Adaptation: Current Approaches*, Newbury Park, et al.: Sage Publications, 1988.

Furnham, Adrian & Stephen Bochner, Social difficulty in a foreign culture. An empirical analysis of culture shock, in: Bochner, Stephen (Ed.), *Cultures in Contact Studies in Cross-cultural Interactions*, Oxford: Pergamon, 1982.

Furnham, Adrian & Stephen Bochner, *Culture Shock: Psychological Reactions to Unfamiliar Environments*, London/New York: Routledge, 1989.

Göbel, Kerstin & Hermann-Günter Hesse, Cultural differences in adolescents' conflict resolution strategies, in: Hesse, Hermann-Günter & Kerstin Göbel (Hrsg.), *Lernen durch Kulturkontakt — Interkulturelles Wissen und Behandlung von Kulturkonflikten*, Frankfurt a. M.: Deutsches Institut für Internationale Pädagogische Forschung, 1998.

Göbel, Kerstin & Hermann-Günter Hesse, Die Bedeutung der interkulturellen Forschung für das interkulturelle Handeln, in: Hesse, Hermann-Günter & Kerstin Göbel (Hrsg.), *Lernen durch Kulturkontakt — Interkulturelles Wissen und Behandlung von Kulturkonflikten*, Frankfurt a. M.: Deutsches Institut für Internationale Pädagogische Forschung, 1998.

Groeben, Norbert, Ausgangspunkte des Forschungsprogramms Subjektive Theorien. Explikation des Konstrukts „Subjektive Theorie", in: Groeben, Norbert Diethelm, Wahl, Jörg Schlee, & Brigitte Scheele (Hrsg.), *Das Forschungsprogramm Subjektive Theorien. Eine Einführung in die Theorie des reflexiven Subjekts*, Tübingen: Francke, 1988.

Gu, Shiyuan, Kulturbarrieren bei der verbalen und nonverbalen Kommunikation, in: Zhu, Jianhua, Hans-R. Fluck, & Rudolf Hoberg (Hrsg.), *Interkulturelle Kommunikation: Deutsch-Chinesisch*, Frankfurt a. M. : Peter Lang, 2006.

Gudykunst, William B. & Young Yun Kim, *Communication with Strangers, An Approach to Intercultural Communication*, Boston: McGraw-Hill, 2003.

Habermas, Jürgen, *Theorie des kommunikativen Handelns*, Band 2: *Zur Kritik der funktionalistischen Vernunft*, Frankfurt a. M. : Suhrkamp, 1981.

Habermas, Jürgen, *Erläuterung zur Diskursethik*, 2. Auflage, Frankfurt a. M. : Suhrkamp, 1992.

Hall, Edward T., Proxemics, in: *Current Anthropology*, 1968, No. 9.

Hall, Edward T., *The Hidden Dimension*, New York: Anchor Books, 1982.

Hartung, Susanne, Veränderungen der Subjektiven Theorien zu unternehmerischen Zusammenhängen durch Einsatz eines Planspiels, in: Mutzeck, Wolfgang, Jörg Schlee, & Diethelm Wahl (Hrsg.), *Psychologie der Veränderung: Subjektive Theorien als Zentrum nachhaltiger Modifikationsprozesse*, Weinheim/Basel: Beltz, 2002.

Hayduk, Leslie Alec, Personal Space: An Evaluative and Orienting Overview, in: *Psychological Bulletin*, 1978, Vol. 85, No. 1.

Hayduk, Leslie Alec, Personal Space: Where We Now Stand, in: *Psychological Bulletin*, 1983, Vol. 94, No. 2.

Held, Gudrun, Aspekte des Zusammenhangs zwischen Höflichkeit und Sprache in der vorpragmatischen Sprachwissenschaft, in: *Zeitschrift für romanische Philologie*, 1992, Bd. 108, Nr. 1/2.

Hellbrück, Jürgen & Manfred Fischer, *Umweltpsychologie*, Göttingen: Hogrefe, 1999.

Hesse, Hermann-Günter & Kerstin Göbel (Hrsg.), *Lernen durch Kulturkontakt-Interkulturelles Wissen und Behandlung von Kulturkonflikten*, Frankfurt a. M. : Deutsches Institut für Internationale Pädagogische Forschung, 1998.

Hesse, Hermann-Günter & Alexandra Schleyer-Lindenmann, Acculturation: Adjustment and Social Strategies of Adolescents, in: Hesse, Hermann-Günter & Kerstin Göbel (Hrsg.), *Lernen durch Kulturkontakt — Interkulturelles Wissen und Behandlung von Kulturkonflikten*, Frankfurt a. M. : Deutsches Institut für Internationale Pädagogische Forschung, 1998.

Hofstede, Geert, *Culture's Consequences, International Differences in Work-related Values*, Beverly Hills: Sage Publications, 1980.

Huntington, Samuel P., *Der Kampf der Kulturen*, München/Wien: Europa Verlag, 1996.

Jensen, Annie Aarup, Kirsten Jaeger, & Annette Lorentsen, (eds.), *Intercultural Competence: A New Challenge for Language Teachers and Trainers in Europe, Vol. II: The Adult Learner*, Aalborg: Aalborg University Press, 1995.

Jia, Wenjian & Jinfu Tan (Hrsg.), *Kommunikation mit China*, Frankfurt a. M.: Peter Lang, 2005.

Kammhuber, Stefan, *Interkulturelles Lernen und Lehren*, Wiesbaden: Universitäts-Verlag, 2000.

Kim, Young Yun, *Becoming Intercultural: An Integrative Theory of Communication and Cross-cultural Adaptation*, Thousand Oaks: Sage, 2001.

Klineberg, Otto & W. Frank Hull, *At a Foreign University: An International Study of Adaptation and Coping*, New York: Praeger, 1979.

Knapp, Karlfried, Kulturunterschiede, in: Wierlacher, Alois & Andrea Bogner (Hrsg.), *Handbuch interkulturelle Germanistik*, Stuttgart/Weimar: Verlag J. B. Metzler, 2003.

Knapp, Mark, *Nonverbal Communication in Human Interaction*, New York: Holt/Rinehart/Winston, 1978.

Kohz, Armin, Markiertheit, Normalität und Natürlichkeit von Anredeformen, in: Winter, Werner (Hrsg.), *Anredeverhalten*, Tübingen: Narr, 1984.

König, Eckard, Qualitative Forschung subjektiver Theorien, in: König, Eckard & Peter Zedler (Hrsg.), *Bilanz qualitativer Forschung. Band II: Methoden*, Weinheim: Deutscher Studien-Verlag, 1995.

Kroeber, Alfred L. & Clyde Kluckhohn, *Culture: A Critical Review of Concepts and Definitions*, New York: Random House, 1952.

Leech, Geoffrey N., *Principles of Pragmatics*, London/New York: Longman, 1983.

Leidig, Guido, *Raum-Verhalten-Theorie: Verhaltenswissenschaftl. Aspekte d. Lebensraumgestaltung; interdisziplinäre Ansatzpunkte zur Theoriebildung*, Frankfurt a. M. et al.: Peter Lang, 1985.

Liang, Yong, Harmonie und Interkulturalität — neue Diskurse über ein altetabliertes Konzept in China, in: Zhu, Jianhua, Hans-R. Fluck, & Rudolf Hoberg (Hrsg.), *Interkulturelle Kommunikation: Deutsch-Chinesisch*, Frankfurt a. M.: Peter Lang, 2006.

Liang, Yong, Dezhang Liu, Marcus Hernig, & Minru Qian, Ansätze interkultureller Germanistik in China, in: Wierlacher, Alois & Andrea Bogner (Hrsg.), *Handbuch interkulturelle Germanistik*, Stuttgart/Weimar: Verlag J. B. Metzler, 2003.

Liebsch, Burkhard, *Moralische Spielräume, Menschheit und Anderheit, Zugehörigkeit und Identität*, Essener Kulturwissenschaftliche Vorträge, Bd. 5, Göttingen: Wallstein Verlag, 1999.

Liu, Dezhang, Interkulturelle Kompetenzbildung im Fremdsprachenunterricht, in: 朱建华、顾士渊主编《中德跨文化交际论丛》，同济大学出版社2000年版。

Merkel, Angela, Neujahrsansprache. URL: http://www.bundeskanzlerin.de, Zugriff: 30.12.2015.

Maletzke, Gerhard, *Interkulturelle Kommunikation: Zur Interaktion zwischen Menschen verschiedener Kulturen*, Opladen: Westdeutscher Verlag GmbH, 1996.

Microsoft Corporation, *Encarta 99. Die große Enzyklopädie*, 1998.

Mutzeck, Wolfgang, Ressourcen Erschließende Beratung (REB) unter Verwendung Subjektiver Theorien, in: Mutzeck, Wolfgang, Järg Schlee, & Diethelm Wahl (Hrsg.), *Psychologie der Veränderung: Subjektive Theorien als Zentrum nachhaltiger Modifikationsprozesse*, Weinheim/Basel: Beltz, 2002.

Mutzeck, Wolfgang, Jörg Schlee, & Diethelm Wahl (Hrsg.), *Psychologie der Veränderung: Subjektive Theorien als Zentrum nachhaltiger Modifikationsprozesse*, Weinheim/Basel: Beltz, 2002.

Nagatomo, Masami T., *Die Leistung der Anrede-und Höflichkeitsformen in den sprachlichen zwischenmenschlichen Beziehungen*, Münster: Institut für Allgemeine Sprachwissenschaft der Westfälischen Wilhelms-Universität, 1986.

Pan, Yaling, *Interkulturelle Kompetenz als Prozess: Modell und Konzept für das Germanistikstudium in China aufgrund einer empirischen Untersuchung*, Sternenfels: Verlag Wissenschaft & Praxis, 2008.

Peill-Schoeller, Patricia, *Interkulturelles Management: Synergien in Joint Ventures zwischen China und deutschsprachigen Ländern, Berlin/Heidelberg: Springer-Verlag, 1994.

Platz, Norbert, Vorwort, in: Hahn, Alois & Norbert Platz (Hrsg.), *Interkulturalität als neues Paradigma: Trierer Beiträge*, Trier: 1999.

Pohl, Karl-Heinz, Zwischen Universalismus und Relativismus — Gedanken zu einem interkulturellen Dialog mit China, in: Hahn, Alois & Norbert Platz (Hrsg.), *Interkulturalität als neues Paradigma: Trierer Beiträge*, Trier: 1999.

Qi, Jiafu, Auflösung der Distanz im Globalisierungskontext: Probleme und Lösungen, in: Zhu, Jianhua, Hans-R. Fluck, & Rudolf Hoberg (Hrsg.), *Interkulturelle Kommunikation: Deutsch-Chinesisch*, Frankfurt a. M. : Peter Lang, 2006.

Qian, Minru, Interkulturelle Wirtschaftskommunikation, in: Zhu, Jianhua, Thomas Zimmer (Hrsg.), *Fachsprachenlinguistik, Fachsprachendidaktik und interkulturelle Kommunikation*, Frankfurt a. M., et al. : Peter Lang, 2003.

Qian, Minru, Interkulturelle Reflexion über die Sprachethik, in: Zhu, Jianhua, Hans-R. Fluck, & Rudolf Hoberg (Hrsg.), *Interkulturelle Kommunikation: Deutsch-Chinesisch*, Frankfurt a. M. : Peter Lang, 2006.

Roeder, Ute-Regina, *Selbstkonstruktion und interpersonale Distanz* (Dissertation), Berlin: Freie Universität Berlin, 2003.

Rösch, Heidi, Fachbegriffe im interkulturellen Diskurs, in: 朱建华、顾士渊主编《中德跨文化交际论丛》, 同济大学出版社 2000 年版。

Rothlauf, Jürgen, *Interkulturelles Management: Mit Beispielen aus Vietnam, China, Japan, Russland und Saudi-Arabien*, München/Wien: R. Oldenbourg Verlag, 1999.

Rüsen, Jörn, Michael Fehr, & Annelia Ramsbrock (Hrsg.), *Die Unruhe der Kultur. Potentiale des Utopischen*, Weilerswist: Velbrück Wissenschaft, 2004.

Salewski, Christel, *Räumliche Distanzen in Interaktionen*, Münster: Waxmann, 1993.

Sandhaas, Bernd, *Lernen in fremder Kultur. Didaktische Orientierungen bei angehenden Hochschullehrern aus Ländern der Dritten Welt im Auslandsstudium in der Bundesrepublik Deutschland*, Göttingen: Zentrum für didaktische

Studien, 1988.

Sandhaas, Bernd, Interkulturelles Lernen — Zur Grundlegung eines didakti-schen Prinzips interkultureller Begegnungen, in: *Internationale Zeitschrift für Erziehungswissenschaft*, 1988, Nr. 34.

Scheele, Brigitte & Norbert Groeben, *Dialog-Konsens-Methoden zur Rekonstruktion Subjektiver Theorien: d. Heidelberger Struktur-Lege-Technik (SLT), konsensuale Ziel-Mittel-Argumentation u. kommunikative Flussdiagramm-Beschreibung von Handlungen*, Tübingen: Francke, 1988.

Scheele, Brigitte & Norbert Groeben, Das Forschungsprogramm Subjektive Theorien. Theoretische und methodologische Grundzüge in ihrer Relevanz für den Fremdsprachenunterricht, in: *Fremdsprachen lehren und lernen*, 1998, Nr. 27.

Schilling, Jan, *Wovon sprechen Führungskräfte, wenn sie über Führung sprechen? Eine Analyse subjektiver Führungstheorie*, Hamburg: Verlag Dr. Kovac, 2001.

Schlee, Jörg, Ausgangspunkte des Forschungsprogramms Subjektive Theorien. Menschenbildannahmen: Vom Verhalten zum Handeln, in: Groeben, Norbert, Diethelm Wahl, Jörg Schlee, & Brigitte Scheele (Hrsg.), *Das Forschungsprogramm Subjektive Theorien. Eine Einführung in die Theorie des reflexiven Subjekts*, Tübingen: Francke, 1988.

Schlee, Jörg, Veränderungswirksamkeit unter ethischer Perspektive — Zur Umkonstruktion Subjektiver Theorien in Familien-und Organisationsaufstellungen nach Bert Hellinger, in: Mutzeck, Wolfgang, Jörg Schlee, & Diethelm Wahl (Hrsg.), *Psychologie der Veränderung: Subjektive Theorien als Zentrum nachhaltiger Modifikationsprozesse*, Weinheim/Basel: Beltz, 2002.

Schmidt-Glintzer, Helwig, *Wir und China — China und wir. Kulturelle Identitäten und Modernität im Zeitalter der Globalisierung*, Essener Kulturwissenschaftliche Vorträge, Bd. 6, Göttingen: Wallstein Verlag, 2000.

Schopenhauer, Arthur, *Parerga und Paralipomena*, Bd. 4 – 5 der Sämtlichen Werke, (herausgegebenen von Wolfgang Freiherr von Löhneysen), Frankfurt a. M.: Insel, 1986.

Schroll-Machl, Sylvia, *Die Deutschen-Wir Deutsche: Fremdwahrnehmung und Selbstsicht im Berufsleben*, Göttingen: Vandenhoeck & Ruprecht, 2002.

Schultz-Gambard, Jürgen, Persönlicher Raum, in: Kruse, Lenelis, Carl-Friedrich Graumann, & Ernst-Dieter Lantermann (Hrsg.), *Ökologische Psychologi. Ein Handbuch in Schlüsselbegriffen*, München: Beltz Psychologie Verlags Union, 1996.

Silverberg, William V., On the psychological significance of „Du" and „Sie", in: *The Psychoanalytic Quarterly*, 1940, Nr. 9.

Sommer, Robert, *Personal Space. The Behavioral Basis of Design*, Englewood, N. J.: Prentice-Hall, 1969.

Steinke, Ines, Validierung: Ansprüche und deren Einlösung im Forschungs-programm Subjektive Theorien, in: Witte, Erich H. (Hrsg.), *Sozialpsychologie der Kognition: Soziale Repräsentationen, subjektive Theorien, soziale Einstellungen*, Lengerich: Pabst, 1998.

Straub, Jürgen, Psychologie und die Kulturen in einer globalisierten Welt, in: Thomas, Alexander (Hrsg.), *Kulturvergleichende Psychologie*, Göttingen et al.: Hogrefe-Verlag, 2003.

Straub, Jürgen, *Handlung, Interpretation, Kritik. Grundzüge einer textwissenschaftlichen Handlungs- und Kulturpsychologie*, Berlin/New York: de Gruyter, 1999.

Straub, Jürgen, Psychotherapie, Kultur, Interkulturelle Kommunikation, in: *Psychotherapie u. Sozialwissenschaften. Zeitschrift für qualitative For-schung*, 2003, Bd. 4, Nr. 3.

Straub, Jürgen, Understanding Cultural Differences: Relational Hermeneutics and Comparative Analysis in Cultural Psychology, in: Straub, Jürgen, Doris Weidemann, Carlos Kölbl, & Barbara Zielke (Hrsg.), *Pursuit of Meaning, Advances in Cultural and Cross-Cultural Psychology*, Bielefeld: Transcript, 2006.

Straub, Jürgen & Alexander Thomas, Positionen, Ziele und Entwicklungslinien der kulturvergleichenden Psychologie, in: Thomas, Alexander (Hrsg.), *Kulturvergleichende Psychologie*, Göttingen, et al.: Hogrefe-Verlag, 2003.

Straub, Jürgen & Shingo Shimada, Relationale Hermeneutik im Kontext interkulturellen Verstehens. Probleme universalistischer Begriffsbildung in den Sozial-und Kulturwissenschaften, in: *Deutsche Zeitschrift für Philosophie*, 1999, Nr. 47.

Straub, Jürgen & Gabriel Layes, Kulturpsychologie, Kulturvergleichende Psychologie, Interkulturelle Psychologie-Forschung im Kontext der „Glokalisierung", in: *Handlung, Kultur, Interpretation. Zeitschrift für Sozial- und Kulturwissenschaften*, 2002, Bd. 10, Nr. 2.

Straub, Jürgen, Carlos Kölbl, & Doris Weidemann, *Die verstehend-erklärende Psychologie und das Forschungsprogramm Subjektive Theorien*, Göttingen: Vandenhoeck/Ruprecht, 2005.

Taylor, Edward W., A Learning Model for Becoming Interculturally Competent, in: *International Journal of International Relations*, 1994, Vol. 18, No. 3.

Taylor, Edward W., Intercultural Competency: A Transformative Learning Process, in: *Adult Education Quarterly*, 1994, Vol. 44, No. 3.

Thomas, Alexander (Hrsg.), *Kulturvergleichende Psychologie*, Göttingen, et al.: Hogrefe-Verlag, 2003.

Thomas, Alexander, Psychologie interkulturellen Lernens und Handelns, in: Thomas, Alexander (Hrsg.), *Kulturvergleichende Psychologie*, Göttingen, et al.: Hogrefe-Verlag, 2003.

Thomas, Alexander (Hrsg.), *Psychologie interkulturellen Handelns*, Göttingen: Hogrefe-Verlag, 1996.

Thomas, Alexander, Interkulturelle Psychologie, in: Wierlacher, Alois & Georg Stötzel (Hrsg.), *Blickwinkel. Kulturelle Optik und interkulturelle Gegenstandskonstitution*, 1996, München: iudicium.

Thomas, Alexander, Psychologische Aspekte interkulturellen Lernens im Rahmen wissenschaftlicher Weiterbildung, in: *Jahrbuch Deutsch als Fremdsprache*, 1996, Nr. 22.

Thomas, Alexander, Psychologische Bedingungen und Wirkungen internationalen Managements, Analysiert am Beispiel deutsch-chinesischer Zusammenarbeit, in: Engelhard, Johann (Hrsg.), *Interkulturelles Management, Theoretische Fundierung und funktionsbereichspezifische Konzept*, Wiesbaden: Gabler, 1997.

Thomas, Alexander, Von der fremdkulturellen Erfahrung zur interkulturellen Handlungskompetenz, in: Drechsel, Paul, Dieter Kramer, Karl-Josef Kuschel, & Ram A. Mall, et al. (Hrsg.), *Interkulturalität — Grund-probleme der Kulturbegegnung. Mainzer Universitätsgespräche Sommersemester 1998*. Mainz: Studium generale der Johannes Gutenberg-Universität, 1999.

Thomas, Alexander, Lernen und interkulturelles Lernen, in: Wierlacher,

Alois, Andrea Bogner (Hrsg.), *Handbuch interkulturelle Germanistik*, Stuttgart/Weimar: Verlag J. B. Metzler, 2003.

Thomas, Alexander & Katja Hagemann, Training interkulturelle Kompetenz, in: Bergemann, Niels & Andreas Sourisseau (Hrsg.), *Interkulturelles Management*, Heidelberg: Physica Verlag, 1996.

Thomas, Alexander & Eberhard Schenk, *Beruflich in China — Trainings-programm für Manager, Fach-und Führungskräfte*, Göttingen: Vandenhoeck/Ruprecht, 2001.

Thompson, Della, *The Concise Oxford Dictionary*, 9th Edition, 外语教学与研究出版社 2000 年版。

Triandis, Harry, Collectivism and Individualism: A Reconceptualization of a Basic Concept in Cross-cultural Psychology, in: Verma, Gajendra & Christopher Bagley, (eds.), *Personality, Attitudes and Cognitions*, London: MacMillan, 1988.

Trommsdorff, Gisela, Entwicklung im Kulturvergleich, in: Thomas, Alexander (Hrsg.), *Kulturvergleichende Psychologie*, Göttingen, et al.: Hogrefe-Verlag, 2003.

Wahl, Diethelm, Veränderung Subjektiver Theorien durch Tele-Learning? in: Mutzeck, Wolfgang, Jörg Schlee, & Diethelm Wahl (Hrsg.), *Psychologie der Veränderung: Subjektive Theorien als Zentrum nachhaltiger Modifikationsprozesse*, Weinheim/Basel: Beltz, 2002, S. 10 – 21.

Wang, Zhiqiang, Fremdheit und Fremdverstehen aus Sicht interkultureller Germanistik, in: Zhu, Jianhua, Hans-R. Fluck, & Rudolf Hoberg (Hrsg.), *Interkulturelle Kommunikation: Deutsch-Chinesisch*, Frankfurt a. M.: Peter Lang, 2006.

Weidemann, Doris & Jürgen Straub, Psychologie interkulturellen Handelns, in: Straub Jürgen, Alexander Kochinka & Hans Werbik (Hrsg.), *Psychologie in der Praxis: Anwendungs-und Berufsfelder einer modernen Wissenschaft*, München: dtv, 2000.

Weidemann, Doris, *Interkulturelles Lernen. Erfahrungen mit dem chinesi-schen „Gesicht": Deutsche in Taiwan*, Bielefeld: transkript Verlag, 2004.

Weresch, Katharina, *Unterschiede zwischen männlichem und weiblichem Raumwahrnehmen und Raumverhalten sowie Entwerfen von Gebäuden* (Dissertation), Hannover: Universität Hannover, FB Architektur, 1992.

Wierlacher, Alois, Distanz, in: Wierlacher, Alois & Andrea Bogner (Hrsg.), *Handbuch interkulturelle Germanistik*, Stuttgart/Weimar: Verlag J. B. Metzler, 2003.

Wierlacher, Alois, Interkulturalität, in: Wierlacher, Alois & Andrea Bogner (Hrsg.), *Handbuch interkulturelle Germanistik*, Stuttgart/Weimar: Verlag J. B. Metzler, 2003.

Wierlacher, Alois, Interkulturelle Germanistik. Zu ihrer Geschichte und Theorie. Mit einer Forschungsbibliographie, in: Wierlacher, Alois & Andrea Bogner (Hrsg.), *Handbuch interkulturelle Germanistik*, Stuttgart/Weimar: Verlag J. B. Metzler, 2003.

Wierlacher, Alois, Toleranz, in: Wierlacher, Alois & Andrea Bogner (Hrsg.), *Handbuch interkulturelle Germanistik*, Stuttgart/Weimar: Verlag J. B. Metzler, 2003.

Wierlacher, Alois, Dagmar Blei, Willy Michel, Andreas Kelletat, & Dietrich Krusche, Interkulturelle Germanistik in Deutschland: Bayreuth, Dresden, Freiburg, Mainz und München, in: Wierlacher, Alois & Andrea Bogner (Hrsg.), *Handbuch interkulturelle Germanistik*, Stuttgart/Weimar: Verlag J. B. Metzler, 2003.

Wierlacher, Alois & Andrea Bogner (Hrsg.), *Handbuch interkulturelle Germanistik*, Stuttgart/Weimar: Verlag J. B. Metzler, 2003.

Yu, Xuemei, Eurozentristische Darstellungsweisen in DaF-Lehrwerken und Gegenmaβnahmen — dargestellt am Beispiel „Ziele", in: Zhu, Jianhua, Hans-R. Fluck, & Rudolf Hoberg (Hrsg.), *Interkulturelle Kommunikation: Deutsch-Chinesisch*, Frankfurt a. M.: Peter Lang, 2006.

Zhao, Jin, Das Deutschlandbild in einem deutsch-chinesischen Joint-Venture, in: Jia, Wenjian & Jinfu Tan (Hrsg.), *Kommunikation mit China*, Frankfurt a. M.: Peter Lang, 2005.

Zhao, Jin, Interkulturalität und Wirtschaftskommunikation, in: Zhu, Jianhua, Hans-R. Fluck, & Rudolf Hoberg (Hrsg.), *Interkulturelle Kommunikation: Deutsch-Chinesisch*, Frankfurt a. M.: Peter Lang, 2006.

Zhu, Jianhua, Von der germanistischen Linguistik zur interkulturellen Linguistik, in: Zhu, Jianhua, Hans-R. Fluck, & Rudolf Hoberg (Hrsg.), *Interkulturelle Kommunikation: Deutsch-Chinesisch*, Frankfurt a. M.: Peter Lang, 2006.

Zhu, Jianhua, Hans-R. Fluck, & Rudolf Hoberg (Hrsg.), *Interkulturelle Kommunikation: Deutsch-Chinesisch*, Frankfurt a. M.: Peter Lang, 2006.

Zimmermann, Klaus, Der semiotische Status der Anredepronomen, in: *Kodikas/Code*, 1990, Bd. 13, Nr. 1/2.

［美］爱德华·霍尔：《超越文化》，韩海深译，重庆出版社1990年版。

［美］爱德华·霍尔：《无声的语言》，刘建荣译，上海人民出版社1991年版。

艾四林：《哈贝马斯交往理论评析》，《清华大学学报》（哲学社会科学版）1995年第3期。

艾四林：《哈贝马斯论生活世界》，《求是学刊》1995年第5期。

［德］贝·迪·米勒：《经济领域跨文化交际的意义》，徐蕴俊译，载梁镛、刘德章主编《跨文化的外语教学与研究》，上海外语教育出版社1999年版。

［德］贝尔恩德·迪·米勒：《跨文化的能力》，刘德章译，载梁镛、刘德章主编《跨文化的外语教学与研究》，上海外语教育出版社1999年版。

本书编写组：《〈中共中央关于深化文化体制改革　推动社会主义文化大发展大繁荣若干重大问题的决定〉辅导读本》，人民出版社2011年版。

［美］彼得·布劳：《不平等与异质性》，王春光、谢圣赞译，中国社会科学出版社1991年版。

毕继万：《跨文化非语言交际》，外语教学与研究出版社1999年版。

［美］布拉德福德·霍尔编著：《跨越文化障碍——交流的挑战》，麻争旗、赵靳秋、张开、徐扬译，北京广播学院出版社2003年版。

［美］布罗斯纳安：《中国和英语国家非语言交际对比》，毕继万译，北京语言学院出版社1991年版。

蔡元培：《何为文化》，载桂勒丰编《二十世纪中国学术文化随笔大系：蔡元培——学术文化随笔》，中国青年出版社1996年版。

曹喆：《留学德国：从我做起　防患未然》，http://211.151.90.1/newchisa/web/0/2004-12-09/news_419430.asp，访问时间：2004年12月31日。

陈飞飞：《中德三资企业中跨文化经济合作的研究》，载朱建华、顾士渊主编《中德跨文化交际论丛》，同济大学出版社2000年版。

陈慧：《留学生中国社会文化适应性的社会心理研究》，《北京师范大学学报》（社会科学版）2003年第6期。

陈松岑：《礼貌语言》，商务印书馆2001年版。

陈向明：《旅居者和"外国人"——留美中国学生跨文化人际交往研究》，
　　教育科学出版社 2004 年版。
陈序经：《文化学概观》，中国人民大学出版社 2005 年版。
陈越：《建构主义与建构主义的学习理论》，http：//www. being. org. cn/
　　theory/constructivisom. htm，访问时间：2006 年 3 月 20 日。
陈宗明：《符号世界》，湖北人民出版社 2004 年版。
成伯清：《格奥尔格·西美尔：现代性的判断》，杭州大学出版社 1999
　　年版。
程淑芳：《心理距离对英汉指示语用法的影响——一项基于语料的对比研
　　究》，硕士学位论文，上海外国语大学，2008 年。
辞海编辑委员会：《辞海》（下），上海辞书出版社 1989 年版。
寸红彬：《人际距离行为的文化差异——近体学初探》，《昆明理工大学学
　　报》2004 年第 2 期。
戴宁宁：《维汉民族交往中的"民族心理距离"解析》，《民族与宗教》2011
　　年第 5 期。
《德汉词典》编写组：《德汉词典》，上海译文出版社 1987 年版。
［德］恩斯特·卡西尔：《人论》，甘阳译，西苑出版社 2003 年版。
［瑞士］费尔迪南·德·索绪尔：《普通语言学教程》，高名凯译，商务印
　　书馆 2002 年版。
费孝通：《文化论中人与自然关系的再认识》，载费孝通等《中国文化与
　　全球化》，江苏教育出版社 2003 年版。
费孝通：《反思·对话·文化自觉》，载费孝通《论人类学与文化自觉》，
　　华夏出版社 2004 年版。
费孝通：《关于"文化自觉"的一些自白》，载费孝通《论人类学与文化
　　自觉》，华夏出版社 2004 年版。
高建平：《"心理距离"研究纲要》，http：//www. aesthetics. com. cn/
　　s40c446. aspx，访问时间：2005 年 8 月 12 日。
葛桂荣、余力：《社会心理研究》，东北大学出版社 2003 年版。
［美］葛里格·尼思：《解读德国人》，张晓楠译，中国水利水电出版社
　　2004 年版。
顾士渊：《论汉德称呼代词语义的非对应性》，载朱建华、顾士渊主编
　　《中德跨文化交际论丛》，同济大学出版社 2000 年版。
关世杰：《跨文化交流学——提高涉外交流能力的学问》，北京大学出版
　　社 1995 年版。

［德］哈贝马斯：《交往与社会进行》，张博树译，重庆出版社1989年版。

［德］哈杜默德·布斯曼：《语言学词典》，陈慧瑛等编译，商务印书馆2003年版。

韩祥生、陈钰：《文化适应模式理论与外语教学》，《上海理工大学学报》（社会科学版）2001年第23卷第3期。

何克抗：《建构主义——革新传统教学的理论基础》，http：//www.jswl.cn/course/kczh/ IT/IIS/llxx/theory/zt1/zt1.htm，访问时间：2006年3月20日。

胡锦涛：《坚定不移沿着中国特色社会主义道路前进　为全面建成小康社会而奋斗——在中国共产党第十八次全国代表大会上的报告》，人民出版社2012年版。

胡文仲主编：《文化与交际》，外语教学与研究出版社1994年版。

胡文仲：《文化差异与外语教学》，载胡文仲主编《文化与交际》，外语教学与研究出版社1994年版（原载《外语教学与研究》1982年第2期）。

胡文仲：《试论跨文化交际研究》，载胡文仲主编《文化与交际》，外语教学与研究出版社1994年版。

胡文仲：《跨文化交际学概论》，外语教学与研究出版社1999年版。

胡文仲：《超越文化的屏障》，外语教学与研究出版社2002年版。

华生旭、吕厚超：《心理距离与建构水平的双向作用关系》，《心理科学》2012年第6期。

黄高才主编：《中国文化概论》，北京大学出版社2011年版。

黄华新、陈宗明主编：《符号学导论》，河南人民出版社2004年版。

黄先进、贾燕梅：《非语言交际与文化差异》，《乐山师范学院学报》2003年第5期。

贾文键、魏育青主编：《中国德语本科专业调研报告》，外语教学与研究出版社2011年版。

贾玉新：《跨文化交际学》，上海外语教育出版社1997年版。

贾玉新、Guo-Ming Chen主编：《跨文化交际研究》第一辑，高等教育出版社2009年版。

蒋赛：《人际反馈性评价信息的表征与心理距离的关系：一项跨文化研究》，硕士学位论文，宁波大学，2011年。

焦国成：《中国古代人我关系论》，中国人民大学出版社1991年版。

教育部高等学校教学指导委员会：《普通高等学校本科专业类教学质量国家标准》，高等教育出版社2018年版。

雷达、章念生、金谷、万铤、张跃民:《漫画事件激怒伊斯兰世界 多国政要紧急灭火》,http://world.people.com.cn/GB/14549/4080066.html,访问时间:2006年8月12日。

[英]雷蒙·威廉斯:《关键词:文化与社会的词汇》,刘建基译,生活·读书·新知三联书店2005年版。

黎东良:《中德跨文化交际理论与实践》,同济大学出版社2012年版。

李丹青:《人本主义教学理论及其启示》,http://www.jswl.cn/course/kc-zh/IT/IIS/llxx/theory/zt3/zt3.htm,访问时间:2006年3月20日。

李炯英:《中国跨文化交际学研究20年述评》,《解放军外国语学院学报》2002年第6期。

李强、李洋:《居住分异与社会距离》,《北京社会科学》2010年第1期。

李雁晨、周庭锐、周琇:《解释水平理论:从时间距离到心理距离》,《心理科学进展》2009年第4期。

李媛、范捷平:《跨文化交际中模式固见发展变化动态分析》,《外语教学与研究》2007年第2期。

梁镛:《中德跨文化交际中的问题与机会》,梁镛译,载梁镛、刘德章主编《跨文化的外语教学与研究》,上海外语教育出版社1999年版。

梁镛、刘德章主编:《跨文化的外语教学与研究》,上海外语教育出版社1999年版。

林大津:《跨文化交际研究》,福建人民出版社1999年版。

林大津、谢朝群:《跨文化交际学:理论与实践》,福建人民出版社2005年版。

刘齐生:《跨文化经济交际与实践》,《解放军外国语学院学报》2000年第4期。

刘齐生:《言语行为中的文化因素——德资企业内部交际调查》,《广西教育学院学报》2001年第2期。

刘双、于文秀:《跨文化传播:拆解文化的围墙》,黑龙江人民出版社2000年版。

刘有安:《族际交往中的"民族心理距离"解析》,《云南社会科学》2008年第5期。

刘越莲:《语用迁移与中德跨文化交际》,载朱建华、顾士渊主编《中德跨文化交际论丛》,同济大学出版社2000年版。

卢国显:《制度非均衡与交往非对称——北京市农民工与市民之间社会距离的实证研究》,博士学位论文,中国人民大学,2003年。

［美］罗纳德·斯考伦、苏姗·王·斯考伦：《跨文化交际：话语分析法》，施家炜译，社会科学文献出版社 2001 年版。

［美］洛雷塔·A. 马兰德罗、拉里·巴克：《非言语交流》，孟小平等译，北京语言学院出版社 1991 年版。

［美］马尔塞拉、撒普、西勃罗夫斯基主编：《跨文化心理学》，肖振远、荣新海、范学德、李景林译，吉林文史出版社 1991 年版。

马广惠：《外国语言学及应用语言学统计方法》，西北农林科技大学出版社 2003 年版。

［德］马勒茨克：《跨文化交流：不同文化的人与人之间的交往》，潘亚玲译，北京大学出版社 2001 年版。

［英］马凌诺斯基：《文化论》，费孝通译，华夏出版社 2002 年版。

［美］马斯洛：《动机与人格》，许金声等译，华夏出版社 1987 年版。

［英］迈克·彭等：《中国人的心理》，邹海燕等译，新华出版社 1990 年版。

苗丹国：《新中国出国留学政策的形成、变革与发展》，载黄晓东主编《留学与中国社会的发展：中国留学文化学术研讨会论文集》，珠海出版社 2009 年版。

苗丹国、程希：《1949—2009：中国留学政策的发展、现状与趋势》（上），《徐州师范大学学报》（哲学社会科学版）2010 年第 2 期。

牛忠辉、蒋赛、邱俊杰、申之美、张锋：《社会距离对他人行为表征的影响：评价内容效价的作用》，《应用心理学》2010 年第 4 期。

潘亚玲：《跨文化能力内涵与培养——以高校外语专业大学生为例》，对外经济贸易大学出版社 2016 年版。

潘永樑：《身势语与跨文化理解》，《解放军外国语学院学报》1997 年第 1 期。

潘再平主编：《新德汉词典》（《德汉词典》修订本），上海译文出版社 1999 年版。

［德］朴松山：《与中国作跨文化对话》，刘慧儒、张国刚等译，中华书局 2000 年版。

綦甲福：《英语外来词对德语的影响》，《解放军外国语学院学报》2002 年第 6 期。

綦甲福、邵明：《全球化语境中的距离》，《山东社会科学》2005 年第 6 期。

钱敏汝：《经济交际学纵横观》，《国外语言学》1997 年第 2 期。

钱敏汝：《跨文化经济交际及其对外语教学的意义》，《外语教学与研究》1997 年第 4 期。

钱敏汝：《跨文化性和跨文化能力》，载中外语言文化比较学会编《中外语言文化比较研究》第 3 集，延边大学出版社 2000 年版。

钱敏汝：《汉德否定现象的跨文化语用分析》，载朱建华、顾士渊主编《中德跨文化交际论丛》，同济大学出版社 2000 年版。

钱敏汝：《跨世纪、跨文化、跨学科——培养可持续发展人才的基本思路》，载高等学校外语专业指导委员会德语组编《中国德语教学论文集》，外语教学与研究出版社 2000 年版。

钱敏汝：《篇章语用学概论》，外语教学与研究出版社 2001 年版。

钱敏汝：《符号学与跨文化性》，载林宏星、林晖主编《复旦哲学评论》第 2 辑，上海辞书出版社 2005 年版。

钱敏汝：《论跨文化研究的要旨》，载方在庆编著《爱因斯坦、德国科学与文化》，北京大学出版社 2006 年版。

［波兰］沙夫：《语义学引论》，罗兰、周易译，商务印书馆 1979 年版。

沙莲香主编：《社会心理学》，中国人民大学出版社 1987 年版。

沙莲香主编：《社会心理学》，中国人民大学出版社 2002 年版。

沙莲香：《中国民族性》（二），中国人民大学出版社 1992 年版。

邵瑞珍：《程序学习》，载单基夫、张宗厚等编《中国大百科全书·教育卷》（光盘 1.1 版），中国大百科全书出版社 2000 年版。

邵瑞珍：《学习》，载单基夫、张宗厚等编《中国大百科全书·教育卷》（光盘 1.1 版），中国大百科全书出版社 2000 年版。

石锡书：《心理造成的"移花接木"——漫谈心理距离对指示语用法的影响》，《山东外语教学》2004 年第 1 期。

史笑艳：《留学与跨文化能力——跨文化学习过程分析》，外语教学与研究出版社 2014 年版。

司马云杰：《文化社会学》，中国社会科学出版社 2001 年版。

宋晓理、彭荔卡：《称呼的艺术》，黑龙江教育出版社 1989 年版。

［德］苏珊·海尔巴赫-格罗塞、尤塔·霍夫曼：《女性商务礼仪》，来炯、刘丽译，电子工业出版社 2007 年版。

王宏印：《跨文化传通——如何与外国人交往》，北京语言学院出版社 1996 年版。

王怀成：《德国大学欢迎优秀学生前来留学——中国在德留学生的状况及问题》，《光明日报》2010 年 9 月 20 日第 8 版。

王建华：《话语礼貌与语用距离》，《外国语》2001 年第 5 期。

王建华：《礼貌的语用距离原则》，《东华大学学报》（社会科学版）2002

年第 4 期。
王志强:《文化认知与跨文化理解——以中德跨文化交际为例》,《德国研究》2005 年第 3 期。
王宗炎:《自我认识与跨文化交际》,载胡文仲主编《文化与交际》,外语教学与研究出版社 1994 年版。
吴江霖等:《社会心理学》,广东高等教育出版社 2000 年版。
[德] 西美尔:《社会学——关于社会化形式的研究》,林荣远译,华夏出版社 2002 年版。
徐晓军:《社会距离与农民间的合作行为》,《浙江社会科学》2004 年第 1 期。
许菊:《文化适应模式理论述评》,《外语教学》2000 年第 3 期。
[英] 亚当·肯顿:《行为互动》,张凯译,社会科学文献出版社 2001 年版。
[德] 亚历山大·托马斯:《文化准则的行为导向作用分析》,谭锦福译,载梁镛、刘德章主编《跨文化的外语教学与研究》,上海外语教育出版社 1999 年版。
严辰松:《定量型社会科学研究方法》,西安交通大学出版社 2000 年版。
严明主编:《跨文化交际理论研究》,黑龙江大学出版社 2009 年版。
阎宗临:《欧洲文化史论》,广西师范大学出版社 2007 年版。
杨春红:《称呼语与语用距离》,《西南民族大学学报》(人文社会科学版) 2005 年第 26 卷第 10 期。
杨军红:《来华留学生跨文化适应问题研究》,博士学位论文,华东师范大学,2005 年。
杨开城:《有关建构主义学习理论教学启示的思考》,http://www.jswl.cn/course/kczh/IT/ IIS/llxx/theory/zt2/zt2.htm,访问时间:2006 年 3 月 20 日。
杨全良:《非言语交际简述》,载胡文仲主编《文化与交际》,外语教学与研究出版社 1994 年版(原载《外语研究》1990 年第 2 期)。
姚介厚:《跨文化交往和世界文明共同进步》,http://www.cass.net.cn/file/ 2006121884366.html,访问时间:2006 年 12 月 30 日。
姚小平:《洪堡特——人文研究和语言研究》,外语教学与研究出版社 1995 年版。
姚燕:《论中德跨文化经济交往中的伦理问题》,博士学位论文,北京外国语大学德语系,2006 年。
姚燕:《中德跨文化经济交往伦理问题初探》,知识产权出版社 2014 年版。

易中天:《中国文化与中国人》, 载费孝通等《中国文化与全球化》, 江苏教育出版社 2003 年版。

[美] 尤金·奈达:《语际交流中的社会语言学》, 陈健康等译校, 内蒙古大学出版社 1999 年版。

余建英、何旭宏:《数据统计分析与 SPSS 应用》, 人民邮电出版社 2003 年版。

余伟、郑钢:《跨文化心理学中的文化适应研究》,《心理科学进展》2005 年第 6 期。

余卫华:《留英学生反思国内高校英语教学的调查》,《广东外语外贸大学学报》2004 年第 4 期。

俞建章、叶舒宪:《符号: 语言与艺术》, 上海人民出版社 1988 年版。

于景涛:《内聚力发展与跨文化协同——(中德) 跨文化团队研究》, 对外经济贸易大学出版社 2010 年版。

曾剑平、陈安如:《空间语与文化》,《南昌航空工业学院学报》(社会科学版) 2000 年第 2 期。

张岱年、方克立主编:《中国文化概论》(修订版), 北京师范大学出版社 2004 年版。

张俊明、刘有安:《城市族际交往中的"民族心理距离"研究——以青海省西宁市为例》,《广西民族研究》2012 年第 4 期。

张立军:《文化差异对留学生的心理影响及对策研究》,《湖北社会科学》2004 年第 4 期。

张葳、刘永芳、孙庆洲、胡启旭、刘毅:《异性交友决策任务上为不同心理距离他人决策的风险偏好》,《心理学报》2014 年第 10 期。

赵凌云、赵文:《差异化的社会距离——论城郊结合部群体间的社会关系》,《农村经济》2013 年第 2 期。

郑庭椿:《终身教育》, 载单基夫、张宗厚等编《中国大百科全书·教育卷》(光盘 1.1 版), 中国大百科全书出版社 2000 年版。

郑召利:《哈贝马斯的交往行为理论——兼论与马克思学说的相互关联》, 复旦大学出版社 2002 年版。

中国社会科学院世界经济与政治研究所学术动态课题组:《世界经济全球化研究现状》,《人民日报》1998 年 8 月 22 日。

中国社会科学院语言研究所词典编辑室:《现代汉语词典》(增补本), 商务印书馆 2002 年版。

中国驻德国大使馆教育处:《中国学生留学德国现状及发展趋势》,《留学服务》2006年第1期，http：//www.de-moe.edu.cn/article_ list_ read_ one.php？id＝2031，访问时间：2016年2月16日。

钟毅平、陈海洪：《心理距离对道德行为判断的影响》，《心理学探新》2013年第1期。

周振行：《汉英社交称呼语语用功能探微》，《浙江教育学院学报》2004年第1期。

朱建华、顾士渊主编：《中德跨文化交际论丛》，同济大学出版社2000年版。

朱建华、顾士渊主编：《中德跨文化交际新论》，外语教学与研究出版社2007年版。

朱小安：《论隐喻的跨社会文化背景问题》，《解放军外语学院学报》1995年第2期。

朱小雪等编：《外国人看中国文化》，旅游教育出版社1993年版。

祝畹瑾：《社会语言学概论》，湖南教育出版社1992年版。

庄修田：《PROXEMICS的中文译名与相关研究议题》，《中原学报》（人文及社会科学系列）1996年第4期。

邹昌林：《试论儒家礼教思想的人文价值》，http：//ido.3mt.com. cn/pc/200603/ 20060319402605.shtm，2006，访问时间：2007年10月30日。

附　　录

附录一　人际距离调查问卷（Ⅰ）

编号：_____（此处请勿填写）

尊敬的调查参与者：

　　本人的研究课题涉及中德文化中人际交往的距离问题，目的是：通过抽样调查问卷，对中德文化中的相关内容进行比较并将研究结果用于跨文化培训。本问卷的结果分析不针对个体，采用匿名形式；答案没有对错之分，请您根据实际情况回答。回答所有问题大概需要 5—10 分钟时间。

　　对您真诚的配合与参与，本人表示衷心的感谢！

北京外国语大学德语系
綦甲福

您填答问卷的日期为：_____ 年　　月　　日

说明：带○的题目为单选，请只选择一项；带□的题目可以有多个选择。

【1】相关背景信息

1. 您的性别：
○A. 女　　○B. 男

2. 您的年龄：
○A. 小于 18 岁　　○B. 18—23 岁　　○C. 24—29 岁
○D. 30—35 岁　　○E. 36—41 岁　　○F. 大于 41 岁

3. 您的学历为：
○A. 大学以下　　○B. 大学在读　　○C. 大学毕业

○ D. 硕士毕业　　　　　○ E. 博士毕业

4. 您认为自己的性格更倾向于

○ A. 非常内向　　　　○ B. 比较内向　　　　○ C. 不太明显

○ D. 比较外向　　　　○ E. 非常外向

5. 到目前为止，您集中学习德语的时间为：

○ A. 少于 3 个月　　　○ B. 3—6 个月　　　　○ C. 6—12 个月

○ D. 12—18 个月　　　○ E. 18—24 个月　　　○ F. 多于 24 个月

【2】关于人际距离

1. 在车站/银行/邮局等公共场合排队时，前后两人的距离通常为

○ A. 非常近（0.15 米以内）

○ B. 很近（0.15—0.45 米）

○ C. 比较近（0.45—1.2 米）

○ D. 比较远（1.2—2.1 米）

○ E. 很远（超过 2.1 米）

2. 您去阅览室/自习室时，发现里面只有一位不认识的读者，那么您选择的座位是

○ A. 紧挨对方或隔桌相对

○ B. 适当远离对方，但仍使其保留在自己的视域内

○ C. 尽可能远离对方

○ D. 其他：＿＿＿＿＿＿＿

3. 您所在的阅览室/自习室里人比较多时，有陌生人坐到您身边的空位子上，您一般

○ A. 感到非常别扭，宁可自己离开

○ B. 感到别扭，但不会离开

○ C. 没有特别的感觉

○ D. 其他：＿＿＿＿＿＿＿

4. 在公园或校园的长椅上，如果已经有人坐在上面，您首先会

○ A. 坐过去，离他人较近

○ B. 坐过去，但尽量离远一些

○ C. 走开，去别处找空的长椅

○ D. 其他：＿＿＿＿＿＿＿

5. 在学生宿舍里，您经常到几个宿舍去串门？

○ A. 从不串门

○ B. 1—2 间

○ C. 3—4 间

○ D. 同楼层的几乎所有宿舍

○ E. 其他：_____

6. 您在上学期间，经常与同学聚餐吗？

○ A. 很频繁，每周至少一次

○ B. 比较经常，大概每月一两次

○ C. 偶尔，半年才一两次

○ D. 很少，一两年才一次

○ E. 几乎从不

7. 您是否请您的老师吃过饭？

○ A. 很频繁，每周至少一次

○ B. 比较经常，大概每月一两次

○ C. 偶尔，半年才一两次

○ D. 很少，一两年才一次

○ E. 几乎从未

8. 您的老师是否请您吃过饭？

○ A. 很频繁，每周至少一次

○ B. 比较经常，大概每月一两次

○ C. 偶尔，半年才一两次

○ D. 很少，一两年才一次

○ E. 几乎从未

9. 与一位异性朋友聊天，你们的距离通常保持在

○ A. 非常近（0.15米以内）

○ B. 很近（0.15—0.45米）

○ C. 比较近（0.45—1.2米）

○ D. 比较远（1.2—2.1米）

○ E. 很远（超过2.1米）

10. 与一位同性朋友聊天，你们的距离通常保持在

○ A. 非常近（0.15米以内）

○ B. 很近（0.15—0.45米）

○ C. 比较近（0.45—1.2米）

○ D. 比较远（1.2—2.1米）

○ E. 很远（超过2.1米）

11. 您是否遇到过谈话伙伴离您太近而让您觉得别扭或尴尬的情况？
   ○ A. 经常
   ○ B. 偶尔
   ○ C. 没遇到过这种情况
12. 您在上一题中的选项更多地表现在与_____的交际中。
   ○ A. 同性
   ○ B. 异性
   ○ C. 二者都有
13. 与朋友聊天时，您是否习惯对方的体触行为（如触碰您的膝盖、手臂、肩膀等处）？
   ○ A. 习惯，体触行为说明关系近
   ○ B. 习惯同性体触，不习惯异性体触
   ○ C. 习惯异性体触，不习惯同性体触
   ○ D. 不习惯对方的任何体触
14. 与一位普通异性朋友见面或告别时，您会
   ○ A. 话语问候或告别，并可能拥抱或亲吻
   ○ B. 话语问候或告别，并可能握手
   ○ C. 只是话语问候或告别，无任何体触行为
   ○ D. 其他：_____
15. 与一位普通同性朋友见面或告别时，您会
   ○ A. 话语问候或告别，并可能拥抱或亲吻
   ○ B. 话语问候或告别，并可能握手
   ○ C. 只是话语问候或告别，无任何体触行为
   ○ D. 其他：_____
16. 安慰或鼓励一位比较熟的异性朋友，您会
   ○ A. 握住对方的手或拥抱一下对方
   ○ B. 拍拍对方的肩膀或手臂
   ○ C. 只用话语表达，无任何体触行为
   ○ D. 其他：_____
17. 安慰或鼓励一位比较熟的同性朋友，您会
   ○ A. 握住对方的手或拥抱一下对方
   ○ B. 拍拍对方的肩膀或手臂
   ○ C. 只用话语表达，无任何体触行为
   ○ D. 其他：_____

18. 您与邻居的关系最符合下列哪种情况？
   ○ A. 非常密切，如同一家人
   ○ B. 比较密切，经常互相串门
   ○ C. 一般，偶有往来
   ○ D. 比较疏远，只是碰面打个招呼
   ○ E. 非常疏远，基本相互不认识

19. 您认为中国人当面称呼自己的上司/教授时，最经常使用的是：
   ○ A. （姓＋）职衔，如：张教授，（李）处长
   ○ B. 姓＋先生/女士
   ○ C. 老/小＋姓
   ○ D. 姓名
   ○ E. 名
   ○ F. 其他，如：_____

20. 您认为上司当面称呼自己的下属时，最经常使用的是：
   ○ A. （姓＋）职衔，如：（王）科长，孙秘书
   ○ B. 姓＋先生/女士
   ○ C. 老/小＋姓
   ○ D. 姓名
   ○ E. 名
   ○ F. 其他，如：_____

21. 与下列人员交往时，您通常（觉得应当）使用"您"还是"你"？

	您	你
自己的上司	○	○
自己的老师、德高望重的前辈	○	○
年龄比自己大的同事	○	○
年龄与自己相仿的同事	○	○
年龄比自己小的同事	○	○
自己的同学、朋友	○	○
陌生的老年人	○	○
陌生的同龄人	○	○
陌生的年轻人	○	○
售货员、餐厅或酒吧的服务员等	○	○
政府部门公务员	○	○

续表

	您	你
医生、律师等	○	○
自己的邻居	○	○

22. 您用"您"称呼下列哪些家人或亲戚？（可以有多个选择）
 □A.（外）祖父母　　□B. 岳父母/公婆
 □C. 父母　　　　　　□D. 叔、舅、姑、姨等
 □E. 兄弟姐妹　　　　□F. 配偶
 □G. 儿孙等晚辈　　　□H. 对上述所有人都不称"您"

23. 本人在德国将对部分留德人员进行访谈，您若赴德，是否愿意接受访谈？
 ○A. 愿意　　　　○B. 不愿意
 如果愿意接受采访，请您留一个联系方式＿＿＿＿＿＿＿＿＿
 ＿＿＿＿＿＿＿＿＿＿＿＿＿＿＿。

　　本人再次衷心感谢您为此所付出的努力与耐心！祝您一切顺利！

附录二　人际距离调查问卷（Ⅱ）

编号：_____（此处请勿填写）

尊敬的调查参与者：

本人的研究课题涉及中德文化中人际交往的距离问题，目的是：通过抽样调查问卷，对中德文化中的相关内容进行比较并将研究结果用于跨文化培训。本问卷的结果分析不针对个体，采用匿名形式；答案没有对错之分，请您根据实际情况回答。回答所有问题大概需要5—10分钟时间。

对您真诚的配合与参与，本人表示衷心的感谢！

北京外国语大学德语系

Kulturwissenschaftliches Institut Essen

綦甲福

您填答问卷的日期为：_____年_____月_____日

说明：带○的题目为单选，请只选择一项；带□的题目可以有多个选择。

【1】相关背景信息

1. 您的性别：

　○A. 女　　　　　　○B. 男

2. 您的年龄：

　○A. 小于18岁　　　○B. 18—23岁　　　○C. 24—29岁

　○D. 30—35岁　　　○E. 36—41岁　　　○F. 大于41岁

3. 出国前，您的学历为：

　○A. 大学以下　　　○B. 大学在读　　　○C. 大学毕业

　○D. 硕士毕业　　　○E. 博士毕业

4. 您认为自己的性格更倾向于

　○A. 非常内向　　　○B. 比较内向　　　○C. 不太明显

　○D. 比较外向　　　○E. 非常外向

5. 到目前为止，您集中学习德语的时间为：

　○A. 少于3个月　　○B. 3—6个月　　　○C. 6—12个月

　○D. 12—18个月　　○E. 18—24个月　　○F. 多于24个月

6. 您到达德国的时间为_____年_____月，当时所在城市为_____

7. 以前是否到过德国或者其他国家？
   ○A. 否　　　　　　○B. 是，如：_____

8. 您到德国的主要目的和原因：
   ○A. 学习语言
   ○B. 攻读硕士学位
   ○C. 攻读博士学位
   ○D. 访学研究
   ○E. 合作项目
   ○F. 其他：_____

9. 您在德国的学校/科研单位及所在城市为：_____，主专业：_____，副专业：_____

10. 您赴德国学习/科研/工作的经济来源是
    ○A. 自费
    ○B. 中方奖学金
    ○C. 德方奖学金（DAAD/洪堡等）
    ○D. 国内单位资助
    ○E. 德方合作单位资助
    ○F. 其他：_____

11. 您在德国的住处为（请选择居住时间最长的一项）：
    ○A. 学生宿舍单间
    ○B. 与中国人合住 WG
    ○C. 与外国人合住 WG
    ○D. 公寓（Apartment）
    ○E. 德国家庭
    ○F. 其他：_____

【2】 关于人际距离

下面的题目涉及的均是您到德国以后的经历和感受，请根据您的真实感受填写。

1. 您在这儿比较要好的几个朋友分别是（请以其名字中的一个字母来代表，按照熟悉程度依次填写，有几个写几个）_____　_____
_____　_____　_____　_____　_____　_____

_____ _____ _____ _____

2. 这些朋友的国籍分别是（请对应上面顺序依次填写）_____
_____ _____ _____ _____ _____ _____
_____ _____ _____ _____

3. 在车站/银行/邮局等公共场合排队时，前后两人的距离通常为
○ A. 非常近（0.15 米以内）
○ B. 很近（0.15—0.45 米）
○ C. 比较近（0.45—1.2 米）
○ D. 比较远（1.2—2.1 米）
○ E. 很远（超过 2.1 米）

4. 您去阅览室/自习室时，发现里面只有一位不认识的读者，那么您选择的座位是
○ A. 紧挨对方或隔桌相对
○ B. 适当远离对方，但仍使其保留在自己的视域内
○ C. 尽可能远离对方
○ D. 其他：_____

5. 您所在的阅览室/自习室里人比较多时，有陌生人坐到您身边的空位子上，您一般
○ A. 感到非常别扭，宁可自己离开
○ B. 感到别扭，但不会离开
○ C. 没有特别的感觉
○ D. 其他：_____

6. 在公园或校园的长椅上，如果已经有人坐在上面，您首先会
○ A. 坐过去，离他人较近
○ B. 坐过去，但尽量离远一些
○ C. 走开，去别处找空的长椅
○ D. 其他：_____

7. 您经常到几个宿舍去串门？
○ A. 从不串门
○ B. 1—2 间
○ C. 3—4 间
○ D. 同楼层的几乎所有宿舍
○ E. 其他：_____

8. 您在德国上学/工作期间，经常与同学/同事聚餐吗？

○A. 很频繁，每周至少一次

○B. 比较经常，大概每月一两次

○C. 偶尔，半年才一两次

○D. 很少，一两年才一次

○E. 几乎从不

9. 为了增进相互了解和感情，您是否请您的老师/上司吃过饭？

○A. 很频繁，每周至少一次

○B. 比较经常，大概每月一两次

○C. 偶尔，半年才一两次

○D. 很少，一两年才一次

○E. 几乎从未

10. 您的老师/上司是否请您吃过饭？

○A. 很频繁，每周至少一次

○B. 比较经常，大概每月一两次

○C. 偶尔，半年才一两次

○D. 很少，一两年才一次

○E. 几乎从未

11. 与一位异性朋友聊天，你们的距离通常保持在

○A. 非常近（0.15米以内）

○B. 很近（0.15—0.45米）

○C. 比较近（0.45—1.2米）

○D. 比较远（1.2—2.1米）

○E 很远（超过2.1米）

12. 与一位同性朋友聊天，你们的距离通常保持在

○A. 非常近（0.15米以内）

○B. 很近（0.15—0.45米）

○C. 比较近（0.45—1.2米）

○D. 比较远（1.2—2.1米）

○E. 很远（超过2.1米）

13. 您是否遇到过谈话伙伴离您太近而让您觉得别扭或尴尬的情况？

○A. 经常

○B. 偶尔

○C. 没遇到过这种情况

14. 您在上一题中的选项更多地表现在与_____的交际中。

○ A. 同性

○ B. 异性

○ C. 二者都有

15. 您觉得德国普通朋友间体触行为（如触碰膝盖、手臂、肩膀等处）比中国人多吗？

○ A. 是

○ B. 否

16. 与一位普通异性朋友见面或告别时，您会

○ A. 话语问候或告别，并可能拥抱或亲吻

○ B. 话语问候或告别，并可能握手

○ C. 只是话语问候或告别，无任何体触行为

○ D. 其他：_____

17. 与一位普通同性朋友见面或告别时，您会

○ A. 话语问候或告别，并可能拥抱或亲吻

○ B. 话语问候或告别，并可能握手

○ C. 只是话语问候或告别，无任何体触行为

○ D. 其他：_____

18. 安慰或鼓励一位比较熟的异性朋友，您会

○ A. 握住对方的手或拥抱一下对方

○ B. 拍拍对方的肩膀或手臂

○ C. 只用话语表达，无任何体触行为

○ D. 其他：_____

19. 安慰或鼓励一位比较熟的同性朋友，您会

○ A. 握住对方的手或拥抱一下对方

○ B. 拍拍对方的肩膀或手臂

○ C. 只用话语表达，无任何体触行为

○ D. 其他：_____

20. 您与邻居的关系最符合下列哪种情况？

○ A. 非常密切，如同一家人

○ B. 比较密切，经常互相串门

○ C. 一般，偶有往来

○ D. 比较疏远，只是碰面打个招呼

○ E. 非常疏远，基本相互不认识

21. 据您观察，德国人当面称呼自己的上司/教授时，最经常使用的是：

○A. 先生/女士 + 职衔（+ 姓），如：Herr Professor Schmidt, Frau Kanzlerin（Merkel）

○B. 先生/女士 + 姓，如：Herr Schmitz, Frau Conrad

○C. 姓名，如：Daniela Schild, Sebastian Wolf

○D. 名，如：Sebastian, Basti

○E. 其他，如：_____

22. 据您观察，德国上司/教授当面称呼自己的下属/学生时，最经常使用的是：

○A. 先生/女士 + 职衔（+ 姓），如：Herr Professor Schmidt, Frau Sekretärin（Merkel）

○B. 先生/女士 + 姓，如：Herr Schmitz, Frau Conrad

○C. 姓名，如：Daniela Schild, Sebastian Wolf

○D. 名，如：Sebastian, Basti

○E. 其他，如：_____

23. 在德国与下列人员交往时，您通常（觉得应当）使用"Sie"还是"du"？

	Sie	du
自己的上司	○	○
自己的教授、德高望重的前辈	○	○
年龄比自己大的同事	○	○
年龄与自己相仿的同事	○	○
年龄比自己小的同事	○	○
自己的同学、朋友	○	○
陌生的老年人	○	○
陌生的同龄人	○	○
陌生的年轻人	○	○
售货员、餐厅或酒吧的服务员等	○	○
公务员（如海关、移民局、外事办等）	○	○
医生、律师等	○	○
自己的邻居	○	○

24. 据您观察，德国人用"Sie"称呼下列哪些家人或亲戚？（可以有多个选择）

□A.（外）祖父母　　　□B. 岳父母/公婆

☐C. 父母　　　　　　　☐D. 叔、舅、姑、姨等
☐E. 兄弟姐妹　　　　　☐F. 配偶
☐G. 儿孙等晚辈　　　　☐H. 对上述所有人都不称"Sie"

25. 根据您的了解或经验，要融入德国人的生活
　　○A. 非常容易　　　　　○B. 比较容易
　　○C. 比较难　　　　　　○D. 很难
　　○E. 几乎不可能　　　　○F. 其他：_____

26. 下列因素对您在德国与他人交往障碍最大的是_____，其次是_____，影响最小的是_____
　　A. 社会地位差异　　　　B. 年龄差异
　　C. 性别差异　　　　　　D. 文化差异
　　E. 语言差异　　　　　　F. 兴趣爱好差异
　　G. 政治观点不同　　　　H. 宗教派别差异
　　I. 专业或行业的差异

27. 根据您的经验，属于不同文化圈的人要想建立并保持良好的交往关系，最重要的在于：_____

28. 您目前对在德国的学习、工作及生活的整体状况
　　○A. 已经完全适应　　　○B. 基本适应
　　○C. 还不太适应　　　　○D. 很不适应
　　○E. 根本无法适应，恨不能马上离开
　　○F. 其他：_____

29. 本人在德国将对部分留德人员进行访谈，您是否愿意接受访谈？
　　○A. 愿意　　　　　　　○B. 不愿意
　　如果愿意接受采访，请您留一个联系方式_____。

本人再次衷心感谢您为此所付出的努力与耐心！祝您留学生活一切顺利！

附录三　中国留学生访谈提纲

（注意：下述问题仅作为访谈线索，如受访者在清楚访谈者的主要需求后能够自我陈述，则尽量不用这些问题引导和干扰其陈述，迫不得已时可简单提问。）

1. 您何时到达德国？
2. 您出于什么原因来到德国？如果受访者觉得问题不够明确，可以再提出下述问题：
    ——是什么促动了您来到德国留学/访学？
    ——朋友、父母等对您的德国之行有什么看法和说法？
    ——以前是否到过德国？到德国前是否到过别的国家？
    ——这次到德国来的主要目的是什么？
3. 您在德国留学/访学/工作期间的经济来源是什么？是否需要额外打工？
4. 请讲述一下您现在主要从事的工作或学习。日常生活大概是怎样安排的？
    ——如何找到住处，是否满意？
    ——到德国后的一些手续：延长签证、办理保险、银行开户、报名考试、注册专业等手续是如何办理的？是否遇到过困难？单位是否组织一些活动帮助大家尽快解决这些手续、适应当地生活？是否积极参加，收获如何？
    ——语言学习、专业学习、工作情况：具体做什么？教师、教授情况？学习、工作条件如何？
    ——业余：有哪些业余爱好？到哪些地方旅游过？有无同行者，主要是哪些国家的人？
    ——朋友、同学圈子：比较要好的朋友有哪些？分别来自哪些地方？与德国人（教授、同事、同学、房东及其他）有哪些接触？感觉如何？同其他国家的学生的接触如何？
    ——家庭、伴侣：家庭状况如何（朋友、爱人、孩子等是否在德国？）
5. 您到德国前做过哪些准备？您对德国、德国人的了解主要通过哪些渠道？

6. 您刚到德国时有什么感受？
　　——是否有什么不适应的地方？
　　——这种不适应大概持续了多长时间？
　　——感到与在中国时最大的差异是什么？
　　——是否遇到过某些困难和问题？
　　——您感触最深的是什么？
　　——有哪些特别满意的事情？
7. 您认为自己性格属于外向型还是内向型？
8. 您是怎么理解"距离"这个概念的？
9. 您在德国期间是否留意过人际交往时的距离问题？
10. 您是否遇到过特别热情的德国人？请描述一下是什么样的情境。
11. 您是否感觉到有的德国人与您交往时通过某种方式与您保持或者有意拉开距离？
12. 您觉得人际距离都体现在哪些方面？请举例说明（如未涉及可追问下述问题）：
　　——您如何看待德国人的称呼如"Sie""du"，您认为这种称呼体系是否也体现出德国人比较重视人际间的距离？
　　——道别时一般说什么道别语（tschüs、auf Wiedersehen、tschau）？
　　——据您观察：德国人交往时相互保持的体距与中国人之间的体距相比大还是小？
　　——您在德国发现挽手拍肩等体触动作多否？
　　——您在德国发现亲吻的场面多否？
　　——您觉得从交往双方说话的声调、语气、语速等能否感觉到两人之间的关系远近？
　　——您觉得德国人的私人空间与中国人相比大还是小？主要区别在哪里？
　　——您觉得私人空间都体现在哪些方面？什么属于私人空间？哪些话题属于私人话题（婚姻状况、年龄、职称职位、工作、工资、黑色幽默、黄色幽默）？
　　——您与德国同学、同事、朋友交往时经常谈论的话题是什么？
　　——您有没有被德国同事、教授或上司邀请到家里做客？请具体描述一下。
13. 您觉得在德国这段时间内，哪些因素对人际交往有影响？有何影响？
　　——性格

——性别

——等级

——年龄

——地域

——国籍

——语言

——政治派别或观点

——宗教派别或观点

——兴趣爱好

——专业或行业

14. 德国人是否比中国人更重视保持人际间距离？能否理解、适应德国人的距离观？

本人再次衷心感谢您为此所付出的努力与耐心！祝您一切顺利！

术语索引

（中外文对照）

B

半固定空间（［英］semi-fixed-feature space），25

半结构化访谈（［英］semi-structured interview），21

保持距离（［德］Distanzwahrung），34

保护（［英］protect），97

被包围（［德］eingekreist werden），305

本文化意识（文化自觉，［英］cultural awareness，［德］Eigenkulturbewusstsein），104

彼得森剪影放置法（［英］Pedersen's Silhouette placements），28

边缘化（［德］Marginalisierung），126

边缘人（边际人，［英］marginal man），42，118

边缘型（［德］Grenztyp），118

变化（［德］Veränderung），87

不和谐（［英］dissonances），119

不平衡的权势（［英］asymmetrical power），81

不同性（差异性，［德］Andersheit/Verschiedenheit），107

部分施为行为（［德］performativer Teilakt），75

C

参与式观察（［德］teilnehmende Beobachtung），230

参与式观察者（［德］teilnehmender Beobachter），106

差异性（不同性，［德］Andersheit/Verschiedenheit），113

尝试性实地逗留（［英］field trips，［德］Probeaufenthalt），130

超负荷理论（［英］overload theory，［德］Überlastmodell），62

朝拜（［英］honour with worship），97

称呼语（［英］address form，［德］Anredeform），72

成对联想（［德］Paarassoziation），88
程序学习法（［德］programmierter Unterricht），88
重构的符合度/相当性（［德］Rekonstruktionsadäquanz），226
重新适应（［英］regained adjustment），121
出场（［英］Exits），75
初始语用距离（［英］initial pragmatic distance），50
刺激—反应（［英］Stimulus-Response），89
刺激—反应学习（［德］Reiz-Reaktions-Lernen），88

D

打算居留时限（［英］intended length of residence），127
德国人的恐惧（［英+德］German Angst），305
低体触文化（［英］low-contact culture），164
第三势力心理学（［英］Third Force Psychology），93
第三文化（［德］dritte Kultur），107
第三文化意识（［英］Third cultural mind），119
第三秩序（［德］dritte Ordnung），107
动机（［英］motivation），128
对等式（称呼）（［英］reciprocal/symmetrical），73
对话达成的一致（［德］Dialog-Konsens），225
对话的间域（［德］Zwischenreich des Dialogs），106
对话一致理论的真相标准（［德］dialog-konsens-theoretisches Wahrheitskriterium），226
对陌异事物的理解（［德］Fremdverstehen），105
对于模棱两可的宽容（［德］Ambiguitätstoleranz），109
对照性（［德］Kontrastivität），106
对自我的理解（［德］Selbstverstehen），105
多样性（［德］Alteritäten），106

F

发送者-接受者模式（［德］Sender-Empfänger-Modell），62
发展阶段模式（［德］Entwicklungs-Stufenmodell），116
反思（反观，［德］Reflektieren/Reflexion），16，228
反思的（［德］reflexiv），222
反向民族中心主义（［德］umgekehrter Ethnozentrismus），117
范式的障碍（［德］paradigmatische Barriere），117
防御（［英］defense，［德］Abwehr），116

访谈法（［德］Interview），229

非参与式观察（［德］nichtteilnehmende Beobachtung），230

非对等式（称呼）（［英］nonreciprocal/asymmetrical），73

非投射法（［德］nicht-projektives Verfahren），28

非言语交际的结果功能模式（［英］Sequential Functional Model of Nonverbal Exchange），28

非正式空间（［英］informal space），25

分离（［德］Separation），126

封闭性（［英］enclosure），127

否定（［英］denial，［德］Leugnen），116

符号的动物（［拉］animal symbolicum），52

符号对象（［英］object），53

符号集（［德］Zeichensatz），62

符号解释（［英］interpretant），53

符号形体（［英］representamen），53

符号学（［法］sémiologie），52

复合集（［德］komplexes Aggregat），223

负距离（［英］minus distance），82

负权势（［英］minus power），82

负责任的社会（［德］verantwortliche Gesellschaft），85

G

概念链（［德］Begriffsketten），88

感知（［德］Wahrnehmung），102

高校入学德语语言水平考试（［德］DSH），237

个人结构理论（［英］personal construct theory），223

个人距离（［英］personal distance，［德］persönliche Distanz），25

个人空间（私人空间，［英］personal space，［德］personaler Raum），23，27，48

个人空间气泡（个人空间圈，［英］bubble of personal space），26

个人领域（［德］persönliche Territorien），26

个体的安全（［德］persönliche Sicherheit），62

个体距离（［德］persönliche Distanz），23

工具型（［英］instrumental），128

工具型学习（［德］instrumentelles Lernen），88

公共领域（［德］öffentliche Territorien），26

公众距离（［英］public distance，［德］öffentliche Distanz），25

共同参与者（［德］Mitspieler），106

共同的中道（［德］gemeinsame Mitte），107
共同性（［德］Gemeinsamkeit），107
固定空间（［英］fixed-feature space），25
故土领域（［德］Heimatterritorien），26
关系概念（［德］Relationsbegriff），105
观察（［德］Beobachtung），229
观察式解释（［德］beobachtendes Erklären），225
归因理论（［德］Attributionstheorie），28，223
规避不确定性（［英］avoidance of uncertainty，［德］Unsicherheitsvermeidung），305
过度刺激（［德］Überstimulationen），62

H

和谐（［德］Harmonie），11
核心价值观差异假说（［英］Core-value Hypothesis），38，
合作性自我启蒙（［德］kooperative Selbstaufklärung），105
合作原则（［英］Cooperative Principle），80
横断面研究（［德］Querschnittuntersuchungen），123
会话准则（［英］Conversational maxims），80

J

基础文化层面（［英］infracultural level），24
激发理论（［英］arousal theory），62
简单的认知（［德］einfache Kognitionen），224
建构法（［德］Strukturlegeverfahren/Strukturlegetechnik），229
建构水平理论（［英］construal level theory），45
建构主义（［英］constructivism），90
建立距离（［德］Distanzaufbau），22
交互性的行动质量（［德］Handlungsqualität der Reziprozität），106
交际功能（［德］Kommunikationsfunktion），61
交际式确证（［德］kommunikative Validierung），226
交际学理论基础（［德］theoretische Grundlagen der Kommunikationswissenschaft），4
交际语用距离（［英］ongoing pragmatic distance），50
脚手架式（［英］scaffolding，［德］didaktisch angeleitetes und unterstütztes Lernen），95
接触型动物（［德］Kontakttiere），23
接近（［德］Nähe），26
接受（［英］acceptance，［德］Akzeptanz），117

结构图（［德］Strukturbild），231
结合方式（［英］integration pattern），127
结合型（［英］integrative），128
解释、预测及工艺学功能（［德］Funktionen der Erklärung, Prognose und Technologie），223
解释性概念（［德］explanatives Konstrukt），226
解释性确证（［德］explanative Validierung），226
经验的形成（［德］Erfahrungsbildung），86
经验训练（［英］experiential training，［德］Erfahrungstraining），130
居住（［英］inhabit），97
距离（［德］Distanz），34
距离变化（［德］Abstandsänderung），106
距离阐释学（［德］Hermeneutik der Distanz），3
距离尺度（［德］Distanzmaβ），34
距离的消解（［德］Auflösung der Distanz），11
距离行为（［德］Distanzverhalten），23
距离作为对身份认同的保护（［德］Distanz als Identitätsschutz），3
距离作为交际的条件（［德］Distanz als Kommunikationsbedingung），3
距离作为认识论范畴（［德］Distanz als epistemische Kategorie），3

K

科特感觉人像放置法（［英］Kuethe's felt figure placements），28
科学性伙伴关系（［德］wissenschaftliche Partnerschaft），105
可变性（［英］fluidity），51
可洽商性（［英］negotiability），51
客居国文化（［德］Gastkultur），126
空间关系行为（［英］proxemic behavior），24
空间行为学（近体学、领域学，［英］proxemics，［德］Proxemik），24
空间会说话（［英］Space Speaks），24
控制功能（［德］Kontrollfunktion），61
跨文化（［德］Interkultur），11
跨文化的（［德］interkulturell），19
跨文化对话（［德］interkultureller Dialog），4，7
跨文化对话能力（［德］interkulturelle Dialogfähigkeit），15
跨文化管理（［德］interkulturelles Management），8
跨文化交际（跨文化交流、跨文化传通、跨文化传播、跨文化交往，［英］intercultural communication，［德］interkulturelle Kommunikation），5，85

跨文化经济交际（［德］interkulturelle Wirtschaftskommunikation），10
跨文化理解（［德］interkulturelles Verstehen），112
跨文化敏感性（［英］intercultural sensitivity，［德］interkulturelle Sensibiltät），116
跨文化能力（［英］cross-cultural competence，［德］interkulturelle Kompetenz），11，16
跨文化情势（［德］interkulturelle Konfiguration），107
跨文化日耳曼学（［德］interkulturelle Germanistik），7
跨文化适应（［英］cross-cultural adaptation，［德］Akkulturation/interkulturelle Anpassung），120
跨文化协同（［英］intercultural synergy，［德］interkulturelle Synergie），11
跨文化行为能力（［德］interkulturelle Handlungskompetenz），120
跨文化性（［德］Interkulturalität），11，19，103
跨文化学习（［德］interkulturelles Lernen），19，102
跨文化研究（［德］interkulturelle Studie），1
跨学科的（［德］interdisziplinär），20
宽容（［德］Toleranz），85，107

L

礼貌原则（［英］Politeness Principle），80
理解（［德］Verstehen），86
理解上的距离（［德］Verstehensabstände），34
理解式描写（［德］verstehendes Beschreiben），225
理解训练（［英］self-inside，［德］Verständnistraining），130
理想型的（［德］idealtypisch），117
联想链（［德］Assoziationsketten），88
联想型学习（［德］assoziatives Lernen），88
量化研究（［德］quantitative Forschung），20
领域性（［英］territoriality，［德］Territorialität），26

M

蜜月阶段（［英］honeymoon，［德］Anfangsbegeisterung），120
面子管理理论（［英］face management view），80
描述性概念（［德］deskriptives Konstrukt），226
民族文盲（［德］ethnischer Analphabetismus），129
民族相对主义（［英］ethnorelativism，［德］Ethnorelativismus），116
民族中心主义（［德］Ethnozentrismus），105
模范型学习（［德］Modell-Lernen），88

模式固见（［德］Stereotyp），20
陌异（［德］das Fremde），106
陌异事物（［德］das Andere und Fremde），104

N

内含的（［德］implizit），223
内聚力（［德］Kohäsion），11
内向性（［德］Innerlichkeit），302
能力培养（［德］Kompetenzbildung），15
能指（［法］signifiant），53
凝聚性（［英］cohesiveness），127

O

欧洲的文化对话（［德］Europäischer Kulturdialog），7
欧洲与中国（［德］Europa-China），7

P

排斥型（［德］Kontrasttyp），118
抛弃偏见（［德］Vorurteilsfreiheit），109
平等/一致性（［英］solidarity），78
平等性（［德］Gleichberechtigung），106
平行过程模式（［英］Parallel Process Model），28
平衡（［英］equilibration），91
评价（［德］Werten），102
评价功能（［德］Evaluationsfunktion），61
普遍代码（［德］universaler Code），107

Q

前文化层面（［英］precultural level），25
强化（［英］reinforcement，［德］Verstärkung），95
侵扰（［英］Violation），26
侵占（［英］Invasion），26
亲密度（［英］degree of intimacy），50
亲密距离（［英］intimate distance，［德］intime Distanz），25
亲密均衡模式（［英］intimacy equilibrium model），25
亲密空间（［德］Intimsphäre），74
情感信息（［德］affektive Botschaften），65

取向策略（[德] Orientierungsstrategie），103

取向功能（[德] Orientierungsfunktion），224

取向明晰度（[英] clarity，[德] Orientierungsklarheit），124

取向体系（[德] Orientierungssystem），103

权势（[英] power，[德] Macht），55，78

全球性学习（[德] globales Lernen），84

R

人际距离（[英] interpersonal distance），22

人际亲密激发模式（[英] Arousal Model of Interpersonal Intimacy），28

人类形象（[德] Menschenbild），223

认可（[德] Anerkennung），106

认知参照框架（[英] frame of reference，[德] kognitiver Bezugsrahmen），124

认知效能（[德] kognitive Leistungsfähigkeit），62

认知构想（[德] kognitive Konzepte），229

认知过程（[德] Erkenntnisprozess），106

认知活动（[德] Erkenntnisarbeit），106

认知结构（[德] kognitive Strukturen），87

认知取向结构（[德] kognitive Orientierungsstruktur），103

认知型学习（[德] kognitives Lernen），88

认知学习理论（[德] kognitive Lerntheorien），87

认知者（[德] Erkennende），106

日常理论（[德] Alltagstheorie），219

日常知识（[德] Alltagswissen），219

入场（[英] Entries），75

S

沙文主义（[德] Chauvinismus），118

社会距离（[英] social distance，[德] soziale Distanz），39

社会能力（[英] social competence，[德] soziale Kompetenz），109

社会显性（[英] social dominance），127

社交距离（[英] social distance，[德] soziale Distanz），25

身体距离（[英] body distance），

生活世界（[德] Lebenswelt），135

世界认同（[英] World identity），119

试误式（[英] trial and error，[德] Versuch und Irrtum），95

适宜人际距离量表（[英] Comfortable Interpersonal Distance Scale，简称 CID），28

适应（[英] adaptation, [德] Anpassung），117
适应阶段（[英] adjustment, [德] Anpassung），120
适应理论（[德] Anpassungskonzept），102
适应能力（[德] Anpassungsfähigkeit），84
疏远型动物（[德] Distanztiere），23
双向视角（[德] doppelte Optik），105
顺应（[英] accommodation, [德] Akkommodation），91
思维（[德] Denken），102
思维和行动规范（[德] Denk- und Handlungsnorm），106
塑造式（学习）（[英] shaping, [德] lehrerkontrolliertes Lernen），95
所指（[法] signifié），53

T

逃逸距离、防御距离和临界距离（[德] Flucht-, Wehr- und kritische Distanz），23
体触文化（[英] contact culture, [德] Kontaktkultur），164
调养功能（[德] Regenerierungsfunktion），61
调整阶段（[英] recovery, [德] sich Eingewöhnen），120
同化（[英] assimilation, [德] Assimilation），91
同化型（[德] Assimilationstyp），118
同一性（[德] Identität），106
同源性（[德] Gleichursprünglichkeit），106
投射法（[德] projektives Verfahren），28，148
图式（[德] Schema），90

W

危机（[英] crisis），121
危机阶段（[英] crisis, [德] Anpassungskrise），120 微观文化层面（[英] micro-cultural level），25
文化（[英、法] culture, [德] Kultur），97
文化和谐性（[英] cultural congruence），127
文化交叠情境（[德] kulturelle Überschneidungssituation），106
文化距离（[英] cultural distance, [德] kulturelle Distanz），36
文化距离标准（[德] kultureller Distanzstandard），106
文化框架（[德] kultureller Rahmen），117
文化认同（[德] kulturelle Identität），118
文化适应（[英] acculturation），119
文化同化训练（[英] Culture Assimilator Training），130

文化休克（文化震惊、文化震荡，［英］cultural shock，［德］Kulturschock），120

文化准则（［德］Kulturstandards），114

文化自觉（本文化意识，［英］cultural awareness，［德］Eigenkulturbewusstsein），104

文明（［英］civilization），97

文明冲突（文化冲突，［英］clash of civilizations，［德］Kampf der Kulturen），7

污染（［英］Contamination），26

X

喜欢（［德］Mögen），26

相互理解（［德］Miteinander-Begreifen），105

相互映衬（［德］wechselseitige Abhebung），105

相同有效性（［德］gleiche Gültigkeit），113

消除距离（［德］Distanzabbau），22

协同（［英］affiliation，［德］Affiliation），26

协同－冲突理论（［英］affiliation-conflict-theory，［德］Affiliations-Konflikt-Theorie），25

心理距离（［英］psychological distance），43

新的整体（［德］neue Ganzheit），118

信念的储存库（［德］Reservoir von Überzeugungen），136

形成经验（［德］Erfahrungsbildung），183

行动（［德］Handeln），102，212

行动环境（［德］Handlungsfeld），103

行动的自由（［德］Handlungsfreiheit），61

行动方式（［德］Handlungsmöglichkeiten），84

行为方式（［德］Verhaltensweisen），87

行为机制（［英］behavior mechanism），27，49

行为适当度（［德］Verhaltensangemessenheit），123

行为限制理论（［英］behavior constraint，［德］Verhaltens-Beschränkungs-Modell），61

行为主义学习理论（［德］behavioristische Lerntheorien），87

Y

言语表达（［德］Verbalisieren），228

伊斯兰教与宗教的再定位（［英］Islam and the Repositioning of Religion），7

伊斯兰文化－现代化社会（［英］Islamic Culture-Modern Society），7

移情能力（［德］Empathiefähigkeit），109

一体化理论（［德］integratives Konzept），223
因变量（［英］dependent variable，［德］abhängige Variable），29
隐私（［英］privacy，［德］Privatheit），65
隐私理论（［德］Privatheitskonzept），61
印度与欧洲（［德］Indien und Europa），7
拥挤（［英］crowding），27
与不同亚文化的人交往（［英］exposure to many local cultures，［德］Konfrontation mit Vertretern lokaler Subkulturen），130
与现实的符合度（［德］Realitäts-Adäquanz），226
语言震惊（［英］language shock），128
语言自我（［英］language ego），128
语用距离（［英］pragmatic distance），50
原初要求（［德］ureigenes Anliegen），113

Z

栽种（［英］cultivate），97
再认识（［英］reinterpretation），120
再现距离（［德］reproduzierte Distanzen），28
张力场（［德］Spannungsfeld），106
招呼 – 生意经 – 道别（［英］Greetings-Business-Farewell），75
整合（［英］integration，［德］Integration），117
整合型（［德］Synthesetyp），118
正距离（［英］plus distance），82
正权势（［英］plus power），82
证伪理论的真相标准（［德］falsifikationstheoretisches Wahrheitskriterium），226
知觉模式（［德］Wahrnehmungsmuster），16
知识储备（［德］Wissensbestände），222
知识扩充（［德］Kenntniserweiterung），103
止步距离法（［英］Stop-Distance-Method，［德］Stop-Distanz-Methode），28
质性研究（［英］qualitative research，［德］qualitative Forschung/Studie），220
中道（［德］Mitte），107
中德交际问题研究（［德］Problematik der Kommunikation mit Chinesen），4
中断（［德］Innehalten），228
中间区域（［德］Zwischenposition），106
中间世界（［德］Zwischenwelt），106，119
终身学习（［德］lebenslanges Lernen），84
主观理论结构图（［德］Strukturbild der Subjektiven Theorie），21

主观理论研究（［德］Forschungsprogramm Subjektive Theorien），222
资料分析（［德］Dokumenteanalyse），230
自变量（［英］independent variable，［德］unabhängige Variable），29
自我（［德］das Eigene），106
自我观和世界观（［德］Selbst- und Weltsicht），220
自我价值的保持及优化（［德］Selbstwerterhaltung und -optimierung），224
自我透性（［英］ego permeability），128
纵剖面研究（［德］Längsschnittuntersuchungen），123
最初的适应（［英］initial adjustment），121
最低要求水平（［德］Mindestanspruchsniveau），124
最小化（［英］minimization，［德］Minimierung），117
尊重（［德］Respekt），85

后　　记

　　时间飞逝，蓦然回首之时，方体会到这几个字的力量。多年前博士学位论文答辩时的情境依然历历在目。基于博士学位论文进行修改的这部书稿至此也将要画上一个句号，然而这样一个句号实属来之不易，它凝聚了许多人在我做博士课题研究期间以及本书稿修订过程中所提供的指导、支持、帮助和关怀。在本书脱稿付梓之际，向他们表示由衷感谢。

　　衷心感谢我的导师钱敏汝教授的学术启发和无私关怀，博士学位论文的撰写和书稿的修订，每一步都离不开她的悉心指导，每一页都融进了她的心血和智慧。如果没有她高屋建瓴的理论引导及学术思考和科研方法上的点拨，没有她富有建设性的修改意见，本书将难以与读者见面。

　　感谢原解放军外国语学院各级领导和老师，尤其感谢朱小安教授，是他将我领入学术的殿堂，并一直以来时刻关心我的学习和成长。感谢学院科研部的领导和工作人员，在他们的指导和帮助下，本书稿获得该院"博士文库"资助及国家社会科学基金项目后期资助。感谢青岛大学外语学院领导以及德语系同事们的关心和支持。感谢北京外国语大学的领导和老师给予我莫大的关心和帮助，尤其感谢殷桐生教授、钱文彩教授、黄国祯教授、贾文键教授，他们的科研精神及师长风范成为我学术成长道路上强劲的助推力。感谢同济大学朱建华教授、北京第二外国语学院朱小雪教授、中国社会科学院陈启能先生，各位师长的指导与期冀鼓舞我不断奋进。正是站在他们的肩膀上，我等晚辈才有机会叩开学术的大门。

　　以跨文化研究为己任的这部书稿本身也是跨文化合作与指导的结果。在国家留学基金委的资助下，我赴德国埃森人文科学研究所从事访学研究，师从该所所长 Jörn Rüsen 教授。在此真诚感谢留学基金委为我提供访问学者奖学金，感谢 Rüsen 教授为我从事研究而提供的各种便利条件，感谢他的学术启迪和支持。感谢 Jürgen Straub 教授、Rainer Kokemohr 教授、H. W. Schmitz 教授、Doris Weidemann 教授在研究方法上的指导。另外，与 Wierlacher 教授、Rüsen 教授夫妇、Kokemohr 教授夫妇、Weidemann 教授夫妇、Barbara Dengel 和 Philipp Dengel 夫妇以及埃森人文科学研究所和杜伊斯堡-埃森大学的同事们的接触,使我对德国人的严谨工作作风和学术态度进一步加深印象的同时,也认识到德国文化的另一面:他们都热情好客,平易近人。臆想中的"距离感"——本书的主要关键词——在我与他们的交往中消弭了。感谢他们给予我学术上的帮助和亲人般的温暖。

感谢来炯、姚燕、缪雨露、李慧坤、段丽杰、张宏峰、刘振聪、秦洪武、淡修安、陈勇、彭文钊等同学和学友,与他们的学术探讨开阔了我的研究视野。而在德国访学期间,与同在德国的姚燕、缪雨露、李慧坤等人的联系,不仅为我提供了与受访者建立联系的机会,而且延伸到异国他乡的这种同学情谊在比较注重保持人际距离的德国社会显得弥足珍贵。

在本课题的问卷调查和访谈过程中,数以百计参与者牺牲了他们宝贵的时间给予我帮助和配合,没有他们的支持,本书则成无源之水。我虽然在此(囿于保密约定)不允许或无法一一公开他们的姓名,但他们给予我的支持将永远铭记在我心中。此处特别感谢帮我进行问卷调查的徐琴、徐丽莉、李慧坤等老师和张英杰、张菡子、邹傲、吴梦婷、盛文婷等同学以及帮我联系访谈对象的李滨诚博士、尹萌、蒋青颖、王强博士等朋友。

本书的出版也离不开中国社会科学出版社领导和编辑的关心和支持,尤其感谢责任编辑张湉博士,她为本书的出版付出了诸多辛劳。另外,衷心感谢《解放军外国语学院学报》编辑部的尚小晴编辑,她的校对保证了本书稿的质量。

最后感谢父母对我的养育之恩和无私之爱。母亲的朴素之爱我无以回报,只能以自己的努力来告慰她的在天之灵。感谢岳父母全家对我的全力支持和帮助。为本书稿做出特殊奉献的是我的爱人。她在生育前后,除兼顾自己的工作和学习外,还承担几乎一切家务,并帮我录入统计数据。感谢我的女儿嘟嘟,她的笑脸和笑声每每扫却我读书的劳累和写作的辛苦,甚至给我以灵感之源。在人生最为重要的关头,他们让我最为深切地感受到亲情的温暖与可贵。